民商法经典文库
赵万一　总主编

经典译著系列

日德股份公司发展史

［日］高桥英治　著
李秀文　陈宇　卢晓斐　译

日本とドイツにおける
株式会社法の発展

法律出版社 LAW PRESS·CHINA
北京

日本とドイツにおける株式会社法の発展
高橋英治

著作权合同登记号
图字：01-2022-1225

高桥英治教授简介及代表作

简介：

1962 年　出生于日本神奈川县

1987 年　毕业于东北大学法学部

1989 年　获得东北大学法学硕士学位

1990～1993 年　作为德国学术交流会(DAAD)奖学金学生留学德国

于 1992 年获得哥廷根大学(Gottingen)法学硕士学位(Magister iuris),1994 年获得哥廷根大学法学博士学位(Doktor der Rechte),回国后,于 1997 年获得东北大学法学博士学位

1998～2011 年　担任英国《跨学科经济学杂志》(*Journal of*

Interdisciplinary Economics）国际咨询委员（international advisory board）

2000 ~ 2002 年　担任亚历山大·冯·洪堡（Alexander von Humboldt）财团研究员

2007 年　晋升大阪市立大学大学院法学研究科教授

2007 年　担任比较法国际学术协会（Academié Internationale de Droit Comparé/International Academy of Comparative Law）准会员（associate member）

2009 年　获大隅健一郎奖

2011 年　担任英国《跨学科经济学和商法杂志》（*Interdisciplinary Journal of Economics and Business Law*）编集委员（eitorial board）

2013 年 6 月　担任德国《东亚法律》（*Recht in Ostasien*）编集者（Herausgeber）

2016 年　担任司法考试考查委员

2018 年　担任维尔茨堡大学法学部特聘教授（日本法）

2022 年　担任大阪公立大学法学部、大学院法学研究科教授

代表作:

一、著作

1.『従属会社における少数派株主の保護』(有斐閣,1998 年)。

2.『ドイツと日本における株式会社法の改革』(商事法務,2007 年)。

3.『企業結合法制の将来像』(中央経済社,2008 年)。

4.『ドイツ会社法概説』(有斐閣,2012 年)。

5.『企業集團與少數股東的保護』(法律出版社,2014 年)。

6.『会社法の継受と収斂』(有斐閣,2016 年)。

7.『日本とドイツにおける株式会社法の発展』(中央経済社,2018 年)。

8.『会社法概説』〔第 4 版〕(中央経済社,2020 年)。

9.『ヨーロッパ会社法概説』(中央経済社,2020 年)。

二、论文

1. Konzern und Unternehmensgruppe in Japan-Regelung nach dem deutschen Modell? Max-Planck-Institut, Studien zum ausländischen und internationalen Privatrecht Bd. 38, J. C. B. Mohr (Paul Siebeck) (1995).

2. Die Rezeption und Konvergenz des deutschen Handels-und Gesellschaftsrechts in Japan：Gesammelte Schriften, Nomos (2017).

3. Eiji Takahashi (Guest Editor), The Journal of Interdisciplinary Economics, Volume 17, No. 1 & 2, Special Issue：International Corporate Governance, London (2006).

4. Eiji Takahashi (Guest Editor), The Journal of Interdisciplinary Economics, Volume 22, No. 1 & 2, Special Issue：Company Law and Economics, London (2010).

译者简介

李秀文,福州大学法学院副教授、硕士生导师,法学博士。

陈宇,日本武藏野大学法学部教授,法学博士。

卢晓斐,日本SBI大学院大学副教授,法学博士。

译者分工

陈宇，负责翻译第一编"德国法"第一章"成立期（1807 年法国《商法典》至 1900 年德意志帝国《商法典》试行）"、第二章"发展期（1900 年德国《商法典》施行至 2000 年）"；卢晓斐，负责翻译"序章"、第一编"德国法"第三章"现代期（2000 年至今）"、第二编"日本法"第一章"成立期（从《Roesler 草案》到 1899 年《商法》的时期）"；李秀文，负责翻译第二编"日本法"第二章"发展期（1900 ~ 1990 年泡沫经济破裂之前）"、第三章"现代期（从 1990 年泡沫经济破裂至今）"、第三编"日德股份公司法及股份公司法学的发展史比较"。

总序：民商法学研究的时代使命

时至今日，虽然理论界对民商法在中国特色社会主义法律体系中的角色定位并未形成完全一致看法，但对其在促进社会权利意识的觉醒、创造力的激发乃至社会经济的振导方面所发挥的巨大作用，几乎没有人能够否认。一方面，缘于其调整内容的广博性、调整方式的人本性、调整范围的全覆盖性和规制目的的正义性；另一方面，则得益于其所承载的“固根本、稳预期、利长远”的历史使命的厚重性和在强调促进社会经济发展的同时注重人与自然和谐发展的先进立法理念。通过研读世界主要国家的法律发展史，我们不难发现，具有时代引领意义的重要民商法律制度的制定，通常是伴随一个国家社会制度的重构、社会政策的改变和社会观念的变革应运而生的。因此，民商法律制度的设计通常并不仅仅表现为单纯的制度进化和规则演变,更反映了社会经济政治制度环境的优化和社会意识的嬗变。我国也不例外。发轫于 20 世纪 70 年代末的经济体制改革,不但将现代中国社会深深打上了法治烙印,而且极大激发了法律对社会关系特别是社会经济关系的调整冲动,从而将上层建筑对经济基础的促进作用发挥到极致。时至今日,伴随计划经济向市场经济的成功转型而不断拓展其作用深度和广度的民商事立法,无论是对中国民众国民性格的塑造、行为模式的固化,还是对整个社会经济运行驱动力的重新构造,都产生了越来越显著的影响。以平等和自治为核心的民商法律制度不但成为国家调整社会关系特别是社会经济关系的最重要法律手段,而且成为社会主体行为选择的首要凭依因素;以公平和效益为主旨的民商法律思维已深深嵌入人们的思维逻辑链条中,成为人们臧否立法和司法活动的主要标尺;以良善、诚信、忠实为先导的民法文化不但发挥启佑民智之功效,而且已逐步内化为一种社会习惯和社会生活方式。作为民商法制度根基的平等原则并未得到有效贯彻,进而在主体立法上采取差别性待遇的做法还比较普遍。在民商事司法领域中,由于未对价值取向各异的不同审判类型进行必要的审判理念区分,从而导致审判活动既无法满足以自然人为代表的普通民事主体对公平理念的强烈渴求,也无法有效实现以公司为代表的商事主体追求效益的行为动机。在法律意识层面上,民商法的私法属性和权利法属性并未获得普遍的社会认同,民商法所体现的一些基本法律价值和法律精神也没有随着民商事立法的繁荣而获得广泛的尊重和支持。造成这种广大民众对民商法价值认同感不高的原因是多方面的。由于民商法是直接介入市场经济和商品经济形态塑造和规则设计的法律制度,因此,无论在立法上还是在司法实践中,人们都有意或无意地将所有的民商事法律制度的作用定位为促进市场经济的发展,从而淡化了作为民商法精神内核的人本主义思想和人文主义理念。不仅如此,民商法的非理性繁荣还助长了法律对社会关系的调整作用,包罗万象的法律规则试图将调整的触角延伸至公民生活的每一个领域。实际上,法律更多的是作为约束人类非理性行为的必要羁绊而存在的,任何类型的强制行为都不可避免地会对社会主体的行为及与此相连接的社会关系起到一定的限制作用。

从经济基础对上层建筑的作用结果来看,肇端于 20 世纪 70 年代末的经济体制改革和对外开放不但极大解放了受到压抑的生产力,而且充分激活了潜藏在人类内心深处追求财富的欲望,使人们从普遍的羞于言利转变成了攫取财富。中国社会第一次感受到法律对社会生活的强大影响力和导引力。正是基于法律对社会经济关系的强力介入,不但彻底改变了利益的获取和分配方式,任何主体的正当经济利益诉求都必须通过法律加以固化、疏导和界定,而且极大地促进了社会财富的增加,使中国在很短的时间内跃居世界第二大经济体。正是基于对法律作用的高度重视,我们在短短的 40 多年时间里建立起了比较完备的社会主义市场经济法律体系,从而为全面实现依法治国奠定了必要的法律硬件基础。任何国家的法治现代化都不能通过简单地对外国法律制度的借鉴而完成,成熟的法律制度除借鉴人类法治文明建设有益成果外,还必须加强对本国法治资源的挖掘和对法治适用环境的建设和改造。为此,我们不但要重视对民商法具体法律制度的吸收和构造,而且更应加强对民商法基本理念、基本作用、基本精神和基本价值的研究和认识,更准确地定位民商法在构建新时代中国特色社会主义法律体系中的地位和作用,因为只有以先进理念作支撑的法律制度才能真正有效发挥其对社会关系的精准调整作用。

大学作为现代文明的发祥地和社会知识的集散地,既是民族文化的传承者,也是现代文明特别是现代法治文明的创造者和传播者。相对其他类型的院校而言,法科院校基于其独特的创设要求和人才培养目标,在创新社会法治理念、提供法律制度有效供给、推进国家现代法治文明建设方面无疑负有特殊的义务和责任。西南政法大学作为一所以法学为主的多科性院校,创设于新中国百废待兴之时,繁荣于改革开放的历史机遇期,不但见证了中国法治建设的曲折历程,而且对中国的法治建设贡献了自己的责任和智慧。其民商法学作为传统的优势学科之一,经过几代人的不懈努力,逐步形成了以民本天下为情怀、以商达经纬为志向、以知行合一为目标、以振兴国家为责任的学术精神和专业特色。自 20 世纪 50 年代开始,学科奠基人金平教授、杨怀英教授等老一辈开宗学者秉持学术报国之宏愿,开拓奋进、殚精竭虑，历经筚路蓝缕之磨难，披荆斩棘之艰辛，初创西南政法大学民商法之学林。20 世纪 80 年代之后，沐浴改革开放之春风，西南政法大学民商法迎来第一次鼎盛时代，金平教授和杨怀英教授作为全国民商法领域中的重要领军人物，以他们的敬业精神和人格魅力，团结和凝聚了包括邓大榜、聂天贶、黄名述、李开国、柯瑞清、邓宏碧、张和光、赵勇山、叶清勋、赵泽隆、谭向北、程正宗、陈志学等 30 余位在全国有一定影响力的中年骨干教师；以王卫国、禄正平、伍载阳、刘晓星、张玉敏、尹田、吴卫国、赵万一等为代表的一批年轻学者开始在国内学术舞台上崭露头角。西南政法大学也自然而然地成为国内名副其实的民商法教学与研究重要阵地。20 世纪 90 年代末期以来，在李开国、张玉敏、赵万一、陈苇、谭启平等学术带头人的带领下，本学科全体同仁励精图治、拼搏进取、内外双修，不但使学科师资规模达到创纪录的 120 余人，而且在职称结构、学历结构、学缘结构等方面都有了实质性改善，教学科研水平也不断上升到一个新台阶。我们坚信，在国内外同仁的关心和支持下，经过本学科全体师生的共同努力，西南政法大学民商法学的明天一定会更加灿烂辉煌。

民商法作为一个应用性很强的实用性学科，并非产生于书斋中的理论推演，而应来源并服务于社会经济生活。本学科一直以关注民生、强调民本为己任，秉持造福苍生，心系天下的情怀，努力将自己的研究服务于国家的经济建设和法治建设。具有中国民法典“活化石”之称的金平教授不但全程参与了第一次至第三次《民法典（草案)》的拟定,而且其所提出的许多富有创见性的观点,如民法调整的是平等主体之间的财产关系和人身关系,直接影响了《民法典》的制定。具有中国婚姻法“女神”之称的杨怀英教授不仅参与了 1980 年《婚姻法》的修改,而且始终关心中国家庭制度的发展变化及其与社会之间的互动关系,在花甲之年仍亲自带队,到当时条件十分艰苦的云南西双版纳和德宏两大民族自治州长途奔波数千里,开展长达数月的田野调查,出版了具有填补空白性质的《滇西南边疆少数民族婚姻家庭制度与法的研究》。这个优秀传统一直传承至今。陈苇教授在主持司法部重点课题时,以“农村妇女土地权利保障”为视角,先后组织 1000 多名学生深入农村考察并形成了数十万字的调研报告。在 2008 年“5·12”大地震发生后不久,以本学科刘俊、谭启平、刘云生等教授为主的 12 位法学专家联名上书全国人大常委会,建议尽快制定重大自然灾害处置特别法令并草拟了一部近万字的《重大自然灾害处置特别法令(建议稿)》。在具有世纪工程之称的《民法典》制定过程中,本学科不仅有数十人深度参与了《民法典》的条文拟定及其相关的立法调研论证活动,而且在《民法典》颁布之后的第一时间内成立了规模庞大的《民法典》宣讲团,深入国家机关、企事业单位和社区、农村,向广大社会公众宣讲《民法典》的伟大意义,充分体现了学者的责任与担当。

近年来,国际、国内民商法学科的迅速发展向我们提出了严峻挑战。国际上,无论是源于罗马法的大陆法系还是源于海洋经济需要而产生的英美法系,都正朝着更深、更广、更前沿的方向延伸与发展,民商法学理论日益博大精深,法学流派呈现多元化趋势;民商法学研究更加注重与法律实践的契合,注重对司法领域中出现的新的法律问题的审视和研究;在全球化趋势的推动下,各国民商法学日益走向相互渗透与融合,同时又更加注重与本国国情的结合,呈现国际化与民族化共同繁荣的趋势;法学理论方面,跨学科研究方兴未艾,交叉学科、边缘学科如雨后春笋大量涌现。在国内,随着依法治国方略的推行,民商法学研究更加深入与务实。一方面,在全球化的大潮之下,如何借鉴人类精神遗产,借鉴外国合理的法律制度与精神,成为摆在中国民商法学面前的重大课题之一;另一方面,在国内市场经济发展过程中出现的各种法律问题也向民商法学提出了挑战,如何立足中国的法律实践,利用世界各国的经验,发扬我国优良传统风俗,应对未来经济、政治、文化的重大转折,也是中国民商法进一步发展所必须解决的重大课题。为了总结西南政法大学民商法学科在过去40 多年中取得的成绩,饮水思源,时刻铭记老一辈民法学者对本学科发展所作出的突出贡献,我们曾与法律出版社联袂于 2009 年编辑出版了 5 卷本的“西政民商法学阶梯”丛书和 20 卷本的“西南民商学人文库”和多卷本的“民商经典译丛”。为了发挥本学科在民商法基础理论特别是民法哲学方面的研究优势,我们先后编辑出版了两辑共 13 本“民法哲学”丛书。为了扩大与我国台湾地区的学术交流活动,我们曾与华中科技大学出版社、台湾元照出版股份有限公司倾力打造了“华中·元照西政民商法学术文库”和“华中·元照中青年法律科学文库”。

为了进一步充分发挥法学研究对法律实践的引领作用，我们决定集合校内外各种资源，推出既能综合反映西南政法大学民商法学科科研实力，又能广纳群贤、有效荟集国内外最新民商法学研究成果，并能对中国法治建设起到推动作用的大型系列丛书——“民商法经典文库”。本文库分为民法哲学、经典译著、学术研究、前沿争鸣、名家讲坛、教育研究、经典案例及年度十大有影响力案例、研究随笔9个系列。同时，我们也真诚邀请国内外贤儒同仁不吝赐稿，积极支持我们的工作。我们相信，在国内外同行专家的共同帮助下，本文库一定能够达到预期目标。

是为序。

2012年11月6日于西南政法大学

2021年7月6日修订于西南政法大学

我们应该怎样进行比较法研究
（代序言）

股份公司作为人类社会在组织创新方面伟大的发明之一，虽然滥觞于16世纪的英国，但却完善于德国、美国、日本诸国。从某种意义上说，股份公司作为一种成熟的社会经济组织，既是社会经济发展到一定阶段后组织进化的必然产物，也是实现财产资源和社会资源有机结合的一种最有效方式。因此，股份公司作为资本集中的最有效方式和促进财富创造的最佳载体，不仅为社会经济发展提供了强大的动力，而且与整个外部世界发生了良性的化合反应；其结果不但从根本上改变了社会的基层组织结构和社会治理结构，而且直接影响社会治理方式和社会治理理念的更新与变革。虽然简单地将国家视为放大版的股份公司，无疑过于牵强和武断；但股份公司的治理理念全方位渗透到国家治理的各个层面,却是一个不争的事实。股份公司所尊崇的经济民主为政治民主提供了深厚土壤,股份公司所秉持的股份平等和股权平等则为社会平等思想注入了新鲜血液;股份公司所实行的公开透明原则、公平公正原则完全契合了现代社会的公平共享发展要求,其所坚持的所有权和经营管理权适当分离也更符合物尽其用的绿色原则。不仅如此,股份公司为解决效率与公平之间的冲突所设计的复杂高效的内部治理结构为国家治理提供了良好的路径资源,其为解决委托代理关系所设计的一系列信义义务也为各国的社会诚信制度建设提供了丰富的借鉴对象。时至今日,一国对股份公司的接受度和利用度不仅在很大程度上决定了该国经济发展的快慢,而且俨然已成为衡量该国市场经济成熟度的最重要的显性指标;从这个意义上说,我们无论怎么评价股份公司对现代社会的贡献都不为过。

但不无遗憾的是,在既有的对股份公司法的研究中大多聚焦公司具体制度的设计,真正对其制度运行轨迹进行全方位深入研究的著述尚不多见,特别是从跨国别视角进行比较性研究的著述更属凤毛麟角。一方面,是因为公司制度的演变与作为其建构基础的社会经济条件之间具有非常紧密的联系,从而要求著作者不但要了解该国公司法的制度设计原理,更应了解该国社会经济制度的演变过程。而对许多学者来说,熟悉掌握本国的法律制度相对来说可能较容易,但要深入了解与其自然环境和社会环境迥异的其他国家的法律制度和社会经济制度就变得非常困难。另一方面，相对具体制度而言，要想对公司制度的演变规律从宏观视野上进行准确把握不但要求必须有敏锐的洞察力和高度的抽象概括能力，更要求有学贯多国的深厚法学专业功底，二者缺一不可。高桥英治先生早年留学德国，在哥廷根大学取得博士学位，深受德国细密法学思想的浸润；工作以来一直在日本高校从事商法学的教学研究工作，并基于职业习惯一直与德国同行保持非常密切的联系。正是得益于这种得天独厚的条件，高桥英治先生始终将自己的研究重点聚焦与德国公司法相关的研究议题上。作为其例证是，除本书外，高桥英治先生的另一部代表作《企业集团与少数股东的保护》一书同样是以德国公司法作为主要研究对象，并同样取得了令人称许的研究成果。

利用自己较早接触本书译文之便，通过仔细拜读高桥英治先生《日德股份公司发展史》这一体大思精的倾心之作，我认为本书至少在以下几方面值得充分肯定：一是研究对象独到。本书并不是针对股份公司法中的一些具体制度进行解析和比较，而是以日德两国公司法的整体框架结构作为研究对象，对日德两国自 19 世纪以来的股份公司立法与公司法学的发展演变进行了详尽的剖析和解说，并将公司的发展历史置于整个世界社会经济发展的大背景下，通过日德两国公司制度的演变，折射整个公司制度的演变规律以及其与社会经济的互动关系。从这个意义上说，本书的研究具有一定的开拓性。二是研究视野开阔。本书的研究虽然以日德两国公司法为主，但却并没有仅仅局限于日德两国的公司法律制度，而是将日德两国的公司法置于整个世界公司制度发展的宏大背景之下，并努力寻找各国公司制度差异化的原因及其趋同化的利弊，从而为各国公司法改革提供了强有力的理论支撑。三是研究内容具有新颖性。日德两国作为第二次世界大战的战败国，虽然在政治上和军事上均无值得肯定之处，但其军事实力和国民经济的动员能力却是令人意外的。从这个意义上说，能够支撑日本和德国进行长时间军事战争的经济基础是非常强大的；而在其经济基础塑造中，股份公司无疑发挥无可替代的作用。由于历史原因，无论在经济学界还是在法学界，对日德两国第二次世界大战时期股份公司的历史原貌、社会贡献及其相关制度构造的研究鲜有人涉足，其结果是使对公司制度的系统性研究出现了不该有的断层和罅隙。高桥英治先生以大无畏的勇气，直面这一历史瞬间，对这一敏感时期的公司制度沿革进行了较深入、系统的论述，从而有效恢复了这一阶段公司制度的历史原貌。值得说明的是，正视股份公司在第二次世界大战中的作用并不是为日德的军国主义“鸣冤招魂”，而是最大限度地还原历史，真实反映社会经济组织与社会发展的互动关系。四是研究结论可靠，具有较强的可借鉴性。本书的研究既专注探讨日德两国股份公司的具体法律制度，又着眼公司制度的宏观设计背景；既探究了诸多股份公司典型制度的内涵，又梳理了一些股份公司代表性制度的历史演变概貌；既发掘了日德两国在股份公司制度设计上的差异，又评析了世界范围内股份公司制度趋同的利弊得失。由于这些研究都是建立在科学考据的基础上的,因此其结论不但具有高度的确信性,而且可以作为开展后续研究的基础性资料。正是基于这个原因,所以这些研究内容不仅具有较强的理论意义,而且还可对各国现行的公司立法产生一定的检视和校验效果。从这种意义上说,高桥英治先生的研究不但具有较强的学术品赏功能,而且更具有较大的立法借鉴价值。

高桥英治先生是我的老朋友,在多次交往过程中不但给我诸多教益,而且其深厚的法学功底和严谨的治学态度给我留下了非常深刻的印象。高桥英治教授同时又是一位非常勤奋的学者,近年来杰作频现、佳作迭出,其高产的成果每每令我汗颜,也是我努力追赶的目标。

本书的译者李秀文副教授有多年留学日本的经历,对日本商法特别是其中的公司法有较深的领悟。感谢李秀文女士将高桥英治先生这部非常优秀的著作介绍到中国来,从而使更多的人能够感受到现代公司法学的魅力。为此,我郑重向各位读者推荐本书。

是为序。

2022 年 3 月 23 日于西南政法大学

作者序

笔者早年留学德国哥廷根大学，从哥廷根城市景观中可以看到罗马、哥特、文艺复兴、巴洛克、装饰派艺术（Art Deco）、现代派等不同风格的建筑。在一次哥廷根大学举办的慕尼黑巴士旅行中，司机在长达十多个小时的旅途中一直重复播放着欧洲老歌。无论是在音乐、美术还是在学术方面，德国人都不太热衷追逐潮流，而是习惯从厚重的历史积淀中选择适合自己的生活方式。这一点，对于当时处于泡沫经济时期、热衷追赶时尚潮流的日本人来说，十分新鲜。

本书的目的在于阐述日德两国股份公司法的历史构造。对于立志在哥廷根大学取得学位的外国留学生来说，德国学说的厚重给他们留下了深刻印象。留学生经常收集德国学生不怎么翻阅的维尔纳·弗卢梅（Werner Flume）、卢卡·瓦尔德施密特（Luca Waldschmid）

等知名学者的教科书，谦虚地学习德国股份公司法学。笔者正是在此时萌生了将来以比较法研究的方式将德国股份公司法学的内容介绍给日本读者的想法。如果读者能够通过本书理解日德股份公司法的厚重感以及日德两国学术交流的重要性，笔者将深感荣幸。

迄今为止，日本学界关于德国股份法及学说的论著不在少数，然而大多数文章仅限于对两国各个具体制度和学说的比较与探讨，尚未对两国股份公司法的发展过程进行全面剖析的比较研究。本书是日本公司法学界首部采用比较法研究的方式，对日德两国从 19 世纪至今的股份公司法与公司法学的发展史进行详尽解说的著作。其特色在于以 100 年为单位，将日德两国的股份公司法和股份公司法学分为“19 世纪的成立期”“20 世纪的发展期”“21 世纪的现代期”3 个部分，进行了整理和讨论。由于日德两国均为第二次世界大战的战败国，因此日德两国在第二次世界大战时期的股份公司及股份公司法学的法律规制和学说较少被人提及，本书对这部分内容也进行了论述。本书最后一个部分对上述两国各个时期的股份公司法的内容进行了总结与展望。

本书揭示出未来日德两国股份公司及股份公司法学的发展方向。第二次世界大战前的日本《股份公司法》以德国法为蓝本，并结合当时日本公司实务界情况不断创新发展。但是第二次世界大战后，德国和日本借鉴美国法，并引入美国法的各项公司制度，两国的制度规定越来越相似，形成了所谓股份公司法趋同之现象。本书主张各国公司法不断趋同的现象对于日德两国股份公司法的发展并无益处,应予以谨慎对待。当下,德国法的规制内容依然值得日本公司法借鉴,譬如,以保护子公司少数股东的企业集团法和共同决定法,经营判断规则的立法规定等。同样,对于德国法来说,日本股份公司中公司机关设置的自由化等内容有重要的立法参考价值。

最后,西南政法大学赵万一教授对本书的出版付出大量心血,在此深表谢意。由衷感谢中国福州大学李秀文老师,日本 SBI 大学院大学卢晓斐老师、武藏野大学陈宇老师为本书的翻译付出的大量时间和精力。同样,感谢法律出版社为本书的出版事宜付出的努力。

高桥英治

2021 年 5 月于大阪府和泉市

目　录

第二编 日 本 法

第三编　日德股份公司法及股份公司法学的发展史比较

序　章

本书是一部关于公司立法和学说比较研究的著作。作者以 100 年为单位探讨了日德两国股份公司的立法和学说的发展过程,目的在于通过概括两国股份公司法制以及股份公司法学的历史沿革,为两国股份公司立法和公司法学研究指明未来发展的方向。

本书将日德两国股份公司法制以及股份公司法学的发展历程分为 19 世纪的成立期、20 世纪的发展期和 21 世纪的现代期,阐述各阶段日德股份公司立法和学说的发展过程。以 100 年为单位进行历史划分,不仅是为了方便叙述两国公司法的发展过程,更是因为 19 世纪末和 20 世纪末是两国公司法制的重要转折点。

德国在 1900 年 1 月 1 日实施了德国《商法典》与德国《民法典》,关于股份公司的内容由德国《商法典》所规制。而日本于 1899 年制定日本《商法》,在日本《商法》中规制股份公司的相关内容。20 世纪股份公司的发展期以第二次世界大战为中心分为战前期、战争期和战后期 3 个阶段。在德国,因魏玛时期的紧急命令等进行法律修改,1937 年《股份法》从德国《商法典》中独立分离出来,以“股份法”这一名称进行重新规制;本书将在战争期部分阐述 1937 年德国《股份法》的内容。战争期间,股份公司的立法和学说深受纳粹思想影响。战后,1965 年制定德国《股份法》,由此产生了新的股份公司法学。

日本在战前期确立了股份公司法学。此时,涌现出受集权主义思想影响的学说,但并未成为股份公司法学的主流。战后期,在联合国占领下的日本,受美国法影响,日本《商法》进行大规模修改,随后又陆续进行了多次修改。日本学界认为,正是公司实务的解释论促进了战后日本的经济增长。

在德国,公司法现代期的开端是在 2000 年前后。这一时期,德国受欧盟法之影响屡次修改德国《股份法》。1990 年前后,德国对德国《股份法》进行了多次部分修改。2000 年,在里斯本(Lisboa)召开的欧洲首脑会谈〔1〕决定从根本上改革欧洲经济:到 2010 年为止,将欧盟(European Union,EU)发展为世界上最具竞争力的经济市场。此后,德国倡导公司法制现代化(modernising),基于 2002 年公司法

〔1〕 ハラルド・バウム、早川勝＝久保寛展訳『ヨーロッパ買収法および会社法の改正に関する「会社法専門家ハイレベル・グループ」の提案』ワールド、ワイド、ビジネス、レビュー同志社大学 5 巻 1 号(2003 年)104 頁以下参照。

高层小组报告书[2]提出的立法构想,制订了2003年欧盟行动计划书,[3]代替了此前由德国联邦司法部主导的修法方式。德国认可了由欧洲委员会制订的欧盟行动计划书,确立了依照欧盟行动计划书进行立法的方式。[4] 日本在1990年泡沫经济破裂后,开始了以促进经济发展为目的的公司立法。2000年前后开始探讨公司法制现代化,并在2005年制定了日本《公司法》,2014年再次进行大篇幅修法。

本书首先在第一编中阐述了被日本股份公司立法和股份公司法学视为典范的德国股份公司的立法以及公司法学的成立、发展、现代化的过程。其次在第二编中以日本法如何继受德国公司法学作为切入点,详细论述了日本股份公司立法和公司法学的成立、发展、现代化的过程。最后在第三编中对日德两国的股份公司法及股份公司法学进行了横向

---

〔2〕 Report of the High Level Group of Company Law Experts on Modern Regulatory Framework for Company Law in Europe, Brussels, 4.11.2002.

〔3〕 Communications from the Commission to the Council and the European Parliament Modernising Company Law and Enhancing Corporate Governance in the European Union-A Plan to Move Forward, COM (2003) 284 final. 关于2003年EU行动计划书,高橋英治＝山口幸代「欧州におけるコーポレート、ガバナンスの将来像——欧州委員会行動計画書」商事法務1697号(2004年)101頁以下参照。

〔4〕 高橋英治『ドイツ会社法概説』(有斐閣,2012年)10頁以下参照。另外,德国公司法修改方向的欧盟行动计划书有以下文献:Communications from the Commission to the European Parliament, the Council and the European Economic and Social Committee and the Committee of the regions, Action Plan:European company law and corporate governance-a modern legal framework for more engaged shareholders and sustainable companies, Brussels, XXXCOM (2012) 740/2。

比较,指明了日德两国股份公司立法和学说的发展方向。本书主要通过参考股份公司法学的代表性著作,来分析日德两国股份公司法学的特征。

近年来,日德两国的股份公司法呈现向美国法趋同的现象,〔5〕本书的目的在于从这种现象中探寻未来日德股份公司法及股份公司法学之间的关系。作者对近年日本股份公司立法(尤其针对2014年日本《公司法》修改)持批判态度,批判公司法修改过于重视经济界意见,并未充分考虑处于经济地位弱势的从属公司的中小股东和债权人的利益。公司法的正义并不意味着追求经济效率,〔6〕而是要基于宪法上的基本权利保护,重视从属公司的中小股东和债权人的利益。〔7〕本书通过对日德股份公司立法、股份公司法学的考察,试图对重视大企业利益的现行日本股份公司立法敲响警钟,同时为现行股份公司法解释及今后的公司立法指明方向。

---

〔5〕 高橋英治『会社法の継受と収斂』(有斐閣,2016年)15頁以下参照。

〔6〕 田中亘教授表示,效率性与公正及正义的观念并不对立,作为价值基准的效率性支持公正观点下的判断[田中亘「商法学における法解釈の方法」民商法雑誌154巻1号(2018年)46頁参照]。但是,根据田中亘教授的效率性的标准,即潜在的帕累托标准(假设性补偿原理),那么"如果某个政策增加整个社会的利益,通过该政策的实施可能对受到不利者进行补偿时,该政策是理想的",但从公正或正义的观点来看,增加了的整个社会的利益如果不能通过该政策对受到不利者进行实际补偿,那么该政策是"帕累托最佳"但不是"理想的"。在潜在的帕累托标准(假设性补偿原理)中,缺少了对增加了的社会全体财富的再分配这一对法律正义和公正来说很重要的视点。关于该问题,参见Eiji Takahashi, Die Rezeption und Konvergenz des deutschen Handels-und Gesellschaftrechts in Japan: Gesammelte Schriften, Baden-Baden 2017, S. 176。

〔7〕 关于公司法上的正义,高橋英治『会社法概説』〔第3版〕(中央経済社,2015年)7頁以下参照。

第一编　德　国　法

德国股份公司相关立法和学说的发展过程可分为成立期(1807年法国《商法典》至1900年德意志帝国《商法典》施行的时期)、发展期(1900年德国《商法典》施行至2000年)、现代期(2000年至今)。以下分别阐述德国股份公司相关立法和学说的发展过程。

一、成立期(1807 年法国《商法典》至 1900 年德意志帝国《商法典》施行)

19 世纪是德国《股份公司法》以及德国股份公司法学的成立期;但世界上最早的近代商法典——1807 年法国《商法典》成立前,股份公司已经在欧洲历史上诞生。因此,在介绍德国《股份公司法》成立期的本章中,首先从探讨被视为股份公司的类似组织的公共索西艾塔斯(societas publicanorum)是否可以被称为股份公司为切入点,对以康孟达(commenda)为起点的中世纪商业组织进行概述。其次对 1807 年法国《商法典》中的《股份公司法》进行分析和探讨,对 19 世纪德国股份公司的立法和学说的发展进行概述。最后对德国《股份公司法》成立期的立法和学说的特征进行概括。

（一）股份公司法

1. 罗马时期存在股份公司吗

公共索西艾塔斯(societas publicanorum)，是指税收和公共事业的承包人的团体。[1] 在传统罗马法时期为具有法人格的社团(universitas)。[2] 卡泽尔(Kaiser)在其著作《罗马私法》中将公共索西艾塔斯(societas publicanorum)视为社团(Körperschaft)的一种。[3] 现代罗马法学的世界性权威学者齐默尔曼(Zimmermann)认为，尽管公共索西艾塔斯(societas publicanorum)名为合伙，但与合伙不同，与其说是私人性的合伙，不如说是公共性的公司形态的企业。[4] 卡泽尔(Kaiser)和克努特尔(Knütel)在2014年出版的《罗马私法》(第20版)是现代德国具有代表性的罗马法概说书。他们在书中主张，公共索西艾塔斯(societas publicanorum)是社团(Verein)的一种，绝非单

---

〔1〕 本书一、(一)1. 基于高橋英治「ローマ法上の企業形態としてのソキエタスとソキエタス・プブリカノルム」法学雑誌62巻2号(2016年)217頁以下展开叙述。

〔2〕 Honsell/Mayer-Maly/Selb, Römisches Recht, 4. Aufl., Berlin 1987, S. 77 f.

〔3〕 Kaiser, Das römisches Privatrecht, Erster Abschnitt, 2. Aufl., München 1971, S. 308, S. 574, Fn. 23.

〔4〕 Zimmermann, *The Law of Obligations: Roman Foundations of the Civilian Tradition*, Oxford 1996, S. 468.

纯的“合伙”。[5]

对于这样的传统解释,2010 年弗莱克纳(Fleckner)在其博士论文《古代的资本团体》中主张,应该将公共索西艾塔斯(societas publicanorum)看作合伙(societas)的特别形态。[6] 他列举了以下几点理由:(1)公共索西艾塔斯(societas publicanorum)这一名称自身显示其为索西艾塔斯(societas)的特殊形态;(2)历史上公共索西艾塔斯(societas publicanorum)由社团发展而来;(3)《Gaius 法学提要》[7]等罗马时代的法学主要文献并未将具有社团(Körperschaft)构造的团体称为索西艾塔斯(societas)或公共索西艾塔斯(societas publicanorum)。[8]

弗莱克纳(Fleckner)指出,除传统的税收事业外,公共索西艾塔斯(societas publicanorum)还参与了矿山租赁,金、银、铁、铅、铜、盐、石灰岩和焦油的挖掘;参与了公有地、渔场、输水管道和运河的租赁;参与了神殿、水井、输水管道、运河、港口、剧场和市场的建设维护以及军队的援助和谷物的进口等事业。[9]

---

〔5〕 Kaser/Knütel, Römisches Privatrecht, 20. Aufl., München 2014, S. 110.

〔6〕 Fleckner, Antike Kapitalvereinigungen: Ein Beitrag zu den konzeptionellen und historischen Grundlagen der Aktiengesellschaft, Köln 2010, S. 145.

〔7〕 邦訳として,船田享二訳『ガイウス法学提要』〔新版〕(有斐閣,1967 年)がある。

〔8〕 Fleckner, Antike Kapitalvereinigungen: Ein Beitrag zu den konzeptionellen und historischen Grundlagen der Aktiengesellschaft, S. 386 - 413.

〔9〕 Fleckner, Roman Business Associations, Max Planck Institute for Tax and Public Finance, Working Paper 2015 - 10, October 2015.

虽然从上述公共索西艾塔斯(societas publicanorum)的事业形态来看,由众多成员和出资人组成的公共索西艾塔斯(societas publicanorum)似乎曾经存在,但实际上并非如此,现在几乎找不到曾经存在大规模公共索西艾塔斯(societas publicanorum)的历史证据,只有《利未记》中记载了19个当事人在第二次迦太基战争(公元前3世纪)中为援助罗马军队组成了3个团体。[10]

在罗马帝国的鼎盛时期,国家开展了众多大规模事业,公元前1世纪左右公共索西艾塔斯(societas publicanorum)迅猛发展。但后来随着公共事业的锐减,公共索西艾塔斯(societas publicanorum)逐渐趋于衰退,最终消灭于公元3世纪。[11]

在19世纪中叶的德国,存在将罗马时代的公共索西艾塔斯(societas publicanorum)视为最早的股份公司的学说。1853年马夸特(Marquadt)在其著作《罗马古代手册》第三部第二节中称:"公共索西艾塔斯(societas publicanorum)为股份公司,其参与者持有或多或少的出资份额,由此构成资本。"[12] 1858年罗伯特·赫尔曼(Robert Hermann)在其著作《股份公司的法律性格》中指出:"公共索西艾塔

〔10〕 Livy 23:49:1, bei:Fleckner, Roman Business Associations, Max Planck Institute for Tax and Public Finance, Working Paper 2015 – 10, S. 8.

〔11〕 Fleckner, Roman Business Associations, Max Planck Institute for Tax and Public Finance, Working Paper 2015 – 10, S. 8.

〔12〕 Marquadt, Handbuch der Römischen Alterthümer-nach den Quellen bearbeitet, begonnen von Wilhelm Adorf Becker, fortgesetzt von Joachim Marquadt, Dritter Teil, Zweite Abteilung, Leipzig 1853, S. 217.

斯(societas publicanorum)……就其目的、现象及法律性格而言,无疑无异于当今的股份公司。"[13]1858 年翁格尔(Unger)也在其论文《关于法人理论》中称,"公共索西艾塔斯(societas publicanorum)是近代股份公司的雏形"。[14] 此外,1863 年阿喀琉斯·雷纳德(Achilles Renaud)指出,公共索西艾塔斯(societas publicanorum)是股份公司的起源。19 世纪具有代表性的私法学者克里斯汀·温德比希勒(Christine Windbichler)在论述索西艾塔斯(societas)为法人时以公共索西艾塔斯(societas publicanorum)为例,认为它是股份公司。[15]

2002 年马尔门迪尔(Malmendier)在其著作《公共索西艾塔斯:私人企业家手中的国家经济活动》(Societas Publicanorum:Staatliche Wirtschaftsaktivitäten in den Händen privater Unternehmer)中,依据克里斯汀·温德比希勒(Christine Windbichler)以公共索西艾塔斯(societas publicanorum)作为承包征税业务的团体,是享有所有权的主体,并以其持有学说汇纂(Digesta)的记录[16]等为依据,[17]主张

〔13〕 Robert Hermann, Der Rechtscharakter der Actienverein, Leipzig 1858, S. 20.

〔14〕 Unger, Zur Lehre von der juristischen Person, Kritische Ueberschau der deutschen Gesetzgebung und Rechtswissenschaft 6 (1858), S. 174.

〔15〕 Windbichler, Lehrbuch des Pandektenrechts, Band 1, 5. Aufl., Stuttgart 1879, S. 153, Fn. 3.

〔16〕 Digesta 3, 4, 1. bei: Malmendier, Societas Publicanorum—Staatliche Wirtschaftsaktivitäten in den Händen privater Unternehmer, Köln 2002, S. 252.

〔17〕 Malmendier, Societas Publicanorum—Staatliche Wirtschaftsaktivitäten in den Händen privater Unternehmer, S. 252 f.

“公共索西艾塔斯(societas publicanorum)在功能上类似近代股份公司”。[18]

关于这一点,卡尔·莱曼(Karl Lehmann)提出反对。他认为,在公共索西艾塔斯(societas publicanorum)中,(1)不承认成员的有限责任;[19](2)不可进行股票的任意转让;[20](3)关于公共索西艾塔斯(societas publicanorum)内部组织的状态,尤其是大会的权限,罗马时代的资料较少且不明确。[21] 因此,并未将公共索西艾塔斯(societas publicanorum)看作近代股份公司的起源。弗莱克纳(Fleckner)于2012年指出,股份公司具备聚集大规模资本的机能,公共索西艾塔斯(societas publicanorum)并不具备这样的机能,因此不能说罗马时代就存在股份公司的雏形。[22] 他认为,罗马法中并未创设近代股份公司制度的原因之一在于罗马法采取的是严格主义,并不具备可灵活应对法律发展需求的机制。[23] 近代股份公司之所以在罗马时代没有得以发展,还存在法律外的其他因素。虽然罗马时代市民极为

〔18〕 Malmendier, Societas Publicanorum—Staatliche Wirtschaftsaktivitäten in den Händen privater Unternehmer, S. 251.

〔19〕 Karl Lehmann, Das Recht der Aktiengesellschaften, Band 1, Berlin 1898, S. 15 ff.

〔20〕 Karl Lehmann, Das Recht der Aktiengesellschaften, Band 1, S. 18.

〔21〕 Karl Lehmann, Das Recht der Aktiengesellschaften, Band 1, S. 18.

〔22〕 アンドレアス・フレックナー「京都大学講演　株式会社の概念上のおよび歴史的基礎について」学術創成通信研究12号(2012年)106頁参照。

〔23〕 Fleckner, Roman Business Associations, Max Planck Institute for Tax and Public Finance, Working Paper 2015 - 10, S. 10.

推崇军事活动、政治活动和艺术活动,但以公共索西艾塔斯(societas publicanorum)形态共同开展商业活动并非市民热衷的对象。根据弗莱克纳(Fleckner)的推测,正是在这样的社会和政治背景下,共同开展经济活动的公共索西艾塔斯(societas publicanorum)最终趋于消灭。[24]

2. 中世纪的商业组织

在股份公司登场之前,承担中世纪欧洲海上贸易的是康孟达(Commenda)。[25] 中世纪意大利各都市的商路随着时代的推移逐渐拓展到亚洲,商人携带商品航海变得困难。康孟达(commenda)是陆地上的资本家与从事航海的企业家之间的合伙关系;前者通过商品等出资,让后者"劳动",[26] 在航海结束时进行利益分配。[27] 这种商业模式在 12 世纪的热那亚较盛行,[28] 马克斯·韦伯(Max Weber)将

---

〔24〕 Fleckner, Roman Business Associations, Max Planck Institute for Tax and Public Finance, Working Paper 2015 - 10, S. 11.

〔25〕 本书一、(一)2. 基于高橋英治「ドイツ法における匿名組合の発展と現状:日本法への示唆」早川勝 = 正井章筰 = 神作裕之 = 高橋英治編『ドイツ会社法・資本市場法研究』(中央経済社,2016 年)26 頁以下展开叙述。

〔26〕 Levin Goldschmidt, Universalgeschichte des Handelsrechts, Erste Lieferung, Stuttgart 1891, S. 269.

〔27〕 小町谷操三『海商法の研究』〔第 3 巻〕(有斐閣,1931 年)65 頁参照。

〔28〕 Max Weber, Zur Geschichte der Handelsgesellschaften im Mittelalter: Nach südeuropäischen Quellen, Stuttgart 1889, S. 19.

其看作康孟达(commenda)作为合伙的要素。[29]

德国最古老的《都市法》就康孟达(commenda)合同进行规定,"假如不对因交易将自己的财产委托给自己友人(concivis)的情形予以肯定,应当对有支付能力的人士(viris)作出有责判决"(1120 年索斯特《都市法》第 30 条)。[30] 1165 年索斯特近郊的梅德巴赫的《都市法》也规定,康孟达(commenda)中出资人与企业家应当分享所获得的利益(1165 年梅德巴赫《都市法》第 15 条)。[31]

后来,威尼斯等地出现了经营者参与出资的合伙(collegantia),

---

〔29〕 Max Weber, Zur Geschichte der Handelsgesellschaften im Mittelalter: Nach südeuropäischen Quellen, S. 20. 马克斯·韦伯(Max Weber)并非通过德国法的合名公司,而是试图通过靠近罗马法的合伙来理解中世纪的共同企业(Max Weber, Zur Geschichte der Handelsgesellschaften im Mittelalter:Nach südeuropäischen Quellen, S. 12 f)。"commenda"也被马克斯·韦伯(Max Weber)理解为"海商法中的合伙"(seehandelsrechtliche Sozietäten)的范畴(Max Weber, Zur Geschichte der Handelsgesellschaften im Mittelalter: Nach südeuropäischen Quellen, S. 15 ff)。马克斯·韦伯(Max Weber)引用了 1890 年日本《商法》的起草者赫尔曼·罗斯勒(Hermann Roesler)的博士论文[Roesler, Die rechtliche Natur des Vermögens der Handelsgesellschaften nach römischem Recht, ZHR 4 (1861), 252 ff],该论文试图从其成立的历史背景(继承关系)出发,以罗马法为基础来理解当时被认为属于日耳曼法领域的商事公司的财产关系(Max Weber, Zur Geschichte der Handelsgesellschaften im Mittelalter:Nach südeuropäischen Quellen, S. 10)。

〔30〕 1120. Aelteste Staturrecht der Stadt Soest, in:Seibertz, Urkundenbuch zur Landes-und Rechtsgeschichte des Herzogtum Westfalen, Augusburg 1839, S. 52. 拉丁语原文的翻译得到了大阪市立大学大学院法学研究科坂口甲副教授的帮助。

〔31〕 1165, Aug. 31. Bestätigt und erweitert Erzogbischof Reinald der Stadt Medebach ihre früheren Rechte, in: Seibertz, Urkundenbuch zur Landes-und Rechtsgeschichte des Herzogtum Westfalen, S. 74.

这是康孟达(commenda)的一种形态。[32] 在 15 世纪,合伙(collegantia)分化为两种:一种是只有经营者在台前出现,出资人隐藏在事业幕后的合资公司(participatio)[33];另一种是经营者和出资人同时出现在台前的合资公司。[34]

在合资公司(participatio)中,出资人被称为"particeps",其出资归营业者所有,存在复数出资人(particeps)的情况下,各出资人(particeps)之间也不发生任何法律关系。在合资公司(participatio)中经营者是以自己的名义进行经营,虽然出资人(particeps)与经营者的交易方之间没有任何法律关系,但共负盈亏。

合资公司(participatio)对外采取的是经营者单独的事业形态,但经济机能上存在与股东有限责任制度相同的机制,即在康孟达(commenda)合同中,出资人与交易对方没有任何法律关系;即使经营者破产,与康孟达(commenda)进行了交易的债权人也无法获取出资人的财产。

然而,合资公司(participatio)最终也并未发展为股份公司。[35] 这是由于当时存在贵族和僧侣等由于身份的制约必须秘密出资的社

---

〔32〕 Levin Goldschmidt, Universalgeschichte des Handelsrechts, Erste Lieferung, S. 260.

〔33〕 关于"participatio"的解释,参见 Lastig, in: Endemann (Hrsg.), Handbuch des deutschen Handels-, See-und Wechselrechts, Erster Band, Buch 1, Leipzig 1881, S. 712 ff。

〔34〕 田邊光政『商法総則、商行為法』〔第 4 版〕(新世社,2016 年)245 頁参照。

〔35〕 主张"participatio"是匿名合伙的原始形态,参见 Lastig, in: Endemann (Hrsg.), Handbuch des deutschen Handels-, See-und Wechselrechts, Erster Band, Buch 1, S. 733。

会背景。[36] 教会法试图将“不索取任何回报的出借”(《路加福音》第六章第三十五节)的宗教教诲作为利息禁止法令的一般性适用,僧侣等在作为资本家进行投资时不得不隐藏自己的姓名。合资公司(participatio)是在中世纪特有的社会伦理的背景下发展起来的匿名合伙合同。

在康孟达(commenda)之后,12 世纪末出现了陆上合伙(compagnia)。[37] 其似乎是始于同一家庭内的兄弟数人共同继承父亲的事业,但后来也用于关系特别亲密者之间开展事业的情形。[38] 根据记载,1318 年在意大利发现了有家庭成员外者参加的最初的陆上合伙(compagnia)。[39] 陆上合伙(compagnia)并非康孟达(commenda)那样的资本与劳动力的不同性质的结合体,而是相同性质的资本团体及劳动力团体。[40] 虽然其成员的姓名通过商号和登记簿进行公示,但各成员在法律上的代表权及个别的无限责任得以发展。在中世纪即将结束时,合名公司的各成员的代表权及无限责任得以确立,以 1479 年纽伦堡《都市法》为首的众多都市法都有关于

〔36〕 岩崎稜＝吉川吉衛＝吉見研次＝山手正史『セミナー商法』(日本評論社,1996 年)290 頁〔岩崎稜＝山手正史〕。

〔37〕 西原寛一『近代的商法の成立と発展』(日本評論社新社,1953 年)22 頁参照。

〔38〕 Karl Wieland, Handelsrecht, Erster Band, München 1921, S. 522.

〔39〕 高橋英治『ドイツ会社法概説』(有斐閣,2012 年)20 頁参照。

〔40〕 Levin Goldschmidt, Universalgeschichte des Handelsrechts, Erste Lieferung, S. 272.

合名公司的规定。[41] 陆上合伙(compagnia)是当今合名公司的起源,1494 年富格尔(Fugger)家三兄弟(Ulrich, Georg und Jacob Fugger)设立的 6 年期限的以"Ulrich Fugker und gebrudere von Augspurg"为商号的合名公司是中世纪最具代表性的陆上合伙(compagnia)。[42]

3. 近代股份公司的诞生

在关于世界最早股份公司的争论中,最具影响力的是卡尔·莱曼(Karl Lehmann)的学说。卡尔·莱曼(Karl Lehmann)主张,在 1602 年 3 月 20 日以特许章程设立的荷兰东印度公司(以下简称荷兰东印度公司)是世界上最早的股份公司。[43] 其依据如下:

首先,卡尔·莱曼(Karl Lehmann)称,1602 年荷兰东印度公司是小规模的船舶共有团(Rhederei)[44] 合并成立的共同企业。[45] 作为将 1602 年荷兰东印度公司看作股份公司的依据,卡尔·莱曼(Karl

---

〔41〕 山田晟『ドイツ法概説Ⅲ』〔第 3 版〕(有斐閣,1989 年)108 頁参照。

〔42〕 Häberlein, Die Fugger: Geschichte einer Augusburger Familie (1367 – 1650), Stuttgart 2006, S. 36; Dauser, Die Fugger und Welser: vom Mittelalter bis zur Gegenwart, Augusburg 2010, S. 27; Haupt/Reinhard, Gesellschaftsrecht, 4. Aufl., Tübingen 1952, S. 42; 石坂昭夫 = 壽永欣三郎 = 諸田實 = 山下幸夫『商業史』(有斐閣,1980 年)53 頁〔諸田實〕参照。

〔43〕 Karl Lehmann, Die geschichtliche Entwicklung des Aktienrechts bis zum Code de Commerce, Berlin 1895, S. 29. 本著作の邦訳として,カール・レーマン,津島憲一訳『株式会社法史』(有斐閣,1932 年)参照。

〔44〕 Karl Lehmann, Die geschichtliche Entwicklung des Aktienrechts bis zum Code de Commerce, S. 31.

〔45〕 Karl Lehmann, Das Recht der Aktiengesellschaften, Band 1, S. 53.

Lehmann)列举了出资份额被称为股份(Aktie),出资份额持有者最初被称为"Aktionnist",后来被称为"Aktionär"(二者均为股东)的事实。[46] 其次,卡尔·莱曼(Karl Lehmann)称,虽然在1602年荷兰东印度公司股东有限责任并未得到重视,[47]但"个人不负责应当由社团(universitas)负责的事务"的罗马法格言在整个中世纪均得到了认可,在17世纪的荷兰该格言也被认为是正确的,当时投资者的有限责任作为一般性原则是理所当然的前提。[48] 最后,卡尔·莱曼(Karl Lehmann)称,以1602年荷兰东印度公司为先驱的荷兰型股份公司的特许状几乎未提及股东有限责任,这是因为当时该问题被认为是属于公司自治的问题。[49] 在1602年荷兰东印度公司,股东有限责任被当作内部关系中的不成文的前提,[50]最先对此进行立法的是1807年法国《商法典》。

另外,卡尔·莱曼(Karl Lehmann)还主张,1602年荷兰东印度公司是法人,即卡尔·莱曼(Karl Lehmann)认为,虽然荷兰东印度公司

〔46〕 Karl Lehmann, Das Recht der Aktiengesellschaften, Band 1, S. 53.

〔47〕 关于这一点,后来大塚久雄博士从《安特卫普习惯法集》将出资份额的出资人的责任形态规定为有限责任一事中推测,认为在作为1602年荷兰东印度公司的前身的船舶共有团中,出资人已经享有有限责任[大塚久雄『大塚久雄著作集第1卷株式会社発生史論』(岩波書店,1969年)349頁参照]。

〔48〕 Karl Lehmann, Die geschichtliche Entwicklung des Aktienrechts bis zum Code de Commerce, S. 51 f.

〔49〕 Karl Lehmann, Die geschichtliche Entwicklung des Aktienrechts bis zum Code de Commerce, S. 54 f.

〔50〕 Karl Lehmann, Das Recht der Aktiengesellschaften, Band 1, S. 58.

是根据特许章程于 1602 年设立的,但该特许章程赋予了该公司法人格,具备了形成其组织的功能。[51] 作为荷兰型股份公司的机关,最初不是由股东选任,而是由政府指派行长(Vorsteher)进行股份公司的管理。[52] 虽然当时荷兰型股份公司不存在股东大会,但在海上事业结束时股东得到了分红。后来对公司投资最多的大股东获得了业务执行监视权和利益分配的认可权,这成为股东大会和监事会的起源。[53]

荷兰型股份公司虽然没有现代公司法意义上的注册资本,但存在作为公司财产的一定数额的基金;该基金是为冒险事业所筹集,要求在冒险事业结束前的一定期间内加以维持。[54] 但若公司并非只是一次而是多次进行冒险事业,则会形成“持续性基金”。此外,最初也不存在基金的均一的出资份额权。但后来均一的出资份额权作为最小限度的出资面值登场,基金被认为是由多个均一的出资份额所构成的。[55]

荷兰型股份公司的股东权是纯粹的财产权,[56] 其分为利益分配

---

〔51〕 Karl Lehmann, Das Recht der Aktiengesellschaften, Band 1, S. 61.

〔52〕 Karl Lehmann, Das Recht der Aktiengesellschaften, Band 1, S. 62.

〔53〕 Karl Lehmann, Das Recht der Aktiengesellschaften, Band 1, S. 62.

〔54〕 Karl Lehmann, Das Recht der Aktiengesellschaften, Band 1, S. 63.

〔55〕 Karl Lehmann, Das Recht der Aktiengesellschaften, Band 1, S. 63.

〔56〕 Karl Lehmann, Die geschichtliche Entwicklung des Aktienrechts bis zum Code de Commerce, S. 66.

请求权和一定期间后收回出资的权利。[57] 1602 年颁布的荷兰议会关于荷兰东印度公司的特许章程对此规定应每 10 年进行决算。[58] 该决算制度造就了股份公司的财务会计机制。为了决算而编制财产目录和资产负债表,并区分金钱债权和金钱债务,而利益分配应当在注册资本填补后进行。[59]

公司债权人无法获取公司财产,而是从剩余财产中得到满足。股东权几乎一直可以转让。[60]

如上所述,卡尔·莱曼(Karl Lehmann)是从以 1807 年法国《商法典》为基础的股份公司的基本理念[即(1)存在股东有限责任制度;(2)法人性;(3)实际上的注册资本制度的成立;(4)股东权及其自由转让性等]出发,主张 1602 年荷兰东印度公司是世界上最早的股份公司。

关于哪家公司是德国最早的股份公司的争议,卡尔·莱曼(Karl Lehmann)的见解在当今仍具有影响力。[61] 卡尔·莱曼(Karl

---

〔57〕 Karl Lehmann, Das Recht der Aktiengesellschaften, Band 1, S. 64.

〔58〕 Karl Lehmann, Die geschichtliche Entwicklung des Aktienrechts bis zum Code de Commerce, S. 70.

〔59〕 Karl Lehmann, Die geschichtliche Entwicklung des Aktienrechts bis zum Code de Commerce, S. 70.

〔60〕 Karl Lehmann, Das Recht der Aktiengesellschaften, Band 1, S. 65.

〔61〕 铃木竹雄和竹内昭夫两位博士称,"认为以 1602 年设立的荷兰东印度公司为先驱的,在荷兰、法国和德国等设立的殖民公司是股份公司的起源的学说较有力[卡尔·莱曼(Karl Lehmann)、大塚久雄]"[鈴木竹雄 = 竹内昭夫『会社法』〔第 3 版〕(有斐閣,1994 年)38 頁]。

Lehmann)认为,根据1651年特许章程成立的布登堡东印度公司是德国最早的股份公司,[62]后来德国和日本的学者均采用此观点。[63]

4. 股份公司法的制定

(1)1807年法国《商法典》

世界上最早关于股份公司的立法应属于1807年法国《商法典》对股份公司(无名公司)的规定,[64]该规定由12条简洁的条文组成。1807年法国《商法典》对此的规定在日本并不广为人知,但其作为研究资料非常重要,因此以下列出该12条条文。

第19条 本法承认3种商事公司。

合名公司

所有相关人员均未参加商事业务的公司(合资公司)

---

〔62〕 Karl Lehmann, Das Recht der Aktiengesellschaften, Band 1, S. 75.

〔63〕 Bösselmann, Die Entwicklung des deutschen Aktienwesens im 19. Jahrhundert, Berlin 1939, S. 51; Kießling, Eisenbahnbau und Industrialisierung als Katalysator der Entwicklung des Aktienrechts, in: Bayer/Habersack (Hrsg.), Aktienrecht im Wandel, Band 1, Entwicklung des Aktienrechts, Tübingen 2007, S. 133; 神作裕之「ドイツにおける会社法と資本市場法の交錯」商事法務1865号(2009年)12頁;高橋英治『ドイツ会社法概説』(有斐閣,2012年)79頁参照。关于布登堡东印度公司,Bergfeld, Trade Companies in Brandenburg, VOC 1602 - 2002: 400 Years of Company Law, Deventer, The Netherlands 2005, S. 251 ff。

〔64〕 西原寛一『近代的商法の成立と発展』(日本評論社新社,1953年)37頁;大隅健一郎『新版株式会社法変遷論』(有斐閣,1987年)48頁参照。关于1807年法国《商法典》的立法过程,石川真衣「フランスにおける株式会社の成立と展開(3)——会社本質論の手がかりとして」早稲田大学大学院法研論集151号(2014年)33頁。笹岡愛美『フランスにおける「商法典」』NBL935号(2010年)61頁以下参照。

无名公司(société anonyme)

第29条 无名公司拥有不显示共同关系人姓名的商号。公司的参加者此时不包含在商号中。

第30条 无名公司的商号中显示商事事业的对象。

第31条 无名公司由代表者管理。可在一定期间内限制对无名公司代表者的管理的委任,或将无名公司代表者解任。无名公司代表者可参加公司的事业。既可向无名公司代表者提供薪酬,也可不提供薪酬。

第32条 无名公司的管理者只对受任事项的实施负有责任,管理者对公司债务不负连带责任。

第33条 无名公司的出资人不会蒙受超过其出资份额的损失。

第34条 无名公司的注册资本分为股份及与之等值的比股份小的部分。

第35条 股份可制作为有确定持有者的证券。

第36条 股份的所有权可通过将所有股份持有者的名字记载于公司登记簿进行登记。在这种情况下,股份的转让是通过表示转让的意愿并将其登记于登记簿,且由出让人或其代理人签名来实现。

第37条 无名公司经政府的核准并对设立行为予以批准后成立。该无名公司的设立核准必须通过相关行政规定所指定的形式进行。

第 40 条 无名公司只有经过政府核准才能设立。

第 45 条 与无名公司相关的政府的设立核准证必须在与公司的设立行为相同的时期进行公示。

1807 年法国《商法典》并不是世界上最早对股份公司作出规定的制定法。由于当时受到法国的影响,德国各邦开始适用德国法,故德国法也被认为是最早就股份公司作出规定的法律。[65]

1807 年法国《商法典》将股份公司称为无名公司(société anonyme)。这是因为在其商号中不能含有出资者的姓名(该法第 29 条),应将与公司目的相应的事业对象作为其商号(该法第 30 条)。在无名公司中股东有限责任得以确立(该法第 33 条)。无名公司采用注册资本与股份的面值总额相一致的原则。但是,近代股份公司法中股东可遵循有限责任之理论性条件的注册资本充实维持的原则,即公司获得与注册资本相当的财产的出资并加以维持的原则,这在无名公司中并未得以确立。关于这一点,只能等待后来关于股份

---

〔65〕 Andreas Deutsch, Die Aktiengesellschaft im Code de Commerce von 1807 und ihre Vorbildfunktion für Entwicklung in Deutschland, in: Bayer/Habersack (Hrsg.), Aktienrecht im Wandel, Band 1, Entwicklung des Aktienrechts, S. 48. 现行法国《商法典》也将股份公司称为“société anonyme”(参见法国《商法典》第 L225 - 1 条)。关于这一点,鳥山恭一「フランス会社法とコーポレートガヴァナンス論」奥島孝康教授還暦記念『比較会社法研究』(成文堂,1999 年)481 頁。

的履行出资的规定及关于剩余金计算规定的立法进展。但1807年法国《商法典》设置了无名公司的交易对方可不必期待获取股东的个人财产的制度，即1807年法国《商法典》禁止无名公司使用与个人相关的商号（该法第29条），并规定了无名公司在商号中显示其事业对象（事业目的）的义务（该法第30条）。如此一来，无名公司的交易对方就可以通过商号认识到对方是只负有限责任的公司，并且知晓其事业对象，从而可在一定程度上预测交易风险。

在1807年法国《商法典》中，无名公司的股份转让的自由性得以确立（该法第35条、第36条），但无名公司采用的是设立核准主义（该法第40条），无名公司的法律性质和关于股东大会的规定等并不充分。

1807年法国《商法典》对当时德国各邦也有较大影响。在普鲁士，尽管政府反对，但该法直到1843年都在莱茵边境等有效；[66]在巴登，1807年法国《商法典》经翻译后作为巴登的邦法于1810年1月1日开始实施；[67]在法兰克福大公国，1807年法国《商法典》经修改后于1811年1月1日开始生效。[68]

---

〔66〕 松井秀征『株主総会制度の基礎理論：なぜ株主総会は必要なのか』（有斐閣，2010年）87頁。Andreas Deutsch, Die Aktiengesellschaft im Code de Commerce von 1807 und ihre Vorbildfunktion für Entwicklung in Deutschland, in: Bayer/Habersack (Hrsg.), Aktienrecht im Wandel, Band 1, Entwicklung des Aktienrechts, S. 92.

〔67〕 Ders., S. 93 f.

〔68〕 Ders., S. 95.

(2)1838年普鲁士《关于铁路事业的法律》

1838年11月3日,普鲁士制定了《关于铁路事业的法律》。[69]该法是设立核准制下开展铁路事业的股份公司的法律,虽然对象限定为开展铁路事业的股份公司,但实际上是普鲁士制定的最早的《关于股份公司的法律》(以下简称1843年普鲁士《股份法》)。[70] 该法规定,开展铁路事业的公司必须明确规定股份资本,虽然并未使用"股份公司"一词,但规定开展铁路事业的公司必须是股份公司(该法第1条第1句)。该法还有像股份这样纯属股份公司法的规定(该法第2条)。特别引人关注的是该法第3条第2句,其规定:"在章程尚未得到核准的情况下,公司与其代表者的关系由一般法律上的合伙(公司)合同及委任合同规定。"基斯林(Kießling)于2007年主张该规定是以股份公司在其设立核准前作为一般法律上的合伙(公司)合同等存在为前提。[71] 1861年德国《商法典》第211条规定,"在经过有效的设立核准及商业登记簿的注册前,股份公司本身并不存在"。"设立中的公司"这一概念从法律上被予以否定,因此如果如

---

〔69〕 Gesetz über die Eisenbahn = Unternehmungen, Gesetz No. 1947 vom 3. November 1838, Gesetz = Sammlung für die Königlichen Preußischen Saaten, No. 35, S. 505 ff. 该法律也收录于 Das Königreich Preußische Eisenbahngesetz vom 2. November 1838, Elberfeld 1838, S. 3 ff。

〔70〕 神作・前揭注(63)商事法務1865号12頁,高橋英治『ドイツ会社法概説』(有斐閣,2012年)79頁以下参照。

〔71〕 Kießling, Das preußische Eisenbahngesetz von 1838, in: Bayer/Habersack (Hrsg.), Akticnrccht im Wandel, Band 1, Entwicklung des Aktienrechts, S. 155 f.

基斯林(Kießling)所说,《关于铁路事业的法律》第3条第2句是承认“设立中的公司”为一般法律上的合伙(公司)合同等的规定,那么可以说1838年普鲁士的《关于铁路事业的法律》是从法律上对后来长年存在争议的“设立中的公司”的存在加以肯定的划时代的立法。

《关于铁路事业的法律》第3条第3句规定:“通过章程的核准,该公司取得社团或无名公司的权利。”1794年普鲁士《一般邦法》称,社团在对与第三方的关系上拥有概括性的权利能力(该法第一部第十七章第169条以下)。因此,根据该法设立的股份公司在对与第三方的关系上拥有权利能力。虽然该法第3条第3句规定经设立核准的股份公司具备完全的权利能力,[72]但在股份公司转让土地时,或在进行通过发行新股增资和借款等基本行为时,仍需要获得政府的核准(该法第6条、第7条)。

(3)1843年普鲁士《股份法》

普鲁士最早的专门以一般股份公司为对象的法律是1843年11月9日制定颁布的《股份法》。该法是非常重要的历史资料,因此以下列出全文。

---

〔72〕 Ders., S.157.

第一章 一般原则

第1条 具有现行法规定的权利义务的股份公司只有经过领邦君主的许可才可以设立。股份公司的公司合同(章程)必须提交领邦君主进行核准。

第2条 公司合同必须由法院或公证人进行记录或实施。章程必须规定以下事项:

第1项 公司的商号和总部所在地

第2项 公司的企业对象及其是否设置固定的注册资本和各个股份,是所有人均可以成为持股人还是只有特定者才可以成为持股人

第3项 编制资产负债表(第24条)的基本原则

第4项 代理的方法和代理人的资格证明的形式

第5项 出资人大会的召集方式

第6项 行使表决权的方法

第7项 可单纯通过多数决表决的事项及更进一步应通过出资人的人数表决的事项

第8项 公司发布公告的报纸

第3条 得到政府核准的公司合同应在公司总部所在行政区域的政府公报进行公告。核准公司合同的公告收录于法律集。但是,在公司发行不限定持股人的股份的情形

下，或在向股份赋予现行法未规定的优先权的情形下，或在公司章程有修改现行法的内容的情形下，必须在公报及法律集中收录公司合同的全文。在公报发布公告的费用由公司承担。

第4条 公司合同的变更或延长需要经过领邦君主的核准及发布第3条规定的公告。

第5条 股份公司应根据其设立公司的对象而不是出资人的姓名来决定商号。

第6条 领邦君主可出于公益优先的理由，为了防止公益受到侵害，在给予补偿后撤销股份公司的设立许可。在这种情况下，向公司支付的补偿仅限于实际发生的损害，不包括将来可能获得的利益。若就补偿的金额存在争议，其金额由法官决定。

第7条 若股份公司严重滥用其特权，则将在没有补偿的情况下失去权利。该情况下的权利剥夺由判决进行。

第二章　股份公司与股东的关系

第一节　一般事项

第8条 股份公司通过领邦君主的核准获得作为法人的属性。作为法人的属性包括以自己的名义取得土地及基本财产,并在登记簿上登记。

第 9 条　开展事业或商业的股份公司具有商人的权利义务。若股份公司负有票据债务,可对该股份公司提起票据诉讼。但是,这种情形下只能对公司财产实施强制执行。在存在商人协会的地区,股份公司负有参加的义务。

第 10 条　若关于股东的权利义务章程未作特别规定,则适用公司总部所在地关于公司合同的法律规定。

第二节　持股人未作限定的股份

第 11 条　公司发行持股人未作限定的股份时,①不得在获得股份的面值金额的全部出资前发行股份,并且不得在获得部分出资的情况下发行记载持股人的临时股票;②股份的署名者负有股份面值金额的百分之四十的支付义务,即使股份的署名者将股份转让给第三方,或经过公司同意,也不能免除该支付义务;③可通过公司合同规定在支付面值金额的百分之四十后能否将权利义务转让给第三方以及可将何种权利义务转让给第三方。

第三节　持股人限定的股份

第 12 条　公司发行持股人限定的股份时,必须在股东名册上登记该持股人的姓名、出生地及住址。将股份的所有权转让给第三方时,为了在股东名册上进行登记,应由受让人向公司提出申请。在对公司的关系上,只有被记载于股东名册者才被看作股份的所有者。

第13条 在股东尚未完全支付股份的面值金额的期间,即使将该股东权利转让给第三方,只要公司不予承认,也就不能免除剩余金额的支付义务。在这种情况下,退出公司的股东对从退出时起1年内发生的公司的债务,根据其退出公司的情况负有连带责任。

第四节 持股人未作限定的股份及持股人限定的股份二者共通的规定

第14条 署名的面值金额的支付出现延迟时,或部分支付出现延迟时,无论对此是否存在其他法律上的限制,均可通过章程设置违约的惩罚规定。

第15条 任何股东除负有股份的面值金额的支付义务外,均不负有为达到公司的目的或履行公司的债务作出贡献的义务。股东除公司解散的情形,不得收回已支付的面值金额的出资。

第16条 股东自身对于公司的债权人不会成为债务人。但是,若未支付股份的面值金额,则股东将成为公司的债务人。

第 17 条 公司不得将章程规定的注册资本归还给股东造成资本流失。关于从事业的准备阶段到事业完全开展的期间可获取一定金额利息的约定,只有在章程规定的期间内有效。在事业完全开展后,无论是利息的形式,还是分红的形式,均不得向股东支付超过年度剩余金的金额。

第 18 条 在公司处于破产状态的情形下,不能强制股东返还过去支付的利息或分红。

第三章 公司董事的权利义务

第 19 条 公司的业务由根据章程规定选任的董事执行。公司现在的董事必须进行公示(第 2 条第 9 项)。

第 20 条 董事对于以自己的姓名执行的公司业务以及因为自己的行为发生的债务,旨在作出违反第 11 条第 1 项、第 12 条、第 17 条、第 24 条、第 25 条、第 27 条和第 29 条的规定的行为时,才作为个人对第三方负有义务。

第 21 条 可在诉讼中或诉讼外代表公司的董事的权限也适用于需要特别代理权的事项。

第 22 条 向公司递交的传票等在其到达董事中的 1 人时生效。

第 23 条 宣誓、公司名称衍生于董事。

第 24 条 董事负有制作了解财产状况所需的账簿的

义务。董事必须在事业年度的每3个月制作公司财产的资产负债表,并为此进行账簿的记账。资产负债表必须通知公司总部所在地政府。

第25条 若最新的资产负债表显示注册资本减少至1/2以下,董事应及时就此发布公告。在这种情况下,政府可阅览公司账簿,若情况属实可下达公司解散的命令。

第26条 在资产负债表显示公司财产不足以偿还公司债务的情况下,政府必须就此通知法院。法院应在接到通知后行使职权开启公司的破产程序。

第27条 公司账簿应保管30年。公司解散时,公司账簿应提交给当地或地区的商业法院,若没有专门的商业法院则提交给公司的管辖地的民事法院,以在法院保管10年。

第四章 公司的解散

第28条 公司不会因为各出资人的死亡而解散。各出资人不能申请公司分立。公司在以下情形下解散:

第1项 第6条及第7条的情形

第2项 章程规定的期间的终了

第3项 出资人的章程变更决议,在这种情况下需要领邦君主的核准

第 4 项　第 25 条规定的政府的命令

第 5 项　破产程序的开始

第 29 条　根据第 28 条第 1 项至第 4 项解散时,必须 3 次在公告报纸(第 2 条第 9 项)上发布公告。公司财产的分配必须在第三次公告终了时起 6 个月之内进行。公告后债权人必须向公司进行申报。为了促进债权人进行申报,可对知道的债权人加以特别的惩罚。6 个月内未就其权利进行申报的债权人,将在出现对公司有利的结果的同时,在其权利范围内蒙受损失。因破产(第 28 条第 5 项)解散时,将启动破产程序。

第 30 条　本法对已经存在的公司并不适用。

1843 年普鲁士《股份法》是最初的自成体系的关于股份公司的法律。该法由“一般原则”“股份公司与股东的关系”“公司董事的权利义务”“公司的解散”组成。该体系是 1807 年法国《商法典》的股份公司的规定所没有的,其与现行法的总则、股份、机关、解散有共通之处,也成为近代性股份公司法的起点。

1843 年普鲁士《股份法》确立了股东有限责任的原则(该法第 15 条)。此外,该法还规定,原则上与公司债权人之间产生法律关系的是公司,股东与公司债权人之间不产生法律关系(该法第 16 条)。与 1807 年法国《商法典》不同,1843 年普鲁士《股份法》虽然并不完善,但规定了注册资本应充实维持(该法第17条);就这点而言,1843年普鲁士《股份法》可谓是具备了维持股东有限责任所需条件的近代性股份公司法。

大隅健一郎博士认为,1843年普鲁士《股份法》的特征在于规定了章程的记载事项,并采用公示主义。[73] 在1843年普鲁士《股份法》中,股份公司可获得作为法人的属性,通过提交章程并获得领邦君主的设立许可后得以成立(该法第8条)。该法的立法者通过规定章程的绝对记载事项(该法第2条)以及公示章程自身(该法第3条),就股份公司的章程(又被称为公司合同)等从私法原则来看被认为是属于公司自治的事项,彻底贯彻公示主义。

但是,该法仍然存在以下问题:①“设立”并未被单独列为一章,而是在“一般原则”中设置了关于设立的规定;②应在“一般原则”中设置的股份公司可获得作为法人的属性的规定被设置在“股份公司与股东的关系”中;③“财务会计”并未单独被列为一章,除关于剩余金分配的限制的规定被设置在“公司与股东的关系”中外(该法第17条),关于编制资产负债表的规定有些被设置在公司董事的规定中(该法第24条),没有其他关于财务会计的规定以及关于年度剩余金计算方法的规定;④完全没有关于“公司重组”等重要事项的规定;

〔73〕 大隅健一郎『新版株式会社法変遷論』(有斐閣,1987年)61頁;菅原菊志『取締役、監査役論〔商法研究Ⅰ〕』(信山社,1992年)179頁注1参照。

⑤原本应由法律统一规定的资产负债表中资产评估的原则被列为章程的决定事项(该法第 2 条第 4 项)。就上述问题而言,该法作为近代性股份公司法尚不完善。

此外,1843 年普鲁士《股份法》在明确董事对公司债务不负责任的原则的同时,明文规定在违反禁止返还注册资本的规定(该法第 17 条)等情形下,董事应对第三方负责(该法第 20 条);这一点也极具特色。

1981 年西奥多·鲍姆斯(Theodor Baums)主张,在 1843 年普鲁士《股份法》下获得核准设立的股份公司不具备法人资格,而是经过修正的合伙(modifizierte Sozietät)。[74] 该主张与 19 世纪德国商法学权威、哥廷根大学法学院教授托尔(Thöl)的 1847 年的学说[75]相一致。作为其依据,西奥多·鲍姆斯(Theodor Baums)列举了 1843 年普鲁士《股份法》第 10 条规定的内容,即关于股东的权利义务,若股份公司的章程未另作规定,则适用公司总部所在地关于公司合同

---

〔74〕 Baums, Einführung, in:Baums (Hrsg.), Gesetz über die Aktiengesellschaften für die Königreich Preussische Staaten vom 9. November 1943:Text und Materialien, Darmstadt 1981, S. 41.

〔75〕 托尔(Thöl)于 1847 年在《商法论(第 1 卷)》(第 2 版)中称,"股份公司是合伙,即罗马法上的'societas',是其经过修正的产物,而绝非法人"(Thöl, Handelsrecht, Erster Band, 2. Aufl., Göttingen 1847, S. 163)。

(Gesellschaftsvertrag)的法律规定。[76] 该法第8条规定的也是"股份公司通过领邦君主的核准获得作为法人的属性",并未规定获得核准后设立的股份公司"拥有固有的法人格"。与这一点形成鲜明对比的是现行普鲁士《股份法》第1条第1款第1句规定股份公司"拥有固有的法人格"。[77]

(4)1861年德国《商法典》的制定

1857年1月15日,来自德意志邦联各邦的委员为了审议德国《商法典》聚集在纽伦堡,[78] 当时讨论的焦点是股份公司的设立是否应采用核准主义。在汉萨城市,尤其是不来梅和汉堡,在实务上已经

---

〔76〕 Baums, Einführung, in:Baums (Hrsg.), Gesetz über die Aktiengesellschaften für die Königreich Preussische Staaten vom 9. November 1943:Text und Materialien, S.42. 1843年普鲁士《股份法》第10条中的"公司合同"也可翻译成"合伙合同"。该法第10条规定,通过公司合同的自治优先于法律规定。相比之下,在德国现代的股份公司中,若法律未明确给予许可,则不允许章程自治(参见1843年普鲁士《股份法》第23条第5款第1句)。卡泽尔(Raiser)和法伊特(Veil)将法律未明文规定则不允许章程自治这一点看作股份公司的属性(Raiser/Veil, Recht der Kapitalgesellschaften, 6. Aufl., München 2015, S.79)。

〔77〕 帕尔默(Pohlmann)也于2007年主张,根据1843年普鲁士《股份法》设立的股份公司不是法人(Pohlmann, Das Aktienrecht des 19. Jahrhunderts, Baden-Baden 2007, S.85 ff)。

〔78〕 Assmann, in: Hopt/Wiedemann (Hrsg.), AktG, Großkommentar, 4. Aufl., Berlin 1992, Einl Rdnr. 71.(GroßkommAktG, 4. Aufl.)下文"(4)"部分基于高橋英治『ドイツ会社法概説』(有斐閣,2012年)81頁以下展开叙述。

放弃了核准主义。[79] 1835 年 12 月 28 日汉堡的命令规定,只要向法院提交章程并由公务员和经授权者发布公告,即可设立股份公司。[80] 虽然在审议中汉萨都市的代表主张,就股份公司的设立采用准则主义,[81] 但普鲁士、奥地利等邦联的大部分代表主张核准主义。[82] 因此,1861 年德国《商法典》[83] 就股份公司的设立最终采用了核准主义(该法第 208 条第 1 款)。[84] 但是,1861 年德国《商法

〔79〕 Assmann, in:GroßkommAktG, 4. Aufl., Einl Rdnr. 96. 与普鲁士或奥地利这样官僚色彩强烈的国家相比,汉堡等汉萨城市在传统上崇尚自由,充满积极进取的风气。汉堡等汉萨城市与英国有密切的通商关系。当时英国是世界经济的“领头羊”。通过简易方法设立的“joint stock company”(当时还不能说是完全的股份公司)19 世纪初期在英国已经发挥经济的中心作用,由此也可以推测出汉萨城市对引进英国式的先进的公司设立方式持积极态度。关于这一点,坂本達也『影の取締役の基礎的考察:イギリスにおける会社法形成史および従属会社の債権者保護の視点からの考察』(多賀出版,2009 年)22 頁。

〔80〕 关于汉堡所采用的该股份公司的设立方式,奥托·吉尔克(Otto von Gierke)将其称为公示的原则(Prinzip der Publizität)。Otto von Gierke, Das Deutsche Genossenschaftsrecht, Erster Band, Graz 1868, S. 1003, Fn. 94. 关于作为奥托·吉尔克(Otto von Gierke)的代表作的该书的第一卷,有庄子良男博士的日文翻译[オットー、フォン、ギールケ、庄子良男訳『ドイツ団体法論』(第 1 巻)第 1 ~ 第 4 分冊(信山社,2014 年 ~2015 年)]。

〔81〕 Pahlow, Aktienrecht und Aktiengesellschaft zwischen Revolution und Reichsgründung. Das Allgemeine Deutsche Handelsgesetz von 1861, in:Bayer/Habersack (Hrsg.), Aktienrecht im Wandel, Band 1, Entwicklung des Aktienrechts, S. 260.

〔82〕 Grossfeld, Die rechtspolitische Beurteilung der Aktiengesellschaft im 19. Jahrhundert, in:Coing/Wilhelm (Hrsg.), Wissenschaft und Kodifikation des Privatrechts im 19. Jahrhundert, Frankfurt a. M. 1979, S. 244. 岩崎稜『戦後日本商法学史所感』(新青出版,1996 年)367 頁参照。

〔83〕 1861 年德国《商法典》的股份公司的规定的日文翻译,江村義行「普通ドイツ商法典(ADHGB)の株式会社規定の翻訳:1861 年法及び1870 年改正を中心に」慶應義塾大学大学院法学研究科論文集 44 号(2003 年)43 頁以下参照。

〔84〕 “股份公司只有在邦的核准下才能设立”(1861 年德国《商法典》第 208 条第 1 款)。

典》也考虑反对派的意见,将股份公司的设立是否需要经过邦核准的决定权限授权给了邦的法律(该法第 249 条第 1 款)。该法第 249 条第 1 款被称为救世主条款(salvatorischer Klausel)。

1861 年德国《商法典》关于股份公司的规定由“总则”“股东的法律关系”“董事的权利义务”“公司的解散”“最终规定”5 节共 43 条组成(该法第 207 条至第 249 条)。该法关于股份公司的章程规定了绝对记载事项(该法第 209 条),规定股份公司在注册前不成立(该法第 211 条第 1 款)。该法规定,在邦的法律规定就股份公司的设立不需要邦核准的情形下,股份公司经注册即可成立,[85] 承认该注册的创设性效力。此外,该法规定股东不负出资外的责任,采用股东有限责任原则(该法第 219 条)。虽然该法没有设置最低注册资本制度,但将注册资本的金额作为章程的绝对记载事项(该法第 209 条第 4 项)。该法虽然规定股东对公司财产拥有出资份额(该法第 216 条第 1 款),但禁止向股东返还出资;规定股东对公司拥有利润分配请求权(该法第 216 条第 2 款),对公司财产的维持也加以考虑。虽然 1861 年德国《商法典》设置了关于董事、股东大会和监事会(Aufsichtsrath)的规定,但只有“董事”是独立的一节,[86] 股东大会和监事会没有单独设节,只是在第二节“股东的法律关系”和第三节

---

〔85〕 Anschütz/von Völderndorff, Kommentar zum Allgemeinen Deutschen Handelsgesetzbuche mit Ausschluß des Seerechtes, Zweiter Band, Erlangen 1870, S. 486.

〔86〕 参见“第三节 董事的权利义务”(1861 年德国《商法典》第 227 条以下)。

“董事的权利义务”中设置了若干规定(该法第 224 条以下、第 236 条以下)。在该法中监事会是任意设置的机关(该法第 225 条)。[87]

(5)1897 年德国《商法典》的制定

因为设置了救世主条款,所以旨在统一德国私法的 1861 年德国《商法典》最终无法实现关于股份公司的设立主义的诸邦的股份法的统一。在汉萨都市,股份公司的设立未采用核准主义,奥登堡、巴登、乌兹堡也规定设立股份公司不需要邦的核准,后来安哈尔特、萨克森也加入该行列。在采用核准主义的普鲁士,行政核准也逐渐趋于形式化,不再像开始时那样进行根本性的审查。[88] 股份公司设立的核准主义衰退的背景在于当时邦的股份公司法立法负责人开始意识到,核准主义对股份公司的设立是没有意义的限制,其对邦的经济的强化将产生负面影响。

1869 年第八次德国法律家会议将股份法修改列为议题,在莱温·戈尔德施密特(Levin Goldschmidt)撰写的提案的基础上,废除股份公司强制性核准的要求几乎全体一致表决通过。[89] 德国《商法

〔87〕 菅原菊志『取締役、監査役論〔商法研究Ⅰ〕』(信山社,1992 年)184 頁以下;ヘルマン・シューマッハー、庄子良男訳「普通ドイツ商法典に至るまでのドイツ法における株式会社の内部組織の発展——株式会社の経営管理の問題についての寄与 1937 年」駿河台法学 22 巻 1 号(2008 年)143 頁。

〔88〕 Vgl. Bösselmann, Die Entwicklung des deutschen Aktienwesens im 19. Jahrhundert, S. 116. 岩崎稜『戦後日本商法学史所感』(新青出版,1996 年)369 頁参照。

〔89〕 von Kißling, Die Verhandlungen der ersten zehn deutschen Juristentage (1860 – 1872), Berlin 1873, S. 83; Assmann, in: GroßkommAktG, 4. Aufl., Einl Rdnr. 79. 岩崎稜『戦後日本商法学史所感』(新青出版,1996 年)369 頁参照。

典》于1870年进行了修改,上述实务情况和德国法律家会议的决议在修改中得到了反馈。[90] 这是股份法的首次修改,就股份公司的设立废除核准制度或国家的监督,采用准则主义。1870年修改的德国《商法典》将以往只是任意设置的监事会列为强制设置的机关(1870年德国《商法典》第209条第6项)。1870年德国《商法典》的起草者解释称,在废除国家监督的同时,必须将监事会列为必要机关。[91]

德国《商法典》的首次修改作出了以下规定:①必须通过股东大会决议根据提交的证明确定注册资本全部获得出资(1870年德国《商法典》第209a条第1款);②在股份公司设立的注册前,股份的10%以上(保险公司为20%以上)必须得到支付(该法第209a条第1款);③实物出资的情形,必须确定其出资或财产的价格,并赋予其相应的股份数量或价格(该法第209b条第1款第1句);④为股东规定的特别利益必须在章程中予以记载(该法第209b条第1款第2句);⑤注册资本的支付、股份的支付、实物出资及股东特别利益的赋予必须经过股东大会决议的承认(该法第209a条第1款,第209b条第2款、第3款)。之所以对设立作出严格规定,是因为核准主义已被废

〔90〕 关于1870年修改的德国《商法典》的股份公司的规定的日文翻译,江村·前揭注(83)慶應義塾大学大学院法学研究科論文集44号53頁以下。

〔91〕 Vgl. Passow, Aktiengesellschaft, 2. Aufl., Jena 1922, S. 400; Reichert, Die Institution des Aufsichtsrates in der deutschen Aktiengesellschaft, Stuttgart 1998, S. 45 f.

除,设立时需进一步加强对出资人的保护。[92]

此外,在德国《股份法》的首次修改中,非商业的股份公司也被视为商事公司(1870 年德国《商法典》第 208 条第 1 款)。[93] 关于这一点,1877 年 9 月 13 日的普鲁士上级商业法院判决称:“虽然不是经营商业,但经营根据商法的规定被看作进行商行为的商业的股份公司的行为也均为商行为。”[94] 因此,股份公司成为形式上的商人,其行为均被作为商行为对待。[95]

1870 ~ 1873 年,德国迎来了发起人的时代。普鲁士虽然截至 1870 年年末只有 203 家股份公司,但 1871 ~ 1873 年新设了 843 家股份公司。[96] 然而,以 1873 年维也纳的股价暴跌及 1873 年 10 月的德国裕宝联合银行破产为契机,德国迎来了恐慌的时代。[97] 其间,在保护一般股东和债权人免受股份公司的欺诈和滥用的危害方面,凸显出德国《商法典》的首次修改并不充分的问题。[98] 在该背景下,1884 年 7 月 18 日,

---

〔92〕 Lieder, Die 1. Aktienrechtsnovelle vom 11. Juni 1870, in: Bayer/Habersack (Hrsg.), Aktienrecht im Wandel, Band 1, Entwicklung des Aktienrechts, S. 351.

〔93〕 1861 年德国《商法典》第 5 条第 1 款规定,对商事公司,特别是企业的对象(目的)为商行为的股份公司,也适用德国《商法典》关于商人的规定。

〔94〕 ROHGE 22, 327.

〔95〕 该规制被现行德国《商法典》第 6 条“关于商人的本法的规定也适用于商事公司”及现行《股份法》第 3 条第 1 款“企业的对象不是商业的股份公司也被看作商事公司”所继承。

〔96〕 Assmann, in: GroßkommAktG, 4. Aufl., Einl Rdnr. 90.

〔97〕 Assmann, in: GroßkommAktG, 4. Aufl., Einl Rdnr. 90.

〔98〕 菅原菊志『取締役、監査役論〔商法研究Ⅰ〕』(信山社,1992 年)194 頁;山村忠平『監査役制度の生成と発展』(国際書院,1937 年)28 頁参照。

德国《商法典》迎来了第二次修改。〔99〕 此次修改主要包括以下4项内容:〔100〕第一,加强对股份公司设立的监督,即在进行实物出资的情形下,发起人必须就实物出资对象物的评估的正当性作出书面说明(1884年德国《商法典》第209g条第1句)。发起人以公司取得该实物为前提,报告取得价额及过去2年的制造价额(该法第209g条第2句)。若股份公司的发起人、董事及监事会成员就注册资本的支付等在设立注册时故意作出虚假申告,将适用处罚规定(该法第249a条第1款第1句)。〔101〕 第二,加强对少数派股东的保护,将关于股东大会的召集及议题提案权的少数派股东权的持股条件从注册资本的10%降低至5%(该法第237条第1款第1句)。第三,将增资限定为只能在获得股份的全额出资后进行,防止增资被利用于投机(该法第215a

〔99〕 关于1884年德国《商法典》的德国《股份公司法》的规定的原文,Schubert/Schmiedel/Krampe (Hrsg.), Quellen zum Handelsgesetzbuch von 1897, Band 1 Gesetz und Entwürfe, Frankfurt a. M. 1986, S. 154 ff。关于1884年德国《商法典》的《股份公司法》的规定的日文翻译,江村義行「普通ドイツ商法典1884年改正における株式会社規定の翻訳」慶応義塾大学大学院法学研究科論文集45号(2004年)86頁以下参照。

〔100〕 关于个别内容,大隅健一郎「序説」大隅健一郎 = 八木弘 = 大森忠夫,大隅健一郎補遺『独逸商法〔Ⅲ〕株式法』(有斐閣,1956年復刊)5頁以下;大隅健一郎『新版株式会社法変遷論』(有斐閣,1987年)67頁以下参照。Assmann, in: GroßkommAktG, 4. Aufl., Einl Rdnr. 94 ff. 关于围绕股东保护的当时的讨论,Hofer, Das Aktiengesetz von 1884 – ein Lehrstück für prinzipielle Schutzkonzeption, in: Bayer/Habersack (Hrsg.), Aktienrecht im Wandel, Band 1, Entwicklung des Aktienrechts, S. 260。

〔101〕 在加强规制的1884年修改的德国《商法典》之下的股份公司设立的原则被称为严格准则主义[大隅健一郎「序説」大隅健一郎 = 八木弘 = 大森忠夫,大隅健一郎補遺『独逸商法〔Ⅲ〕株式法』(有斐閣,1956年)5頁]。

条)。[102] 第四,将清算人的刑事责任定为与通常的股份公司的董事及监事会成员相同(该法第249b条)。

大隅健一郎博士在评价1884年德国《商法典》时称赞:"可以说该法促进了股份公司法实质性发展,打造出与法国法系相对的德国法系。"1897年德国《商法典》的第二次修改也只作了细微的变更,几乎原原本本地继承1884年修法的成果。[103]

(二)股份公司法学

1. 阿喀琉斯·雷纳德(Achilles Renaud)——德国股份公司法学的创始人

(1)股份公司的概念等

在德国奠定股份公司法学基础的是海德堡大学教授阿喀琉斯·

---

〔102〕"公司的注册资本的增加不得在之前的注册资本的全额支付前进行"(1884年德国《商法典》第215a条第1款第1句)。

〔103〕松井秀征『株式会社制度の基礎理論』(有斐閣,2010年)219頁。1897年德国《商法典》中"股份公司"一章分为6节,即"一般规定""公司与股东的法律关系""机构与业务执行""公司合同的变更""公司的解散与无效""处罚规定"。该法在内容方面也就通过加强信息披露保护股东、债权人及股东的出资制度的限制、对已有股东的新股认购权的原则赋予(1897年德国《商法典》第282条)进行了若干修改。关于这一点,Pahlow, Das Aktienrecht im Handelsgesetzbuch von 1897, in:Bayer/Habersack (Hrsg.), Aktienrecht im Wandel, Band 1, Entwicklung des Aktienrechts, S. 423 ff.;Koenige/Pinner/Bondi, in:Staub's Kommentar zum Handelsgesetzbuch, 12. und 13. Aufl., Berlin 1926, §282 Anm. 2。

雷纳德(Achilles Renaud)。他于1863年撰写的《股份公司法论》(第1版)是德国法史上最早的真正自成体系的股份公司法的著作,以下以该著作为素材概览其股份公司法学。

在著作中,阿喀琉斯·雷纳德(Achilles Renaud)对股份公司作出以下定义:“股份公司是拥有被分为一定数量的部分(股份)的特定资本的社团(Verein),作为其通常可以转让的出资人的权利,首先通过资本部分的认购(达成协议或支付),在所认购的数量的范围内被取得。该社团专门作为其自身,即以自身的名义,为了公司的目的开展活动,其行为只会使公司财产产生义务。”〔104〕

阿喀琉斯·雷纳德(Achilles Renaud)解释称,上述股份公司的定义包含了股份公司的三要素,即注册资本、股份、公司的固有名称。〔105〕 对于阿喀琉斯·雷纳德(Achilles Renaud)所作定义,服部荣三博士认为,其明确把握住了近代性股份公司的四要素,即注册资本、股份、社团性、股东有限责任,评价称“其与采用无面值股份前的我国的股份公司的通说性定义极为相似,有着极为令人感兴趣之处”。〔106〕

---

〔104〕 Renaud, Das Recht der Actiengesellschaften, 1. Aufl., S. 53 f. 该股份公司的定义在阿喀琉斯·雷纳德(Achilles Renaud)的《股份公司法论》(第2版)中也未作变更(Renaud, Das Recht der Actiengesellschaften, 2. Aufl., Leipzig 1875, S. 74 f.)。

〔105〕 Renaud, Das Recht der Actiengesellschaften, 1. Aufl., S. 54 ff.

〔106〕 服部榮三「ルノー(Renaud)と近代株式会社法学(1)」同志社法学37号(1956年)68頁以下。

阿喀琉斯·雷纳德（Achilles Renaud）明确指出，股份公司是法人。[107] 他就其意思解释称，“股份公司从其内在本质而言是法人。股份公司不是股东的债权，因此社团作为整体，对其成员在一定关系上作为一个整体出现，在各种法律关系上对第三方也作为一个整体出现”。[108] 从该表述可以看出，在德国法中，社团（Verein）是法人（德国《民法典》第 21 条以下）这一前提在阿喀琉斯·雷纳德（Achilles Renaud）的时代已经形成。

阿喀琉斯·雷纳德（Achilles Renaud）就股东有限责任称“股东自身对第三方完全不负责任”，[109] 认为 1861 年德国《商法典》第 207 条已经强调股东对公司的债务不负有属人的责任。

虽然股份公司的法人性和股东有限责任在股份公司的定义中并未得到明确体现，但阿喀琉斯·雷纳德（Achilles Renaud）自身认为当然包含在其概念中。

阿喀琉斯·雷纳德（Achilles Renaud）是出资人权论的创始者。1863 年他将关于股份的权利称为“出资人权”（Mitgliedschaftsrecht）（又称“作为出资人的地位”），提出出资人权不可分的原则，即构成出资人权的各项权利不能个别分离后进行转让等的原则。[110]

---

〔107〕 Renaud, Das Recht der Actiengesellschaften, 1. Aufl., S. 118.

〔108〕 Renaud, Das Recht der Actiengesellschaften, 1. Aufl., S. 119.

〔109〕 Renaud, Das Recht der Actiengesellschaften, 1. Aufl., S. 53.

〔110〕 Renaud, Das Recht der Actiengesellschaften, 1. Aufl., S. 72 f.

关于股份的本质,阿喀琉斯·雷纳德(Achilles Renaud)在1863年的《股份公司法论》(第1版)中主张,股份既不是物权也不是债权,但其具有作为人格的属性,股份作为对公司财产的请求权是固有的财产权。但阿喀琉斯·雷纳德(Achilles Renaud)后来在1875年的《股份公司法论》(第2版)中并未提及在该书第1版中提到的股份作为人格的属性,而是主张作为出资人权的关于股份的权利为既不是物权也不是债权的单独的财产权。[111]

关于股份认购的法律性质,阿喀琉斯·雷纳德(Achilles Renaud)认为其为单方面的法律行为。[112] 换言之,企业家与股份认购人之间存在单方面的法律关系,股份认购人以获取作为股东的权利为条件负有注册资本的参加义务。[113] 当时主张股份认购是合伙合同或买卖合同的学说较有力,在这种情况下阿喀琉斯·雷纳德(Achilles Renaud)的学说可以说领先于时代。[114]

在阿喀琉斯·雷纳德(Achilles Renaud)的时代,像现在的表决权那样,后来被称为"共同管理权"(Mitverwaltungsrecht)的权利是股东权的一部分的意识还很淡薄;[115] 反之,股东权是针对作为法人的

---

[111] Renaud, Das Recht der Actiengesellschaften, 2. Aufl., S. 99 f.

[112] Renaud, Das Recht der Actiengesellschaften, 1. Aufl., S. 223.

[113] Renaud, Das Recht der Actiengesellschaften, 1. Aufl., S. 223.

[114] 服部·前揭注(106)同志社法学37号78頁以下。

[115] 虽然阿喀琉斯·雷纳德(Achilles Renaud)承认作为股东权的表决权之存在,但并不认为所有股东当然在股东大会拥有表决权(Renaud, Das Recht der Actiengesellschaften, 1. Aufl., S. 407)。

社团的财产的权利的意识较强。在 1861 年德国《商法典》中,作为股东大会的制度,只有为了向股东出示资产负债表的定期股东大会的制度[116](该法第 239 条第 1 款第 2 句)。[117] 在 1861 年德国《商法典》中,选任股份公司业务执行机关成员等公司基本事项的决定机关——股东大会制度并不存在,关于股东大会表决权是重要的股东权利之意识较淡薄。

(2)公司机关等

阿喀琉斯·雷纳德(Achilles Renaud)在解释股份公司的机关时将股东大会放在机关的最前列,指出股东大会是“最朴素、自然的机关”,[118] 是“其决议直接表现公司的意思的股份公司的最高机关”。[119] 其同时指出,股东大会因为其成员更换频繁,作为代表公司利益的机关并不完善,为了加以补充作为常设机关设置了董事。虽然股东大会是最高意思决定机关的观点在日本法中得以采用,但在 1861 年德国《商法典》中并未被列入体系。在 1861 年德国《商法典》中,作为机关单独设节的只有“董事”,相关内容设置在第三节“董事的权利和义务”中(该法第 227 条以下),关于股东大会,只是在该法

[116] 1861 年德国《商法典》第 239 条第 1 款第 2 句规定:“在事业年度开始后 6 个月内,必须向股东出示上年度的资产负债表。”

[117] 1861 年德国《商法典》第 236 条规定:“只要章程未另作规定,股东大会就由董事召集。”1861 年德国《商法典》第 240 条第 1 款规定:“只有在最新的资产负债表中注册资本变为一半以下的情形下,董事才负有召集股东大会的义务。”

[118] Renaud, Das Recht der Actiengesellschaften, 1. Aufl., S. 405.

[119] Renaud, Das Recht der Actiengesellschaften, 1. Aufl., S. 405.

第二节“股东的法律关系”及第三节“董事的权利和义务”中存在若干规定(该法第224条以下、第236条以下等)。[120] 为何阿喀琉斯·雷纳德(Achilles Renaud)认为可以从上述独特的观点出发对股份公司的机关展开论述?其背景在于,当时系统的法律书所采用的并非按照法典的顺序进行法律解说的法律第一主义,而对法律背后的法(Recht)的原理进行解释才是法学家的使命的意识。虽然阿喀琉斯·雷纳德(Achilles Renaud)的著作的主要目的在于对德国《商法典》的各个规定从解释论及立法论方面进行论述,但在对股份公司的各制度进行说明时,也存在探究包括外国法在内的关于股份公司的各种法现象背后的股份公司法的应有形态的意识。

阿喀琉斯·雷纳德(Achilles Renaud)在其著作中指出,德国《商法典》未对股东大会从召集到召开的期间进行规定并不恰当,该期间的设定对向股东提供出席股东大会的机会,以及就股东大会的议题等进行调查的机会而言是必要的。在德国有众多股份公司的章程将该期间规定为2周、3周或4周,英国法将该期间规定为7日。[121] 1884年第二次股份法修改实际上回应了阿喀琉斯·雷纳德(Achilles

〔120〕 在现代德国公司法的著作中,关于股份公司的机关,一般按照现行股份法的体系从董事进行说明(Windbichler, Gesellschaftsrecht, 24. Aufl., München 2017, S. 321 ff; Kübler/Assmann, Gesellschaftsrecht, 6. Aufl., Heidelberg 2006, S. 200 ff; Raiser/Veil, Recht der Kapitalgesellschaften, 6. Aufl., München 2015, S. 144; Hirte, Kapitalgesellschaftsrecht, 8. Aufl., Köln 2016, S. 99 ff; Karsten Schmidt, Gesellschaftsrecht, 4. Aufl., Köln 2002, S. 804 ff)。

〔121〕 Renaud, Das Recht der Actiengesellschaften, 1. Aufl., S. 427 ff.

Renaud）所指出的问题，对德国《商法典》第 238 条第 1 款进行了修改，规定股东大会的召集必须按照章程规定的方式通过书面形式在股东大会召开之日的至少 2 周前进行（1884 年德国《商法典》第 238 条第 1 款第 1 句）。

此外，阿喀琉斯·雷纳德（Achilles Renaud）以 1861 年 5 月 1 日都灵商事法院的判决〔122〕为依据，针对违法进行的解散公司的股东大会决议，提出了未参加该决议的股东无论是单独还是联合均可提起该决议无效的诉讼的解释论。〔123〕关于存在瑕疵的股东大会决议的效力之诉的德国的立法，1897 年德国《商法典》最先从法律上对股东大会决议取消之诉作出了规定（该法第 271 条、第 272 条），〔124〕现在德国法学界仍对其应有形态存在争议〔125〕。阿喀琉斯·雷纳德（Achilles Renaud）的主张是关于股东大会决议瑕疵之诉的较早的学说之一。

关于董事，阿喀琉斯·雷纳德（Achilles Renaud）就董事的责任

---

〔122〕 Urteil des Tribunale di commercio di Torino v. 7. Mai 1861.

〔123〕 Renaud, Das Recht der Actiengesellschaften, 1. Aufl., S. 465.

〔124〕 关于德国的股东大会决议效力之诉的沿革，岩原紳作「総会決議を争う訴訟の構造（7）」法学協会雑誌 97 巻 3 号（1980 年）374 頁以下；中島弘雅「株主総会決議訴訟の機能と訴えの利益」民商法雑誌 99 巻 4 号（1989 年）439 頁以下参照。

〔125〕 关于德国的股东大会决议效力之诉的现状，山下徹哉「ドイツにおける総会決議の効力を争う訴訟の現状に関する覚書」早川勝＝正井章筰＝神作裕之＝高橋英治編『ドイツ会社法、資本市場法研究』（中央経済社，2016 年）193 頁以下；高橋英治『ドイツ会社法概説』（有斐閣，2012 年）233 頁以下参照。

进行了概括,这点备受关注。德国法关于股份公司的董事的责任的规定起源于1861年德国《商法典》第241条第2款。该条文规定,“超过委任的界限或作出违反本节的规定或公司合同的行为的董事对所发生的损害负属人且连带责任”。虽然在该条文中董事对谁负有责任并不明确,但判例和学说认为,该责任规范也面向第三方:董事不仅对公司而且对公司债权人负有责任。最高法院在后来成为先例的1881年3月30日的判决[126]中明确指出,德国《商法典》第241条第2款也适用于公司债权人。依据德国《商法典》第241条第2款的规定,最高法院列举了公司债权人的利益与公司利益未必一致的事实,即在公司消灭的情形下,公司债权人难以通过恢复公司利益来恢复被侵害的自身的利益。[127]

阿喀琉斯·雷纳德(Achilles Renaud)称,董事的责任分为建立在委任基础上的对公司的责任和特别是面向公司债权人的对第三方的责任(1861年德国《商法典》第241条)。其指出,董事对公司的责任不仅发生于董事作出超越权限的行为从而给公司造成损害的情形中,还发生于在未充分注意之下开展投资活动等的情形中。[128] 在阿喀琉斯·雷纳德(Achilles Renaud)的时代,关于董事违反注意义务的经营判断原则的观点在学说上也还未得到采用。

---

〔126〕 RGZ 5, 24.

〔127〕 RGZ 7, 107.

〔128〕 Renaud, Das Recht der Actiengesellschaften, 1. Aufl., S. 541.

阿喀琉斯·雷纳德(Achilles Renaud)就董事对公司责任的追究方法也展开论述:原则上通过股东大会决议进行;在章程另作规定的情形下,也可通过监事会决议提起追究董事对公司责任的诉讼。[129]其指出,虽然实际上通过股东大会选任出股东的代理人提起诉讼,但在难以选任代理人的情形下,可以说明理由,经过股东大会决议后,由各股东提起追究董事损害赔偿责任的诉讼。[130]

阿喀琉斯·雷纳德(Achilles Renaud)认为,董事对公司债权人也负有责任。[131] 他指出,在公司解散或向股东返还公司资本时公司债权人的权利未按照法律规定的方法得到保护的情形下,或者在公司减资或资不抵债时未尽到公告义务而导致债权人受到损害的情形下,董事对公司债权人负有连带损害赔偿责任。[132] 哈恩(Hahn)的注释书对阿喀琉斯·雷纳德(Achilles Renaud)的见解也表示了支持。[133]

阿喀琉斯·雷纳德(Achilles Renaud)解释称,监事会是处于股

---

〔129〕 Renaud, Das Recht der Actiengesellschaften, 1. Aufl., S. 542.

〔130〕 Renaud, Das Recht der Actiengesellschaften, 1. Aufl., S. 545.

〔131〕 Renaud, Das Recht der Actiengesellschaften, 1. Aufl., S. 548; Renaud, Das Recht der Actiengesellschaften, 2. Aufl., S. 618 ff.

〔132〕 Renaud, Das Recht der Actiengesellschaften, 2. Aufl., S. 619. 阿喀琉斯·雷纳德(Achilles Renaud)1863 年的《股份公司法论》(第 1 版)将董事故意进行公司账簿的虚假记载从而给公司债权人造成损害的情形,作为董事对公司债权人负损害赔偿责任的典型例子(Renaud, Das Recht der Actiengesellschaften, 1. Aufl., S. 548)。

〔133〕 von Hahn, Commentar zum Allgemeinen Deutschen Handelsgsetzbuch, 3. Aufl., Band 1, Braunschweig 1878, S. 746.

东大会与董事之间的对董事的业务执行整体进行监督的机关，虽然在股份合资公司是必要的机关（1861 年德国《商法典》第 187 条以下），但在股份公司是任意的机关（1861 年德国《商法典》第 225 条）。[134] 此外，阿喀琉斯·雷纳德（Achilles Renaud）称，监事会也被称为理事会（Verwaltungstath），由过半数股东组成，监事会成员由股东大会选任。[135] 威瑟尔特（Wiethölter）认为，监事会虽然在股份公司设立的核准主义下是任意的机关，但在股份公司设立引进准则主义后变为了必要的机关，其为国家性监督的替代制度。[136] 阿喀琉斯·雷纳德（Achilles Renaud）将监事会解释为公法用语的"官厅"（Behörde）。[137] 阿喀琉斯·雷纳德（Achilles Renaud）将股份公司的"董事"（Director）或"行长"（Generaldirector）也称为"公务员"（Beamte）。[138] 虽然用公法用语来解释股份公司的机关是阿喀琉斯·雷纳德（Achilles Renaud）的解释方法自身的特色，但另一层面的原因也在于当时具有代表性的股份公司是铁路公司，铁路公司因

---

〔134〕 Renaud, Das Recht der Actiengesellschaften, 1. Aufl., S. 550 ff.

〔135〕 Renaud, Das Recht der Actiengesellschaften, 1. Aufl., S. 551 f.

〔136〕 Wiethölter, Interessen und Organisation der Aktiengesellschaft im amerikanischen und deutschen Recht, Karlsruhe 1961, S. 286. 新山雄三『ドイツ監査役会制度の生成と意義』（商事法務研究会，1999 年）193 頁参照。

〔137〕 Renaud, Das Recht der Actiengesellschaften, 1. Aufl., S. 550 ff.

〔138〕 Renaud, Das Recht der Actiengesellschaften, 1. Aufl., S. 556.

具有公共性质而被德国社会看作公立团体。[139]

(3)财务会计等

关于股份公司的财务会计,阿喀琉斯·雷纳德(Achilles Renaud)解释称,在章程另有规定的情形下,股东对公司的净利润拥有分配请求权。[140] 阿喀琉斯·雷纳德(Achilles Renaud)称,允许公司通过章程规定积累准备金(Reservefond),在进行通常的利润分配时,扣除注册资本及准备金后的金额为可向股东分配的利润额。[141] 阿喀琉斯·雷纳德(Achilles Renaud)指出,从股份公司的本质来看,必须向公司债权人保障章程所规定的注册资本,章程规定的注册资本的金额不得随意减少。[142] 1861 年德国《商法典》第 216 条第 2 款规定,股东的分配请求权在章程规定的可向股东分配的金额的净利润的范围内产生,阿喀琉斯·雷纳德(Achilles Renaud)对此质疑,认为在该规定下可能出现向善意的股东返还注册资本的结果。[143] 在阿喀琉斯·雷纳德(Achilles Renaud)的著作中没有发行新股增资时已有股东拥有新股认购权的表述。关于增资的手续,阿喀琉斯·雷纳德(Achilles Renaud)认为,章程规定可通过股东大会的过半数决

---

[139] 这与股份公司的"前身"带有相当程度的公法性质也有关系。关于这一点参见阿尔布雷希特·科德斯(Albrecht Cordes)在 2007 年 4 月 21 日法制史学会第五十九回总会上的演讲『1807 年以前に関して株式会社について語ることができるか?』。

[140] Renaud, Das Recht der Actiengesellschaften, 1. Aufl., S. 571.

[141] Renaud, Das Recht der Actiengesellschaften, 1. Aufl., S. 569, 572 f.

[142] Renaud, Das Recht der Actiengesellschaften, 1. Aufl., S. 569.

[143] Renaud, Das Recht der Actiengesellschaften, 1. Aufl., S. 581 f.

议进行,[144]若章程没有规定则需要获得全体股东的同意。[145] 在阿喀琉斯·雷纳德(Achilles Renaud)的时代,法学界尚未意识到增资时持股比例的维持是应通过法律给予特别保护的必要的利益。但在新股认购权的制度尚未得到承认的时代,增资原则上需要全体股东的同意的解释是保护股东的最单纯的手段。

另外,值得关注的是合并(Fusion)被列为股份公司的解散的形态之一。阿喀琉斯·雷纳德(Achilles Renaud)将合并定义为根据1861年德国《商法典》第247条、第249条,股份公司(A公司)通过股东大会决议解散,同时根据该法第215条第2款,A公司的财产和债务转移至别的公司(B公司),A公司股东作为对价取得B公司股份。[146] 关于不以解散为前提的合并,在法律上作出规定的是1897年德国《商法典》第306条。[147] 此外,将合并作为公司重组的一种从而作出系统性规定的是1994年德国《企业重组法》。[148] 阿喀琉斯·雷纳德(Achilles Renaud)在1861年德国《商法典》下,对当时实务上频繁进行的合并,使用股份公司的解散和事业转让的法律框架,对其法律性质作出了解释。在公司法的公司重组的手段还受到限定的时

[144] Renaud, Das Recht der Actiengesellschaften, 1. Aufl., S. 581 f.

[145] Renaud, Das Recht der Actiengesellschaften, 1. Aufl., S. 684.

[146] Renaud, Das Recht der Actiengesellschaften, 1. Aufl., S. 722.

[147] Veil, Umwandlungen, in: Bayer/Habersack, Aktienrecht im Wandel, Band 2, Grundsatzfragen des Aktienrechts, Tübingen 2007, S. 1070.

[148] 高橋英治『ドイツ会社法概説』(有斐閣,2012年)457頁以下参照。

代,阿喀琉斯·雷纳德(Achilles Renaud)通过当时有限的法律手段对新的公司法上的现象作出了解释,这是领先于时代的尝试。

阿喀琉斯·雷纳德(Achilles Renaud)的公司法著作的特色还在于从叙述股份公司的历史的章[149]开始着笔,另外书中还大量参考外国法。在书中关于股份公司起源的历史的导入部分,阿喀琉斯·雷纳德(Achilles Renaud)将公共索西艾塔斯(societas publicanorum)看作股份公司的起源,并详细论述了其成立过程。阿喀琉斯·雷纳德(Achilles Renaud)的公司法著作中的"历史"和"比较法"这两个要素是决定后来德国公司法学术论文风格的重要要素。

2. 卡尔·莱曼(Karl Lehmann)——德国股份公司法学的确立者

(1)体系

罗斯托克大学法学院教授卡尔·莱曼(Karl Lehmann)撰写的《股份公司法论》(全 2 卷)深受阿喀琉斯·雷纳德(Achilles Renaud)观点影响。卡尔·莱曼(Karl Lehmann)在前言中称,该书的意义在于正确评价和叙述关于阿喀琉斯·雷纳德(Achilles Renaud)公司法的法制史及比较法的一面。[150] 卡尔·莱曼(Karl Lehmann)特意起了和阿喀琉斯·雷纳德(Achilles Renaud)的著作一样的书名,以示对阿喀琉斯·雷纳德(Achilles Renaud)于 1875 年所著《股份公司法

[149] 序第一章"股份公司的历史",Renaud, Das Recht der Actiengesellschaften, 1. Aufl., S. 1 ff。

[150] Karl Lehmann, Das Recht der Aktiengesellschaften, Band 1, Vorwort Ⅲ.

论》(第2版)的继承,同时还参考了其后20多年的学术发展,尤其是参考了股份公司法的注释,使该著作的内容更加完善。

该书由两编组成。第一编为“股份法的历史和起源”,内容为卡尔·莱曼(Karl Lehmann)已公开的著作《截至〈法国商法典〉的〈股份法〉的历史性发展》的概括。第二编为“现代股份法的叙述”,在参考外国法的基础上,对1897年德国《商法典》关于股份公司的规定展开制度宗旨的说明以及从解释论及立法论方面进行论述。

本书第一编第一章已对卡尔·莱曼(Karl Lehmann)认为根据1602年3月20日的特许状设立的荷兰东印度公司是世界上最早的股份公司的见解加以介绍,以下对该书第二编“现行股份法的叙述”进行分析与探讨。

卡尔·莱曼(Karl Lehmann)在1807年法国《商法典》的基础上将股份公司的概念归结为以下4个要素:[151]第一,在一定目的下复数股东形成团体(股东的存在);第二,为实现其目的,存在有别于股东的私人领域的财产(注册资本制度的存在);第三,注册资本被分为股份(股份的存在);第四,出资人不负超过出资的责任(股东有限责任)。

卡尔·莱曼(Karl Lehmann)著作的特色在于,主张股东有限责

[151] Karl Lehmann, Das Recht der Aktiengesellschaften, Band 1, S. 132.

任是上述要素中最重要的要素,其他均为次要的要素。[152] 卡尔·莱曼(Karl Lehmann)的股份公司性质论,对铃木竹雄和竹内昭夫两位博士确立的通说[153]产生了影响。他认为,注册资本制度是从股东有限责任制度派生出的二次性制度。卡尔·莱曼(Karl Lehmann)的股份公司的概念也反映在其法制史学上的学说,[154]即近代性股份公司的起源是根据 1602 年的特许章程设立的荷兰东印度公司。1898 年,卡尔·莱曼(Karl Lehmann)将主张 1602 年荷兰东印度公司是近代股份公司起源的主要依据归结为该公司是以成员的无限责任为原则的船舶共有团合并后成立的商事公司,在该公司中股东的间接有限责任实际上得到了认可。[155]

卡尔·莱曼(Karl Lehmann)在该著作中也多处提及日本《商法》中的股份公司规制。例如,他在书中就在日本设立股份公司需要 4 名发起人和 7 名原始股东,[156]以及日本《商法》规定要作为股份公司开展活动需要在商号中加入"股份公司"的字样[157]等内容,通过引用东京大学德国法教授伦霍尔姆(Lönholm)[158]关于日本《商法》的论

---

[152] Karl Lehmann, Das Recht der Aktiengesellschaften, Band 1, S. 2.

[153] 鈴木竹雄=竹内昭夫『会社法』〔第 3 版〕22 頁参照。

[154] Karl Lehmann, Das Recht der Aktiengesellschaften, Band 1, S. 57.

[155] Karl Lehmann, Das Recht der Aktiengesellschaften, Band 1, S. 54.

[156] Karl Lehmann, Das Recht der Aktiengesellschaften, Band 1, S. 142, Fn. 1.

[157] Karl Lehmann, Das Recht der Aktiengesellschaften, Band 1, S. 149.

[158] 田中耕太郎述『生きて来た道』(世界の日本社,1950 年)9 頁参照。

文[159]进行了解说。相比阿喀琉斯·雷纳德(Achilles Renaud)的股份公司法论,该著作进一步拓宽了外国法的参照对象的范围。卡尔·莱曼(Karl Lehmann)为何对日本法感兴趣并在著作中介绍日本的股份公司法制?卡尔·莱曼(Karl Lehmann)在执笔时试图将作为比较对象的外国法的范围扩大以及超过阿喀琉斯·雷纳德(Achilles Renaud)著作中的比较范围,而明治维新后在德国法的影响下,日本在商法典中制定了近代性股份公司法,成为不容忽视的存在。另外,卡尔·莱曼(Karl Lehmann)曾指导过日本留学生津岛宪一,[160]对日本法可能特别感兴趣。

(2)股份公司的基本概念

卡尔·莱曼(Karl Lehmann)主张股份公司的本质是法人。阿喀琉斯·雷纳德(Achilles Renaud)虽然也主张股份公司是法人,但其依据并不明确。卡尔·莱曼(Karl Lehmann)认为,若以1884年德国《商法典》的修改内容为基础,则将股份公司看作法人的观点是正确的。对此,卡尔·莱曼(Karl Lehmann)列举了以下依据:①以1807年法国《商法典》为首的众多外国立法承认股份公司的法人格,德国的《股份公司法》也受到这些外国法的影响;[161]②从罗马法或日耳曼

---

[159] Lönholm, Das japanische Handelsrecht, in:Mitteilungen der deutschen Gesellschaft für Natur-und Völkerkunde Ostasiens, Heft 55 (1893), S. 223 ff.

[160] 松本烝治「松本博士ノ序」カール・レーマン,津島憲一訳『株式会社法史』2頁;竹田省「竹田博士ノ序」カール・レーマン,津島憲一訳『株式会社法史』7頁。

[161] Karl Lehmann, Das Recht der Aktiengesellschaften, Band 1, S. 229.

法的观点来看,承认股份公司的法人格也不会产生矛盾等事实。[162] 但最重要的还是卡尔·莱曼(Karl Lehmann)指出了当时的德国法律规定股份公司应被看作法人的条文,其列举了 1884 年德国《商法典》第 213 条第 1 款的"股份公司自身独立且具有固有的权利义务,即股份公司可取得所有权及其他土地的权利,可在法院提起诉讼或被诉"的规定,称该条文与奥托·吉尔克(Otto Gierke)所提出的股份公司在德国法的观念下是独立的法主体的主张意思相同,[163] 这表明股份公司拥有固有的法人格。[164]

卡尔·莱曼(Karl Lehmann)对注册资本提出了对其后的德国法学甚至是日本法学都有较大影响的原则,即卡尔·莱曼(Karl Lehmann)认为,对股份公司的注册资本适用"确定的注册资本的原则"(Prinzip des festen Grundkapitals)较妥当,股份公司对外"必须严密地显示应支出的财产的确定金额"。[165] 此外,卡尔·莱曼(Karl

[162] Karl Lehmann, Das Recht der Aktiengesellschaften, Band 1, S. 230.

[163] 奥托·吉尔克(Otto Gierke)称,正如 1884 年修改的德国《商法典》第 111 条第 1 款以合名公司为前提规定"商事公司在独自的商号下(unter ihrer Firma)具有固有的权利义务,即商事公司可取得所有权及其他土地的权利,可在法院提起诉讼或被诉"那样,关于合名公司使用的是"在独自的商号下"具有固有的权利义务的措辞,而股份公司则规定的是"自身独立"(als solche selbständig)且具有固有的权利义务(参见 1884 年德国《商法典》第 213 条第 1 款),因此 1884 年修改的德国《商法典》第 213 条第 1 款将股份公司作为法律上的统一体,与合名公司相比等级有所提升(Otto Gierke, Genossenschaftstheorie und die deutsche Rechtsprechung, Berlin 1887, S. 41, Fn. 1)。

[164] Karl Lehmann, Das Recht der Aktiengesellschaften, Band 1, S. 234.

[165] Karl Lehmann, Das Recht der Aktiengesellschaften, Band 1, S. 167.

Lehmann)认为,对股份公司资本变动亦应适用"注册资本安定的原则"(Prinzip der Beständigkeit des Grundkapitals),在该原则下,"注册资本的金额一经决定不得随意变更"。[166]

日本的股份公司法学也原原本本地继承了卡尔·莱曼(Karl Lehmann)关于资本的学说。例如,松本烝治博士在1916年的著作中就股份公司的"资本维持的原则"继承了卡尔·莱曼(Karl Lehmann)的"注册资本安定的原则"的观点,称"其意为资本不得随意变更"。[167]

卡尔·莱曼(Karl Lehmann)的注册资本之原则的特点在于并未提及现代德国法上的"资本的充实维持的原则"。进入20世纪后,在德国法中"资本的充实维持的原则"作为股份公司的注册资本的原则得以确立,即20世纪商法学的泰斗穆勒·埃尔茨巴赫(Müller Erzbach)于1928年强调股份公司的注册资本的特征是"注册资本的充实"(Aufbringung des Grundkapitals)[168]及"注册资本的持续性维持"(dauernde Erhaltung des Grundkapitals),[169]从资本充实的观点就注册资本的全额出资义务,以及从资本维持的观点就禁止返还出资

---

〔166〕 Karl Lehmann, Das Recht der Aktiengesellschaften, Band 1, S. 168.

〔167〕 松本烝治『会社法講義』(巌松堂書店,1916年)206頁以下。当时松本烝治所说的"资本维持的原则"对应的是卡尔·莱曼(Karl Lehmann)所说的"注册资本安定的原则",即现在的"资本不变原则"。

〔168〕 田中耕太郎述『生きて来た道』(世界の日本社,1950年)9頁参照。

〔169〕 Müller-Erzbach, Deutsches Handelsrecht, 2./3. Aufl., S. 249 f.

和禁止取得自己公司的股份(以下简称自己股份——译者注),作出了解释。

在 19 世纪后半期的德国的学说中,用发起人合伙来解释股份认购关系的学说较有力。同样也是著名的国家法学者的保罗·拉班德(Paul Laband)于 1864 年在阿喀琉斯·雷纳德(Achilles Renaud)的《股份公司法论》(第 1 版)的书评中,就公司设立前的股份认购关系提出自己的见解称,公司成立前至少存在以股份公司的发起人为成员的合伙(Societät),股份认购人对该合伙负有股本的支付义务。[170]

关于阿喀琉斯·雷纳德(Achilles Renaud)的股份认购的法律性质论,卡尔·莱曼(Karl Lehmann)引用了阿喀琉斯·雷纳德(Achilles Renaud)的《股份公司法论》(第 2 版)第 242 页的内容,并指出阿喀琉斯·雷纳德(Achilles Renaud)认为股份认购是为了第三方利益的合同。[171] 卡尔·莱曼(Karl Lehmann)称,股份认购并非合同,而是为了取得计划于未来成立的公司的出资人资格,即作为出资人的权利义务而进行的单方面行为。[172] 卡尔·莱曼(Karl Lehmann)称,在该单方面行为中,认购股份是最重要的要素,作为股份认购人

---

〔170〕 Laband, Rezension: Das Recht der Actiengesellschaften, ZHR 7 (1864), 620.

〔171〕 Karl Lehmann, Das Recht der Aktiengesellschaften, Band 1, S. 348, Fn. 8. 服部荣三博士指出,阿喀琉斯·雷纳德(Achilles Renaud)自身关于股份认购的法律性质的想法未必明确[服部·前揭注(106)同志社法学 37 号 80 頁参照]。

〔172〕 Karl Lehmann, Das Recht der Aktiengesellschaften, Band 1, S. 348.

进行署名者借此宣告成为将来的股份公司的成员。[173]

(3)股份公司的设立

卡尔·莱曼(Karl Lehmann)在《股份公司法论》(第一卷)中就股份公司的设立作出了100页以上的详细说明,该说明包括设立的瑕疵、设立无效、发起人的责任等多方面内容。为了应对德国的泡沫公司的产生和利用股份公司设立进行的欺诈,1884年7月18日的第二次德国《股份法》修改加强了对股份公司设立的规制,并加重了发起人的责任。卡尔·莱曼(Karl Lehmann)对此加以关注并对上述修改内容进行了解释。这也是吸取了19世纪70年代的泡沫公司及其破产的教训,为防止欺诈性设立公司,在学术上对德国法的立场进行解释学的尝试。

当时"设立中公司"的概念已经作为德国公司法学的重要概念正在形成。奥托·吉尔克(Otto Gierke)于1887年时称:"如果成立后的团体其自身的法律可以承认,那么正在成立的团体其自身的法律也一定无法否定。对公共团体的内部生活进行规制的法原则的固有领域也涵盖公共团体作为胎儿的生活状态。"[174]将股份公司作为该团体考虑,承认作为"胎儿"的股份公司成立的理论上的可能性。

对此,卡尔·莱曼(Karl Lehmann)认为,股份公司的设立在公司

[173] Karl Lehmann, Das Recht der Aktiengesellschaften, Band 1, S. 349.

[174] Otto Gierke, Die Genossenschaftstheorie und die deutsche Rechtsprechung, S. 135 f.

设立注册的公示后结束。卡尔·莱曼(Karl Lehmann)称,在准则主义下,在设立行为之前,股份公司其自身无论以何形态均不存在。[175]这里的设立行为,是指通过设立注册或公告等使股份公司在对第三方关系上也成立的行为。卡尔·莱曼(Karl Lehmann)称,德国法关于设立行为与英国或美国法等其他大多数国家相同,采用设立注册主义,即股份公司于设立注册后成立。[176] 另外,卡尔·莱曼(Karl Lehmann)指出,即使在准则主义下,国家从经济政策的观点出发及考虑到国家利益,针对开展一定事业的股份公司,也可能要求该公司的营业需要国家执照,但这与设立核准主义下的设立核准的性质不同。[177] 卡尔·莱曼(Karl Lehmann)的见解对日本的大审院判例产生了较大影响。根据大判 1915 年 12 月 25 日民录 21 辑第 2199 页的记载,[178]关于未得到大藏省的核准就设立的经营银行业的股份公司是否已经设立的论点,大审院与上述卡尔·莱曼(Karl Lehmann)的学说立场相同,认为银行设立所需的大藏省的核准不同于赋予法人格的核准,即使未得到大藏省的核准就设立了经营银行业的股份公司,也应承认该股份公司已经设立。[179]

---

〔175〕 Karl Lehmann, Das Recht der Aktiengesellschaften, Band 1, S. 404.

〔176〕 Karl Lehmann, Das Recht der Aktiengesellschaften, Band 1, S. 405.

〔177〕 Karl Lehmann, Das Recht der Aktiengesellschaften, Band 1, S. 402 f.

〔178〕 作为该判决的评释,吉川吉衞「保険事業の免許」鴻常夫 = 竹内昭夫 = 江頭憲治郎 = 山下友信編『損倍保険判例百選』〔第 2 版〕(有斐閣,1996 年)196 頁以下参照。

〔179〕 大審院 1915 年 12 月 25 日判决,大審院民事判决録 21 輯 2209 頁以下。

卡尔·莱曼(Karl Lehmann)主张,在股份公司通过相关公示方法成立前,不承认任何团体的存在。卡尔·莱曼(Karl Lehmann)在《股份公司法论》(第一卷)的“股份公司的设立”的论述中,并未作出任何以股份公司通过公示成立前存在团体为前提的说明。也就是说,卡尔·莱曼(Karl Lehmann)既不承认“发起人合伙”也不承认“设立中公司”的概念。如前所述,卡尔·莱曼(Karl Lehmann)主张股份认购的法律性质是股份认购人的单方面的法律行为,并非股份认购人与“设立中公司”或“发起人合伙”之间的合同。这表示卡尔·莱曼(Karl Lehmann)认为不用这些概念也可以解释股份公司设立前的法律关系。

关于股份公司的设立无效,卡尔·莱曼(Karl Lehmann)认为,虽然参考法国法的“事实上的公司”等外国法的规制方法作出股份公司的设立无效的判决后,该判决对所有人均有效力,但在作出该设立无效的判决前以股份公司的名义进行的法律行为并不受该判决的影响,仍有效存续。[180] 卡尔·莱曼(Karl Lehmann)称,如果股份公司设立无效的判决作出后进行了股份公司设立无效的登记,那么该公司将成为清算公司。[181]

卡尔·莱曼(Karl Lehmann)就股份公司设立无效的瑕疵的修正

---

〔180〕 Karl Lehmann, Das Recht der Aktiengesellschaften, Band 1, S. 435.

〔181〕 Karl Lehmann, Das Recht der Aktiengesellschaften, Band 1, S. 435.

也展开论述，认为在未达到法定的最低注册资本而设立股份公司的情形下，股东有限责任的相关规定未得到遵守，不应承认该股份公司设立无效的瑕疵得以修正；但在关于公司公告的瑕疵或选任机关的瑕疵等没有新设立公司也可以消除瑕疵的情形下，可以学习法国法或比利时法，通过股东大会的全体股东的同意或过半数决议或特别决议，对该瑕疵进行补救。[182]

因为有了卡尔·莱曼（Karl Lehmann），德国的股份公司法学作为也可应对实务要求的解释学说趋于精致化。参考外国法的原则对卡尔·莱曼（Karl Lehmann）所带来的德国股份公司法学的精致化起到了很大作用。

（4）出资人权论（社员权论）

卡尔·莱曼（Karl Lehmann）的著作《股份公司法论》（第二卷）[183] 于 1904 年出版。卡尔·莱曼（Karl Lehmann）在该书中与第一卷相同，将叙述的目标定为"基于比较法，不探讨实务问题，对股份公司的基础性理论"[184] 进行解释。

关于出资人权论，卡尔·莱曼（Karl Lehmann）继承了阿喀琉斯·雷纳德（Achilles Renaud）的出资人权（Mitgliedschaftsrecht）的概

---

〔182〕 Karl Lehmann, Das Recht der Aktiengesellschaften, Band 1, S. 436 f.

〔183〕 Karl Lehmann, Das Recht der Aktiengesellschaften, Band 2, Berlin 1904.

〔184〕 Karl Lehmann, Das Recht der Aktiengesellschaften, Band 2, Vorwort Ⅲ.

念。[185] 卡尔·莱曼(Karl Lehmann)称,通过股份的转让,不仅出资人权全部转移给股份受让人,出资人的地位所附带的所有义务也要转移,特别是当时尚未采用公司设立时的全额出资制度,股本未付全的股份的受让人负有未支付的股本的支付义务。[186]

卡尔·莱曼(Karl Lehmann)在书中继承了阿喀琉斯·雷纳德(Achilles Renaud)的学说,[187]认为从出资人权的本质可以导出出资人权的不可分性。[188] 卡尔·莱曼(Karl Lehmann)指出,作为出资人权的不可分性的结果,关于共同继承的股份,表决权只能统一行使。[189] 卡尔·莱曼(Karl Lehmann)称,该学说已经在1897年德国《商法典》第225条第1句中得到反映,其规定"在一个股份归属于复数权利人的情形下,该股份的权利只能由共同的代理人行使"。卡尔·莱曼(Karl Lehmann)认为,单一的股份是不可分割的财产。[190]

雷格斯贝格尔(Regelsberger)于1893年指出,"团体的权利是按照各成员参加团体的意思决定,还是按照获得团体的私人利益来区分,前者为共益权(gemeinnützige Rechte),后者为自益权(selbstnützige Rechte)"。[191] 共益权包括大会的参加权、表决权及机关选任权等,

---

[185] Karl Lehmann, Das Recht der Aktiengesellschaften, Band 2, S. 30.

[186] Karl Lehmann, Das Recht der Aktiengesellschaften, Band 2, S. 33.

[187] Renaud, Das Recht der Actiengesellschaften, 1. Aufl., S. 72 f.

[188] Karl Lehmann, Das Recht der Aktiengesellschaften, Band 2, S. 26.

[189] Karl Lehmann, Das Recht der Aktiengesellschaften, Band 2, S. 26.

[190] Karl Lehmann, Das Recht der Aktiengesellschaften, Band 2, S. 27.

[191] Regelsberger, Pandekten, Erster Band, Leipzig 1893, S. 331.

自益权为有助于满足成员的个人利益的权利。[192]

卡尔·莱曼(Karl Lehmann)对雷格斯贝格尔(Regelsberger)的学说加以发展,将股东的权利按照其目的分为只有助于满足股东个人利益的自益权,以及除股东的利益外还有助于满足全体利益的共益权,认为自益权是关于股份的纯财产的一面,共益权是表决权等参加公司管理的权利。[193] 卡尔·莱曼(Karl Lehmann)指出,股东行使共益权时也可以说是作为公司的机关在行使权利。[194]

此外,卡尔·莱曼(Karl Lehmann)指出,股东权中本质部分是无法从股东手中夺走的权利,其被称为固有权(Sonderrechte)。[195] 卡尔·莱曼(Karl Lehmann)的固有权论对日本的法律实务和通说也产生了较大影响。[196] 大判 1933 年 12 月 21 日民集 12 卷第 1916 页[197]

---

〔192〕 Regelsberger, Pandekten, Erster Band, S. 332.

〔193〕 Karl Lehmann, Das Recht der Aktiengesellschaften, Band 2, S. 398. 卡尔·莱曼(Karl Lehmann)关于共益权的想法与现在日本的判例、通说的想法相近(最大判 1970 年 7 月 15 日民集 27 卷 4 号 804 頁;鈴木竹雄 = 竹内昭夫『会社法』〔第 3 版〕95 頁以下参照)。

〔194〕 Karl Lehmann, Das Recht der Aktiengesellschaften, Band 2, S. 399. 卡尔·莱曼(Karl Lehmann)的该学说后来对田中耕太郎博士的学说也产生了影响[田中耕太郎『改訂会社法概論下巻』(岩波書店,1955 年)307 頁以下参照]。

〔195〕 Karl Lehmann, Das Recht der Aktiengesellschaften, Band 2, S. 396 f.

〔196〕 关于卡尔·莱曼(Karl Lehmann)的固有权论,田中耕太郎博士作出了详细解说[田中耕太郎『固有権の理論に就て:社員権否認論 3』同『商法学　特殊問題上』186 頁以下(春秋社,1955 年)]。

〔197〕 作为该判决的评释,升本喜兵衛「建設利息請求権の具体化と総会の決議」我妻栄編集代表『ジュリスト296 号の2 臨時増刊会社判例百選』(有斐閣,1964 年)140 頁以下;加美和照「建設利息請求権の性質」矢沢惇 = 鴻常夫編『会社判例百選』〔第 3 版〕(有斐閣,1979 年)142 頁以下。

案件关于利息支付请求权的法律性质存在争议,由于卡尔·莱曼(Karl Lehmann)主张利息支付请求权是固有权,未经本人同意不可通过多数决予以剥夺(德国《民法典》第35条)。[198] 该案上诉人引用了卡尔·莱曼(Karl Lehmann)的观点,认为利息支付请求权是股东无须经由股东大会的决议即可向公司请求的既得权。[199] 但该案判决最终并未采用卡尔·莱曼(Karl Lehmann)的解释,认为利息支付请求权需经过股东大会决议才能发生。此外,铃木竹雄和竹内昭夫两位博士受卡尔·莱曼(Karl Lehmann)固有权论的影响,认为"何为固有权……应根据一般对各股东而言是否是与其本质性利益相关之物来判断"。[200]

关于自己股份的取得,卡尔·莱曼(Karl Lehmann)认为,股份公司有可能从投机性动机出发取得自己股份,[201] 股份公司自身成为该公司的成员并不会使其成员的地位因混淆而消灭,只要法律上股份归属于该股份公司,该股份公司将其转让给第三方即可作为股份复活,这只不过是出现了暂时性的休眠状态。[202] 这是反映了当时的自己股份取得禁止规制之变更的法解释。

1884年7月18日第二次德国《股份法》修改将自己股份取得的

---

〔198〕 Karl Lehmann, Das Recht der Aktiengesellschaften, Band 2, S. 397.

〔199〕 大審院1933年12月21日判決,民事判例集12巻2932頁。

〔200〕 鈴木竹雄=竹内昭夫『会社法』〔第3版〕111頁。

〔201〕 Karl Lehmann, Das Recht der Aktiengesellschaften, Band 2, S. 76.

〔202〕 Karl Lehmann, Das Recht der Aktiengesellschaften, Band 2, S. 75.

绝对禁止的规定(1870 年德国《商法典》第 215 条第 3 款),修改为“股份公司只要未实行购入委托,就不应在业务经营中购入自己股份或接受股权质押(soll)”(1884 年德国《商法典》第 215d 条第 1 款第 1 句)。从自己股份取得的绝对禁止到修改为“soll”规定是为了表明即使违反新法的“股权质押”规定,自己股份的取得自身并非无效,[203] 而只会产生董事及监事对公司的内部责任。[204] 1897 年德国《商法典》将 1884 年德国《商法典》第 215d 条第 1 款第 1 句的“在业务经营中”修改为“在通常的业务经营中”,继承了 1884 年修改的德国《商法典》的“股权质押”规定(1897 年德国《商法典》第 226 条第 1 款第 1 句)。

卡尔·莱曼(Karl Lehmann)关于自己股份取得的解释论改变了股份公司取得自己股份无效的旧法的立场,为自己股份取得并非无效的新的德国股份公司立法提供了理论依据。

(5)公司机关

关于股份公司的机关,卡尔·莱曼(Karl Lehmann)也继承了阿喀琉斯·雷纳德(Achilles Renaud)的观点,将股东大会看作最重要的机关,把关于股东大会的说明放在了本书的机关的叙述的最前面。[205] 卡尔·莱曼(Karl Lehmann)称,直接代表股份公司这一团体意思的是股东大会,董事会只不过是作为股东大会的从属机关发挥

[203] Schön, Geschichte und Wesen der eigenen Aktie, Würzburg 1937, S. 8.

[204] Hirsch, Der Erwerb eigener Aktien nach dem KonTraG, Köln 2004, S. 11 f.

[205] Karl Lehmann, Das Recht der Aktiengesellschaften, Band 2, S. 153.

作用。[206] 卡尔·莱曼(Karl Lehmann)认为,鉴于股东不可能每次业务执行时都聚集在一起进行监督,故设置了监事会作为常设的监督机关。卡尔·莱曼(Karl Lehmann)基于自身的机关性质论,按照股东大会、董事、监事会的顺序,就股份公司的机关展开说明。

关于董事对第三人的责任,卡尔·莱曼(Karl Lehmann)与阿喀琉斯·雷纳德(Achilles Renaud)的观点有所不同。1884 年 7 月 18 日的第二次德国《股份法》修订对董事责任的相关规范进行了大幅变更,规定董事对公司债权人不负损害赔偿责任,即 1884 年德国《商法典》第 241 条第 1 款规定的"董事关于以公司名义进行的法律行为对第三方就公司的债务不负属人的责任"。1897 年德国《商法典》规定,只有在第 241 条第 3 款规定的特定情形下,无法就自己的债权得到满足的公司债权人才可以代位行使董事对公司的责任(1897 年德国《商法典》第 241 条第 4 款第 1 句)。卡尔·莱曼(Karl Lehmann)认为,1897 年德国《商法典》第 241 条第 3 款规定董事违反注册资本的相关规定,导致公司财产减少,债权人可对该董事直接代替公司行使请求权。[207] 卡尔·莱曼(Karl Lehmann)认为,除上述违反注册资本规定的情形外,在符合德国《民法典》第 823 条第 2 款的情形下,即只要不是故意或过失,董事就不对公司债权人承担损害赔偿

[206] Karl Lehmann, Das Recht der Aktiengesellschaften, Band 2, S. 151.

[207] Karl Lehmann, Das Recht der Aktiengesellschaften, Band 2, S. 272.

责任。[208]

卡尔·莱曼(Karl Lehmann)解释称,原则上否定董事对第三方责任的规范构造是建立在认为应看作受到侵害的只有股份公司的想法的基础之上。[209] 卡尔·莱曼(Karl Lehmann)称,法律是为了避免出现董事双重负有损害赔偿责任的情形。

在德国法中,关于对公司股东的关系,即使在董事对公司进行了违法行为的情形下,各股东也没有提起派生诉讼的权利。卡尔·莱曼(Karl Lehmann)认为这从比较法来看较特殊。关于董事对公司责任的追究方法的外国法规制,除英美法、法国法、比利时法、瑞士法外,卡尔·莱曼(Karl Lehmann)还介绍了日本法。[210] 卡尔·莱曼(Karl Lehmann)指出,德国的规制方式虽然在确保合适人才担任董事方面具有优势,但容易助长董事不负责任的经营行为。[211]

卡尔·莱曼(Karl Lehmann)称,股份公司是社团不是合伙,其成员只与社团存在法律关系,与社团的董事不存在法律关系,因此即使董事实施违法行为,作为社团成员的少数派股东也没有行使损害赔偿请求权的权限。[212] 作为社团成员的股东就地位而言只能通过参加股东大会,敦促公司就董事的违法行为提起追究损害赔偿责任的诉讼。

---

[208] Karl Lehmann, Das Recht der Aktiengesellschaften, Band 2, S. 272 f.

[209] Karl Lehmann, Das Recht der Aktiengesellschaften, Band 2, S. 273.

[210] Karl Lehmann, Das Recht der Aktiengesellschaften, Band 2, S. 282.

[211] Karl Lehmann, Das Recht der Aktiengesellschaften, Band 2, S. 275 f.

[212] Karl Lehmann, Das Recht der Aktiengesellschaften, Band 2, S. 276 ff.

卡尔·莱曼(Karl Lehmann)认为董事原则上对各股东不负责任。[213]

在此基础上,卡尔·莱曼(Karl Lehmann)解释称,在1897年德国《商法典》下,关于董事的违法行为的公司的损害赔偿请求权必须由监事会行使(1897年德国《商法典》第268条第1款第1句)。此外,1897年德国《商法典》规定,拥有注册资本的10%的少数派股东也可向股东大会请求行使关于董事的违法行为的公司的损害赔偿请求权(该法第268条第2款第1句)。1897年德国《商法典》规定,该少数派股东的请求被发起后,由法院选任公司的代理人(该法第268条第2款第2句)。根据卡尔·莱曼(Karl Lehmann)的观点,股东无权代表股份公司行使对董事的损害赔偿请求权。

卡尔·莱曼(Karl Lehmann)认为,股份公司是社团,因此各成员之间不存在法律关系。卡尔·莱曼(Karl Lehmann)指出,董事与作为法人的公司之间存在法律关系,而与股东或股东的合伙之间没有任何法律关系。当时,股东对公司负有诚实义务尚未得到认可。[214]

---

[213] Karl Lehmann, Das Recht der Aktiengesellschaften, Band 2, S. 279.

[214] 德国最早承认股东对公司的诚实义务的判决是1934年12月4日最高法院的判决(RGZ 146, 71)。此外,最早承认股东之间的诚实义务的判决是1988年2月1日最高法院的判决(BGHZ 103, 184)。关于这些判决,潘阿憲『会社持分支配権濫用の法理:多数派社員の誠実義務』(信山社,2000年)177頁以下;高橋英治『会社法の継受と収斂』(有斐閣,2016年)95頁以下。此外,关于前者的判决,豊崎光衞「株式会社における多数決の濫用(4)」法律協会雑誌58巻5号(1935年)670頁参照。关于后者的判决,ペーター・シュレヒトリーム =ヴェルナー・バッハマン =クラウス・バッハー,海老原明夫訳「会社法における最近の発展」日独法学14号(1990年)97頁以下参照。

卡尔·莱曼(Karl Lehmann)认为,即使在董事进行了违法行为的情形下,由于少数派股东与该董事之间没有法律关系,故不允许提起股东派生诉讼来要求该董事赔偿给公司造成的损害,因为其违背了作为社团的股份公司的本质。

(6)筹集资金等

1897 年德国《商法典》规定,增资时原始股东享有新股认购权(该法第 282 条),卡尔·莱曼(Karl Lehmann)在《股份公司法论》(第二卷)中关于股份公司融资的叙述中提出同样的观点。他将新股认购权定义为股东在一定比例内认购股份的权利。[215] 卡尔·莱曼(Karl Lehmann)称,该新股认购权并非公司发行新股时从股东的出资人权中自然发生的,而是由发行新股的股东大会决议决定。可通过原始章程或章程变更,规定向所有股东或部分股东赋予新股认购权。

卡尔·莱曼(Karl Lehmann)还指出,发行新股时向已有股东赋予新股认购权较合理。[216] 卡尔·莱曼(Karl Lehmann)认为,德国商法引进新股认购权制度,有助于防止增资被利用于投机。此外,卡尔·莱曼(Karl Lehmann)还认为,通过向已有股东赋予新股认购权,可防止董事向虚构的人无偿发行新股从而实际上从中获利,并可防

---

〔215〕 Karl Lehmann, Das Recht der Aktiengesellschaften, Band 2, S. 461.

〔216〕 Karl Lehmann, Das Recht der Aktiengesellschaften, Band 2, S. 462.

止通过增加股份数量来操纵市场。

关于公司重组,卡尔·莱曼(Karl Lehmann)介绍了美国关于向反对合并的股东赋予股份回购请求权的立法,并介绍称意大利、罗马尼亚和阿根廷等国采用了相同的法制。[217] 但是,关于是否引进合并时对少数股东的补偿制度,抑或是基于宪法上的财产权保护,少数股东享有请求补偿的权利等事项,卡尔·莱曼(Karl Lehmann)并未展开解释论或立法论的阐述。卡尔·莱曼(Karl Lehmann)认为,在股份公司因合并而消灭的情形下,对其债权人的保护是更重要的立法课题。[218]

3. 莱温·戈尔德施密特 (Levin Goldschmidt)——商法学泰斗

莱温·戈尔德施密特(Levin Goldschmidt)是德国商法学的奠基人之一。莱温·戈尔德施密特 (Levin Goldschmidt)的代表作是《世界商法史论》,[219] 其商法学方法的特征在于"历史性方法"。[220] 莱温·戈尔德施密特 (Levin Goldschmidt)在1868 年出版的大作《商法手册(第一卷)(第一部)》[221] 的第二编第一章中,将"商"(Handel)定

[217] Karl Lehmann, Das Recht der Aktiengesellschaften, Band 2, S. 530.

[218] Karl Lehmann, Das Recht der Aktiengesellschaften, Band 2, S. 531 f.

[219] Levin Goldschmidt, Universal Geschichte des Handelsrechts, Erster Band, 3. Aufl., Stuttgart 1891.

[220] 服部榮三「ゴールドシュミットの商法学方法、特にその歴史的方法について」法学協会雑誌71 巻4 号(1953 年)333 頁参照。

[221] Levin Goldschmidt, Handbuch des Handelsrechts, Erster Band, Erste Abteilung, Erlangen 1864.

义为:“以商品为媒介(vermitteln),促进该交换媒介为业的全体。”[222]莱温·戈尔德施密特(Levin Goldschmidt)在商法学上将其作为商法对象理论主张“媒介说”。[223] 但是,他并不只是研究上述作为商法对象的学问的商法学,还作为立法委员参与德国《商法典》中德国《股份公司法》的修改。以下对莱温·戈尔德施密特(Levin Goldschmidt)如何参与德国《商法典》的修改,以及对其撰写的著作进行概述。

1870 年德国《商法典》修改时,股份公司的设立应采用核准主义还是准则主义再次成为最大的争议点。莱温·戈尔德施密特(Levin Goldschmidt)在第八次德国法律家会议上,首先指出,在 1861 年德国《商法典》下,只有奥地利、巴伐利亚、黑森、不伦瑞克、梅克伦堡、图林根等邦就股份公司设立采用核准主义,[224]并参考了 1862 年、1867 年英国《公司法》所规定的适用公司法的社团(Körperschaft)只要有 7 名以上发起人即可自由设立,法国在 1867 年 6 月 24 日的法律中规定,除保险公司等特殊公司,原则上对所有的有限责任的商事公司均

---

[222] Levin Goldschmidt, Handbuch des Handelsrechts, Erster Band, Erste Abteilung, Erlangen 1864, S. 286.

[223] 服部榮三「商法の対象」北沢正啓＝浜田道代編『商法の争点Ⅰ』(有斐閣,1993 年)4 頁,服部榮三『商法総則』〔第 3 版〕(青林書院新社,1983 年)6 頁。

[224] Referat Goldschmids, in: Das Schriftführer-Amt der ständigen Deputation (Hrsg.), Verhandlungen des Achten deutschen Juristentages, Zweiter Band, Berlin 1870, S. 44.

采用准则主义等外国法的情况，[225]称“感到我们德国人也应该动员全部常识，大胆运用我们的思考能力，使我们自身与周围的外国的模范趋同”。[226] 莱温·戈尔德施密特（Levin Goldschmidt）指出，虽然10年前的常识是股份公司需要国家的核准，但现在在欧洲准则主义变得更具说服力，鉴于外国可以自由设立公司的现状，“我们也应该变为向自身的固有的公司提供相同有利的地位，这才符合目的性”。[227] 故其强烈支持引进准则主义。此外，对于在核准主义的背后需要由官吏对股份公司的良俗性像警察一样进行监视的主张，莱温·戈尔德施密特（Levin Goldschmidt）则付之一笑，认为该主张现在已经没有说服力。莱温·戈尔德施密特（Levin Goldschmidt）指出，在核准主义下国家机关拥有肆意性的核准决定权限，负责股份公司核准的官吏存在受贿的可能，核准主义才存在道德上的问题。[228] 莱温·戈尔德施密特（Levin Goldschmidt）称，虽然现在认为法人经国家核准成立是德国的法律家的共识，但自己的观点是私法上的社团是通过成员的结合使自身得以成立，该观点与德国普通法及罗马法一致。[229] 莱温·戈尔德施密特（Levin Goldschmidt）所作的上述报告意义重大。第八次德国法律家会议将股份法修改问题列为议

---

[225] Ders., S. 46.
[226] Ders., S. 48 f.
[227] Ders., S. 49 f.
[228] Ders., S. 50.
[229] Ders., S. 50 f.

题,在莱温·戈尔德施密特(Levin Goldschmidt)所提出的动议的基础上,[230]要求废除股份公司的强制核准制度的议案几乎全票表决通过。[231] 1870 年德国《商法典》就股份公司废除此前作为原则采用的核准主义,转而采用了准则主义(1861 年德国《商法典》第 208 条第 1 款被删除)。

1870 年德国《商法典》,一方面禁止自己股份的取得及注销(该法第 215 条第 3 款),另一方面允许返还注册资本(该法第 248 条)。因此,股份公司是否可以通过取得自己股份的方法进行注册资本的返还存在争议。

莱温·戈尔德施密特(Levin Goldschmidt)于 1876 年在《全商法经济法杂志》发表了《通过自己股份的购入及注销减少股份公司的注册资本》[232]的论文,指出禁止取得自己股份并非来自理论性的需求,而是基于防止股份公司通过取得自己股份操纵股票的市场价格之目的而进行的规制。[233] 以此为前提,莱温·戈尔德施密特(Levin Goldschmidt)认为,虽然应该规定若是为了注销股份可取得自己股份进行减资,但 1870 年德国《商法典》第 215 条对此没有规定,在这一

---

[230] Assmann, in: GroßkommAktG, 4. Aufl., Einl Rdnr. 79.

[231] von Kißling, Die Verhandlungen der ersten zehn deutschen Juristentage (1860 – 1872), Berlin 1873, S. 83;岩崎稜『戦後日本商法学史所感』369 頁参照。

[232] Levin Goldschmidt, Herabsetzung des Grundkapitals einer Aktiengesellschaft durch Ankauf und Amortisation eigener Aktien, ZHR Bd. 21 (1876), 1 – 11.

[233] Levin Goldschmidt, ZHR Bd. 21 (1876), 5.

点上有所欠缺，[234]进而提出了应该允许股份公司通过股东大会决议取得自己股份以进行注销的立法论。[235] 该立法提案在1884年德国《商法典》的修改中被采用(1884年德国《商法典》第215d条第2款第1句)。

1882年在内政部和司法部共同起草的草案[236]的基础上，就德国《商法典》的再次修改展开了讨论。莱温·戈尔德施密特(Levin Goldschmidt)的观点就像提前展示现代股份公司法的讨论内容一样令人耳目一新。莱温·戈尔德施密特(Levin Goldschmidt)在1884年3月24日召开的审议草案的第一次委员会上指出，应警惕再次采用股份公司设立的核准主义制度，[237]还应考虑提高不记名股票的面值可能会导致大众的资本流向外国。[238] 该发言暗示修改时应排除关于股份公司设立的国家监督，并在修改股份公司法时意识到世界

[234] Levin Goldschmidt, ZHR Bd. 21 (1876), 9.

[235] Levin Goldschmidt, ZHR Bd. 21 (1876), 11.

[236] Entwurf eines Gesetzes, betreffend die Kommanditgesellschaften auf Aktien und Aktiengesellschaften (Januar 1882), in: Schubert/Hommelhoff, Hundertjahre modernes Aktienrecht: Eine Sammlung von Texten und Quellen zur Aktienrechtsreform 1884 mit zwei Einführungen, ZGR-Sonderheft 4, Berlin 1985, S. 263 – 287.

[237] Goldschmidt, in: Protokolle, 1. Sitzung. Verhandelt Berlin, den 24. März 1882, in: Schubert/Hommelhoff, Hundertjahre modernes Aktienrecht: Eine Sammlung von Texten und Quellen zur Aktienrechtsreform 1884 mit zwei Einführungen, ZGR-Sonderheft 4, S. 291.

[238] Goldschmidt, in: Protokolle, 1. Sitzung. Verhandelt Berlin, den 24. März 1882, in: Schubert/Hommelhoff, Hundertjahre modernes Aktienrecht: Eine Sammlung von Texten und Quellen zur Aktienrechtsreform 1884 mit zwei Einführungen, ZGR-Sonderheft 4, S. 293 f.

范围内的“公司法的竞争”。[239]

莱温·戈尔德施密特(Levin Goldschmidt)关心的是针对当时横行的股份公司的欺诈性设立进行根本性的对策立法。莱温·戈尔德施密特(Levin Goldschmidt)在 1882 年 3 月 29 日的第五次委员会会议上,提议新设德国《商法典》第 213e 条,规定“对于商事法院规定的宣誓或证书的提交,或者公募等事项,通过虚假的事实陈述或保持沉默等恶意损害股份认购人或公司债权人利益的,应承担损害赔偿责任”。[240] 莱温·戈尔德施密特(Levin Goldschmidt)在 1882 年 3 月 31 日的第七次委员会会议上又提出了相同建议。莱温·戈尔德施密特(Levin Goldschmidt)称,虽然在现行法中以欺诈性方法进行股份公募的公司负有损害赔偿责任,但进行欺诈者自身并不承担责任,就这一点而言现行法对在欺诈中受害的各个股东的保护并不充分,因此需要新设上述规定。[241] 莱温·戈尔德施密特(Levin Goldschmidt)

---

〔239〕 关于公司法的竞争,ダニエル・チマー,高橋英治訳「ヨーロッパにおける会社法の競争」同志社法学 59 巻 4 号(2007 年)218 頁。

〔240〕 Goldschmidt, in: Protokolle, 1. Sitzung. Verhandelt Berlin, den 30. März 1882, in: Schubert/Hommelhoff, Hundertjahre modernes Aktienrecht: Eine Sammlung von Texten und Quellen zur Aktienrechtsreform 1884 mit zwei Einführungen, ZGR-Sonderheft 4, S. 321.

〔241〕 Goldschmidt, in: Protokolle, 1. Sitzung. Verhandelt Berlin, den 31. März 1882, in: Schubert/Hommelhoff, Hundertjahre modernes Aktienrecht: Eine Sammlung von Texten und Quellen zur Aktienrechtsreform 1884 mit zwei Einführungen, ZGR-Sonderheft 4, S. 332.

的提案虽然也有数名支持者,[242]但众多与会者以与现行法不兼容为由表示反对。[243] 结果莱温·戈尔德施密特(Levin Goldschmidt)关于新设德国《商法典》第213e条的提案并未得到采纳。

1884年7月18日德国《商法典》经修改后成立。[244] 修改法成立前的1884年2月23日,莱温·戈尔德施密特(Levin Goldschmidt)在柏林的法律家协会进行了题为“股份法的修改”的演讲。演讲内容宏大,试图从全球性视野俯瞰1884年德国《股份法》的内容。莱温·戈尔德施密特(Levin Goldschmidt)首先指出,从德国《股份法》1870年的修改至今已经过了14年,其间以英国为首的欧洲各国已着手进

[242] 冯·西歇雷尔(von Sicherer)原则上赞成莱温·戈尔德施密特(Levin Goldschmidt)的提案。von Sicherer, in: Protokolle, 1. Sitzung. Verhandelt Berlin, den 31. März 1882, in: Schubert/Hommelhoff, Hundertjahre modernes Aktienrecht: Eine Sammlung von Texten und Quellen zur Aktienrechtsreform 1884 mit zwei Einführungen, ZGR-Sonderheft 4, S. 332.

[243] 哈根(Hagen)、科赫(Koch)、拉塞尔(Russell)等强烈反对莱温·戈尔德施密特(Levin Goldschmidt)的提案。Vgl. Schubert/Hommelhoff, Hundertjahre modernes Aktienrecht: Eine Sammlung von Texten und Quellen zur Aktienrechtsreform 1884 mit zwei Einführungen, ZGR-Sonderheft 4, S. 332 f.

[244] 关于1884年修改的德国《商法典》的《股份公司法》的规定的原文,Schubert/Hommelhoff, Hundertjahre modernes Aktienrecht: Eine Sammlung von Texten und Quellen zur Aktienrechtsreform 1884 mit zwei Einführungen, ZGR-Sonderheft 4, Berlin 1985, S. 560 ff.; Schubert/Schmiedel/Krampe (Hrsg.), Quellen zum Handelsgesetzbuch von 1897, Band 1 Gesetz und Entwürfe, S. 154 ff。关于1884年修改的德国《商法典》的《股份公司法》的规定的日文翻译,江村·前揭注(99)慶応義塾大学大学院法学研究科論文集45号86頁以下(2004年)参照。

行股份公司法的修改,为了不落后就需要修改股份法。[245] 莱温 · 戈尔德施密特(Levin Goldschmidt)称,1884 年德国《股份法》修改是在维持现行法的基础上,适当添加了进步的要素。[246] 此外,莱温 · 戈尔德施密特(Levin Goldschmidt)还指出,1884 年德国《股份法》是以 1870 年德国《商法典》为基础,在股份公司的设立和机关构成方面排除国家的监督。[247] 莱温 · 戈尔德施密特(Levin Goldschmidt)进而解释,修改法草案对于股份交易中实施欺诈行为设置了刑罚规定,这也体现在 1884 年德国《商法典》第 249a 条的规定中。[248]

1892 年,莱温 · 戈尔德施密特(Levin Goldschmidt)在《商法的体系》(第 4 版)[249] 中也提及股份公司法。莱温 · 戈尔德施密特(Levin Goldschmidt)称,股份的权利,是指股东的出资人权(Mitgliedschaftsrecht),其分为共同管理权(Mitverwaltungsrecht)和个别权(Einzelrecht)。[250] 共同管理权包括公司法的少数派股东权,例如,参与 5% 的注册资本的股东可行使的股东大会召集权(1884 年德

---

[245] Levin Goldschmidt, Die Reform des Aktiengesellschaftsrechts, ZHR 30 (1885), 69 f.

[246] Levin Goldschmidt, ZHR 30 (1885), 74 f.

[247] Levin Goldschmidt, ZHR 30 (1885), 75 f.

[248] Levin Goldschmidt, ZHR 30 (1885), 83.

[249] Levin Goldschmidt, System des Handelsrechts mit Einschluss des Wechsel-See-und Versicherungsrechts im Grundriss, Stuttgart 1992.

[250] Ders., S. 134 f.

国《商法典》第237条)等。[251] 最重要的个别权中包括利益分配请求权。书中指出,面向股东的分红必须来自财务上计算得出的净利润,禁止从净利润外进行分红;在出现该违法分红的情况下,可能产生股份公司的机关的责任。

该书还提及注册资本的增减。莱温·戈尔德施密特(Levin Goldschmidt)称,虽然原则上股份公司的注册资本的金额应保持不变,但可通过股东大会决议增加。莱温·戈尔德施密特(Levin Goldschmidt)认为,股份公司增资可看成部分性新设股份公司,在通过发行新股增资的情形下,虽然允许以高于面值的金额认购新股,但禁止以低于面值的金额认购新股。[252] 莱温·戈尔德施密特(Levin Goldschmidt)解释称,虽然股份公司的资本减少也会在降低股份面值的情形下发生,但也可以通过注销股份或股份合并来实现,此时股份公司的资本减少通过股东大会的特别决议进行。

虽然该书并非从股份公司的设立到解散对股份公司的法律规制作出全面说明的著作,但为众多判例所引用。由此可见,莱温·戈尔德施密特(Levin Goldschmidt)不仅是商法学者,还是商法实务家。

4. 奥托·吉尔克(Otto Gierke)——德国团体法理论的主要提倡者

奥托·吉尔克(Otto Gierke)从德国法史出发探究股份公司的本

[251] Ders., S. 136 f.
[252] Ders., S. 138 f.

质,主张股份公司是社团。[253] 奥托·吉尔克(Otto Gierke)将“社团”作为具有权利能力的团体之意来使用。[254] 奥托·吉尔克(Otto Gierke)的股份公司的法律性质论给德国的公司法学带来了巨大影响。现代德国的公司法学将股份公司定位为“社团”。[255]

1868 年奥托·吉尔克(Otto Gierke)根据阿喀琉斯·雷纳德(Achilles Renaud)的出资人权论,[256] 主张出资人权为“人之权利”(Rechtder Person)。[257] 1887 年奥托·吉尔克(Otto Gierke)以属人公司为前提,主张业务执行权、违法行为制止请求权等权利及公司重大

---

〔253〕 Otto Gierke, Das deutsche Genossenschaftsrecht, Erster Band, Berlin 1868, S. 1009. オットー・フォン、ギールケ,庄子良男訳『ドイツ団体法論第 1 巻第 4 分冊』(信山社,2015 年)185 頁。

〔254〕 Otto Gierke, Die Genossenschaftstheorie und die deutsche Rechtsprechung, Berlin 1887, S. 146. 庄子良男『第 1 分冊「訳者まえがき」の補遺』オットー・フォン、ギールケ,庄子良男訳『ドイツ団体法論第 1 巻第 4 分冊』(信山社,2015 年)480 頁。

〔255〕 Kübler/Assmann, Gesellschaftsrecht, 6. Aufl., Heidelberg 2006, S. 24 ff.; Raiser/Veil, Recht der Kapitalgesellschaften, 6. Aufl., München 2015, S. 8 f.; Windbichler, Gesellschaftsrecht, 24. Aufl., München 2017, S. 277.

〔256〕 阿喀琉斯·雷纳德(Achilles Renaud)于 1863 年在《股份公司法论》(第 1 版)中将关于股份的权利称为“出资人权”(Mitgliedschaftsrecht),提倡构成出资人权的各权利不能个别分离后进行转让等的原则,即出资人权不可分的原则(Renaud, Das Recht der Actiengesellschaften, 1. Aufl., S. 72 f)。阿喀琉斯·雷纳德(Achilles Renaud)于 1863 年指出,股份还具有作为人格的属性(Renaud, Das Recht der Actiengesellschaften, 1. Aufl., S. 74)。

〔257〕 Otto Gierke, Das deutsche Genossenschaftsrecht, Erster Band, S. 1022. オットー、フォン、ギールケ,庄子良男訳『ドイツ団体法論第 1 巻第 4 分冊』(信山社,2015 年)198 頁。

事项变更等权利义务,根据商法典的规定归属于出资人自身。[258] 由此可以推测关于作为资本公司的股份公司的出资人权,奥托·吉尔克(Otto Gierke)可能也认为其为根据法律规定归属于各股东的固有权利。阿喀琉斯·雷纳德(Achilles Renaud)和奥托·吉尔克(Otto Gierke)所确立的"出资人权论"在现代德国[259]和日本的学说[260]及判例[261]中得以继承。

1868年奥托·吉尔克(Otto Gierke)称,股份社团的组织体(Organisation)促使股份社团进行合作(Genossenschaft),进而主张股份社团必须拥有机关(Organ),[262]从而将"机关"的概念引进股份公司法学。[263] 奥托·吉尔克(Otto Gierke)的"机关论"的本质被学者归结如下:[264](1)人所可以看到的只是显示团体的存在的事实,并非

---

〔258〕 Otto Gierke, Die Genossenschaftstheorie und die Deutsche Rechtsprechung, Berlin 1887, S. 525.

〔259〕 Raiser/Veil, Recht der Kapitalgesellschaften, 6. Aufl., München 2015, S. 101 ff.; Windbichler, Gesellschaftsrecht, 24. Aufl., S. 279. 近年来默克特(Merkt)批评称,相对"团体的出资人权"(Verbandsmitgliedschaft)这一统一性概念,今日的团体多种多样,无法通过"团体的出资人权"这一统一性概念来概括和理解[Merkt, Verbandsmitgliedschaft und Verbandsvielheit, in: Bruns (Hrsg.), Tradition und Innovation im Recht, Tübingen 2017, S. 185 ff]。

〔260〕 大隅健一郎=今井宏=小林量『新会社法概説』〔第2版〕(有斐閣,2010年)13頁;高橋英治『会社法概説』〔第3版〕(中央経済社,2015年)67頁参照。

〔261〕 最大判1970年7月15日判決,民集27卷4号804頁。

〔262〕 Otto Gierke, Das deutsche Genossenschaftsrecht, Erster Band, S. 1023.

〔263〕 但是,1863年阿喀琉斯·雷纳德(Achilles Renaud)在德国法史上最早的真正的股份公司法的系统性著作《股份公司法论》(第1版)中称,股东大会是股份公司的最高机关(Renaud, Das Recht der Actiengesellschaften, 1. Aufl., S. 279)。

〔264〕 柳瀬良幹「ギールケの機関論」法学31卷1号(1967年)22頁参照。

团体自身;[265] (2)团体并非只是观念上的考虑,在事实上也存在;(3)显示团体存在的事实并非有别于团体之物,而是团体的一部分,即团体的机关。

作为"机关"是股份公司行为的基础,股份公司可通过机关作出意思决定并开展行为的理论的出发点,奥托·吉尔克(Otto Gierke)主张股份公司是"社团"(Körperschaft)。正如这样,奥托·吉尔克(Otto Gierke)理论的出发点在于其自身为生命体的社团(Körperschaft)观,以此为基础对关于股份公司的"机关"的 1861 年德国《商法典》的规制进行了论述。[266]

1887 年奥托·吉尔克(Otto Gierke)将股份公司作为有机生命体的一种,承认作为其胎儿的"设立中公司",主张对"设立中公司"应适用社团的内部法。[267] 承认"设立中公司"的奥托·吉尔克(Otto

---

〔265〕 奥托·吉尔克(Otto Gierke)在 1887 年的著作中称,机关背后存在的人格"不可见"(unsichtbar)(Otto Gierke, Das deutsche Genossenschaftsrecht, Erster Band, S. 617)。

〔266〕 Otto Gierke, Das deutsche Genossenschaftsrecht, Erster Band, S. 1023 ff. 奥托·吉尔克(Otto Gierke)之所以以相对于法律的学说之优越性为前提就法律上的机关展开论述,是因为其从根本上存在 1861 年德国《商法典》只不过实现了德国固有法的一部分,通过普遍性方法论述德国固有法的学说优先于 1861 年德国《商法典》的想法[村上淳一 = 守矢健一 = ハンス・ペーター・マルチュケ『ドイツ法入門』〔第 8 版〕(有斐閣,2012 年)179 頁参照]。

〔267〕 Otto Gierke, Die Genossenschaftstheorie und die deutsche Rechtsprechung, S. 135 f.

Gierke）的学说在现代德国[268]和日本[269]的通说中得以继承。

（三）对成立期的总结

19 世纪的德国处于近代股份公司法及股份公司法学的成立期。该时期的股份公司法开始于法国《商法典》在德国部分地区适用的时代，随后迎来了在商法典中设置德国独自的股份公司法的时代。19 世纪的股份公司法相关学说在重视历史和比较法这一点上具有方法上的特征。在学说方面，阿喀琉斯・雷纳德（Achilles Renaud）开创了股份公司法学。阿喀琉斯・雷纳德（Achilles Renaud）的著作在展开德国《商法典》的解释论及立法论的同时，从独自的观点出发，就自认为应有的股份公司法的形态，试图通过参考外国法来确定其内容。阿喀琉斯・雷纳德（Achilles Renaud）的治学态度对在阿喀琉斯・雷纳德（Achilles Renaud）的时代设置股份公司法规定的德国《商法典》的特点也产生了较大影响，即该法并非当然适用于德国全境，而是交

---

[268] 高橋英治『ドイツ会社法概説』（有斐閣，2012 年）330 頁参照。

[269] 東京高判昭和 51 年（1976 年）7 月 28 日判例時報 831 号 94 頁，東京高判平成元年（1989 年）5 月 23 日金融法務事情 1252 号 24 頁，江頭憲治郎『株式会社法』〔第 7 版〕（有斐閣，2017 年）107 頁注 2，神田秀樹『会社法』〔第 20 版〕（弘文堂，2018 年）58 頁以下参照。

由各邦作出选择。[270]

德意志帝国成立后情况变为全境适用德国《商法典》,学说的作用也随之发生了变化。也就是说,到了卡尔·莱曼(Karl Lehmann)的时代,德国《股份公司法》的解释方法从参考外国法来展现德国《股份公司法》之应有形态的方法,变为在参考外国法的同时,对作为现行法的德国《商法典》展开解释论和立法论的方法。其背后存在德国《商法典》成立后德国的商事立法已告一段落的意识。通过卡尔·莱曼(Karl Lehmann)的著作对德国《商法典》的股份公司法各制度的宗旨的说明和各规定的解释,德国股份公司法学变为也可以应对实务上的要求。

实际上,卡尔·莱曼(Karl Lehmann)的著作对日本的法律实务也带来了影响,在众多日本判例中当事人对其加以引用。[271] 这与阿喀琉斯·雷纳德(Achilles Renaud)的著作在日本的诉讼中未被引用的事实形成了鲜明对比。卡尔·莱曼(Karl Lehmann)正可谓德国股份公司法学的确立者,对将德国股份公司法学的地位提升为世界水平作出了巨大贡献。

---

〔270〕 村上淳一=守矢健一=ハンス・ペーター・マルチュケ『ドイツ法入門』〔第8版〕179頁参照。

〔271〕 作为卡尔·莱曼(Karl Lehmann)的《股份公司法论》被日本的诉讼当事人引用的判例,大審院1913年7月9日判决,大審院民事判決録19輯619頁;大審院1915年12月25日判决,大審院民事判決録21輯2199頁;大審院1929年5月22日判决,大審院民事判例集8巻504頁;大審院1933年12月21日判决,大審院民事判例集12巻1916頁ほか参照。

同为 19 世纪德国商法学大家的莱温·戈尔德施密特（Levin Goldschmidt）和奥托·吉尔克（Otto Gierke）对股份公司法之修改的参与方式也截然不同。莱温·戈尔德施密特（Levin Goldschmidt）积极参与股份公司法的修改，奥托·吉尔克（Otto Gierke）则并不参与股份公司立法，而是通过其著作影响股份公司法的理论。

二、发展期(1900 年德国《商法典》施行至 2000 年)

20 世纪德国《股份法》的发展期可分为纳粹独裁政权下的战中期(1937 ~ 1945 年)及其前后的战前期与战后期。以下对各时期的德国股份公司立法和股份公司法学的特征进行概述。

(一)股份公司法

1. 战前期(1887 ~ 1937 年)——紧急命令下的股份公司法修订

随着 1897 年制定的德国《商法典》以及 1896 年制定的德国《民法典》这两项重要的法典在德意志帝国全境施行,德国进入了

20世纪。[1]

20世纪初期的德国在经济上实现了大飞跃。直到第一次世界大战结束,都没有大的股份公司法上的改革。[2]

1918年11月11日德国在第一次世界大战中战败。此次战败使德国的股份公司法形成了两大趋势。

第一,"社会化"的趋势。1919年8月11日制定的德意志帝国《宪法》(Die Verfassung des Deutschen Reichs)[3](以下简称《魏玛宪法》)在设置了社会性条款的同时加入了关于劳动者代表的条款。《魏玛宪法》第165条第2款规定:"劳动者和受雇者,为实现其社会上及经济上之利益,应在劳动者事业所即按照经济区域划分的地区劳动委员会与联邦劳动委员会,有法律上之代表。"[4]虽然地区劳动委员会与联邦劳动委员会最终未能实现,[5]但德国于1920年2月4日制定了《事业所委员会法》[6](以下简称1920年《事业所委员会

---

〔1〕 德国《商法典》及德国《民法典》自1900年1月1日起施行。关于这一点,村上淳一=守矢健一=ハンス・ペーター・マルチュケ『ドイツ法入門』〔第9版〕(有斐閣,2018年)194頁参照。

〔2〕 Assmann, in: Hopt/Wiedemann (Hrsg.), AktG: Großkommentar, 4. Aufl., Berlin 1992, Einl Rdnr. 116. (GroßkommAktG, 4. Aufl.)

〔3〕 关于1919年8月11日的德意志帝国《宪法》,Ch・グズィ,原田武夫訳『ヴァイマール憲法:全体像と現実』(風行社,2002年)2頁以下参照。

〔4〕 《魏玛宪法》条文的日文翻译,Ch・グズィ,原田武夫訳『ヴァイマール憲法:全体像と現実』388頁-418頁;高田敏=初宿正典編訳『ドイツ憲法集』〔第7版〕(信山社,2016年)113頁以下参照。

〔5〕 佐々木常和『ドイツ「共同决定法」の生成』(森山書店,1990年)269頁参照。

〔6〕 Betriebsrätegesetz. Vom 4. Februar 1920. Reichsgesetzblatt Nr. 26, S. 147.

法》),并以该法为契机,建立了德国最早的共同决定制度。[7] 1920 年《事业所委员会法》第 66 条就事业所委员会的职务规定,“在出于经济目的开展事业(Betrieb)时,辅佐所长指挥事业,协助尽可能地提高生产力并以最经济的方式进行”(该条第 1 项),“在出于经济目的开展事业时,协助促进采用新的作业方法”(该条第 2 项),“在制定及变更就业规则时,在劳动协议的范围内根据第 75 条与员工进行协商”(该条第 5 项),“努力增进劳动者内部及劳动者与雇佣者之间的了解,确保劳动者的团结的自由”(该条第 6 项)等。根据 1920 年《事业所委员会法》的规定,雇佣者根据与事业所委员会之间的共识就已决定的雇佣的相关准则进行协商(该法第 78 条第 8 项、第 81 条第 4 款)。事业所委员会有权向监事会派遣 1 ~ 2 名代表(该法第 70 条)。1922 年 2 月 15 日成立的《向监事会派遣事业所委员会成员的相关法律》[8]规定,至少应有 1 名劳动者代表被选为股份公司监事会的成员(该法第 4 条第 1 款)。[9]

第二,德国在第一次世界大战战败后负有巨额赔偿义务,这给德国带来了前所未有的经济问题。当时德国国内通货膨胀严重,1923 年 12 月甚至出现了 1 万亿马克只相当于原来的 1 金马克的异常情

---

〔7〕 佐々木常和『ドイツ「共同决定法」の生成』279 頁以下参照。

〔8〕 Gesetz über die Entsendung von Betriebsratsmitgliedern in den Aufsichtsrat. Vom 17. Februar 1922. Reichsgesetzblatt Nr. 17, S. 209.

〔9〕 Kübler/Assmann, Gesellschaftsrecht, 6. Aufl., Heidelberg 2006, S. 519.

况。为了加以应对,1923 年 12 月 28 日德国政府发布了《金币资产负债表令》,[10]规定股份公司应对资本价值的下跌进行会计处理。根据该命令,1897 年德国《商法典》第 180 条被修改,[11]规定资本调整后的股份的最低面值为 100 金马克(《金币资产负债表令》第 10 条第 2 款),[12]资本调整后的股份公司的最低注册资本为 5000 金马克(《金币资产负债表令》第 10 条第 1 款),新设的股份公司的最低注册资本为 50, 000 金马克(《金币资产负债表令》第 17 条第 2 款第 1 句)。[13]

1929 年的全球经济危机也波及德国。全球经济危机所导致的公司财政的恶化使德国的股份公司法同时出现了强化规制和放宽规制的趋势。以下首先就强化规制进行说明。1931 年 9 月 19 日的紧

〔10〕 Verordnung über Goldbilanzen. Vom 28. Dezember 1923 (Reichsgesetzblatt I S. 1253), in: Schlegelberger, Die Verordnungen über Goldbilanzen vom 28. Dezember 1925 mit dem Durchführungsverordnungen, 3. Aufl., Berlin 1925, S. 61 ff.

〔11〕 1897 年德国《商法典》第 180 条第 1 款未设置最低注册资本的规定,只规定股份的最低面值为 100 马克。关于该条文,Schubert/Schmiedel/Krampe (Hrsg.), Quellen zum Handelsgesetzbuch von 1897, Band 1 Gesetz und Entwürfe, Frankfurt a. M. 1986, S. 755。

〔12〕 需要公司同意转让的股份,其最低面值为 20 金马克(德国《金币资产负债表令》第 10 条第 2 款)。

〔13〕 关于德国《金币资产负债表令》,大隅健一郎「序説」大隅健一郎 = 八木弘 = 大森忠夫,大隅健一郎補遺『独逸商法〔Ⅲ〕株式法』〔復刻版〕(有斐閣,1991 年)8 頁参照。

急命令〔14〕在股份法中引进了决算检查人对各事业年度的财务会计报表的检查义务的规定,〔15〕即公司的财务会计报表必须与账簿及营业报告书一起接受一名或数名决算检查人〔16〕的检查(1931 年德国《商法典》第 262a 条第 1 款)。决算检查人原则上在每个事业年度结束前由股东大会选任(1931 年德国《商法典》第 262b 条第 1 款)。只有具备丰富的会计知识和经验者或其董事等具备相关资格的检查公司才有资格成为决算检查人(1931 年德国《商法典》第 262c 条)。决算检查人的检查内容不只限于检查财务会计报表是否形式正确且与财产目录及商业账簿的记载保持一致,还必须检查已有的资料在制作时是否正确适用各规则(1931 年德国《商法典》第 262a 条第 2 款)。为此,董事需要允许决算检查人阅览公司的账簿和资料以及调查所保管的有价证券和商品的状态(1931 年德国《商法典》第 262d

〔14〕 Verordnung des Reichspräsidenten über Aktienrecht, Bankenaufsicht und über eine Steueramnestie vom 19. September 1931, RGBl. I S. 493, Erster Teil. 1931 年 9 月 19 日的紧急命令收录于 Julius Lehmann/Hirsch, Verordnung über Aktienrecht vom 19. September 1931, Mannheim 1931, S. 1ff; Schlegelberger/Quassowski/Schmölder, Verordnung über Aktienrecht vom 19. September 1931 nebst Durchführungsbestimmungen, Berlin 1932, S. 1–16。1931 年 9 月 19 日的紧急命令的日文翻译,司法省調査課訳編『1930 年独逸国株式会社法及株式合資会社法草案並説明書、1931 年 9 月独逸国株式会社法改正に関する緊急律令』司法資料 222 号(司法省調査課,1936 年)231 頁以下参照。

〔15〕 Habersack in: Goette/Habersack (Hrsg.), Münchener Kommentar zum Aktiengesetz, 4. Aufl., München 2016, Einl. Rdnr. 20.

〔16〕 关于 1931 年 9 月 19 日紧急命令中的决算检查人的规定,大隅健一郎「独逸に於ける株式会社法の一部改正」法学論叢 27 卷 3 号(1932 年)481 頁以下;加藤恭彦『ドイツ監査論』(千倉書房,1978 年)8 頁参照。此外,关于引进决算检查人制度的背景,塩原一郎編『現代監査への道』(同文舘,2004 年)65 頁〔荒木和夫〕参照。

条第1款)。为了慎重履行调查义务,决算检查人可要求董事进行一切必要的说明和证明(1931年德国《商法典》第262d条第2款)。决算检查人的检查结果通过书面向监事会进行报告,各监事会成员有权阅览检查结果报告书(1931年德国《商法典》第262e条第2款)。若检查结果中对决算没有重要的异议,则决算检查人需要作出对此予以认证的记载,该记载将被写入所有的公告及财务会计报表的复印件(1931年德国《商法典》第262f条)。决算检查人负有诚实公平的检查和保密义务,并不得在未经授权的情况下利用执行任务过程中得知的营业秘密(1931年德国《商法典》第262g条)。

全球经济危机导致德国《股份法》出现了强化规制的趋势,自己股份取得规制的强化即是其中之一。1931年9月19日的紧急命令大大强化了自己股份取得规制,引进了数量规定。

1897年德国《商法典》第226条规定:“股份公司只要未实行购入委托,就不应在通常的业务事业中购入自己股份或接受股权质押(soll)。”但在该规定项下,股份公司在通常的业务事业外的目的下可自由取得自己股份。[17] 德国的股份公司虽然当初将自己股份的取得进行减资,为高额分红创造前提条件,但后来变为用于提高因经济不景气而下跌的股价。虽然1931年德国的经济跌入了最低谷,但事实表明,众多破产企业曾取得自己股份。因此自己股份取得规制再

〔17〕 Bezzenberger, Erwerb eigener Aktien durch die AG, Köln 2002, S. 17.

次引起立法者的关注。

在上述背景下,对自己股份取得进行规制的德国《商法典》第226 条在 1931 年 9 月 19 日的紧急命令下被大幅修改。1931 年德国《商法典》第 226 条在禁止取得自己股份的前提下,就股份公司可取得自己股份的例外情形作出了以下规定:

> 股份公司在为避免公司受到重大损害的情形下,可取得自己股份或自己的临时股票(Interimsscheine)。但是,在这种情形下,应取得的自己股份的全额不得超过注册资本金额的 1/10 或帝国政府规定的更低的比例。此外,虽然股份公司不得取得自己的临时股票,但关于自己股份,在面值额被完全支付或发行价额高于面值额且发行价额被完全支付的情形下,仅限在以下情形下可以取得:
>
> 1. 股份公司通过取得自己股份实施购入委托时。
>
> 2. 应取得的自己股份的全额与股份公司已取得的其他自己股份相加后不超过注册资本的 1/10 或帝国政府规定的更低的比例,且必须为了注销自己股份而取得。但是,只有自己股份在 6 个月以内被注销的情形下,才被视为为了注销而取得。

由此,1931 年德国《商法典》第 226 条第 1 款就形成了现行德国法的自己股份取得规制的原型，即在以禁止取得自己股份为前提的同时列举允许取得的例外。通过 1931 年德国《商法典》的修改，自己股份取得禁止的依据转变为债权人保护这一法政策性的内容。

与现行德国《股份法》第 71 条第 2 款第 1 句相同，1931 年德国《商法典》第 226 条第 1 款就自己股份的取得规定了 10% 的额度，这点非常有趣。近年有研究指出，[18] 这样的数量规制的原型是 1930 年 4 月 15 日的丹麦《股份公司法》。[19] 丹麦《股份公司法》第 39 条第 1 款第 1 句规定："股份公司不得对自己股份或自己的临时股票以超过股份资本的 10% 的比例取得或接受股份质押。"[20] 这成为德国自己股份取得数量规制的原型。丹麦《股份公司法》的立法者称，该数量规制是丹麦一直以来对自己股份取得的完全禁止与放宽规制的需求之间达成妥协的产物。[21] 根据丹麦《股份公司法》第 39 条的规定，即使在股份资本出现亏损的情形下也允许取得自己股份，因此 10% 的数量规制具有维持资本的意义。但是，将 10% 作为上限的理

〔18〕 Benckendorff, Erwerb eigener Aktien im deutschen und US-amerikanischen Recht, Baden-Baden 1998, S. 42.

〔19〕 Gesetz über Aktiengesellschaften (Nr. 123) vom 15. April 1930 (Lovtidenden A Nr. 18 vom 19. April 1930, S. 663 – 687). 该法律的德语译文收录于 Menzel, Das neue dänische Aktiengesellschafts-sowie das neue Bankgesetz. Vorbemerkung und Übersetzung, 4 Zeitschrift für ausländisches und internationales Privatrecht (ZAIR) (1930), 666 ff。

〔20〕 Menzel, 4 ZAIR (1930), 676.

〔21〕 Menzel, 4 ZAIR (1930), 662.

由并不明确,该标准较随意。[22]

全球经济危机导致的股份公司的财政恶化还带来了资本减少手续的简单化(放宽规制)。1931年10月6日的紧急命令[23]允许通过简便的方法来减少资本。[24] 该紧急命令名为"为夯实经济财政及防止政治性暴动的第三紧急命令",[25]新设了"通过简易形式减少资本"(Kapitalherabsetzung in erleichterter Form)的方法(1931年10月6日《紧急命令》第五部第二章,以下简称简易减资)。该紧急命令放宽了之前在减资程序中设置的严格的债权人保护规定(1897年德国《商法典》第288条、第289条),便于股份公司今后在经营恶化的情形下进行减资。[26] 在当时德国经济明显恶化的情况下,出现了众多资产与注册资本不符的股份公司,因此该紧急命令的目的在于使资

〔22〕 Benckendorff, Erwerb eigener Aktien im deutschen und US-amerikanischen Recht, S. 42.

〔23〕 关于1931年10月6日的紧急命令的条文和各条文的注释, Friedländer, Aktienrecht, Handkommentar, Stuttgart 1932, S. 256 ff。

〔24〕 Habersack in: Goette/Habersack (Hrsg.), Münchener Kommentar zum Aktiengesetz, 4. Aufl., Einl. Rdnr. 20.

〔25〕 Dritte Notverordnung zur Sicherung von Wirtschaft und Finanzen und zur Bekämpfung politischen Ausschreitung, RGBl. I S. 537.

〔26〕 Engelke/Maltschew, Wirtschaftskrise, Aktienskandaleund Reaktion des Gesetzgebers durch Notverordnungen im Jahre 1931, in: Bayer/Habersack (Hrsg.), Aktienrecht im Wandel, Band 1, Entwicklung des Aktienrechts, Tübingen 2007, S. 595 ff; 大隅健一郎「序説」大隅健一郎=八木弘=大森忠夫,大隅健一郎補『独逸商法〔Ⅲ〕株式法〔復刻版〕』13頁以下。

本减少的手续简单易行,以调和公司债权人与公司之间的利益。[27]根据该紧急命令进行简易减资,无须向债权人发出敦促异议的通知,也无须向有异议的债权人提供担保。关于简易减资时的债权人保护的规定包括:(1)在通常减资的情形下是在经过一定期间后才允许向股东返还出资,而在简易减资的情形下则绝对禁止(1931 年 10 月 6 日《紧急命令》第 6 条第 1 款);(2)简易减资所生成的账面上的利益需要进行公司财产的折旧或其他损失填补,或者计入法定准备金(1931 年 10 月 6 日《紧急命令》第 6 条第 2 款);(3)若简易减资后法定准备金未达到新的注册资本的 10%,则不得进行利益分配(1931 年 10 月 6 日《紧急命令》第 7 条)等。

此外,关于简易减资时的股东保护的规定包括:(1)为了不使简易减资给各股东造成直接影响,只要有贮藏股或自己股份,就要先通过将其加以注销进行减资(1931 年 10 月 6 日《紧急命令》第 2 条第 2 款);(2)在不得不采取注销贮藏股或自己股份的方法的情形下,只要有超过新的注册资本的 10% 的法定准备金或填补损失的准备金,就要先将其拆出,否则不得采取简易减资的方法(1931 年 10 月 6 日《紧急命令》第 5 条)等。

---

〔27〕 关于 1931 年 10 月 6 日紧急命令中的简易减资, Engelke/Matschew, Weltwirtschaftskrise, Aktienskandaleund Reaktionen des Gesetzgebers durch Notverordnung im Jahre 1931, in: Bayer/Habersack (Hrsg.), Aktienrecht im Wandel, Band 1, Entwicklung des Aktienrechts, S. 612 f; 鈴木竹雄「独逸株式会社法の改正(2・完)」法学協会雑誌 50 巻 12 号(1932 年)116 頁以下。

2. 战中期(1937 ~ 1945 年)——1937 年德国《股份法》的制定

在魏玛时期(1919 ~ 1933 年),制定独立于德国《商法典》的德国股份法这一特别法的呼声较高。1930 年 8 月 16 日公布了德国《股份法》第一次草案,[28] 1931 年 10 月公布了德国《股份法》第二次草案,[29] 这些是纳粹思想反映于德国《股份法》修改之前的草案中。1933 年希特勒掌握政权后,基于纳粹思想的股份法修改成为讨论的对象。当初纳粹批评称使众多匿名的出资人支配公司成为可能的股份公司完全违背了“负责任地经营”这一国家社会主义经济的原则,[30] 要求对已公司化的企业实施国营化(《二十五点纲领》第 13 条)。[31] 后来纳粹将股份公司制度改革论的方针转变为承认股份公司的存在,但主张要去除匿名性的弊端,并于 1937 年制定了德国《股份法》。

虽然 1937 年德国《股份法》是纳粹政权下的立法,但一般认为其

---

〔28〕 1930 年德国《股份法》第一次草案收录于 Schubert (Hrsg.), Quellen zur Aktienreform der Weimarer Republik (1926 – 1930), Band 2, Frankfurt a. M. 1999, S. 847 ff。1930 年《股份法》第一次草案的日文翻译,司法省調査課訳編・前揭注(14)司法資料 222 号 1 頁以下参照。

〔29〕 1931 年德国《股份法》第二次草案收录于 Schubert/Hommelhoff (Hrsg.), Die Aktienreform am Ende der Weimarer Republik: Die Protokolle der Verhandlungen im Aktienrechtsausschuß des Vorläufigen Rechtswirtschaftsrats unter dem Vorsitz von Max Hachenburg, Berlin 1987, S. 849 ff。

〔30〕 Kisskalt, Reform des Aktienrechts, Bericht des Ausschusses für Aktienrecht der Akademie für Deutsches Recht, Zeitschrift für Deutsches Recht 1934, Heft 1, S. 26.

〔31〕 “要求已公司化的企业实施国营化”(《二十五点纲领》第 13 条)。杉村章三郎 = 後藤清 = 木村龜二 = 我妻榮『ナチスの法律』(日本評論社,1934 年)94 頁参照。

根底并没有纳粹的色彩，而是在1933年以前就开始的对德国《股份法》修改的相关讨论的基础上成立的法律。[32] 但如下文所述，有一些条款明显是在纳粹思想的影响下形成的。

(1)指导者思想

1937年德国《股份法》第70条引进了所谓的“指导者原理”(Führerprinzip)，规定“董事应出于自身的责任，遵从事业及其追随者的福利以及国民与帝国的共同利益的要求，对公司进行指挥”。通说从国家社会主义的基本原理将其宗旨解释为“公益优先于私益”。[33]

纳粹时期没有明文化的宪法。“植根于民族之种形成的共同体之生”即“民族共同体”被当作宪法，[34]实际的统治是由体现“民族共同体的意志”的指导者来进行的(指导者原理)。[35] 1937年德国《股份法》第70条中引进的原理也被称为指导者原理，其将适用于国家指导者的指导者原理适用于作为股份公司指导者的董事。

在主导纳粹政权立法的德国法学家协会的股份法委员会中，各委员之间存在以下共通的问题意识：①如何将政治上已经实现的指

---

〔32〕 Baumbach/Hueck, Aktiengesetz, 9. Aufl., München 1956, S. 3.

〔33〕 W. Schmidt, in: Gadow/Heinichen/E. Schmidt/W. Schmidt, Großkommentar AktG, 1. Aufl., Berlin 1939, § 70 Anm. 11；大隅健一郎＝八木弘＝大森忠夫，大隅健一郎補遺『独逸商法〔Ⅲ〕株式法』〔復刻版〕183頁参照。

〔34〕 南利明「民族共同体と指導者：憲法体制」静岡大学法政研究7巻2号(2002年)126頁以下参照。

〔35〕 关于纳粹期国家法中的指导者概念，南・前揭注(34)静岡大学法政研究7巻2号130頁以下参照。

导者原理引进私人企业;②向股份公司的董事赋予指导者的地位时,应建立何种法律制度。1934 年 4 月,德国法学家协会股份法委员会委员长基什卡尔特(Kißkalt)在向该协会股份法会长提交的报告书中,在"指导者原理"的标题下对股份公司的机关的问题加以概括,解释称指导者原理意思如下:"指导者位于企业的顶点,指导者的精神和意思是企业的灵魂。"指导者的概念不可避免地与权威与责任挂钩,指导者原理的想法与民主主义的大众原理、多数决原理的立场相反。〔36〕

基什卡尔特(Kißkalt)在同一报告书中称:"必须回答指导者原理是否只是政治性原则的问题。该问题的答案是否定的,指导者原理不只是政治性原则的问题,指导者原理的实现是作为国家社会主义经济政策的要求得到认可。但是,并非所有适用于政治上的指导者的原则均适用于经济上的指导者。政治上的指导者和经济上的指导者之间存在根本性差异。也就是说,虽然二者的作用均在于为国家和国民服务;但政治上的指导者可直接实现这些职务,而经济上的指导者在履行这些职务时,必须通过最妥善的指导,使受委托的事业达到事业目的的要求,给国民和国家带来共通的利益。这是因为经济上的事业总是以获得利益为目标,对经济上的指导者的个人要求

〔36〕 Bericht des Vorsitzenden des Ausschusses für Aktienrecht vom April 1934, in: Schubert (Hrsg.), Akademie für Deutsches Recht, 1933 – 1945, Protokolle der Ausschüsse, Bd. 1. Ausschuß für Aktienrecht, Berlin 1986, S. 484.

不同于对政治上的指导者的个人要求。决断力、责任感之类应该是所有指导者均必须具备的。但政治上的指导者必须具备理解政治的能力,而经济上的指导者则除应具备营业方面的特殊专业知识和教育背景,还必须具备理解营业的能力,特别是股份公司的指导者必须用他人的金钱开展事业。"[37]其指出了国家的指导者与作为股份公司指导者的董事之间存在地位的不同。德国法学家协会股份法委员会从政治上的指导者原理在股份公司中应如何实现的问题意识出发,重新探讨了董事作为必须利用来自股东的他人资本开展营利事业的股份公司的机关的应有形态。

经过讨论,德国法学家协会股份法委员会并未将"股东大会在今日的立法中是股份公司的最高机关,其决议优先于其他所有东西,监事会与董事的权限来自股东大会"[38]这一前提列为修改对象,而是建议就作为股份公司指导者的董事的责任的原理新设以下规定:"董事是股份公司的指导者(Führer)。董事必须按照事业的福利、事业

---

〔37〕 Bericht des Vorsitzenden des Ausschusses für Aktienrecht vom April 1934, in: Schubert (Hrsg.), Akademie für Deutsches Recht, 1933 – 1945, Protokolle der Ausschüsse, Bd. 1. Ausschuß für Aktienrecht, S. 485.

〔38〕 Bericht des Vorsitzenden des Ausschusses für Aktienrecht vom April 1934, in: Schubert (Hrsg.), Akademie für Deutsches Recht, 1933 – 1945, Protokolle der Ausschüsse, Bd. 1. Ausschuß für Aktienrecht, S. 485.

的成功及国民与国家的共通利益的要求,对股份公司进行指挥”。[39]

该建议成为 1937 年德国《股份法》第 70 条的原型。学说上一般认为,1937 年德国《股份法》第 70 条受到了主张企业自身利益优先于股东个人利益的“企业自身之思想”[40]的影响。[41] 但是,从德国法学家协会股份法委员会委员长的报告书来看,1937 年德国《股份法》第 70 条是为了将指导者原理适用于股份公司董事而设置的规定。

(2)董事薪酬的合理性

1937 年德国《股份法》第 78 条规定,“监事会应注意使董事的总收入(工资、利润参与、费用的补偿、保险、手续费以及所有种类的附带性支付)与各董事的职务及公司的状态之间保持相当。本款准用于退休补贴、遗属扶助补贴及类似此的支付”(该条第 1 款)以及“在

---

〔39〕 Bericht des Vorsitzenden des Ausschusses für Aktienrecht vom April 1934, in: Schubert (Hrsg.), Akademie für Deutsches Recht, 1933 – 1945, Protokolle der Ausschüsse, Bd. 1. Ausschuß für Aktienrecht, S. 490.

〔40〕 关于企业自身之思想,新津和典『「企業自体」の理論と普遍的理念としての株主権の“私益性”(1):ドイツとアメリカにおける株式会社の構造改革』法と政治(関西学院大学)59 巻 4 号(2009 年)143 頁以下;大隅健一郎『新版株式会社法変遷論』(有斐閣,1987 年)425 頁;出口正義『株主権法理の展開』(文眞堂,1991 年)42 頁以下;三原園子「企業の利益について:CSRと社員権、取締役の経営判断および少数派株主の締出し」関東学院法学 14 巻 3 =4 号(2005 年)158 頁以下参照。作为关于德国及日本的企业自身之思想的发展史的基础性研究,正井章筰『西ドイツ企業法の基本問題』(成文堂,1989 年)。作为德国的企业自身之思想的概念史研究,Riechers, Das “Unternehmen an sich”, Tübingen 1996, S. 7 ff。

〔41〕 作为德国的学说的概述,正井章『西ドイツ企業法の基本問題』(成文堂,1989 年)125 頁注 17 参照。

董事的总收入确定后公司的情况出现重大恶化,其收入的继续支付对公司明显不公正的情形下,监事会拥有适当减少其金额的权利”(该条第2款第1句)。这些规定是在德国经济不景气导致劳动者被迫减少劳动时间或失业而股份公司的董事领取高额薪酬的情况却屡见不鲜的情况下,基于国家社会主义思想制定的规定。〔42〕对1937年德国《股份法》的形成有较大影响力的克劳辛(Klausing)就《股份法》70条以下的立法宗旨解释称:“在‘个人利益’与‘整体利益’出现对立的情形下,只有优先从‘整体利益’出发开展事业的经济企业才允许在德国存在。”〔43〕德国具有代表性的1937年《股份法》的注释书就该法第78条第2款解释称:“本规定与今日所有国民均服从的‘共同利益优先于个人利益’的国家社会主义原则相一致。”〔44〕

1937年德国《股份法》第78条第1款也是源于德国法学家协会股份法委员会委员长基什卡尔特(Kißkalt)的建议。在1934年6月9日的基什卡尔特(Kißkalt)报告书中,其建议“董事的固定薪酬必须与该董事的成果、公司的状态以及相同种类企业的其他员工和劳动

〔42〕 大隅健一郎=八木弘=大森忠夫,大隅健一郎補遺『独逸商法〔Ⅲ〕株式法』〔復刻版〕196頁参照。

〔43〕 Klausing, Einleitung, in: Klausing, Gesetz über Aktiengesellschaften und Kommanditgesellschaften auf Aktien (Aktien-Gesetz) nebst Einführungsgesetz und “Amtliche Begründung”, Berlin 1937, S. 59.

〔44〕 Schlegelberger/Quassowski, Aktiengesetz vom 30. Januar 1937, Kommentar, 3. Aufl., München 1939, § 78 Rdnr. 1.

者的工资保持相当”。[45] 在 1934 年 11 月 30 日德国法学家协会股份法委员会的讨论中，当时的股份公司法学的权威克劳辛(Klausing)建议在该条文后面添加条文，规定：“其也适用于退休补贴及与之相类似的薪酬。关于其他补贴(净利润的参与等)，也适用该原则。监事负责确保这样的要求在缔结董事的任用合同时通过符合目的的方法得到考虑。”[46] 为了达到基什卡尔特(Kißkalt)的报告书中确保董事薪酬的相当性的要求，克劳辛(Klausing)建议将其作为监事会的新的义务，新设努力确保董事薪酬的相当性的义务的规定。此外，为了向监事会赋予该责任条款引进后监事会成员被提起诉讼时的对抗权限，克劳辛(Klausing)在 1934 年 11 月 30 日德国法学家协会股份法委员会的讨论中，建议设置“若在与董事缔结劳务合同的时期，公司情况出现重大恶化，则监事会可适当减少董事的固定薪酬”的规定。[47]

1935 年 4 月的德国法学家协会股份法委员会委员长基什卡尔特(Kißkalt)的报告书指出，在指导者原理的项目涉及董事薪酬的适当

---

〔45〕 Bericht vom 9. Juni 1934, S. 60, in: Schubert (Hrsg.), Akademie für Deutsches Recht, 1933 – 1945, Protokolle der Ausschüsse, Bd. 1. Ausschuß für Aktienrecht, S. 334.

〔46〕 Bericht über die Sitzung des Ausschusses vom 30. November 1934, in: Schubert (Hrsg.), Akademie für Deutsches Recht, 1933 – 1945, Protokolle der Ausschüsse, Bd. 1. Ausschuß für Aktienrecht, S. 334.

〔47〕 Bericht über die Sitzung des Ausschusses vom 30. November 1934, in: Schubert (Hrsg.), Akademie für Deutsches Recht, 1933 – 1945, Protokolle der Ausschüsse, Bd. 1. Ausschuß für Aktienrecht, S. 335.

性问题时,提出董事薪酬最好从公司的净利润中支付一定数额,但其上限由法律规定则矫枉过正,[48]建议“法律应明确规定监事会对董事的全部薪酬与各董事的职务及公司的状态维持负有特别的注意义务,这同样适用于退休补贴及与之相类似的薪酬”。[49] 如此一来,1937 年德国《股份法》第 78 条的原形已形成。

(3)康采恩利益的优先考量

1937 年德国《股份法》第 101 条在德国法历史上首次规定了利用影响力的责任。[50] 1937 年德国《股份法》第 101 条规定,“出于为自己或他人取得与公司无关的特别利益的目的,故意利用自己对公司的影响力,作为董事或监事会成员进行损害公司或股东利益的行

---

〔48〕 Zweiter Bericht des Vorsitzenden des Ausschusses für Aktienrecht vom April 1935, in: Schubert (Hrsg.), Akademie für Deutsches Recht, 1933 – 1945, Protokolle der Ausschüsse, Bd. 1. Ausschuß für Aktienrecht, S. 508. 马克斯·埃贝克(Max Ebbecke)在 1934 年 11 月 30 日的德国法学家协会股份法委员会的讨论中也提出了同样主张[Bericht über die Sitzung des Ausschusses vom 30. November 1934, in: Schubert (Hrsg.), Akademie für Deutsches Recht, 1933 – 1945, Protokolle der Ausschüsse, Bd. 1. Ausschuß für Aktienrecht, S. 333 f]。

〔49〕 Zweiter Bericht des Vorsitzenden des Ausschusses für Aktienrecht vom April 1935, in: Schubert (Hrsg.), Akademie für Deutsches Recht, 1933 – 1945, Protokolle der Ausschüsse, Bd. 1. Ausschuß für Aktienrecht, S. 508 f.

〔50〕 关于 1937 年德国《股份法》第 101 条的沿革,山口賢「会社の支配・従属関係と取締役の責任(1)(2)(3 完):ドイツにおける立法の変遷と学説(1937 年株式法制定前後の時期)の考察」民商法雑誌 61 巻 1 号(1969 年)29 頁以下、61 巻 4 号(1969 年)527 頁以下、61 巻 6 号(1970 年)897 頁以下;山口賢『ドイツ株式法における従属会社の保護の制度としての「会社の支配・従属関係における責任規範」の沿革』経済理論 104 号(1968 年)47 頁。1937 年德国《股份法》第 101 条经过若干修改后为 1965 年德国《股份法》第 117 条所继承。关于 1965 年德国《股份法》第 117 条,高橋英治『会社法の継受と収斂』(有斐閣,2016 年)197 頁以下参照。

为者,对由此发生的损害负有赔偿义务”(该条第 1 款)以及“为了取得对应保护的利益有益的利益而利用影响力时,不产生赔偿义务”(该条第 3 款)。[51]

1937 年德国《股份法》的官方理由书解释称,作为 1937 年德国《股份法》第 101 条第 3 款所说的“应保护的利益”,康采恩利益也可能被考虑。[52] 因此,第二次世界大战前的“多数说”认为,该条第 3 款显示在康采恩利益的面前从属公司的利益退居其次,即使为了康采恩利益利用影响力从而使公司受损,影响力利用者也不会产生损害赔偿责任。[53] 从中可以看出,从属公司的少数派股东的利益落后于康采恩的整体利益。在比起从属公司少数派股东的个人利益更重视康采恩的整体利益这一点上,也反映出经济上的整体主义思想。

(4)以纳粹思想为出发点的股份公司法相关制度的现代化意义

1937 年德国《股份法》第 70 条、第 78 条、第 101 条的制度宗旨虽

---

〔51〕 作为 1937 年德国《股份法》的日文翻译,大隅健一郎 = 八木弘 = 大森忠夫,大隅健一郎補遺『独逸商法〔Ⅲ〕株式法』〔復刻版〕48 頁以下参照。

〔52〕 Amtliche Begründung zum AktG von 1937, § 100, § 101, in: Klausing, Gesetz über Aktiengesellschaften und Kommanditgesellschaften auf Aktien (Aktien-Gesetz) nebst Einführungsgesetz und “Amtliche Begründung”, S. 87.

〔53〕 高橋英治『企業結合法制の将来像』(中央経済社,2008 年)22 頁参照。但第二次世界大战后变为认可 1937 年德国《股份法》第 101 条第 3 款所说的“应保护的利益”不包括“企业集团利益”,在企业集团利益面前从属公司的利益不会退居其次。关于这一点,山口賢「会社の支配、従属関係と取締役の責任:ドイツにおける立法の変遷と学説(報告者草案から1965 年株式法まで)の考察」法学論叢 83 巻 3 号(1968 年)63 頁;高橋英治『企業結合法制の将来像』(中央經濟社,2008 年)23 頁以下参照。

然在当时的纳粹思想的背景下得到了说明,但其同时也具有现代性意义。作为1937年德国《股份法》第70条的思想背景的“企业自身之思想”在战后形成了新的解释论,即董事的行为应以“企业利益”为准则,并考虑劳动者等利益相关者的利益;〔54〕这是现在的判例〔55〕和通说〔56〕。〔57〕1965年德国《股份法》第76条的政府草案理由书就该条第1款解释称:“1965年《股份法》第76条第1款相当于1937年《股份法》第70条第1款的规定。董事的行为应考虑到股东及劳动者的利益,这是不言自明之事,未特别在法律中作出明文规定。”〔58〕

---

〔54〕 新津・前掲注(40)法と政治(関西学院大学)59巻4号150頁。

〔55〕 BVerfGE 50, 374; BGHZ 64, 329; BGHZ 83, 120.

〔56〕 Zöllner, Die Schranken mitgliedschaftlicher Stimmrechtsmacht bei den privatrechtlichen Personenverbänden, München 1969, S. 69; Schmidt-Leithoff, Die Verantwortung der Unternehmensleitung, Tübingen 1989, S. 62 ff; Raiser/Veil, Recht der Kapitalgesellschaften, 6. Aufl., München 2015, S. 143; Kübler/Assmann, Gesellschaftsrecht, 6. Aufl., Heidelberg 2006, S. 178. 正井章筰『西ドイツ企業法の基本問題』171頁参照。梅舍尔(Möschel)称,“企业利益”是决定股份公司的应有形态的中心性规范,在包括劳动者利益在内的一般公众的利益与股东利益相对立的情形下,任何利益都不能优先,“必须找到有关怀的、有意义的调和”[ヴェルンハルト・メーシェル、小川浩三訳『ドイツ株式法』(信山社,2011年)39頁]。

〔57〕 德国《公司治理规则》第4.1.1条规定,“董事必须在自己的责任下为了企业利益,即在考虑股东、劳动者及其他与企业相关者(利益相关者)的利益的同时,出于持续性创造价值的目的进行指挥”。Windbichler, Gesellschaftsrecht, 24. Aufl., München 2017, S. 332.

〔58〕 Begründung zum Regierungsentwurf eines Aktiengesetzes 1965, § 76, in: Kropff, Aktiengesetz, Textausgabe, Düsseldorf 1965, S. 97. 作为该政府草案理由书的日文翻译,慶應義塾大学商法研究会訳『西ドイツ株式法草案および理由書(1960年)』(慶應義塾大学法学研究会,1966年)188頁以下;慶應義塾大学商法研究会訳『西独株式法』(慶應義塾大学法学研究会,1969年)105頁参照。

关于董事薪酬的合理性,近年德国进一步制定了相关法律,其意义再次得到了确认。德国 2009 年制定了《有关支付董事适当薪酬的法律》(VorstAG),〔59〕建立了关于董事薪酬的合理性的新的审查制度。该法明确规定,监事会负有根据董事的业绩等确保其薪酬的合理性的义务,并规定决定了不具有相当性的高额薪酬的监事会成员对公司负有损害赔偿责任,最低赔偿金额为所支付的薪酬与恰当的薪酬之间的差额(德国《股份法》第 116 条第 3 句)。该法是在全球经济危机的背景下,为确保董事的薪酬不影响企业的长期性发展而制定的法律。〔60〕

关于"康采恩利益"的优先,近期的立法潮流是在欧盟成员国的国内法上对此加以承认。2011 年 4 月 5 日思考欧盟《公司法》的将

---

〔59〕 Gesetz zur Angemessenheit der Vorstandsvergütung (VorstAG) vom 31. 7. 2009, BGBl. I S. 2509. 关于该法,伊藤靖史『経営者の報酬の法的規律』(有斐閣,2013 年)323 頁以下;伊藤靖史「ドイツにおける取締役報酬に関する規律:近年の動向」同志社法学 62 巻 2 号(2010 年)142 頁以下;青竹正一「ドイツと日本における取締役の報酬規制」早川勝 = 正井章筰 = 神作裕之 = 高橋英治編『ドイツ会作法・資本市場法研究』(中央経済社,2016 年)327 頁以下;正井章筰「ドイツにおけるコーポレート・ガバナンス強化への取組み(上)(下)——『取締役報酬の相当性に関する法律』を中心として」月刊監査役 594 号(2009 年)59 頁以下、565 号(2010 年)82 頁以下;野田輝久「ドイツにおける取締役報酬の実質的相当性について」近畿大学法科大学院論集 7 号(2011 年)53 頁以下;高橋英治『ドイツにおける「取締役報酬の相当性に関する法律」草案の概要:日本法への示唆』商事法務 1873 号(2009 年)72 頁以下参照。

〔60〕 高橋・前掲注(59)商事法務 1873 号 73 頁。卡斯滕・施密特(Karsten Schmidt)认为《有关支付董事适当薪酬的法律》是在 2007 年以后的德国的金融危机的背景下,"为了应对危机而制定的法律"(Kriesengesetz)(Karsten Schmidt, in: Karsten Schmidt/Marcus Lutter, AktG, Kommentar, 3. Aufl., Köln 2015, Einleitung Rdnr. 10)。

来的小组报告书[61]建议:“欧洲委员会应出于在EU层面开展行动更有利的认识,研究设置允许康采恩利益的鼓励规定。”[62]2012年12月12日EU行动计划书中表明,“欧洲委员会将于2014年就集团的信息披露与承认‘集团利益’的概念掌握主导权”。[63] 2012年EU行动计划书中的“集团利益”(Gruppeninteresse)被认为与上述德国法中的“康采恩利益”(Konzerninteresse)意思相同;[64]学说上建议引进罗森布卢姆原则[65]或康采恩法上的经营判断原则,[66]以减轻企业集团指挥者的责任。[67]

德国最高法院的判例在纳粹政权时期也受到公司是共同体的纳

---

〔61〕 Report of the Reflection Group on the Future of EU Company Law, of 5 April 2011. 该小组成员包括德国歌德大学名誉教授西奥多·鲍姆斯(Theodor Baums)、比利时根特大学名誉教授艾迪·威米尔希(Eddy Wymeersch)。

〔62〕 Report of the Reflection Group on the Future of EU Company Law, of 5 April 2011, S. 65.

〔63〕 European Commission, Action Plan: European company law and corporate governance-a modern legal framework for more engaged shareholders and sustainable companies, Brussels, XXX COM (2012) 740/2, S. 15. 关于该行动计划书,クラウス·J·ホプト、早川勝訳「2012年12月のEU委員会のアクションプランに焦点をあてたヨーロッパ会社法」早川勝=正井章筰=神作裕之=高橋英治編『ドイツ会社法·資本市場法研究』(中央経済社,2016年)107頁以下参照。

〔64〕 Teichmann, Europäisches Konzernrecht: Vom Schutzrecht zum Enabling Law, AG 2013, 197.

〔65〕 Forum Europaeum on Company Groups, Eckpunkte für einen Rechtsrahmen zur erleichterten Führung von grenzüberschreitenden Unternehmensgruppe in Europa, ZGR 2015, 507 ff.

〔66〕 Teichmann, AG 2013, 197.

〔67〕 高橋英治「ヨーロッパ企業結合法の歴史的転換点:日本法への示唆〔下〕」国際商事法務44巻4号(2016年)579頁以下参照。

粹思想[68]的影响,在与公司的关系上承认“股东的诚实义务”,战后联邦最高法院继承了该解释并加以发展。[69] 在当下德国的诉讼实务中,股东的诚实义务在从大股东的权利滥用中保护少数派股东的利益方面发挥重要作用。

如上所述,纳粹思想对 1937 年德国《股份法》以及当时的判例造成了影响。从纳粹思想中形成的制度或概念多为现代德国的股份公司法所继承,例如,①考虑到股份公司中所有与经营的分离,强化董事对股东大会的独立性;②企业经营中兼顾劳动者等利益相关者的利益的义务;③承认康采恩利益;④董事的过高薪酬的抑制;⑤通过规定大股东的诚实义务要求其顾及公司利益;⑥使股份公司变更合名公司等属人性公司成为可能。[70]

(5)1937 年德国《股份法》的概要

1937 年德国《股份法》由 304 条组成,篇幅较长,因此被列为独立于德国《商法典》的单独的法典。1937 年德国《股份法》的年度决

---

[68] 1934 年 12 月 4 日最高法院判决(RGZ 146, 76)将股份公司作为共同体,从中导出股东对公司的诚实义务[高橋英治『会社法の継受と収斂』(有斐閣,2016 年)96 頁参照]。

[69] 高橋英治『会社法の継受と収斂』(有斐閣,2016 年)98 頁以下参照。

[70] 1965 年德国《股份法》的政府草案理由书称,关于 1937 年德国《股份法》具有纳粹性的批评,用语上的问题另当别论,其并无根据(Begründung zum Regierungsentwurf eines Aktiengesetzes 1965, Allgemeines, in: Kropff, Aktiengesetz, Textausgabe, S. 13)。作为该政府草案理由书的日文翻译,慶應義塾大学商法研究会訳『独ツ株式法草案および理由書(1960 年)』135 頁以下;慶應義塾大学商法研究会訳『西独株式法』2 頁。

算的规定继承了魏玛时期发布的1931年9月19日的《紧急命令》[71]中关于年度财务会计报表(资产负债表、利润表)以及营业报告书的新的规定。以下对1937年德国《股份法》的概要进行说明:

首先,股份公司的最低注册资本为50万马克(1937年德国《股份法》第7条第1款),股份的最低面值为1000马克(该法第8条第1款)。

其次,1937年德国《股份法》设置了关于国家与股份公司之间关系的新规定。该法就股份公司的解散规定,在股份公司的机关的重大违法行为威胁公共福祉的情形下,国家可强制解散股份公司(该法第288条第1款)。

如上所述,作为关于股份公司的机关的主要规定,1937年德国《股份法》第70条规定:“董事应出于自身的责任,遵从事业及其追随者的福利以及国民与帝国的共同利益的要求,对公司进行指挥。”与股份公司法隶属于德国《商法典》的时代不同,董事通过该规定获得了较大的独立性。[72] 在德国法中,因为有了该规定,所以董事在执

---

〔71〕 Verordnung des Reichspräsidenten über Aktienrecht, Bankenaufsicht und über eine Steueramnestie vom 19. September 1931, RGBl. I S. 493.

〔72〕 Bayer/Engelke, Die Revision des Aktienrechts durch das Aktiengesetz von 1937, in: Bayer/Habersack (Hrsg.), Aktienrecht im Wandel, Band 1, Entwicklung des Aktienrechts, S. 647.

行业务时不用听从股东大会的指挥,但负有更加严格的责任。[73] 股东大会变为只有在董事发起请求时才可以就业务执行上的问题作出决定(该法第 103 条第 2 款)。此外,董事变为原则上拥有确定年度决算书的权限(该法第 125 条)。与之相对应的是董事责任的标准从原来的“通常的事业者”(ordentlicher Geschäftsmann)(1897 年德国《商法典》第 241 条第 1 款)变为更加严格的“通常且诚实的业务指挥者”(ordentlicher und gewissenhafter Geschäftsleiter)(1937 年德国《股份法》第 84 条第 1 款)。

在 1937 年德国《股份法》中,此前董事事实上是由监事会选任的,这在公司实务中也得以反映,董事的选任属于监事会的权限(该法第 75 条第 1 款)。董事的薪酬是作为任用合同的一部分由监事会决定的,并且必须与各董事的职务及公司的经济状况保持相当(该法第 78 条第 1 款)。

监事会的主要职务在于对业务执行进行监督(该法第 95 条第 1 款)。监事会禁止执行业务(该法第 95 条第 5 款第 1 句),但是,可在章程中规定,一定种类的业务只有在监事会的同意下才能执行(该法第 95 条第 5 款第 2 句)。

在股份公司法上股东大会此前一直被认为是最高权利机关。但

---

〔73〕 Bayer/Engelke, Die Revision des Aktienrechts durch das Aktiengesetz von 1937, in: Bayer/Habersack (Hrsg.), Aktienrecht im Wandel, Band 1, Entwicklung des Aktienrechts, S. 647.

一方面,在1937年德国《股份法》下,董事的业务执行权限得到强化,董事在执行业务时不负有听从股东大会指挥的义务(该法第70条第1款);另一方面,在1937年德国《股份法》下,股东大会也被赋予修改章程(该法第154条以下)、增加资本(该法第149条以下)、合并或事业财产的转让(该法第234条以下)、变更其他类型的公司(该法第257条)以及解散(该法第203条)等的决定权限,并非完全变为无力的机关。

作为股东大会议事的相关修改,1937年德国《股份法》设置了股东说明请求权的明文规定(该法第112条第1款第1句)。但关于企业的重大利益或国民及帝国的共同利益等事项,股份公司可以拒绝作出说明(该法第112条第3款)。此外,关于股东大会决议的瑕疵,无效事由得到了明文规定(该法第195条);关于股东大会决议的取消事由,除决议违反法令或章程外(该法第197条第1款),在公司或股东受到损害的情况下,为了自己或第三方获取与公司没有关系的特别利益而作出的股东大会决议也被新列为取消事由(该法第197条第2款)。

关于股份公司的资本增加,1937年德国《股份法》新引进了"附条件增资"(bedingte Kapitalerhöhung)制度(该法第159条以下)。附条件增资,是指在作为公司所赋予的无法剥夺的权利的新股转换权或新股认购权得到行使的范围内实行的增资决议。通常的资本增加是先有资本增加的股东大会决议,随后通过注册使资本增加生效(该法第 156 条以下），而在附条件增资的情形下，新股转换权或新股认购权没有行使的时间限制，这些权利的行使将于不确定的将来发生，在这种意义上成为资本增加的“条件”。

此外，关于股份公司的资本增加，1937 年德国《股份法》仿效英美法的授权资本（authorized capital），新引进了“认可资本”（genehmigtes Kapita）制度。认可资本，是指在章程作为认可资本规定的注册资本金额范围内，可不通过股东大会决议，而由董事决定增资的制度。希特勒掌握政权前的 1932 ~ 1933 年，德国对引进该制度进行了探讨，其将使董事的地位得到强化。纳粹政权下的 1937 年德国《股份法》的注释书将认可资本制度解释为确保并强化董事作为指导者的地位的制度。〔74〕

关于通常的资本增加，自 1897 年德国《商法典》实施以来，已有股东在资本增加时得到保障的新股认购权，变为可通过股东大会的 3/4 多数决〔75〕加以排除（1937 年德国《股份法》第 153 条第 3 款）。

---

〔74〕 Schlegelberger/Quassowski, Aktiengesetz vom 30. Januar 1937, Kommentar, 3. Aufl., §169 Rdnr. 3. 同样的说明，大隅健一郎 = 八木弘 = 大森忠夫，大隅健一郎補遺『独逸商法〔Ⅲ〕株式法』〔復刻版〕403 頁参照。

〔75〕 在 1937 年德国《股份法》及 1965 年德国《股份法》中，通过股东大会的 3/4 多数决进行的决议并非以投票的表决权的 3/4 以上多数通过的决议，而是以表决时所代表的注册资本的 3/4 以上多数通过的决议（参见 1937 年德国《股份法》第 153 条第 3 款、1965 年德国《股份法》第 179 条第 2 款第 1 句等）。在本书中，将以股东大会表决时所代表的注册资本相对应的股份的 3/4 以上多数通过的决议称为 3/4 多数决。

1937 年德国《股份法》没有系统的企业集团法，只有若干相关规定。例如，从属企业禁止认购支配公司的股份（该法第 51 条第 2 款）、公司对从属企业的自己股份不能行使表决权（该法第 114 条第 6 款）等，将禁止取得的自己股份原则扩展至企业集团。

关于变更其他类型的公司，1934 年 7 月 5 日德国制定了《关于资本公司变更属人性公司的法律》[76]（以下简称 1934 年德国《组织变更法》），允许股份公司变更合名公司等属人公司。1934 年德国《组织变更法》的官方理由书解释称："本法的目的是促进匿名性公司形态的转变，使其回归伴随着所有者的个人责任的企业。"[77] 该法是体现了促进"负责任的经营"的纳粹思想的法律。

3. 战后期（1945～1985 年）——现行股份法体制的成立与变迁

（1）1965 年德国《股份法》的制定

1945 年，德国在第二次世界大战中战败。在纳粹政权下施行的 1937 年德国《股份法》至 1965 年德国《股份法》施行时仍然有效。1965 年德国《股份法》的政府草案理由书称"即便在 1937 年德国《股份法》长达 20 年以上的施行期间，也未发生任何必须通过立法者的

---

〔76〕 Gesetz vom 5. 7. 1934 über dieumwandlung von Kapitalgesellschaften in Personengesellschaften, RGBl. I S. 569.

〔77〕 Amtliche Begründung zum UmwG 1934, bei: Veil, Umwandlungen, in: Bayer/Habersack (Hrsg.), Aktienrecht im Wandel, Band 2, Grundsatzfragen des Aktienrechts, Tübingen 2007, S. 1073.

措施来排除的明显的不妥之处”。[78] 即便如此,战后仍需要进行股份法的修改的理由在于必须使股份法符合经济组织的新的要求,特别是当时意识到需要对康采恩进行法律规制。[79] 此外,国家社会主义的要素的摒除、股东大会的决算确定权的恢复及劳动者的企业参与也被列为股份法修改的讨论事项。[80]

1950 年德国联邦司法部部长委托司法部的恩斯特 · 格斯勒(Ernst Geßler)[81]开始股份法的修改作业。[82] 后来被称为“股份法之父”[83]的恩斯特 · 格斯勒(Ernst Geßler)在 1965 年德国《股份法》的制定过程中始终掌握主导权,第二次世界大战之前他就以擅长针对股份法的问题找到适合公司实务的解决办法所著称。在 1965 年德国《股份法》制定过程中,恩斯特 · 格斯勒(Ernst Geßler)充分利用

---

〔78〕 Begründung zum Regierungsentwurf eines Aktiengesetzes 1965, Allgemeines, bei: Kropff, Aktiengesetz, Textausgabe, S. 13.

〔79〕 Begründung zum Regierungsentwurf eines Aktiengesetzes 1965, Allgemeines, bei: Kropff, Aktiengesetz, Textausgabe, S. 16.

〔80〕 Kropff, Reformbestrebungen im Nachkriegsdeutschland und die Aktienrechtsreform 1965, in: Bayer/Habersack (Hrsg.), Aktienrecht im Wandel, Band 1, Entwicklung des Aktienrechts, S. 697 f.

〔81〕 エルンスト・ゲスラーにつき,Flume, Ernst Geßler zum Gedächtnis, AG 1988, S. 88 ff.

〔82〕 Bahrenfuss, Die Entstehung des Aktiengesetzes von 1965, Berlin 2001, S. 102;ハンス・ヴュルディンガー=河本一郎「新ドイツ株式法Ⅲドイツ株式法の成立」海外商事法務 54 号(1966 年)19 頁参照。

〔83〕 Kropff, Reformbestrebungen im Nachkriegsdeutschland und die Aktienrechtsreform 1965, in: Bayer/Habersack (Hrsg.), Aktienrecht im Wandel, Band 1, Entwicklung des Aktienrechts, S. 721.

和发挥了股份法方面的知识、执行力，并保持了坚定立场。在股份法草案中的想法受到各种利益团体的质疑时，恩斯特·格斯勒（Ernst Geßler）的人格使其能够在不迷失草案目标的前提下，灵活地提出新提案。在司法部内部，恩斯特·格斯勒（Ernst Geßler）在认为方法正确时，也能毫不犹豫地采用部下和助手们的意见。

经过小范围的讨论后亲自思考并拟订草案是恩斯特·格斯勒（Ernst Geßler）独特的工作方式，在1965年德国《股份法》制定过程中，并未设置大规模的审议会等展开讨论。[84] 德国联邦司法部自1950年起将总部设在凯塞尼舍（波恩的凯森尼奇区），股份法草案的相关工作在其北部的一个城堡的塔中进行，不仅周六都要工作，有时周日也要放弃休息，草案的制订工作在司法部相关人员的密切配合下展开。[85]

当得知德国联邦司法大臣计划修改《股份法》时，各种团体作出了提案，其中影响力较大的是德国法律家会议所作提案。1951年德国法律家会议设置了特别委员会，该委员会进行了长达4年的审议，最终于1955年在柏林召开的第四十一次德国法律家会议上报告了

---

〔84〕 Kropff, Reformbestrebungen im Nachkriegsdeutschland und die Aktienrechtsreform 1965, in: Bayer/Habersack（Hrsg.）, Aktienrecht im Wandel, Band 1, Entwicklung des Aktienrechts, S. 694.

〔85〕 Kropff, Rückblick, in: Fleischer/Koch/Kropff/Lutter(Hrsg.), 50 Jahre Aktiengesetz, Berlin 2016, S. 2.

审议结果。[86] 德国联邦司法部的恩斯特·格斯勒(Ernst Geßler)与同事一起研究、修改提案,1958 年 10 月由司法部公布了股份法参事官草案。[87][88]其后司法部部长在考虑了各种团体的意见的基础上对草案进行了修改,于 1960 年公布了股份法政府草案,[89]并提交给联邦议会。政府草案经联邦议会法务委员会及经济委员会审议后,德国《股份法》[90]于 1965 年 6 月 9 日生效。

为了使德国《股份法》适应 1937 年以来持续发展的经济组织,

---

〔86〕 W. Schmidt, Bericht über die Arbeit der Kommission zur Untersuchung des Unternehmensrechts, in: Deutscher Juristentag-Ständige Deputation (Hrsg.), Verhandlungen des 41. Deutschen Juristentag (Berlin 1955), Band 2 (Sitzungsberichte), Tübingen 1956, H 27 ff.

〔87〕 Referentenentwurf eines Aktiengesetzes, veröffentlicht durch das Bundesjustizministerium, Köln 1958.

〔88〕 Kropff, Reformbestrebungen im Nachkriegsdeutschland und die Aktienrechtsreform 1965, in: Bayer/Habersack (Hrsg.), Aktienrecht im Wandel, Band 1, Entwicklung des Aktienrechts, S. 727.

〔89〕 作为 1960 年股份法政府草案的日文翻译,慶應義塾大学商法研究会訳『西ドイツ株式法草案および理由書(1960 年)』3 頁以下;八木弘 = 正亀慶介「ドイツ株式法改正草案訳(1)~(8)」神戸法学雑誌 11 巻 2 号(1961 年)279 頁以下、11 巻 3 号(1961 年)422 頁以下、11 巻 4 号(1962 年)562 頁以下、12 巻 1 号(1962 年)115 頁以下、12 巻 3 号(1962 年)398 頁以下、13 巻 1 号(1963 年)116 頁以下参照。

〔90〕 Aktiengesetz vom 6. 9. 1965, BGBl. I S. 1089.

1965年德国《股份法》采取了以下法律措施:[91] 第一,1937年德国《股份法》只关注公司债权人保护,允许通过过低评价公司财产等方式在资产负债表上积累秘密准备金,而1965年德国《股份法》兼顾股东利益,禁止随意积累秘密准备金(德国《股份法》第149条)。第二,为了加强对董事的业务执行的监督,完善了董事对监事会的报告事项的相关规定(德国《股份法》第90条)。此外,为了使监事会的职务得以有效履行,设置了限制由一名监事组成监事会的数量(德国《股份法》第100条第2款)。第三,出于保护股东的利益,对1937年德国《股份法》创设的股东有权要求董事作出说明的规定加以完善,明确规定了拒绝说明的事由(德国《股份法》第131条)。第四,设置了关于康采恩的财务会计的规定(1965年德国《股份法》第329条以下)。[92] 第五,在世界上首次设置了以主要从属公司的少数派股东、

---

〔91〕 关于1965年《股份法》的概要,ハンス・ヴュルディンガー=河本一郎「新ドイツ株式法Ⅰ　日独比較会社法セミナー記録」海外商事法務54号(1966年)2頁以下;ハンス・ヴュルディンガー=河本一郎編『ドイツと日本の会社法』〔改訂版〕(商事法務研究会,1975年)21頁以下。作为1965年《股份法》制定当时的日文翻译,慶應義塾大学商法研究会訳『西独株式法』6頁以下、八木弘=河本一郎=正亀慶介「ドイツ株式法邦訳(1)~(10)」神戸法学雑誌15巻3号(1965年)593頁以下、15巻4号(1966年)797頁、16巻3号(1966年)669頁以下、16巻4号(1967年)841頁以下、17巻1=2号(1967年)231頁以下、17巻3号(1967年)127頁以下、17巻4号(1968年)99頁以下、18巻1号(1968年)126頁以下、18巻2号(1968年)327頁以下、18巻3=4号(1969年)620頁以下参照。作为2016年修改前的1965年《股份法》的条文的日文翻译,早川勝「1965年ドイツ株式法の改正と展開」同志社法学63巻6号(2012年)200頁以下参照。

〔92〕 その後、コンツェルン計算規定は、1969年開示法(PublG)により、ドイツ商法290条以下に置かれた[Busse von Colbe, in: Karsten Schmidt/Werner F. Ebke (Hrsg.), Münchener Kommentar zum Handelsgesetzbuch, 3. Aufl., München 2013, Vor §290 Rdnr. 1]。

债权人保护的观点为出发点的关于企业重组的系统性规定(德国《股份法》第 291 条以下)。[93]

(2)1965 年德国《股份法》的修订

1965 年德国《股份法》的制定是战后最大的股份公司法的改革,迄今为止还未进行过比之规模更大的修改。1965 年德国《股份法》的制定是顺应股份法应符合经济组织的新要求这一德国法内部产生的需求而为的。

1965 年以后关于股份公司德国进行了多次法律修改并制定了新法。其中,顺应德国法固有的需求而制定的是关于股份公司监事会的共同决定的 1976 年德国《共同决定法》。[94] 这一新法的特色,在于规定劳动者 2000 人以上的大规模股份公司的监事会由相同人数的股东代表和劳动者代表组成(德国《共同决定法》第 7 条第 1 款)。[95] 规定"同权性共同决定"的 1976 年德国《共同决定法》第 7 条,以违反德国《基本法》第 14 条第 1 款规定的财产权保障等为由被提起了宪法异议之诉。联邦宪法法院认为,鉴于股东代表监事与劳动者代表监事就董事的人事安排出现意见对立时最终决定权留在股东一方等事由,股东的权利虽然因为该规定等受到了限制,但仍停留

〔93〕 Habersack in: Goette/Habersack (Hrsg.), Münchener Kommentar zum Aktiengesetz, 4. Aufl., Einl. Rdnr. 31f.

〔94〕 Gesetz über die Mitbestimmung der Arbeitnehmer (Mitbestimmungsgesetz-MitbestG) vom 4.5.1976, BGBl. I S.1153.

〔95〕 正井章筰『「共同决定法」と会社法の交錯』(成文堂,1990 年)8 頁以下参照。

在适当的、可期待的范围之内，因此判定德国《共同决定法》第7条符合德国《基本法》。[96]

德国《共同决定法》之后的股份法修改和新法制定主要是顺应与欧洲法之间的调和这一新要求而为的。以下列举其中重要的两项：

第一，1976年12月13日EC《第二指令》[97]发布，但其内容已经在德国法中得以实现，因此只是相应进行了小规模的股份法修改。欧洲委员会《第二指令》第42条规定"在本指令的适用领域内，成员国的法律规定必须确保股东的平等待遇处于相同状态"。以此为契机1979年德国《股份法》进行了修改，对此前作为判例法理得到承认的股东平等待遇原则作出了规定（德国《股份法》第53a条）。

第二，1985年12月19日的德国《资产负债表指令法》

---

〔96〕 BVerfGE 50, 290. 作为该判决的介绍，後藤清『西独「共同決定法」合憲判決について』ジュリスト694号（1979年）105頁以下；正井章筰『「共同決定法」と会社法の交錯』（成文堂，1990年）79頁以下。

〔97〕 Zweite Richtlinie vom 13. Dezember 1976 (Kapitalrichtlinie) (77/191/EWG). 1976年《第二指令》（2006年修改前）的条文收录于 Lutter, Europäisches Unternehmensrecht: Grundlagen, Stand und Entwicklung nebst Texten und Materialien zur Rechtsangleichung, 4. Aufl., ZGR-Sonderheft 1, Berlin 1996, S. 114 ff; Hopt/Wymeersch (Edit.), European Company and Financial Law: Texts and Leading Cases, Oxford 2004, S. 284 ff。关于1976年《第二指令》（2006年修改前），森本滋『EC会社法の形成と展開』（商事法務研究会，1984年）103頁以下参照。

(BiRiLiG),[98]在股份公司的财务会计规定方面,除只适用于股份公司的财务会计相关特别规定(德国《股份法》第 150 条至第 176 条),将其他规定从德国《股份法》中分离,移至德国《商法典》第三编商业账簿(德国《商法典》第 238 条至第 342e 条)。[99]

---

〔98〕 Gesetz zur Durchführung der Vierten, Siebten und Achten Richtlinie des Rates der Eüropäischen Gemeinschaften zur Koordinierung des Gesellschaftsrechts (Bilanzrichtlinien-Gesetz-BiRiLiG) vom 19. 12. 1985, BGBl. I S. 2355. 该法律是为了将《第四指令》[Vierte Richtlinie 78/660/EWG vom 25. Juli 1978 (Jahresabschlußrichtlinie/Bilanzrichtlinie)]、《第七指令》[Siebente Richtlinie 83/349/EWG vom 13. Juni 1983 (Richtlinie über den konsolidierten Abschluß)]及《第八指令》[Achte Richtlinie 84/253/EWG vom 10. April 1984 (Prüferbefähigungsrichtlinie)]国内法化而制定的法律。《第四指令》、《第七指令》及《第八指令》的条文收录于 Lutter/Bayer/Jessica Schmidt, Europäisches Unternehmens-Kapitalmarktrecht: Grundlagen, Stand und Entwicklung nebst Texten und Materialien, 5. Aufl., ZGR-Sonderheft 1, Berlin 2012, S. 761 ff; Grundmann/Riesenhuber (Hrsg.), Textsammlung Europäisches Privatrecht, Vertrags-und Schuldrecht, Arbeitsrecht, Gesellschaftsrecht, Berlin 2009, S. 595 ff。关于《资产负债表指令法》的概要,ペーター・シュレヒトリーム、山下友信訳「ドイツ連邦共和国における商法・会社法の発展(1985—1987 年):会計指令法」日独法学 12 号(1988 年)53 頁以下参照。此外,《第四指令》和《第七指令》于 2013 年 7 月 26 日作为《EU 资产负债表指令》(EU-Bilanz-Rl)被加以整合及修订(Richtlinie 2013/34/EU des Europäischen Parlaments und des Rates vom 26. Juni 2013 über den Jahresabschluss, den konsolidierten Abschluss und damit verbundene Berichte von Unternehmen bestimmter Rechtsformen und zur Änderung der Richtlinie 2006/43/EG des Europäischen Parlaments und des Rates und zur Aufhebung der Richtlinien 78/660/EWG und 83/349/EWG des Rates)。2013 年《EU 资产负债表指令》收录于 Lutter/Bayer/Jessica Schmidt, Europäisches Unternehmens-Kapitalmarktrecht: Grundlagen, Stand und Entwicklung nebst Texten und Materialien, 6. Aufl., ZGR-Sonderheft 1, Berlin 2018, S. 831 ff。

〔99〕 作为德国《商法典》第三编商业账簿的日文翻译,法務省大臣官房司法法制部『ドイツ商法典(第 1 編~第 4 編)』法務資料 465 号(法務省大臣官房司法法制部司法法制課,2016 年)〔久保大作〕69 頁以下,宫上一男 = W・フレーリックス監修『現代ドイツ商法典〔第 2 版〕』(森山書店,1993 年)3 頁以下参照。

（二）股份公司法学

1. 战前期(1887～1937年)

在此围绕相关著作对德国股份公司法学的发展进行概述。1937年德国《股份法》颁布前，德国的股份公司相关内容是在德国《商法典》中作出规定的。因此，战前德国具有代表性的股份公司法著作是按照德国商法的体系，在商法著作中提及股份公司法。战前期没有出现可与19世纪的阿喀琉斯·雷纳德(Achilles Renaud)和卡尔·莱曼(Karl Lehmann)的著作相媲美的只以股份公司法为对象的著作。

战前期的股份公司法的相关论文，可以列举的有属于魏玛期后半段的1931年的克朗斯坦(Kronstein)的《从属法人论》。[100] 从该论文作为海德堡大学的教授资格论文被提交，但该大学并未加以受理一事也可以看出，[101] 该论文是就“从属法人”这一新的法律概念，从

---

〔100〕 Kronstein, Die abhängige juristische Person, München 1931.

〔101〕 田中誠二ほか『会社法学の新傾向とその評価』(千倉書房，1978年)205頁注1参照。

批判性观点出发撰写的问题之作。[102]

帕索(Passow)的《股份公司论:从经济学观点出发的研究》[103]从经济学观点出发将股份公司定义为复数出资人在回避风险的同时,通过转让股份收回投资的机制,[104]对股份公司进行了实证性研究。该书虽然并非法律学的研究著作,但关于德国的监事会制度,基于19世纪真实的股份公司的章程等珍贵资料对其成立过程作出了详细说明,[105]给日本的德国《股份公司法》研究[106]带来了较大影响。

(1)穆勒·埃尔茨巴赫(Müller Erzbach)——商法学泰斗

慕尼黑大学教授穆勒·埃尔茨巴赫(Müller Erzbach)凭借关于法概念的相对性的独创性见解,在法哲学领域声名远扬,[107]其还于

---

[102] 克朗斯坦(Kronstein)与弗朗茨·布姆(Franz Böhm)、沃尔特·尤肯(Walter Eucken)等一样,从第二次世界大战前起均作为新自由主义的代表性学者。克朗斯坦(Kronstein)的《从属法人论》以从属公司的利益为前提,提出了在缔结机关合同时需要获得从属公司股东大会的同意的解释论(Kronstein, Die abhängige juristische Person, S. 47)。关于该解释论后来发展为1937年《股份法》第256条,高橋英治『企業結合法制の将来像』(中央經濟社,2008年)20頁参照。

[103] Passow, Die Aktiengesellschaft: Eine wirtschaftswissenschaftliche Studie, Jena 1922.

[104] Passow, Die Aktiengesellschaft: Eine wirtschaftswissenschaftliche Studie, S. 8 f.

[105] Passow, Die Aktiengesellschaft: Eine wirtschaftswissenschaftliche Studie, S. 345 ff., 387 ff.

[106] 菅原菊志『取締役、監査役論〔商法研究Ⅰ〕』(信山社,1992年)178頁以下参照。

[107] Müller-Erzbach, Die Relativität der Begriffeund ihre Begrenzung durch den Zweck des Gesetzes: zur Beleuchtung der Begriffsjurisprudenz: Vortrag gehalten in der Wiener Juristischen Gesellschaft, Jena 1913.

1921～1924 年发表了战前期的德国商法学的代表作《德国商法论》,[108]因此获得了德国商法学大家的地位。本书要介绍的是 1928 年出版的穆勒·埃尔茨巴赫(Müller Erzbach)独著《德国商法论》(第 2 版)和《德国商法论》(第 3 版)。[109]

该书在 1897 年德国《商法典》的体系下对德国股份公司法作出了解释。虽然该书题为《德国商法论》,但穆勒·埃尔茨巴赫(Müller Erzbach)在书中注重运用比较法进行分析论述。穆勒·埃尔茨巴赫(Müller Erzbach)在 1928 年出版的该书的前言中对比较法的重要性作出以下表述:

> 本书从第 1 版开始就重视比较法。比较法不仅会拓宽我们的视野,还会加深我们对法律的理解。比较法中就相同问题其他国家有着不同的解决办法,这就要求加深对其原因的内在理解……应该说将来在德国盛行比较法研究,才是德国学术兴隆的信号。期待比较法的研究成果将来在本书中占据更大的篇幅!

该书在第一部分的概论中列举主要文献,外国文献包括奥地利、

[108] Müller-Erzbach, Deutsches Handelsrecht, Tübingen 1921－1924.

[109] Müller-Erzbach, Deutsches Handelsrecht, 2./3. Aufl., Tübingen 1928.

瑞典、英国、法国、南斯拉夫等国家的股份公司法文献。[110] 在正文部分则较少提及外国法，这点与阿喀琉斯·雷纳德(Achilles Renaud)和卡尔·莱曼(Karl Lehmann)的著作风格不同，但从参考文献可窥见其重视比较法。

该书的股份公司的总论部分的特色在于，要求将“注册资本的充实”(Das Aufbringen des Grundkapitals)和“注册资本的持续性维持”(Die dauernde Erhaltung des Grundkapitals)作为股份公司法的原则。具体而言，资本的充实包括：①从设立时起就必须确保注册资本全额的充实；②不得免除股东的出资义务；③公司不得取得未履行支付义务的自己股份等。其特征在于资本充实原则的适用不只限于公司设立时和新股发行时，还在更多方面得到承认。资本的持续性维持的具体制度包括股东的出资返还的禁止以及从中导出的股东退出公司的禁止等。注册资本的充实、维持的概念作为股份公司法的基本原则，后来为德国[111]及日本[112]的股份公司法学所继承。

穆勒·埃尔茨巴赫(Müller Erzbach)就股份公司的设立作出了

---

〔110〕 Müller-Erzbach, Deutsches Handelsrecht, 2./3. Aufl., S. 239 f.

〔111〕 „Grundsatz der Aufbringung und Erhaltung des Grundkapitals“. Kübler/Assmann, Gesellschaftsrecht, 6. Aufl., Heidelberg 2006, S. 158; Lutter, Kapital, Sicherung der Kapitalaufbringung und Kapitalerhaltung in den Aktien-und GmbH-Rechten der EWG, Karlsruhe 1964.

〔112〕 大隅健一郎＝今井宏＝小林量『新会社法概説』〔第 2 版〕(有斐閣,2010 年)22 頁以下;高橋英治『会社法概説』〔第 3 版〕(中央経済社,2015 年)38 頁以下;高橋英治『会社法の継受と収斂』(有斐閣,2016 年)4 頁以下参照。

以下论述:发起人就设立股份公司达成协议后,通过相互间的信任成立了具有拘束力且没有形式要件的“公司设立前的合同”(Vorgründungsvertrag)。[113] 随后,通过公司合同的缔结,没有权利能力的社团得以成立。[114] 对此,穆勒·埃尔茨巴赫(Müller Erzbach)称,之所以主张通过公司合同的缔结成立的不是民法上的合伙,而称其为没有权利能力的社团,是因为从公司合同缔结时点就拥有社团性组织这一属性。虽然穆勒·埃尔茨巴赫(Müller Erzbach)没有使用“设立中的公司”(Vorgesellschaft)一词,但这里实际上讨论的是现在日本法中的“发起人合伙”和“设立中的公司”。

虽然发起人认购所有股份的情形被称为“认购设立”(Uebernahmegründung),但穆勒·埃尔茨巴赫(Müller Erzbach)主张,称为“同时设立”(Simultangründung)更容易理解。该概念与日本法中的“发起设立”(日本《公司法》第25条第1款第1项)的概念相一致。穆勒·埃尔茨巴赫(Müller Erzbach)称,在德国通常是银行在股份公司设立中发挥重要作用,而在英国也存在发起人向公众募集股份认购人的“阶段性设立”(Sukzessivgrüundung)。“阶段性设立”相当于日本法中的“募集设立”(日本《公司法》第25条第1款

---

〔113〕 Müller-Erzbach, Deutsches Handelsrecht, 2./3. Aufl., S.254.

〔114〕 Müller-Erzbach, Deutsches Handelsrecht, 2./3. Aufl., S.256. 该主张为现在的日本的学说所继承[江頭憲治郎『株式会社法』〔第6版〕(有斐閣,2015年)107頁注2;高橋英治『会社法概説』〔第3版〕(中央經濟社,2015年)43頁参照]。

第 2 项)。

穆勒·埃尔茨巴赫(Müller Erzbach)还指出,“特别设立事项”(qualifizierte Gründungen)存在侵害股份公司及债权人利益的风险,如通过组织形式变更进行的公司设立、发起人的报酬、对个别股东进行的特别利益输送及实物出资等事项。存在上述“特别设立事项”时,应当由检查人进行调查。[115]

在该书中介绍了成为今日德国和日本的股份公司法之基础的股份公司的设立方法的分类和“改变形态的设立”的相关事项。虽然这些问题中有的已经在 1897 年德国《商法典》中作出了规定,但穆勒·埃尔茨巴赫(Müller Erzbach)按照股份公司设立手续的顺序,系统性、浅显易懂地对这些制度进行整理和叙述,可谓劳苦功高。此外,在该书中出现了成为现代股份公司法学之基础的“发起人合伙”与“设立中的公司”的概念,这些概念因为被该书提及所以成为法律实务及法学教育的对象,在这一点上穆勒·埃尔茨巴赫(Müller Erzbach)也有很大功劳。

在进行了股份公司设立的说明后,该书从董事开始就股份公司的机关进行说明。[116] 在这一点上,该书也确立了现代德国股份公司法学的教科书中的机关之概论的风格。接下来,该书就监事会进行

---

〔115〕 Müller-Erzbach, Deutsches Handelsrecht, 2./3. Aufl., S. 262 ff.

〔116〕 Müller-Erzbach, Deutsches Handelsrecht, 2./3. Aufl., S. 267 ff.

了说明,最后是股东大会。1897 年德国《商法典》按照董事、监事会、股东大会的顺序排列这些机关的条文(1897 年德国《商法典》第 231 条以下),在第三节“组织与业务执行”中对 1897 年德国《商法典》股份公司的机关进行解说,该书中完全没有股东大会是最高机关的表述。

在对股份公司的机关作出解释后,该书就“出资人权”(Mitgliedschaft)专门设置一章进行概述。关于为何采用强调出资人权的存在这一不同于当时德国商法体系的独特构造,[117] 这可能是穆勒·埃尔茨巴赫(Müller Erzbach)个人对出资人权论特别感兴趣的缘故。穆勒·埃尔茨巴赫(Müller Erzbach)于 1929 年发表了名为《股份公司向有责任感的大股东的核心公司的组织变更:从出资人权利益出发的股份法的发展——为了股份公司和有限公司的改革》[118] 的著作,1949 年又推出了代表作——《作为因果性法思考的试金石的出资人权的私法》,[119] 从中可以看出“出资人权”问题是其毕生的

〔117〕 1897 年德国《商法典》中“公司与出资人的关系”一节被放在第三节“组织与业务执行”之前(1897 年德国《商法典》第 210 条以下)。从 1897 年德国《商法典》的体系来看,关于出资人权的说明被放在股份公司的机关的概论之前,可以说是忠实于法条的配置。

〔118〕 Müller-Erzbach, Umgestaltung der Aktiengesellschaft zur Kerngesellschaft verantwortungsvoller Großaktionäre: Entwicklung des Aktienrechts aus dem mitgliedschaftlichen Interesse Zur Reform der Aktiengesellschaft und der Gesellschaft m. b. H., Berlin 1929.

〔119〕 Müller-Erzbach, Das private Recht der Mitgliedschaft als Prüfstein eines Kausalen Rechtsdenkens, Weimar 1948.

事业。

在该书出资人权的部分,穆勒·埃尔茨巴赫(Müller Erzbach)不仅对相当于股份公司法的“股份”部分,还对出资人权一体的原则(出资人权是一体的,不得将构成出资人权的各权利从整体中分离后进行转让的原则)[120]和特别权(固有权)[121]等出资人权的理论方面进行了概述。穆勒·埃尔茨巴赫(Müller Erzbach)称,出资人权自身并非德国《民法典》第 35 条[122]意义上的“特别权”,因此可未经出资人同意通过股东大会决议予以剥夺。

穆勒·埃尔茨巴赫(Müller Erzbach)在“年度决算与任期终了”一章中,就年度决算的机制、准备金及资产负债表进行了解说。[123]该章的特征在于运用 20 世纪初得到发展的德国会计学的知识,就资产负债表通过实际的资产与负债的表格和数字作出了详细说明。穆勒·埃尔茨巴赫(Müller Erzbach)在接下来的“组织的变更与调整”一章中,将对象限定为资本增加与资本减少,就股份公司的章程变更进行了概述。[124] 虽然资本增加的部分对通过新股认购权保护已有股东也进行了概述,但该章的重点在于资本减少时的公司债权人的

---

[120] Müller-Erzbach, Deutsches Handelsrecht, 2./3. Aufl., S. 286. 该原则也被称为出资人权不可分的原则。

[121] Müller-Erzbach, Deutsches Handelsrecht, 2./3. Aufl., S. 291.

[122] 德国《民法典》第 35 条就社团成员的特别权规定:“通过成员总会的决议侵害成员的特别权需要该成员的同意。”

[123] Müller-Erzbach, Deutsches Handelsrecht, 2./3. Aufl., S. 300 ff.

[124] Müller-Erzbach, Deutsches Handelsrecht, 2./3. Aufl., S. 307 ff.

保护。“解散、组织变更及破产”一章则就公司合并、组织变更及股份公司的国有化进行了概述。[125]

该书在通常的股份公司相关规制的概论的最后一章中,就“股份公司的历史”进行了概述。穆勒・埃尔茨巴赫(Müller Erzbach)也认为现代股份公司的起源是1602年荷兰东印度公司,这点继承了卡尔・莱曼(Karl Lehmann)的学说。[126] 该章在表示“当然是停留在立法者的想法上”的基础上称,德国受19世纪后半期出现的经济性自由主义的影响变得特别民主主义,立法者将股东大会作为最重要的机关,向拥有最少数量的股份的股东也赋予表决权,并指出虽然通过后来的修改将监事会作为必要的监督机关以保持力量的均衡,但在第一次世界大战之后的通货膨胀时期,出现了利用复数表决权股份等在股东大会上滥用权利的事例,对德国的股东大会的应有形态敲响了警钟。[127] 该章最后还出示了19世纪末至现代的德国《股份公司法》给法国、英国和奥地利等外国的股份公司立法带来影响的实例。

该书的最后一章就以下特殊的股份公司形态所代表的“附加性支付股份公司”(Nebenleistungsaktiengesellschaft)进行了概述,即在设立制造砂糖的股份公司时强制股东支付一定数量的砂糖萝卜,公

---

[125] Müller-Erzbach, Deutsches Handelsrecht, 2./3. Aufl., S. 313.

[126] Müller-Erzbach, Deutsches Handelsrecht, 2./3. Aufl., S. 316.

[127] Müller-Erzbach, Deutsches Handelsrecht, 2./3. Aufl., S. 320.

司成立后又强制股东向公司支付一定数量的砂糖萝卜的公司。[128] 1897 年德国《商法典》第 212 条第 1 款在规定股东的注册资本的支付义务的同时,允许股份公司强制股东作出上述附加性支付。这点为德国现行《股份法》第 55 条所继承。

(2)维兰德(Wieland)——商法(企业法)学说创始人

作为股份公司法的著作,可以列举的有瑞士巴塞尔大学教授、曾任该校校长的维兰德(Wieland)[129] 的《商法论(第二卷)——资本公司》(1931 年),该书收录于德国刑法学权威卡尔·宾丁(Karl Binding)所创的《德国法学体系书》系列。该书也是战前期德国具有代表性的特点鲜明的著作。维兰德(Wieland)在《商法论(第一卷)——商企业及商行为》(1921 年)中就"商法 = 企业法"说展开论述,给后来的欧洲和东亚带来了较大影响。[130] 维兰德(Wieland)在《商法论(第二卷)——资本公司》的前言中就该书的写作目的作出以下表述:

本书的叙述目的在于揭示资本公司在商法体系中占据

---

〔128〕 Müller-Erzbach, Deutsches Handelsrecht, 2./3. Aufl., S. 320 ff.

〔129〕 关于维兰德(Wieland),西原寛一『カール・ヴィーラント教授』同『書斎とその周辺:一商法学者の随想』(有斐閣,1982 年)131 頁以下参照。

〔130〕 Karsten Schmidt, Morgenröte des Unternehmensrechts? Ein Streifzug durch Wielands "Handelsrechts", BJM 2008, S. 61; Eiji Takahashi, Rezeption der Lehre "Handelsrecht als Unternehmensrecht" in Japan, FS Blaurock, Tübingen 2013, S. 453.

何种地位，从资本公司的各种形态中挑选典型的形态浅显易懂地作出说明，特别是就资本公司与第一卷中的属人性公司相比有何共同点及不同点浅显易懂地作出说明。[131]

1937年德国《股份法》成立前股份公司法隶属于商法，正如该前言所说，在当时的德国法下属于德国法系的瑞士的商法学者将股份公司作为商事公司的一种形态，他们的著作追求简洁明了地说明股份公司的特征及股份公司法在商法中占据何种地位。

维兰德（Wieland）的《商法论（第二卷）——资本公司》的划时代性特征在于，除“股份公司法”一章外，另设“资本公司的变迁（Wandlungen）：合并与组织变更（Umwandlung）”、“公司的结合与团体（企业集团）”及“一人公司”作为独立的章，并就这些股份公司法上的新问题提出了独到的见解。

该书第四章“资本公司的变迁：合并与组织变更”显示出维兰德（Wieland）在学术上的远见。1994年的德国《企业重组法》

---

〔131〕 Wieland, Handelsrecht, Zweiter Band: Die Kapitalgesellschaften, München 1931, Einleitung (Wieland, Handelsrecht).

(UmwG)[132]将企业的 4 项行为,即合并(Verschmelzung)、分立(Spaltung)、财产转让(Vermögensübertragung)、法律形式变更(Formwechsel),作为组织变更(Umwandlung)的行为(德国《企业重组法》第 1 条第 1 款),对这些行为作出了系统性规定。维兰德(Wieland)称,变迁,是指公司财产的归属发生变化。维兰德(Wieland)将公司的全部财产转让、合并及组织变更作为变迁,[133]在一章中对这些行为进行了简洁概述。维兰德(Wieland)的"资本公司的变迁"的体系提前反映了 1994 年德国《企业重组法》的内容。

维兰德(Wieland)在该书的"公司的结合与团体(企业集团)"一章中展开了分析。该章在多种企业结合的形态中重点围绕"企业集团"进行叙述。维兰德(Wieland)提及"支配"的各种形态,提出了在支配公司与从属公司之间缔结了劳务合同,从属公司长期作为向支

〔132〕 Umwandlungsgesetz vom 28. 10. 1994, BGBl. I S. 3210. 作为 1994 年制定时的德国《企业重组法》的日文翻译,早川勝訳「ドイツ組織変更法」同志社法学 49 巻 4 号(1998 年)234 頁以下。关于德国《企业重组法》的成立和修改过程,J. Semler/Strengel, in: Semler/Stengel (Hrsg.), Umwandlungsgesetz mit Spruchsverfahrensgesetz, 3. Aufl., München 2012, Einleitung A Rdnr. 6 ff.; Sagasser, in: Sagasser/Bula/Brünger (Hrsg.), Umwandlungen, Verschmelzung-Spaltung-Formwechsel-Vermögensübertragung, 4. Aufl., München 2011, § 1 Rdnr. 1 ff。作为德国《企业重组法》的相关日文文献,受川環大『組織再編の法理と立法:利害関係者の保護と救済』(中央経済社,2017 年)136 頁以下;牧真理子「組織再編に係る決議の効力を争う訴え」早川勝 = 正井章筰 = 神作裕之 = 高橋英治編『ドイツ会社法・資本市場法研究』(中央経済社,2016 年)448 頁以下;牧真理子「ドイツ組織再編法における債権者保護規定:会社分割法制の研究」北村雅史 = 高橋英治編『(藤田勝利先生古稀記念)グローバル化の中の会社法改正』(法律文化社,2014 年)339 頁以下参照。

〔133〕 Wieland, Handelsrecht, S. 354.

配公司提供劳务的公司,供应支配公司所指定的商品等的情形下,是否可以称得上是法律形态上允许的支配、从属关系的问题。[134] 维兰德(Wieland)从该问题出发,又提出了公司对公司的支配是否存在界限的问题。最高法院就该问题指出,公司从属于其他公司的程度不得违背"良俗",[135] 维兰德(Wieland)对此表示反对,虽然股东对公司的决定事项带来影响的可能性被剥夺有可能违背良俗,但从公司(独立性的)概念出发得出其支配的形态违背良俗的结论,则存在概念上的矛盾。维兰德(Wieland)指出,关于在何种程度上允许公司从属于其他公司,应在衡量与公司相关的多样的利益状态的基础上作出综合性判断。

维兰德(Wieland)的上述意见点出了企业重组法问题的本质。梅斯特梅克(Mestmäcker)对事实上的"企业集团违法说"[136] 或是在学说和判例上承认改变形态的事实上的康采恩[137] 的概念等问

---

〔134〕 Wieland, Handelsrecht, S. 378.

〔135〕 RGZ 82, 308 ff.

〔136〕 Mestmäcker, Zur Systematik des Rechts der verbundenen Unternehmen im neuen Aktiengesetz, FS Kronstein, Kahlsruhe 1967, S. 129. 作为该论文的日文翻译,早川勝訳「新株式法における企業結合法の体系化について」上柳克郎 = 河本一郎監訳『法秩序と経済体制』(商事法務研究会,1980 年)235 頁以下。关于梅斯特梅克(Mestmäcker)的事实上的"企业集团违法说",高橋英治『企業結合法制の将来像』(中央経済社,2008 年)54 頁以下参照。

〔137〕 作为改变形态的事实上的企业集团是违法的,属于请求停止的对象的主张,Koppensteiner, in: Zöllner/Noack (Hrsg.), Kölner Kommentar zum Aktiengesetz, 3. Aufl., Köln 2004, Anh. §318 Rdnr. 38。

题,[138]成为后来德国企业集团法学讨论的重点对象。现在学说上主张“改变形态的侵害行为”(qualifizierte Nachteilszufügung),即在支配企业的强力指挥下出现的支配企业对子公司的侵害行为无法个别加以分辨的状态,属于违法的意见较有力。[139] 对于没有像德国现行《股份法》第 291 条规定的合同康采恩规制的国家来说,是否允许通过合同将公司完全置于其他公司的支配之下自身就是未解决的问题。包括日本在内的众多国家之所以对引进 1965 年德国《股份法》中的支配合同制度有所顾忌,可能是因为完全剥夺该公司的独立性的合同是否为各国的公司法所允许尚不明确。

维兰德(Wieland)认为,康采恩法的中心问题之一在于康采恩中的“法律上的独立性与经济上的从属性之间的对立”。该见解是后来交易成本的经济学研究者将康采恩看作“市场(market)与组织(organization)之间的中间形态”[140]或“市场与内部组织之间存在的

---

〔138〕 高橋英治『企業結合法制の将来像』(中央経済社,2008 年)222 頁以下。

〔139〕 Emmerich/Habersack, Konzernrecht, 10. Aufl., München 2013, S. 519. マティアス・ハバーザック、新津和典訳「従属株式会社における会社利益とグループ利益」早川勝 = 正井章筰 = 神作裕之 = 高橋英治編『ドイツ会社法、資本市場法研究』(中央経済社,2016 年)483 頁。

〔140〕 Kirchner, Ökonomische Überlegungen zum Konzernrecht, ZGR 1985, 226.

中间组织"[141]的想法的先驱,在当时是非常新颖的观点。但在维兰德(Wieland)的时代还未发现康采恩法的中心问题为从属公司的少数派股东、债权人的保护。

维兰德(Wieland)在该书第六章"一人公司"中指出,虽然从比较法来看,各国在法律上是否承认一人公司方面存在差异,但在有限公司变为一人公司的情形下,一人公司拥有权利能力,[142]可以成为其他公司的出资人。[143] 维兰德(Wieland)就一人公司的法律性质称,其并非公司形态而是责任形态,其本质为被科以义务的特别财产,该特别财产被赋予权利能力等是作为法人的属性。维兰德(Wieland)的"一人公司是一种责任形态"的想法给日本的一人公司的相关学说[144]带了较大影响。

维兰德(Wieland)作出定义称,"股份公司是指,具有有限责任、

---

[141] 高橋英治『ドイツと日本における株式会社法の改革:コーポレート、ガバナンスと企業結合法制』(商事法務,2007 年)45 頁以下;Eiji Takahashi, *Market-Organization-Corporate Group: An Economic Analysis of Law of Corporate Groups*, The Journal of Interdisciplinary Economics, Volume 22, No. 1 &2 (2010), 45 – 71。关于中间组织论,今井賢一 = 伊丹敬之 = 小池和男『内部組織の経済学』(東洋経済新報社,1982 年)126 頁以下参照。

[142] Wieland, Handelsrecht, S. 392.

[143] Wieland, Handelsrecht, S. 393.

[144] 菅原菊志『企業法発展論〔商法研究Ⅱ〕』(信山社,1993 年)263 頁参照。作为与维兰德(Wieland)学说相同的意见,柿崎榮治「構造的視点からの閉鎖的株式会社の社団性に関する若干の考察:各論的意味での一人会社および株式譲渡制限について」加藤勝郎 = 柿崎榮治 = 新山雄三編『(服部榮三先生古稀記念)商法学における論争と省察』(商事法務研究会,1980 年)181 頁参照。

出资义务的有限性及团体性且资本主义性构造的纯粹的资本公司”。[145]

维兰德(Wieland)就股份公司的起源继承卡尔·莱曼(Karl Lehmann)的学说,认为热那亚的乔治银行只是国家债权人的团体,[146]成为当今股份公司之原型的公司是 1602 年 3 月 20 日的荷兰东印度公司。[147] 维兰德(Wieland)接着主要介绍了 19 世纪后半期以后的世界股份公司法的文献。[148] 维兰德(Wieland)将日本法归类为德国法系,其还列举了里普特和小町谷操三博士共同翻译成法文的 1911 年 5 月 2 日修改的日本《商法》条文作为参考文献。[149] 重视历史和比较法的德国股份公司法学的传统也为维兰德(Wieland)所继承。

维兰德(Wieland)的股份公司的本质论的特点在于,比起股东有限责任,首先将“注册资本”(Grundkapital)作为股份公司的本质性特征。维兰德(Wieland)称,注册资本在通过支付股本实现资本充实下形成了净资产,在公司存续过程中必须得以维持。[150] 注册资本通过作为单位的股份来划分,股份认购人负有出资义务。在通过注册来

---

〔145〕 Wieland, Handelsrecht, S. 3.

〔146〕 Wieland, Handelsrecht, S. 5.

〔147〕 Wieland, Handelsrecht, S. 6.

〔148〕 Wieland, Handelsrecht, S. 10 ff.

〔149〕 Ripert/Komachiya, Code decommerse de l’empire du Japon, Paris 1924. 关于该著作,菅原菊志『企業法発展論〔商法研究Ⅱ〕』(信山社,1992 年)561 頁以下参照。

〔150〕 Wieland, Handelsrecht, S. 17 f.

确定股份公司的注册资本的情形下,必须通过股份公司出资人的出资义务来确保股份公司的注册资本,若无法得到确保,则该股份公司将不成立,维兰德(Wieland)将其称为“经过确定的注册资本的原则”(Prinzip des festen Grundkapitals)。[151] 这相当于1950年日本《商法》修改时引进授权资本制度前的日本法中股份公司的资本确定原则及资本充实原则。维兰德(Wieland)不是将注册资本定义为经济性意义上的资本,而是定义为“为了债权人而得到保障的责任财团”。[152] 维兰德(Wieland)称,相当于公司注册资本的基本财产必须得以确保,即使公司的财产状态发生变化,相当于注册资本的财产也必须一直得以保持。[153]

维兰德(Wieland)指出,股份包括划分注册资本的单位、股票、出资人权这三个方面内容。维兰德(Wieland)认为,股份作为出资人权原则上可以转让和继承。[154] 此外,出资人权是不可分的,作为出资人权合在一起的股东的个别权利,如分红请求权,股东是无法将其从出资人权中分离后进行个别转让的。[155]

维兰德(Wieland)将通常的公司设立分为以作为内部当事人缔结公司合同为内容的同时设立(Simultangründung)与伴随股份的募

[151] Wieland, Handelsrecht, S. 19.

[152] Wieland, Handelsrecht, S. 21.

[153] Wieland, Handelsrecht, S. 22.

[154] Wieland, Handelsrecht, S. 43.

[155] Wieland, Handelsrecht, S. 44.

集的阶段性设立(Sukzessivgrüundung),大致相当于日本法的发起设立(日本《公司法》第 25 条第 1 款第 1 项)与募集设立(日本《公司法》第 25 条第 1 款第 2 项)。维兰德(Wieland)解释称,同时设立还包括公司合同成立时由发起人介绍发起人外的有意成为即将设立的公司的股东者,让其在股份认购书上签名的情形。[156] 从该解释来看,同时设立似乎是比发起设立范围更广的概念。但在德国法下,公司合同中作为股东者的,被看作发起人(1897 年德国《商法典》第 187 条),因此同时设立只能由发起人设立股份公司,与日本法的发起设立(日本《公司法》第 25 条第 1 款第 1 项)的概念基本一致。维兰德(Wieland)接下来就变态设立事项和事后设立也进行了概述。

维兰德(Wieland)称,通过设立注册股份公司作为法人得以成立。同时,维兰德(Wieland)指出,股份公司在设立注册前肯定已经以某种形式(民法上的合伙或没有权利能力的社团)成立,将其称为“设立中的公司”(Vorgesellschaft)。[157] 其中,虽然设立中的公司最初的形态可以说是民法上的合伙,但关于后来的法律形态具体为何物,维兰德(Wieland)并未积极地加以说明。维兰德(Wieland)似乎认为,股份公司的设立注册前的法律问题在实务上得以妥善解决才是重要的,而设立注册前的股份公司的法律形态的变迁这样的概念

[156] Wieland, Handelsrecht, S. 56.

[157] Wieland, Handelsrecht, S. 70.

性问题的重要性较低。维兰德(Wieland)认为,设立中的公司在是“团体”这一点上与设立后的公司相同。[158] 维兰德(Wieland)称,设立中的公司拥有部分法人格,如前所述,其原始形态是民法上的合伙,发起人是设立中的公司的机关。[159]

此外,还存在发起人在股份公司设立注册前为了将来成立的股份公司可进行何种行为的问题。维兰德(Wieland)认为,不仅是与设立自身相关的行为,发起人还可以进行与设立相关联的有必要使行为效果归属于设立后的股份公司的行为。在这种意义上,维兰德(Wieland)给日本现在的通说“发起人可进行对设立来说必要的行为”[160]带来了较大影响。

关于股份公司设立的瑕疵,虽然1897年德国《商法典》就股份公司设立的无效事由列举了章程中未记载绝对性记载事项或错误记载等情形(1897年德国《商法典》第182条、第309条),但维兰德(Wieland)称,股份公司的设立无效事由应在加以限定的同时,通过法律明确加以限定列举,例如,在注册资本未得到充实的情形下公司债权人的利益将明显受到侵害,因此应作为设立无效事由写进法律。[161]

---

〔158〕 Wieland, Handelsrecht, S. 72.

〔159〕 Wieland, Handelsrecht, S. 74.

〔160〕 神田秀樹『会社法』〔第20版〕(弘文堂,2018年)59頁以下;龍田節=前田雅弘『会社法大要』〔第2版〕(有斐閣,2017年)444頁。

〔161〕 Wieland, Handelsrecht, S. 86.

维兰德(Wieland)就股份公司的机关按照股东大会、监督机关、董事、监事会的顺序进行了概述,但是并未提及股东大会是股份公司的最高机关。

维兰德(Wieland)就股份公司的注册资本的增加与减少、股份的注销、解散与清算进行了概述,在最后一章就股东的权利义务展开了论述。这与 1897 年德国《商法典》和瑞士《债务法》(Obligationsrecht)的体系不同,其原因可能在于出资人权论在当时的学说上是一个重要问题,所以维兰德(Wieland)在该书的最后一章专门对此展开了论述。维兰德(Wieland)在继承了自阿喀琉斯·雷纳德(Achilles Renaud)以来的出资人权论的传统的基础上,将出资人权(Mitgliedschaftsrecht)分类为财产权(Vermögensrecht)与支配权(Herrschaftsrecht)。[162] 出资人权作为财产权包括利益分配请求权、新股认购权、剩余财产分配请求权等,作为支配权则包括表决权、股东大会召集权、提问权等。维兰德(Wieland)也将财产权称为“价值权”(Wertrechte),将支配权称为“机关权”(Organshaftsrechte),这种分类法可能是从将法人的成员的权利分为“机关权”和“价值权”的约瑟夫·科勒(Josef Kohler)的学说[163]中得到了启发。

田中耕太郎博士称,合名公司的出资人的业务执行权并非出资

---

〔162〕 Wieland, Handelsrecht, S. 185.

〔163〕 Josef Kohler, Lehrbuch des Bürgerlichen Rechts Band 1: Allgemeiner Teil, Berlin 1906, S. 360.

人的权利，而是合名公司出资人作为构成合名公司的机关的权限。[164] 田中耕太郎博士于 1917 年将该想法也适用于股份公司，认为股份公司股东的表决权等共益权只是股东作为股东大会的机关的成员所拥有的权限。[165] 将在日本法中被称为共益权的表决权等支配权称为“机关权”的维兰德(Wieland)的想法与田中耕太郎博士的上述想法相类似。

值得关注的是，与以往的公司法学的用语不同，维兰德(Wieland)并未根据德国《民法典》第 35 条的规定，将“特别权”(Sonderrecht)定义为“若未经本人同意则即使通过股东大会决议或章程规定也无法剥夺的权利”，而是将其作为优先股附带的优先权等一般股股东所没有的特殊权利来使用。[166] 如果维兰德(Wieland)认为优先权等不属于德国《民法典》第 35 条规定的特别权，并且德国《民法典》第 35 条之意义上的特别权在股份公司中不被承认，那么该想法与现代德国股份公司法学的通说的立场相一致。[167]

---

〔164〕 田中耕太郎「機関の観念」同『商法学　特殊問題上』(初出 1917 年)(春秋社，1955 年)231 頁。

〔165〕 田中・前揭注(164)246 頁。

〔166〕 Wieland, Handelsrecht, S. 185.

〔167〕 作为将特别权定义为优先股附带的优先权等的学说，Raiser/Veil, Das Recht der Kapitalgesellschaften, 6. Aufl., S. 103。但作为否定德国《民法典》第 35 条适用于股份公司的学说，Rieckers, in: Hoffmann-Becking (Hrsg.), Münchener Handbuch des Gesellschaftsrechts, Bd. 4, 4. Aufl., München 2015, S. 270。作为承认德国《民法典》第 35 条类推适用于股份公司的学说，Hirte, Kapitalgesellschaftsrecht, 8. Aufl., Köln 2016, S. 258。

关于董事的违法的业务执行等给股份公司造成损害的情形,维兰德(Wieland)指出,应允许股东个别提起派生诉讼以恢复自己的间接受损害的立法政策上的意见。[168] 战后,格罗斯费尔德(Grossfeld)的教授资格论文强烈主张在德国法中引进派生诉讼制度,[169] 最终通过 2005 年 9 月 22 日的《有关企业一体化和对撤销权进行现代化改造的法律》[170] 在德国《股份法》第 148 条以下引进了派生诉讼制度[171]。在这一点上,维兰德(Wieland)的引进派生诉讼的主张与他的"商法 = 企业法"说[172]一样,非常具有先见之明。

2. 战中期(1937 ~ 1945 年)

因为不存在 1937 年德国《股份法》下的股份公司法的系统性专

---

[168] Wieland, Handelsrecht, S. 137.

[169] Grossfeld, Aktiengesellschaft, Unternehmenskonzentration und Kleinaktionär, Tübingen 1968, S. 224.

[170] Gesetz zur Unternehmensintegrität und Modernisierung des Anfechtungsrechts (UMAG) vom 22. 9. 2005, BGBl. I S. 2802.

[171] 关于德国引进股东派生诉讼的背景,高橋均『株主代表訴訟の理論と制度改正の課題』(同文舘,2008 年)191 頁以下;高橋英治『ドイツと日本における株式会社法の改革:コーポレート、ガバナンスと企業結合法制』250 頁以下。关于德国股东派生诉讼制度的全貌与特征,周劍龍「ドイツ株式法における株主代表訴訟」早川勝 = 正井章筰 = 神作裕之 = 高橋英治編『ドイツ会社法、資本市場法研究』(中央経済社,2016 年)395 頁以下。有关德国法中关于股东派生诉讼之历史沿革的有代表性的德文文献,Grossfeld, Aktiengesellschaft, Unternehmenskonzentration und Kleinaktionär, S. 226 ff; Thomas Raiser, Aktionärsklagen, in: Bayer/Habersack (Hrsg.), Aktienrecht im Wandel, Band 2, Grundsatzfragen des Aktienrechts, S. 649 ff。有关日文文献,早川勝「西ドイツ株式法における個人株主訴訟」産大法学 18 巻 2 = 3 号(1984 年)141 頁以下;周劍龍『株主代表訴訟制度論』(信山社,1996 年)119 頁以下参照。

[172] 高橋英治『会社法の継受と収斂』(有斐閣,2016 年)28 頁以下参照。

著，所以本书以编者全部为希特勒政府内阁成员的《股份法注释书》(第2版)[173]为素材，对最具亲纳粹色彩的1937年德国《股份法》解释进行概述。接下来本书选择贝克(Beck)公司出版的最标准的《股份法》的注释书，对当时德国的实务家所寻求的1937年德国《股份法》的解释论进行概述。

(1)1937年德国《股份法》立法负责人的注释——纳粹思想的影响

如上所述，《股份法注释书》(第2版)的编者全部为希特勒政府的内阁成员，其中第一编者为当时的国家秘书、纳粹的德国法学家协会股份法委员会委员施莱格尔贝格尔(Schlegelberger)。该书编者还包括夸佐夫斯基(Quassowski)、赫比格(Herbig)、格斯勒(Geßler)、霍费尔梅尔(Hefermehl)。该书是1937年德国《股份法》的立法负责人所撰写的该法的注释书。“由立法者进行注释”构筑股份法注释的传统被1965年德国《股份法》的注释[174]所继承，该书正是参与1965年德国《股份法》立法的格斯勒(Geßler)、霍费尔梅尔(Hefermehl)等德国联邦司法部的立法负责人所撰写的。

《股份法注释书》(第2版)的前言首先表明该书是1937年德国《股份法》的立法负责人所撰写的注释书。

---

〔173〕 Schlegelberger/Quassowski/Herbig/Geßler/Hefermehl (Hrsg.), Aktiengesetz vom 30. Januar 1937, Kommentar, 2. Aufl., Berlin 1937.

〔174〕 Geßler/Hefermehl/Eckardt/Kropff, Kommentar zum Aktiengesetz, München 1994.

该书的前言称,若该书能完成“已有的事实”与 1937 年德国《股份法》这一新法律所具有的新想法之间的学术性且实务性的调和,作为执笔者将感到非常欣慰。

该书绝大部分内容基于德国股份公司法传统的解释论,关于在国家社会主义影响下新设的规定,则是基于纳粹思想进行了制度宗旨的说明。例如,就 1937 年德国《股份法》第 70 条关于股份公司董事的指导者原理的规定解释称,其与民主主义的多数决原理截然不同,实现的是作为国家社会主义之基础的指导者主义,是立法者在政治和军事上已经实现的指导者原理之后设置的规定。[175] 其中,可见 1937 年德国《股份法》采用的是不同于股东民主主义的被称为“指导者主义”的经营者独裁主义。

1937 年德国《股份法》第 101 条第 3 款规定,股东大会上影响力利用者为保护“值得保护的利益”而行使影响力时作为例外可免除损害赔偿责任。该书在进行解说时指出,该规定在康采恩关系上非常重要,认为“即使是侵害康采恩中的从属公司及其少数派股东利益的行为,从康采恩的观点来看也有可能是经济上健全且合理的措施。在这种情形下,在集中于康采恩的更高层次的共同体利益的面前,康

---

〔175〕 Schlegelberger/Quassowski/Herbig/Geßler/Hefermehl (Hrsg.), Aktiengesetz vom 30. Januar 1937, Kommentar, 2. Aufl., § 70 Rdnr. 1.

采恩中的各从属企业的利益必须居后”。[176] 该注释体现出从属企业的利益在更大的康采恩全体利益的面前必须居后的经济上的全体主义思想。[177]

1937年德国《股份法》第78条第2款规定，在董事的总收入确定后，若公司的情况恶化使该总收入明显不相称，则监事会可减少该总收入。该书对此解释称：“本规定与今日所有国民均服从的‘共同利益优先于个人利益’的国家社会主义原则相一致。在对国民共同体的成员来说是有利的，只有通过该措施国民共同体的成员才能生存的条件下，为了一般利益有必要牺牲个人。”[178] 这是从国家社会主义原则出发对该规定的宗旨作出了解释。

（2）鲍姆巴赫（Baumbach）——面向实务专家的1937年德国《股份法》注释

贝克公司的小注释书第二十三卷《股份法注释书》[179] 是对1937年德国《股份法》的实务影响最大的注释书，作者是当时的法官鲍姆巴赫（Baumbach）。重视诉讼实务的该书随着判例的展开多次再版。该书在鲍姆巴赫（Baumbach）去世后为慕尼黑大学教授哈克（Hueck）

---

〔176〕 Schlegelberger/Quassowski/Herbig/Geßler/Hefermehl (Hrsg.), Aktiengesetz vom 30. Januar 1937, Kommentar, 2. Aufl., § 101 Rdnr. 9.

〔177〕 高橋英治『企業結合法制の将来像』(中央経済社,2008年)20頁以下参照。

〔178〕 Schlegelberger/Quassowski Herdig/Geßler/Hefermehl (Hrsg.), Aktiengesetz vom 30. Januar 1937, Kommentar, 2. Aufl., § 78 Rdnr. 1.

〔179〕 Baumbach, Aktiengesetz vom 30. Januar 1937, 2. Aufl., München 1937.

所继承,[180]给 1937 年德国《股份法》的诉讼实务带来了较大影响。本书以 1937 年出版的鲍姆巴赫(Baumbach)单独执笔的该书第 2 版为素材,对当时实务家所寻求的 1937 年德国《股份法》的解释论进行概述。

在该书中几乎没有为纳粹思想代言的地方。在解释 1937 年德国《股份法》第 101 条第 3 款的"值得保护的利益"时,无视 1937 年德国《股份法》的官方理由书和当时的多数说,并未提及"值得保护的利益"中包括"康采恩利益"。[181] 关于规定董事薪酬的相当性的 1937 年德国《股份法》第 78 条,也没有用纳粹式的标语对其宗旨进行修饰,而只是解释称"是使董事薪酬的原则顺应今日国民之想法的规定"。[182]

鲍姆巴赫(Baumbach)就 1937 年德国《股份法》第 70 条也没有用纳粹的指导者原理对其宗旨进行说明。鲍姆巴赫(Baumbach)就 1937 年德国《股份法》第 70 条第 2 款的"第一董事"称,其通过法律拥有"作为指导者的地位"(Führerstellung)。[183] 鲍姆巴赫(Baumbach)解释称,其意思为在董事之间存在意见对立时,第一董事可不服从董事的多数意见而独自作出决定。

---

[180] Baumbach-Hueck, Aktiengesetz, 9. Aufl., München 1956.

[181] Baumbach, Aktiengesetz vom 30. Januar 1937, 2. Aufl., S. 178.

[182] Baumbach, Aktiengesetz vom 30. Januar 1937, 2. Aufl., S. 138.

[183] Baumbach, Aktiengesetz vom 30. Januar 1937, 2. Aufl., S. 121.

该注释书于战后持续再版,由此也可看出其完全没有受到纳粹思想的影响。实务专家是本书的受众之一,对于他们来说,自然希望1937年德国《股份法》引进的新制度简单明了,经受得住诉讼实务的检验。

3. 战后期(1945~1985年)——德国股份公司法学的黄金时期

战后期是德国股份公司法学的全盛时期,众多优秀的著作接连出版。本书选择以下有特色的代表性著作加以介绍:形成了通说的沃丁格(Würdinger)的著作、维尔纳·弗卢梅(Werner Flume)从民法的观点出发撰写的著作、试图揭晓公司法之原理的维德曼(Wiedemann)的著作及创造出新的企业法概念的卡泽尔(Raiser)的著作。

(1)沃丁格(Würdinger)——1965年德国《股份法》的通说

汉堡大学沃丁格(Würdinger)教授在1959年推出第1版《股份法论》,[184] 1981年已再版至第4版,第4版的书名改为《股份法及企业重组法论》,[185] 作者的大部分观点作为通说对德国法学界产生重大影响,可以说是战后期德国具有代表性的股份公司法著作。本书以《股份法及集团企业法论》(第4版)为素材,对沃丁格(Würdinger)的股份公司法观进行概述。

该书由第一编"股份公司"、第二编"股份合资公司"及第三编"企业重组与康采恩"组成。第一编"股份公司"采用独特的构造。

---

[184] Würdinger, Aktienrecht, Karlsruhe 1959.

[185] Würdinger, Aktienrecht und das Recht der verbundenen Unternehmen, 4. Aufl., Heidelberg 1981.

首先就“股份公司的基础”及“机关”展开了论述，前者包括股份公司的法律和经济意义、设立等内容；其次就“股份公司的法律基础及资本基础的变更”展开了论述，其内容包括新股发行、章程变更及解散等；最后就合并等公司重组展开了论述。

沃丁格(Würdinger)在该书第一编第一章“股份公司的基础”中指出，股东大会在 1897 年德国《商法典》中是“最高的意思决定机关”。[186] 法律或公司章程未规定向其他机关授予权限的话，股东大会可对任何事项作出决定。因此，沃丁格(Würdinger)认为，当时股东大会可就业务执行作出决定，并拥有选任董事的权限。沃丁格(Würdinger)称，1897 年德国《商法典》对股份公司并未多作规定，而是广泛承认章程自治的范围，正是从这样的自由精神中推导出了股东是出资人及经营营利事业的股份公司的主人、股东大会是最高权利机关。[187] 但沃丁格(Würdinger)并未提及在 1965 年德国《股份法》下股东大会是“最高机关”。

值得关注的是，在该书第一编第一章“股份公司的基础”中沃丁格(Würdinger)对股份公司的概念进行了重新定义，使之更加明确。一方面，沃丁格(Würdinger)称，股份公司是法人，法人的本质是为了

---

〔186〕 Würdinger, Aktienrecht und das Recht der verbundenen Unternehmen, 4. Aufl., S. 14.
〔187〕 Würdinger, Aktienrecht und das Recht der verbundenen Unternehmen, 4. Aufl., S. 14.

某个目的而提供财产。[188] 布林茨(Brinz)于1860年将包括股份公司在内的法人的本质归结为“目的财产”(Zweckvermögen)[189]。在“法人＝目的财产说”的基础上,沃丁格(Würdinger)对股份公司的“对象”(Gegenstand)与“目的”(Zweck)加以区分。股份公司的“对象”几乎相当于日本《公司法》中股份公司的“目的”的概念(德国《股份法》第23条第3款第2项),[190] 是关于公司经营何种事业的章程上的记载。[191] 另一方面,沃丁格(Würdinger)指出,股份公司的“目的”是股份公司的法律、经济目标,股份公司是为了该目标而设立的,“目的”中包括股份公司的营利性等,其变更需要根据德国《民法典》第33条第1款第2句获得全体股东的同意。[192]

沃丁格(Würdinger)还对“章程”(Satzung)与“公司合同”(Gesellschaftsvertrag)加以区分,将“章程”定义为“通过对规制公司的团体性法律关系的法律进行补充或变更的法律行为拟定的规范的

[188] Würdinger, Aktienrecht und das Recht der verbundenen Unternehmen, 4. Aufl., S. 19 f.

[189] Brinz, Lehrbuch der Pandekten, Zweite Abteilung, Erlangen 1860, S. 979 ff.

[190] 但在德国法中,不承认公司的“目的”对公司权利能力的限制(目的外的法理)。虽然英国法是目的外的法理(ultra-vires-Lehre)的“鼻祖”,但通过《第一指令》废除了该法理(Edwards, *EC Company Law*, Oxford 1999, S. 36; Habersack/Verse, Europäisches Gesellschaftsrecht, München 2011, S. 67)。在日本,因为日本《民法典》第33条第2款的存在,日本《民法典》第34条直接适用于公司的学说在解释上已逐渐得以确立[龍田節＝前田雅弘『会社法大要』[第2版]55頁,高橋英治『会社法概説』[第3版](中央経済社,2015年)27頁],但在立法论上应重新考虑是否采用该目的外的法理。

[191] Würdinger, Aktienrecht und das Recht der verbundenen Unternehmen, 4. Aufl., S. 40.

[192] Würdinger, Aktienrecht und das Recht der verbundenen Unternehmen, 4. Aufl., S. 41.

全体”,[193] 认为章程因公司合同而生。沃丁格(Würdinger)称,“公司合同”是“组织合同”(Organisationsvertrag),其形成了像章程那样对规制公司的团体性法律关系的法律进行补充或变更的客观性规范。沃丁格(Würdinger)称,除公司合同,“组织合同”这一合同类型还包括合并合同(德国《企业重组法》第 4 条)、支配合同或利益提供合同(德国《股份法》第 291 条第 1 款)。

沃丁格(Würdinger)于 1937 年将出资人权分类为财产权(Vermögensrechte)与管理权(Verwaltungsrechte),[194] 1981 年继续沿用该说明方法,[195] 并重新考虑战后联邦宪法法院作出的费尔德米勒判决,[196]

---

[193] Würdinger, Aktienrecht und das Recht der verbundenen Unternehmen, 4. Aufl., S. 39.

[194] Würdinger, Gesellschaften, Zweiter Teil: Recht der Kapitalgesellschaften, Hamburg 1943, S. 38 f.

[195] Würdinger, Aktienrecht und das Recht der verbundenen Unternehmen, 4. Aufl., S. 48 ff.

[196] BVerfGE 14, 263 “Feldmühle”. 作为以“Feldmühle 案”判决为契机的关于股份和宪法上的财产权保障的德国的研究,von Falkenhausen, Verfassungsrechtliche Grenzen der Mehrheitsherrschaft nach dem Recht der Kapitalgesellschaften (AG und GmbH), Karlsruhe 1967; von Falkenhausen, Aktienrecht und Verfassungsrecht, AG 1963, 150, 178; Suhr, Eigentumsinstitut und Aktieneigentum, Hamburg 1966; Alfred Hueck, Zur Frage der Verfassungsmäßigkeit des Umwandlungs-Gesetzes, DB 1960, 375; Fechner, Das Umwandlungsgesetz und das Bundesverfassungsgericht, AG 1962, 229; Hamann, Mehrstimmrecht und Grundgesetz, AG 1962, 287; Heinz Meilicke/Wieland Meilickeumverteilung gesellschaftsrechtlicher Herrschaftsrechte, FS Luther, München 1976, S. 97。作为“Feldmühle 案”判决的相关日文文献,岩崎稜「株式に対する憲法の財産権保障と西独組織変更法:Feldmühle AG 事件」會社實務の友第 71 輯 3 月号 10 頁、第 72 輯 4 月号(1961 年)37 頁;岩崎稜「転換法による転換の合憲性」別冊ジュリスト『ドイツ判例百選』(有斐閣,1969 年)141 頁;高橋英治『ドイツと日本における株式会社法の改革:コーポレート・ガバナンスと企業結合法制』7 頁以下参照。

明确指出具备财产权要素的股份是宪法上财产权保障(德国《基本法》第14条)的对象。[197] 在1981年的该书中继承了自阿喀琉斯·雷纳德(Achilles Renaud)以来的出资人权论的传统,即在该书中存在使用“出资人权”(Mitgliedschaftsrecht)这一用语的地方,[198] 也提到了出资人权的不可分性(Unteilbarkeit der Mitgliedschaft)[199]。

沃丁格(Würdinger)在该书中并未提及战前期学说上备受关注的“设立中的公司”。沃丁格(Würdinger)称,通过作为组织合同的公司合同的缔结,包括客观性规范的“章程”变为具有约束力。[200] 在此基础上,沃丁格(Würdinger)采用“发起人合伙”(Gründergesellschaft)的概念来代替“设立中的公司”,称发起人合伙是发起人相互之间的合伙合同,对于未履行出资义务的发起人,其他发起人可提起合伙诉权(actio pro socio)敦促出资。[201]

如上所述,沃丁格(Würdinger)并非只是遵循德国股份公司法学的传统,还进一步进行革新以开创德国法的新传统。这也体现在该

---

〔197〕 Würdinger, Aktienrecht und das Recht der verbundenen Unternehmen, 4. Aufl., S. 49.

〔198〕 Würdinger, Aktienrecht und das Recht der verbundenen Unternehmen, 4. Aufl., S. 172.

〔199〕 Würdinger, Aktienrecht und das Recht der verbundenen Unternehmen, 4. Aufl., S. 47.

〔200〕 Würdinger, Aktienrecht und das Recht der verbundenen Unternehmen, 4. Aufl., S. 100.

〔201〕 Würdinger, Aktienrecht und das Recht der verbundenen Unternehmen, 4. Aufl., S. 100.

书并不采用像“设立中的公司”这样德国公司法学上的传统概念,而是引进像“组织合同”这样的公司法学上的新概念。

沃丁格(Würdinger)在该书中完全未提及外国法,但沃丁格(Würdinger)积极参与外国的股份公司法的形成。在欧洲法以及日本法这两个领域可以看到沃丁格(Würdinger)对外国法的参与。

首先来看沃丁格(Würdinger)与欧洲法之间的联系。在 20 世纪 80 年代中期之前,参考德国 1965 年《股份法》上的企业重组规制(以下简称德国康采恩法),通过指令对欧洲共同体成员国的企业重组法制进行调整的主张较有力,提前反映该指令内容的是参与德国康采恩法立法的沃丁格(Würdinger)于 1970 年公布的《康采恩法指令案》(以下简称《Würdinger 提案》)。[202] 《Würdinger 提案》分为主要提案与在其无法实现的情形下应选择的选择性提案,主要提案基于德国《股份法》彻底贯彻其康采恩法上的合同主义。[203] 《Würdinger 提案》的主要提案称,“在公司有意统一性支配其他公司的情形下必须书面缔结企业重组合同”,在要求支配公司通过补偿或分红保证来直接保护从属公司的少数派股东这一点上参考了德国《股份法》第 291 条、第 304 条、第 305 条的规定,并且从保护从属公司的少数派股东、

---

[202] Kommission der Europäischen Gemeinschaften, Verbundene Gesellschaften, Arbeitsdokument von Professor Dr. Hans Würdinger, 15. 524/XIV/70 – D, Org. D (Würdinger-Bericht).

[203] 企业集团法上的合同主义,是指没有合同就不承认企业集团的原则[高橋英治『企業結合法制の将来像』(中央経済社,2008 年)27 頁参照]。

债权人的观点出发作出了重要变更，即相对于德国法规定企业合同（支配合同、利益提供合同等）通过（支配企业也参加表决的）股东大会决议变为有效（参见德国《股份法》第293条第1款第2句），沃丁格（Würdinger）的主要提案称，企业合同通过只有从属公司的少数派股东构成的（支配企业不参加决议）股东大会的特别决议（3/4以上的多数决）变为有效。[204] 通过少数派中的多数派决议，从属公司的少数派股东有望获得在与支配企业对等的立场上决定从支配企业得到的补偿或分红保证的金额的交涉能力。

沃丁格（Würdinger）的主要提案承认支配企业作为大股东负有考虑从属公司利益的义务，[205]因此认为在违反大股东的诚实义务并侵害从属公司的利益的情形下，支配企业应对从属公司承担损害赔偿责任。此外，该主要提案对从属公司的董事科以根据从属公司的利益开展行为的义务，实际上将从属公司董事的从属公司利益优先的原则作为康采恩规制的基础。[206]

作为选择性提案，沃丁格（Würdinger）建议引进基于事实主义的“构造性康采恩规制”，即在法院根据从属公司的少数派股东的申请

---

[204] Würdinger-Bericht, S.47. 本书在下文中将通过仅由少数派股东构成的股东大会的多数决进行的决议称为少数派中的多数派（Majority of Minority），即MOM决议。关于美国法中的“少数派中的多数派”（MOM）问题，伊藤吉洋「手続的側面を重視した少数派締め出し規整（3・完）」法学77巻2号（2013年）153頁以下参照。

[205] Würdinger-Bericht, S.41.

[206] Würdinger-Bericht, S.41.

认定存在基于表决权的统一性指示,即认定存在事实康采恩的情形下,支配企业对从属公司的少数派股东负有作出补偿或分红保证的义务。[207]

沃丁格(Würdinger)的上述提案虽然并未实现,但直到 20 世纪 80 年代一直作为欧洲委员会指令案中最有力的提案,在欧洲委员会的讨论中处于中心地位。

沃丁格(Würdinger)对外国法的参与还体现在日本法上。1966 年 10 月,沃丁格(Würdinger)访问日本,在东京的海外商事法务调查会上连续 5 天就德国《公司法》的相关问题进行了演讲和报告,与会的还有 5 名日本的公司法学者和 1 名法务省参事官。德国 1965 年《股份法》刚生效不久,日本的研究者对德国法的兴趣非常浓厚。日方的主要报告人包括菅原菊志、谷川久、竹内昭夫、上柳克郎等代表当时日本公司法学的学者。这一德国和日本的比较股份公司法的研究成果成为沃丁格(Würdinger)与河本一郎主编的《日德公司法》,并先后于 1969 年和 1975 年推出了初版和改订版。关于德国《企业重组法》,在《日德公司法》的改订版中收录了沃丁格(Würdinger)的《股份法及重组企业法论》(第 3 版)[208]的第三部"重组企业"的翻译,[209]发挥了向日本的公

[207] Würdinger-Bericht, S. 57 ff.

[208] Würdinger, Aktienrecht und das Recht der verbundenen Unternehmen, 3. Aufl., Heidelberg 1973.

[209] ハンス・ヴュルディンガー = 河本一郎編『ドイツと日本の会社法』〔改訂版〕249 頁以下。

司法研究者传达德国《企业重组法》的最新情况的启蒙作用。

因此，沃丁格(Würdinger)并非在股份公司法研究中轻视外国法研究，其也重视外国公司法研究给国内公司法的立法和解释带来的影响，只是在自己的德国法著作中专注德国法的解释论。沃丁格(Würdinger)重视外国法研究对立法的影响，希望成为汇聚当时德国立法技术之精华的1965年德国《股份法》的“传道士”。沃丁格(Würdinger)对外国的股份公司法制也非常感兴趣，发挥了在欧洲和其他国家传播德国法之思想的重要作用。

然而，继本书对1965年德国《股份法》集中展开解释之后，在德国论述外国法的著作数量逐渐减少。虽然这是德国股份公司法学作为解释学获得专业性的证明，但是也成为德国的股份法著作不再从比较法中汲取智慧的契机。

(2)维尔纳·弗卢梅(Werner Flume)——法人论

德国著名民法学者、波恩大学维尔纳·弗卢梅(Werner Flume)教授对1965年德国《股份法》的立法产生较大影响。现行德国《股份法》第312条规定的“从属报告书”就是基于维尔纳·弗卢梅(Werner Flume)的提案建立的制度。[210] 维尔纳·弗卢梅(Werner Flume)一生对公司法都有浓厚兴趣，其于1992年对1991年9月23

---

〔210〕 高橋英治『企業結合法制の将来像』(中央経済社，2008年)45頁以下参照。

日德国联邦最高法院的视频判决[211]的结论展开了激烈批评,称该判决规定的是不问支配企业归责事由有无的纯粹的危险责任,会破坏作为德国《有限公司法》之基础的出资人的有限责任(德国《有限公司法》第 13 条第 2 款)。[212]

维尔纳·弗卢梅(Werner Flume)于 1983 年在其代表作《民法总则(第一卷)(第二部)法人论》[213]中,就股份公司法系统性地阐述了自己的见解。该书虽然并非股份公司法的专著,但作为将股份公司看作民法上的社团的特别形态并提及其重要论点的著作,至今仍对德国的私法学有较大影响。因此,本书在此对该书所提及的股份公司法的论点进行简要的分析和探讨。

该书的中心概念是法人。维尔纳·弗卢梅(Werner Flume)将法人抽象性地定义为通过法律秩序的力量被赋予权利能力的效力或组织的统一体。[214]

---

〔211〕 BGHZ 115, 187"Video". 关于视频判决的详情,早川勝「変態的事実上の有限会社コンツェルンにおける支配企業の責任:近時における連邦通常裁判所の判例を中心として」同志社法学 45 巻 1 =2 合併号(1993 年)46 頁以下;丸山秀平編著『ドイツ企業法判例の展開』(1996 年,中央大学出版部)〔梶浦桂司〕236 頁以下;高橋英治『ドイツと日本における株式会社法の改革:コーポレート・ガバナンスと企業結合法制』112 頁以下;高橋英治『企業結合法制の将来像』(中央経済社,2008 年)228 頁以下参照。

〔212〕 Flume, Das Video-Urteil und das GmbH-Recht, DB 1992, 29. 高橋英治『ドイツと日本における株式会社法の改革:コーポレート、ガバナンスと企業結合法制』112 頁以下。

〔213〕 Flume, Allgemeiner Teil des Bürgerlichen Rechts, Erster Band, Zweiter Teil: Die juristische Person, Berlin 1983(Flume, Die juristische Person).

〔214〕 Flume, Die juristische Person, S. 29.

维尔纳·弗卢梅(Werner Flume)从上述法人论出发,试图就现行法上何为股份公司的机关所追求的目标的问题找到答案。维尔纳·弗卢梅(Werner Flume)称,既然股份公司是作为法人的效力的统一体,“企业的利益”(Unternehmensinteresse)与股东作为出资人的利益的“公司的利益”(Gesellschfaftsinteresse)之间在股份公司中原则上一致。[215] 但是,维尔纳·弗卢梅(Werner Flume)称,在由“从公司法到企业法”的讨论而产生的德国《共同决定法》下,股份公司的监事会中有劳动者代表监事,作为负有追求理念上存在的公司全体的利益即企业利益之义务的结果,劳动者代表监事所负有的并非只是追求股东利益的义务,还负有考虑劳动者利益的义务。[216]

维尔纳·弗卢梅(Werner Flume)还试图从法人论中得出透视理论。透视理论一般被定义为,法人的部分属性,即出资人与作为独立的权利主体的法人之间的分离原则,在例外情况下被否定,公司债权人可追究法人背后的出资人的责任的法理。[217] 关于透视理论,维尔纳·弗卢梅(Werner Flume)认为,其本质为效力及理念的统一体的

[215] Flume, Die juristische Person, S. 59.

[216] Flume, Die juristische Person, S. 62 f.

[217] Flume, Die juristische Person, S. 63.

法人,适用通常应适用于法人的规范,支持所谓的“规范适用说”[218]的立场。[219]

维尔纳·弗卢梅(Werner Flume)接着对法人的各种形态进行了分析和探讨。维尔纳·弗卢梅(Werner Flume)在《民法总则(第一卷)(第二部)法人论》“从属法人”一章中称,法人有时会以多样的形式变成从属状态,[220]在从属状态的形成手段中最重要的手段是过半数参加。关于基于过半数参加形成的事实康采恩,维尔纳·弗卢梅(Werner Flume)称,股份法并非禁止事实康采恩,而是与缔结了控制合同的“有强力指挥的康采恩”相比较,事实康采恩作为实施“更宽松指示的康采恩”形态之一,应当被承认。在事实康采恩中,支配企业负有考虑从属公司的固有利益并避免加以侵害的义务。因此,支配企业原则上不得侵害从属公司的利益,在例外性侵害了从属公司利益的情形下,必须根据德国《股份法》第 311 条补偿从属公司所受损害。[221] 维尔纳·弗卢梅(Werner Flume)称,事实康采恩必须保护从属公司的“固有利益”。此外,关于维尔纳·弗卢梅(Werner

---

[218] 该学说的提倡者为弗赖堡大学法学院教授穆勒·弗赖恩费尔斯(Müller Freienfels)[AcP 156 (1957), 98]。在日本,作为将法人格否认的法理的适用看作个别规范的适用问题的文献,酒卷俊雄 = 龍田節編集代表『逐条解説会社法(1):総則、設立』(中央経済社,2008 年)〔森本滋〕96 頁;高橋英治「子会社の偽装解散と法人格否認の法理」商事法務 1887 号(2010 年)129 頁参照。

[219] Flume, Die juristische Person, S. 68.

[220] Flume, Die juristische Person, S. 118.

[221] Flume, Die juristische Person, S. 121.

Flume)承认自己发明的“从属报告书”制度,[222]被批判“对从属公司的机关而言是负担”的观点是正确的。他主张,应遵循当时已经公布的1975年《第九指令事前草案》第二部第32条以下[223]及1975年《欧洲公司法草案》第223条以下、第228条[224]的思路,在出现过半数参加的状态的情形下,应认为其实际上处于类似合并的状态,可对支配企业科以向从属公司的少数派股东进行补偿及分红保证、补偿从属公司的损失等义务。[225]

维尔纳·弗卢梅(Werner Flume)就“设立中的公司”也不使用在德国一般使用的“Vorgesellschaft”一词,而使用“成立中的法人”(Die werdende juristische Person),[226]将该问题看作法人论的一部分。维尔纳·弗卢梅(Werner Flume)称,“成立中的法人”的本质既不是民法上的合伙,也不是没有权利能力的社团,而是“发起人共同体”(Gründergemeinschaft)。既然资本公司作为形式意义上的商人适用于德国商法,应当视形成过程中的形态为商法上的“属人合伙共

---

〔222〕 高橋英治『企業結合法制の将来像』(中央経済社,2008年)45頁以下参照。

〔223〕 Lutter, Europäisches Gesellschaftsrecht, 2. Aufl., ZGR-Sonderheft 1, Berlin 1984, S. 212 ff.

〔224〕 在当时的《欧洲股份公司法草案》中,引进的是“构造性企业集团规制”或“事实主义”的规制方式,其规定若存在从属公司受支配企业指挥的事实,则支配企业对从属公司的少数派股东负有补偿或分红保证等义务[高橋英治『企業結合法制の将来像』(中央経済社,2008年)75頁以下参照]。

〔225〕 Flume, Die juristische Person, S. 126.

〔226〕 Flume, Die juristische Person, S. 142. 该独特的用语被认为受到了里特纳(Rittner)的教授资格论文的影响(Rittner, Die werdende juristische Person, Tübingen 1973)。

同体”(Gesamthandspersonengemeinschaft)。

维尔纳·弗卢梅(Werner Flume)就“成立中的法人”的内部关系作出了以下论述:作为发起人的共同体的成立中的法人(发起人共同体)与通常的合伙并无区别。成立中的法人的成员为法人的成立尽心尽力。成立中的法人的成员在部分成员没有为法人的成立而尽力的情形下,有权要求其尽力,否则,可提起损害赔偿请求诉讼。[227] 各发起人的权利义务通过发起人将来的出资份额的多数决来决定。[228]

维尔纳·弗卢梅(Werner Flume)就“成立中的法人”的外部关系作出了以下论述:在成立中的法人作为实物出资的情形下,成立中的法人自身获得商人资格。在成立中的法人根据章程规定进行营业的情形下,也完全变为商人。虽然在这种情形下,成立中的法人将产生注册义务(德国《商法典》第 29 条),但即使成立中的公司履行了该义务,成立中的法人也并非已作为法人注册,而应看作只是作为合名公司注册。[229]

在法人的设立成员只有 1 人的情形下,其与法人作为社团的属性相对立。这是因为此时成立中的法人(发起人共同体)的成员只有 1 人,在属人公司中成员只有 1 人的情形下,无法作为以复数成员的存在为前提的社团得到承认。维尔纳·弗卢梅(Werner Flume)解释

[227] Flume, Die juristische Person, S. 158.

[228] Flume, Die juristische Person, S. 159.

[229] Flume, Die juristische Person, S. 161 f.

称,在法人的成员只有1人的情形下,其"成立中的法人"的本质为"组织"(Organisation),同时也是"特别财产"(Sondervermögen)。[230]

维尔纳·弗卢梅(Werner Flume)就股份公司的机关称,股份公司的"股东大会、董事"相当于民法上的社团的"成员大会、理事"。维尔纳·弗卢梅(Werner Flume)根据"成员大会是团体的最高代表机关"[231]这一德国民法立法者的命题,认为股份公司也承认章程自治,行使章程自治权限的唯一机关是股东大会。[232] 股份公司的代表机关是董事。维尔纳·弗卢梅(Werner Flume)赞成对股份公司的董事适用代表权滥用法理,认为在股份公司的董事滥用代表权的情形下,应看作代理权的僭越,代表权滥用行为无效。[233]

与日本的公司法不同,在德国的私法规范体系中,主要规制股份公司的德国《公司法》被定位为民法及作为其特别法之商法的特别法。以前在日本,日本《股份公司法》作为特别法的意识较强。但是,2005年日本《公司法》制定后,从日本《公司法》中设置了关于股份公司的侵权行为的特别规定(日本《公司法》第350条)也可以看出,在日本的股份公司立法方面,股份公司的相关规定是民法的特别法的意识已逐渐淡薄。对于这一股份公司法的"现代化",维尔纳·弗卢

---

[230] Flume, Die juristische Person, S. 174.

[231] "所谓的成员大会是关于内部事项的团体(Körperschaft)的代表机关,就理事必须遵从内部性决定而言,是团体的最高机关"(Mot. Ⅰ, 106 = Mugdan Ⅰ, 410)。

[232] Flume, Die juristische Person, S. 193 ff.

[233] Flume, Die juristische Person, S. 371.

梅(Werner Flume)的法人论将股份公司看作民法的社团的特殊形态,从该观点出发对股份公司法上的各制度作出了详细说明,就这一点而言,对有“只见树木不见森林”倾向的日本的公司法学有很大启示。[234]

从立法论来看,对于民法及商法可以规制的领域,日本《股份公司法》应该也不在公司法中设置特别规定,而准用民事法或商法即可。[235] 特别是关于股份公司的代表者的侵权行为的股份公司的责任的规定(日本《公司法》第 350 条),因为其责任的依据被限定为代表者的行为,所以适用范围狭窄,并且因为其与雇主责任等民法上的侵权行为责任的规定(日本《民法典》第 709 条、第 715 条)并列,所以其适用范围也不明确。[236] 正如这样,现行 2005 年日本《公司法》尽

---

〔234〕 在日本的民法学说中,也不乏将股份公司作为社团法人重新构建的尝试[鷹巢信孝『社団法人(株式会社)の法的構造』(成文堂,2004 年)]。

〔235〕 在 2005 年《公司法》成立前,关于股份公司的代表者的侵权行为引起的公司的损害赔偿责任,准用社团的代理人的职务上的侵权行为引起的社团的损害赔偿责任的规定(根据 2005 年《商法》第 261 条第 3 款、第 78 条第 2 款,准用 2006 年《民法典》第 44 条第 1 款)。在日本,股份公司也是社团法人[参见《公司法》第 3 条;大隅健一郎 = 今井宏 = 小林量『新会社法概説』〔第 2 版〕22 頁以下;神田秀樹『会社法』〔第 20 版〕6 頁;高橋英治『会社法概説』〔第 3 版〕(中央経済社,2015 年)19 頁],将来应该有可能废除《公司法》第 350 条,即不用设置《公司法》第 350 条,只要在《民法典》第一编第三章“法人”中,新设法人的代表者在行使职务时给第三方造成的损害由法人赔偿的一般规定,就无须设置《公司法》第 350 条。这样规定可以从法条上显示私法原有的等级构造,即《股份公司法》是民法的特别法的宗旨。

〔236〕 近藤光男「会社法 350 条に基づく会社の責任」上村達男ほか編『(正井章筰先生古稀祝賀)企業法の現代的課題』(成文堂,2015 年)284 頁以下参照。

管条文数量已被强行压缩,[237]但像日本《公司法》总则(日本《公司法》第5条以下)或股份公司的侵权责任(日本《公司法》第350条)那样,原本应该由商法或民法作出规定的条文也不少。日本《公司法》的条文总数被压缩的结果是公司重组的规定(日本《公司法》第743条至第827条)变得较难懂。作者个人认为,关于日本《公司法》第5条以下和日本《公司法》第350条等应在民法或商法中设置相应规定,而关于公司重组则可增加作出具体规定的条文,使关于公司重组的公司法的规定变得更加易懂。[238]

(3)维德曼(Wiedemann)——公司法原理中的股份公司法

科隆大学教授、曾任该大学劳动法经济法研究所所长的维德曼(Wiedemann)不仅是著名的劳动法学者,[239]而且在公司法学界也具有重要影响力。维德曼(Wiedemann)从1992年起与克劳斯·霍普特(Klaus J. Hopt)共同担任《股份法大注释书》的编者,在此之前于1980年出版了《公司法论(第一卷)基础》,[240]引起了全世界公司法学者的关注。该书就民法上的合伙、合名公司、合资公司以及有限公司和股份公司等的法人等的公司的法律基础理论展开了论述。本书

〔237〕 相澤哲＝神田秀樹『対談　商法から会社法へ』会社法コンメンタール第5回配本別冊付録(商事法務,2009年)〔相澤哲発言〕20頁参照。

〔238〕 高橋英治『会社法概説』〔第3版〕(中央経済社,2015年)11頁参照。

〔239〕 作为维德曼(Wiedemann)的劳动法著作,Wiedemann, Die Gleichbehandlungsgebote im Arbeitsrecht, Tübingen 2001。

〔240〕 Wiedemann, Gesellschaftsrecht Band 1. Grundlagen, München 1980(Wiedemann, Gesellschaftsrecht Ⅰ).

在此主要就该书的股份公司法相关部分进行解说。

维德曼(Wiedemann)在该书前言中就该书的目的作出以下表述:

> 德意志联邦共和国的公司法第二次世界大战后经历了出乎意料的鼎盛时期,并在该时期发展为固有的法律领域。这也体现在体量大的注释书、众多教授资格论文、博士论文、祝贺论文集以及杂志上刊登的众多个别研究……
>
> 本书的目的在于就公司法这一法律领域,展开相互关联、值得一读的叙述。其不可能成为完全的东西。为了便于理解,还要较多地从企业法、公司法及其相邻的法律领域的宇宙中,挑选必要的本质性的法律原则和法律领域来加以介绍。〔241〕

该书的目的并不是就德国《股份法》的各种问题进行解说,而是以德国《公司法》为对象,摸清其所适合的普遍性法律原理,这点是该书的最大特点。

该书第二章第四节将股份公司作为法人的一种,对其财产秩序的特征进行了论述。该书首先就“法人”(juristische Person)一词的

〔241〕 Wiedemann, Gesellschaftsrecht Ⅰ, Vorwort.

由来指出,其源于1798年出版的古斯塔夫·雨果(Gustav Hugo)的自然法的教科书,[242]以此为契机在德语圈迅速成为一般性用语。

维德曼(Wiedemann)就法人的本质论称,萨维尼(Savigny)[243]等的“法人拟制说”所主张的法人,是为了形成特别财产的权利义务的归属点的拟制的见解,虽然是从汉斯·凯尔森(Hans Kelsen)的人是被法律秩序赋予权利义务的主体的法理论中推导得出的,但即使将法人看作拟制,也存在无法从中推导出法人的能力的极限在何处等具体性效果的缺点。[244]

维德曼(Wiedemann)就奥托·吉尔克(Otto Gierke)[245]的“法人实在说”称,该理论是试图承认实际存在的法人的权利义务的法政策性主张,在德国《基本法》第19条第3款规定的“基本权只要其性质

---

〔242〕 Gustav Hugo, Lehrbuch des Naturrechts als einer Philosophie des positiven Rechts, Berlin 1798, S. 45.

〔243〕 作为日本人用德文撰写的优秀的萨维尼(Savigny)研究,可以列举的有,Kenichi Moriya, Savinys Gedanke im Recht des Besitzes, Frankfurt a. M. 2003。作为出自商法学者的萨维尼(Savigny)的代表性著作的日文翻译,サヴィニー、服部榮三訳『法学方法論』(日本評論新社,1958年);サヴィニー、小橋一郎訳『現代ローマ法体系第1巻~第8巻』(成文堂,1993~2009年)参照。

〔244〕 Wiedemann, Gesellschaftsrecht Ⅰ, S. 193.

〔245〕 关于奥托·吉尔克(Otto Gierke)的代表作:《德国团体法论》(第一卷),有庄子良男博士的日文翻译[オットー・フォン・ギールケ,庄子良男訳『ドイツ団体法論(第1巻)(第1分冊~第4分冊)』(信山社,2014~2015年)]。关于奥托·吉尔克(Otto Gierke)对德国《商法典》《公司法》的影响,庄子良男『ギールケに関する若干の重要文献の紹介』オットー・フォン・ギールケ、庄子良男訳『ドイツ団体法論(第1巻)(第4分冊)』(信山社,2015年)468頁以下参照。

上可适用于境内法人,对此也适用”[246] 中,奥托 · 吉尔克(Otto Gierke)的主张已经得以实现,[247] 即该书称,通过德国《基本法》第 19 条第 3 款,法人作为基本权的主体已经在宪法上得到承认。

维德曼(Wiedemann)称,“法人 = 特别财产说”具有说服力,法人是不以成员为前提的财产秩序。[248] 维德曼(Wiedemann)称,因为法人是法人的财产在交易中作为法律主体出现,所以由此产生法人财产和法人成员财产之间的分离原则。但是,维德曼(Wiedemann)以德国有限公司法的判例承认法人成员相互间的诚实义务为由,对不承认法人成员之间的法律关系的见解表示反对。[249]

维德曼(Wiedemann)从“法人 = 特别财产说”出发,基于上述法人本质论提出以下主张:①法律秩序肩负着形成公司财产的载体和公司的管理机关的课题;②从中得出成员的有限责任原则;③有必要形成法人的财产管理的秩序。[250]

现在德国通说认为,允许存在没有出资人的有限公司(无人公司,“Keinmanngesellschaft”),即有限公司自身取得其发行的全部出

---

[246] 宮沢俊義編『世界憲法集』[第 3 版](岩波書店,1980 年)[山田晟]198 頁参照。

[247] Wiedemann, Gesellschaftsrecht Ⅰ, S. 194.

[248] Wiedemann, Gesellschaftsrecht Ⅰ, S. 196.

[249] Wiedemann, Gesellschaftsrecht Ⅰ, S. 199.

[250] Wiedemann, Gesellschaftsrecht Ⅰ, S. 201 ff.

资份额的情形。[251] 维德曼(Wiedemann)从"法人 = 特别财产说"出发主张法人是不以成员为前提的财产秩序,这给德国法上的"无人公司允许说"提供了理论基础。

该书第三章第八节横跨公司形态,对少数派股东保护进行了论述。其叙述的特征在于提及少数派股东保护后,对少数派股东保护的发展、概念、方法展开了论述。

维德曼(Wiedemann)指出,从多数派股东获得支配权的原理来看,少数派股东保护是从该原理中必然产生的补充原理。[252] 维德曼(Wiedemann)称,若在商事公司中采用的不是人头数平等的原则,而是按出资赋予表决权的原则,则多数派股东的意见就成为公司的意见。维德曼(Wiedemann)称,在这种情形下,将导致公司所产生的溢价为多数派股东所独占或抽逃利益,多数派股东群体与少数派股东群体之间出现利益对立。因此,有必要对少数派股东也根据其持股比例进行溢价等的分配。[253]

维德曼(Wiedemann)称,德国法上最本源的少数派股东的保护

---

〔251〕 Westermann, in: Scholz GmbHG, 10. Aufl., Köln 2006, § 33 Rdnr. 44; G. Hueck/Fastrich, in: Baumbach/Hueck, GmbHG, 21. Aufl., München 2017, § 33 Rdnr. 12. 科鲁兹(Kreuz)承认作为持续性企业形态的"不存在出资人的有限公司"(Keinmann-GmbH)(Kreuz, Von der Einmann-zur Keinmann GmbH?, FS Stimpel, Berlin 1985, S. 393)。关于无人公司,大山俊彦『企業形成の法的研究』(信山社,2000 年)261 頁以下;高橋英治『ドイツ会社法概説』(有斐閣,2012 年)363 頁参照。

〔252〕 Wiedemann, Gesellschaftsrecht Ⅰ, S. 405.

〔253〕 Wiedemann, Gesellschaftsrecht Ⅰ, S. 406 f.

方法是属人公司中的确定性的原则。[254] 确定性的原则,是指法律上没有规定的多数决应在通过属人公司的公司合同所作出的具有足够确定性的授权的范围内进行。[255] 该书将该原则看作“通过手续进行的少数派保护”。[256]

确定性的原则原本是作为通过多数决决定的增资行为,变相要求少数出资人也进行出资是否正当的标准。据说是 1917 年 11 月 23 日的德国联邦最高法院判决[257]首次提及确定性原则。该判决称,是否允许将来通过多数决进行追加出资应由该合名公司的出资人自由决定,该问题的关键在于,通过多数决进行追加出资的规定是否在公司合同中有明确记载。[258]

战后,1952 年 11 月 12 日德国联邦最高法院判决[259]在 1917 年 11 月 23 日联邦最高法院判决的基础上称,可通过多数决变更公司合同的事项必须在公司合同中作出规定,[260]但该案中效力存在争议的公司重组(以下简为该案重组)在公司合同中没有明确规定,并且其

---

〔254〕 关于该原则的详情,高橋英治「ドイツと日本における固有権論の発展と課題」德本穰ほか編『(森淳二朗先生退職記念)会社法の到達点と展望』(法律文化社,2018 年)315 頁以下参照。

〔255〕 Karsten Schmidt, Gesellschaftsrecht, 4. Aufl., Köln 2002, S. 474.

〔256〕 Wiedemann, Gesellschaftsrecht Ⅰ, S. 411.

〔257〕 RGZ 91, 166.

〔258〕 RGZ 91, 168.

〔259〕 BGHZ 8, 35.

〔260〕 BGHZ 8, 41.

完全不是普通的合同变更。[261] 该判决认为为了使该案重组有效，必须在公司合同中明确规定可通过多数决变更公司合同的事项，这一点是以确定性原则为前提的。

1972年10月23日联邦最高法院判决称，在从公司合同来看毫无疑问(eindeutig)可通过多数决进行的情形下，可进行业务执行权的剥夺及公司顾问(Beirat)的解任。该判决认为是否可毫无疑问地从公司合同看出，可通过多数决进行顾问的解任是决定该解任是否具备有效性的关键，就这一点而言确定性原则在该判决中得以确立。

1978年3月13日联邦最高法院判决就公开合资公司[262]放弃了确定性原则。[263] 联邦最高法院在该判决中批评原判决固守确定性原则、以必须可毫无疑问地从公司合同看出可通过多数决变更公司合同为前提，[264]指出若固守确定性原则，公司将无法得到发展，即使出现危机也无法作出应对的决定。[265]

在距离该书出版30多年的2014年10月21日，联邦最高法院完

---

[261] BGHZ 8, 42.

[262] 公开合资公司，是指复数的出资人作为有限责任成员参加的合资公司的特殊形态[高橋英治『ドイツ会社法概説』(有斐閣，2012年)75頁]。

[263] BGHZ 71, 53.

[264] BGHZ 71, 57.

[265] BGHZ 71, 58.

全放弃了确定性原则。[266] 维德曼(Wiedemann)综观从确定性原则的采用到放弃的法律发展的过程,指出确定性原则剥夺了公司灵活解决问题的可能性,作为少数派出资人保护的手段存在问题。1980年前后,这对后来的法律发展有先见之明。

维德曼(Wiedemann)称,当资本公司看不到通过确定性原则对少数派出资人的保护时,在判例法上或立法上采取的是以下特殊的手段。首先,维德曼(Wiedemann)指出,作为德国《有限公司法》的判例,[267] 以多数派出资人的诚实义务为依据,承认侵害公司利益的多数派出资人对公司承担损害赔偿责任,并允许追究该损害赔偿责任的诉讼的提起权由少数派股东为了公司而行使(actio pro socio)。[268] 其次,维德曼(Wiedemann)还指出,关于股份公司,作为成文法的德国《企业重组法》对从属公司的少数派股东的保护作出了规定。[269]

维德曼(Wiedemann)将少数派出资人的保护分类为形式性的少数派保护和实质性的少数派保护。[270] 作为形式性的少数派保护,维德曼(Wiedemann)列举了法律上作为少数派股东权规定的少数派股东的股东大会召集权(德国《股份法》第 122 条)和检察官选任权(德

---

〔266〕 BGH ZIP 2014, 2231. 关于该判决,高橋英治「ドイツと日本における固有権論の発展と課題」德本穰ほか编『(森淳二朗先生退職記念)会社法の到達点と展望』(法律文化社,2018 年)318 頁以下参照。

〔267〕 BGHZ 65, 15 "ITT".

〔268〕 Wiedemann, Gesellschaftsrecht Ⅰ, S. 412 ff.

〔269〕 Wiedemann, Gesellschaftsrecht Ⅰ, S. 414 ff.

〔270〕 Wiedemann, Gesellschaftsrecht Ⅰ, S. 419 ff.

国《股份法》第 142 条、第 258 条第 2 款)等;作为实质性的少数派保护,他列举了表决时的 3/4 多数决、表决权禁止或少数派代表。但维德曼(Wiedemann)认为,即使采取这些手段也无法充分形成少数派出资人保护的法律框架。因此,维德曼(Wiedemann)主张,有必要通过对进行了一定侵害行为的多数派出资人课以损害赔偿责任等的"法律控制"的方法,从多数派出资人的实力滥用中保护少数派出资人。作为相关立法实例,维德曼(Wiedemann)列举了德国《股份法》第 117 条第 1 款的规定,即故意利用自身对公司的影响力使董事作出有损公司利益的行为者,负有赔偿公司损害的义务。[271]

关于少数派出资人的保护的法律基础,维德曼(Wiedemann)首先列举了民法的侵权行为责任(德国《民法典》第 126 条、第 826 条),同时指出,实际上公司法上的诚实义务等规范作为特别法优先于这些民法上的一般性条款,因此这些民法上的规范在少数派出资人保护方面不发生作用。[272] 维德曼(Wiedemann)就平等待遇原则也指出,若缔结了支配合同或利益提供合同,就无法通过该原则保护少数

[271] Wiedemann, Gesellschaftsrecht Ⅰ, S. 423. 关于《股份法》第 117 条,高橋英治『会社法の継受と収斂』(有斐閣,2016 年)197 頁以下参照。关于《股份法》第 117 条的沿革,山口賢「会社の支配・従属関係と取締役の責任(1)(2)(3 完)——ドイツにおける立法の変遷と学説(1937 年株式法制定前後の時期)の考察」民商法雑誌 61 巻 1 号(1969 年)29 頁以下、61 巻 4 号(1969 年)527 頁以下、61 巻 6 号(1970 年)897 頁以下;山口賢「ドイツ株式法における従属会社の保護の制度としての『会社の支配、従属関係における責任規範』の沿革」経済理論(和歌山大学)104 号(1968 年)47 頁参照。

[272] Wiedemann, Gesellschaftsrecht Ⅰ, S. 425 ff.

派出资人,该原则只是以形式性平等为保护对象,因此保护范围有限。[273] 维德曼(Wiedemann)称,在存在康采恩利益等使差别性待遇正当化的利益的情形下,平等待遇原则无法抑制差别性待遇,平等待遇原则作为少数派出资人保护的手段缺乏实效性。[274] 维德曼(Wiedemann)认为,作为少数派出资人保护的手段当时应引进的是股份公司中多数派股东所负的诚实义务[275]及关于董事对股份公司的赔偿责任的股东派生诉讼制度[276]。这些制度后来通过判例[277]及立法[278]得以引进。

该书在宽广视野下横跨属人公司和资本公司,就这些公司中的少数派出资人保护的问题为何在保护的形态上存在差异,追溯至这些公司的特色加以说明。维德曼(Wiedemann)纵观私法全体、横跨

---

〔273〕 Wiedemann, Gesellschaftsrecht Ⅰ, S. 429.

〔274〕 Wiedemann, Gesellschaftsrecht Ⅰ, S. 430.

〔275〕 Wiedemann, Gesellschaftsrecht Ⅰ, S. 432.

〔276〕 Wiedemann, Gesellschaftsrecht Ⅰ, S. 463.

〔277〕 BGHZ 103, 184 “Lynotype”. 1988 年 2 月 1 日联邦最高法院“Lynotype 案”判决称,“公司法上的诚实义务在股东间也存在”(BGHZ 103, 194),“在股份公司中也存在多数派出资人通过行使对业务执行的影响力损害其他出资人在公司中的利益的可能性,因此作为平衡必须考虑就其他出资人的利益的公司法上的义务作出要求”(BGHZ 103, 195)。关于该判决,潘阿憲『会社持分支配権濫用の法理:多数派社員の誠実義務』(信山社,2000 年)214 頁以下;高橋英治『会社法の継受と収斂』(有斐閣,2016 年)98 頁以下;ペーター、シュレヒトリーム = ヴェルナー、バッハマン = クラウス、バッハー、海老原明夫訳「会社法における最近の発展」日独法学 14 号(1990 年)97 頁以下参照。

〔278〕 追究董事对公司的损害赔偿责任的股东派生诉讼,通过 2005 年 9 月 22 日《有关企业一体化和对撤销权进行现代化改造的法律》作为德国《股份法》第 148 条以下得以引进。

法律领域的方法在该书第三章第七节“个人保护”、第三章第九节“出资人保护”、第三章第十节“债权人利益”、第三章第十一节“劳动者利益”、第四章“宪法及经济秩序中的公司”及第五章“国际公司法”中也得以贯彻。[279] 在这种意义上,该书可以说是立足于公司法的历史性演变、以构筑公司法一般理论为目的的著作。

(4)赖泽尔(Raiser)——标准性体系著作

① 公司法的概念等

1983 年,《资本公司法论》作为洪堡大学教授赖泽尔(Raiser)的独著出版,但现在变成其与弟子慕尼黑大学教授法伊特(Veit)的合著,该书于 2015 年推出了第 6 版。该书的副标题为“面向实务与学问的手册”,是目前德国的资本公司法著作中最标准且值得信赖的著作。该书与其说是在构筑作者自己的理论,不如说是在很好地说明判例、通说的立场。其特色在于在篇幅不大的书里简洁地对股份公司法各论的问题进行了汇总和解说。本书在此以第 6 版为对象,对其特色加以介绍。

该书包括第一编“基础”、第二编“股份公司”、第三编“欧洲股份公司(SE)”、第四编“股份合资公司”、第五编“有限公司”、第六编“资本合资公司”、第七编“破产法”、第八编“康采恩法”、第九编“公

---

〔279〕 维德曼(Wiedemann)在其著作《私法中的企业集团》中,就公司法和劳动法这两个法领域的企业结合的法律问题进行了横跨性分析和研究(Wiedemann, Dieunternehmensgruppe im Privatrecht, Tübingen 1988)。

司重组法”、第十编“企业并购法”以及第十一编“资本市场法”,几乎涉及与资本公司相关的所有法律领域。

第一编对资本公司的历史和外国的资本公司法进行了论述,继承了重视历史和比较法的德国股份公司法著作的传统。该书基于卡尔·莱曼(Karl Lehmann)的学说称,“1602 年荷兰东印度公司是世界最初的近代性股份公司的前身,今日其毫无疑问已经成为支配性学说”。[280]

虽然赖泽尔(Raiser)曾在《作为组织的企业》[281]一书中提出将员工看作企业成员的独特的企业法论[282],但在《资本公司法论》(第 6 版)中赖泽尔(Raiser)并未阐述自己的企业法论。该书指出,德国《商法典》第 271 条[283]等已将“企业”作为法律上的概念使用,因此

---

[280] Raiser/Veil, Das Recht der Kapitalgesellschaften, 6. Aufl., München 2015, S. 3.

[281] Thomas Raiser, Das Unternehmen als Organisation, Berlin 1969. 关于赖泽尔(Raiser)的企业法论,西尾幸夫「システムとしての企業(論)——トーマス・ライザーの組織論に関する若干の検討」奥島孝康教授還暦記念論文集編集委員会編『(奥島孝康教授還暦記念第 1 巻)比較会社法研究』(成文堂,1999 年)343 頁以下,正井章筰『西ドイツ企業法の基本問題』172 頁以下,正井章筰『共同決定法と会社法の交錯』63 頁以下,庄子良男「企業法の現在と課題——T・ライザーの企業法論」月刊監査役 159 号 42 頁以下(1982 年),163 号 43 頁以下(1982 年),木内宜彦『企業法学の理論〔木内宜彦論文集 2〕』(大学図書,1996 年)92 頁参照。

[282] Thomas Raiser, Das Unternehmen als Organisation, Berlin 1969, S. 154 ff.

[283] 现行德国《商法典》第 271 条第 1 款规定,“资本参加是指其他企业(Unternehmen)的出资份额,形成与该企业的持续性结合关系从而有益于自己的业务”。作为现行德国《商法典》第 271 条第 1 款的日文翻译,法務省大臣官房司法法制部『ドイツ商法典(第一編~第四編)』法務資料 465 号(法務省大臣官房司法法制部司法法制課,2016 年)〔久保大作〕93 頁参照。

资本公司法是企业法的一部分这一点已普遍得到承认。[284] 该书称，作为20世纪70年代盛行的“从公司法到企业法”的讨论的成果，企业利益是作为股份公司指挥机关的董事的业务执行的目标，是判断是否因违反义务等承担损害赔偿责任的决定性标准。这里所说的“企业利益”并不仅是指股东利益，还包括作为股份公司的利益相关者的劳动者的利益和公共利益。该书称，在德国公司治理规则、诉讼实务和公司实务中，资本公司的方向也明显是企业利益。[285]

该书关于股份公司的第二编是从股份公司的概念开始论述的。该书作者赖泽尔（Raiser）和法伊特（Veit）并未对股份公司作出自己的定义，而是将股份公司的概念作为德国《股份法》第1条的解释问题。德国《股份法》第1条规定：“股份公司是拥有固有的法人格的公司。关于公司的债务，只有公司财产对债权人负责（第1款）。股份公司拥有被细分为股份的注册资本（第2款）。”[286] 该书基于通说，[287] 将该条款看作显示股份公司之法律特色的规定。该书就此作出以下表述：德国《股份法》在第1条中对股份公司作出了法律上的定义。其由5项指标组成，即股份公司是拥有固有的法人格的公司，只有公司财产对股份公司的债务负责，股份公司的注册资本被细分

---

[284] Raiser/Veil, Das Recht der Kapitalgesellschaften, 6. Aufl., S. 12 f.

[285] Raiser/Veil, Das Recht der Kapitalgesellschaften, 6. Aufl., S. 14.

[286] 关于《股份法》第1条的日文翻译，早川勝「1965年ドイツ株式法の改正と展開」同志社法学63巻6号（2012年）203頁参照。

[287] Hüffer/Koch, Aktiengesetz, 12. Aufl., München 2016, § 1 Rdnr. 1.

为股份。[288]

该书首先指出,虽然股份公司是公司(Gesellschaft)(股份公司的第一属性),但严密地说,与其说是“Gesellschaft”,不如说是社团(Verein)。该书称,公司是法人(股份公司的第二属性),原则上拥有不受限制的权利能力,普通法的能力外的法理与德国法无关,股份公司的权利能力也不会受到其目的的限制。该书接着引用瑞士《民法典》(ZGB)第 53 条称,与年龄、性别或亲属关系相关的基于自然人之属性的权利能力在股份公司中不被承认,成为继承人的权利等从权利的性质来看也不归属于股份公司。[289] 从中可以看出德国《股份公司法》的传统,即在对德国《股份公司法》进行解释时积极参考外国法。

该书将德国《股份法》第 1 条第 1 款第 2 句规定的股东有限责任看作股份公司最重要的属性(股份公司的第三属性)。在这一点上该书与日本法的立场相似。[290] 但是,该书反对德国的“多数说”,认为股东有限责任并非从股份公司的法人格导出的属性,而是立法者通过自身的决定赋予股份公司的属性。[291] 这是赖泽尔(Raiser)的独特见解。赖泽尔(Raiser)称,1994 年德国《企业重组法》允许法人在保

---

[288] Raiser/Veil, Das Recht der Kapitalgesellschaften, 6. Aufl., S. 63.

[289] Raiser/Veil, Das Recht der Kapitalgesellschaften, 6. Aufl., S. 63.

[290] “股份与出资人的有限责任是股份公司最根本的两个特质”[鈴木竹雄 = 竹内昭夫『会社法』[第 3 版](有斐閣,1994 年)22 頁]。

[291] Raiser/Veil, Das Recht der Kapitalgesellschaften, 6. Aufl., S. 72.

持同一性的状态下变更合名公司等合伙体(Gesamthand)(德国《企业重组法》第190条、第191条、第202条),合名公司等合伙体的法人格因此得到了承认。[292] 赖泽尔(Raiser)称,制定1994年德国《企业重组法》的立法者的意见是左右承认合伙体的法人格与否的关键。按照赖泽尔(Raiser)的上述法人论,股东有限责任并非法人格的属性。[293] 该书与日本法的通说[294]不同,并不认为股东有限责任是股份公司的法人格的属性之一,也未就作为法人的股份公司成为债务主体的结果,股东对公司债务负"间接性"有限责任[295]展开论述。

虽然"注册资本"作为股份公司的第四属性,在股份法上是作为股东有限责任的对抗措施加以规定的,但该书指出,美国的模范公司法允许向股东返还注册资本,暗示应该探讨是否应维持欧洲法规定的最低注册资本和注册资本的充实、维持的原则。[296]

---

〔292〕 Thomas Raiser, Gesamthand und juristische Person im Licht des neuen Umwandlungsrechts, AcP 194 (1994), 511. 关于赖泽尔(Raiser)学说的详情,福瀧博之「ドイツ法における民法上の組合の法人性:Thomas Raiserの見解」関西大学法學論集53巻3号(2003年)1頁以下;高橋英治『ドイツと日本における株式会社法の改革:コーポレート、ガバナンスと企業結合法制』330頁以下参照。

〔293〕 Thomas Raiser, Die Haftungsbeschränkung ist kein Wesensmerkmal der juristischen Person, FS Lutter, Köln 2000, S. 637 ff; Thomas Raiser, Der Begriff der juristischen Person, Eine Neubesinnung, AcP 199 (1999), 135; Thomas Raiser, Allgemeine Vorschrifter über juristische Personen in einem künftigen Bürgerlichen Gesetzbuch, ZGR 2016, 787.

〔294〕 上柳克郎『法人論研究序説』同『会社法、手形法論集』(有斐閣,1980年)2頁,神田秀樹『会社法』〔第20版〕4頁注1参照。

〔295〕 鈴木竹雄=竹内昭夫『会社法』〔第3版〕18頁注1,山下友信編『会社法コンメンタール』(商事法務,2013年)〔上村達男〕14頁参照。

〔296〕 Raiser/Veil, Das Recht der Kapitalgesellschaften, 6. Aufl., S. 73 f.

"股份"作为股份公司的第五属性出现了以下问题:德国法规定注册资本被细分为股份,而通过 1998 年 3 月 25 日的《关于允许无面额股份的法律》(StückAG)(以下简称德国《无面额股份法》),[297] 德国法引进了无面额股份,使以往面值总额与注册资本相一致的德国法的规则变得无法继续维持。该书解释称,无面值股份也通过发行价额的支付对形成章程所规定的注册资本作出贡献,因此德国《股份法》第 1 条第 2 款在引进无面额股份后仍得以维持。[298]

作为德国《股份法》第 1 条未规定的股份公司的特色,该书列举了除法律规定允许的情形,股份公司不允许章程自治这一点。[299] 德国《股份法》第 23 条第 5 款第 1 句规定"只有在本法明文规定下,章程才能作出不同于本法的规定"。德国《股份法》第 23 条第 5 款第 1 句原则上不承认章程自治,而是肯定社员权是保护股东和投资者的利益,以及确保资本市场透明性的公共利益。

该书在"股东的权利义务"一章中就股东的诚实义务进行了解说。该书解释称,随着判例法的发展,原先规定股东对公司负有诚实义务,在 1988 年前改为股东相互之间也负有诚实义务。股东诚实义务的依据是出资人权产生的团体法上的特别法关系。该书认为,股

---

[297] Gesetz über die Zulassung von Stückaktien vom 25. 3. 1998, BGBl. I S. 590. 关于该法律,高橋英治『ドイツ会社法概説』(有斐閣,2012 年)91 頁参照。

[298] Raiser/Veil, Das Recht der Kapitalgesellschaften, 6. Aufl., S. 74.

[299] Raiser/Veil, Das Recht der Kapitalgesellschaften, 6. Aufl., S. 79.

份公司应对股东负有诚实义务，股份公司负有让股东阅览股东大会会议记录等义务。[300]

② 公司机关等

该书就“公司的机关”引用了1999年9月20日联邦宪法法院决定中的“从股份公司的机关构成来看，股东(大会)并不比其他公司机关优越”，[301]指出股东大会并非最高机关。这是现行法上的“多数说”。[302] 作为依据，该书列举了股东大会的权限被限定为法律或章程规定的事项这一点，指出立法者试图保持董事、监事会、股东大会这3个股份公司机关之间的力量均衡。[303]

关于董事的经营判断原则，该书根据2005年以后在立法上对此作出规定的德国《股份法》第3条第1款第2句的条文进行了解说。[304] 关于同样于2005年在立法上引进的追究董事对公司的损害

[300] Raiser/Veil, Das Recht der Kapitalgesellschaften, 6. Aufl., S. 115.

[301] BVerfG NJW 2000, 350.

[302] Hüffer/Koch, Aktiengesetz, 12. Aufl., § 1 Rdnr. 1; Bungert, in: Hoffmann-Becking (Hrsg.), Münchener Handbuch des Gesellschaftsrechts Bd. 4, 4. Aufl., München 2015, S. 69; Spindler, in: Karsten Schmidt/Marcus Lutter (Hrsg.), Aktiengesetz, Kommentar, 3. Aufl., § 118 Rdnr. 10; Hoffmann, in: Spindler/Stilz, Kommentar zum Aktiengesetz, 3. Aufl., München 2015, §118 Rdnr. 6. 塞姆勒(Semler)则反对这些多数说，主张鉴于是由股东大会选任监事会成员并决定资本筹集等重要事项，股东大会是“最高机关”。但塞姆勒(Semler)称，并不是说股东大会的最高机关性会产生任何法律效果[Semler, in: Hoffmann-Becking (Hrsg.), Münchener Handbuch des Gesellschaftsrechts Bd. 4, 2. Aufl., München 1999, S. 406 f.]。

[303] Raiser/Veil, Das Recht der Kapitalgesellschaften, 6. Aufl., S. 230 f.

[304] Raiser/Veil, Das Recht der Kapitalgesellschaften, 6. Aufl., S. 167 ff.

赔偿责任的股东派生诉讼制度,该书也在股东权利的项目中作出了详细说明。[305]

该书在"股份公司的金融"一章中,对于"自己股份取得的原则性禁止"这一德国法的立场进行了论述,[306]同时还就关于资本增加的复杂的德国法的规制进行了论述,[307]其中备受关注的是关于新股认购权的论述。该书称,德国《股份法》第 186 条第 1 款规定,必须按股东的出资情况提供新股,使基于德国《股份法》第 186 条第 1 款赋予已有股东的权利成为法律上的新股认购权。[308] 该书就在法律上保障新股认购权的益处进行了说明,即通过保障新股认购权,即使新股在以认购人有利的价格发行的情形下,已有股东也可以通过行使新股认购权避免蒙受财产损失,此外,还可以避免持股比例和表决权比例受到稀释。德国《股份法》第 186 条第 3 款规定,作为例外,股份公司可在排除已有股东的新股认购权的基础上发行新股。

该书称,这可能会造成对股东权的重大侵害,作为针对该危险的法律上的措施,要求在不赋予已有股东新股认购权就发行新股的情形下,应通过报告书说明理由以及通过股东大会的特别决议(3/4 多数决)。该书称,关于在排除新股认购权的基础上发行新股还存在实

---

〔305〕 Raiser/Veil, Das Recht der Kapitalgesellschaften, 6. Aufl., S. 108 ff.

〔306〕 Raiser/Veil, Das Recht der Kapitalgesellschaften, 6. Aufl., S. 320 ff.

〔307〕 高橋英治『ドイツ会社法概説』(有斐閣,2012 年)261 頁以下。

〔308〕 Raiser/Veil, Das Recht der Kapitalgesellschaften, 6. Aufl., S. 331.

质上的规制，除必须遵守德国《股份法》第53a条的股东平等原则，判例法还规定了新股认购权的排除为德国《股份法》第186条第3款所正当化的不成文的实质性要件。1978年3月13日联邦最高法院“Kali + Salz 案”判决称，只有在公司“经过合理的作为商人的熟虑，具有紧急性利益，欲达成的目的比被排除新股认购权的已有股东的表决权的丧失更重要”[309]的情形下，新股认购权的排除才被正当化。该书将其看作规定新股认购权排除的正当化事由的不成文的法理。

该书“股份公司的金融”一章还特别提及资本维持的原则。作为体现该原则的规定，该书列举了禁止返还出资的规定（德国《股份法》第57条第1款、第3款），并指出：以对公司股东有利的条件融资；公司对股东所负债务提供担保等；公司免除股东对公司所负债务；公司以有利条件向股东赋予许可或期权；公司向股东发放过高的薪酬等行为与返还出资具有同等效果，解释称公司与股东之间的交易只有在该交易的内容对公司不利的情形下才适用禁止返还出资的规定。[310] 该书称，德国《股份法》第57条第3款还禁止通过第三方向股东返还出资，例如，在公司支付给股东的妻子或子女的情形下直接适用该条款，在公司支付给股东的从属公司的情形下类推适用德国《股份法》第57条。[311] 若违反禁止返还出资的规定，股东必须向

[309] BGHZ 71, 46 f. “Kali + Salz”.

[310] Raiser/Veil, Das Recht der Kapitalgesellschaften, 6. Aufl., S. 315 f.

[311] Raiser/Veil, Das Recht der Kapitalgesellschaften, 6. Aufl., S. 318.

公司返还所领取的财物(德国《股份法》第 62 条)。上述禁止返还出资的规定在日本法中不存在,因此该书的叙述对日本的公司法研究者而言尤为有趣。

该书在股份公司的最后一章中介绍股份公司的解散和清算。该书首先指出,规定解散事由的是德国《股份法》第 262 条,将多样的解散事由分类为以下 3 组:[312] 第一组除章程规定的存续期间的终了(德国《股份法》第 262 条第 1 款第 1 项),还包括通过股东大会决议的解散,其需要 3/4 的多数决(德国《股份法》第 262 条第 1 款第 2 项)。该股东大会决议下的解散无须进行关于能否解散的实质性内容的审查。但是判例[313] 指出,若多数派股东为了排除少数派股东而解散公司并在其清算过程中谋取私利,则违反了多数派股东对少数派股东的诚实义务。第二组是为了公共利益通过法院或行政机关实施解散。除存在德国《股份法》第 262 条第 1 款第 3 项、第 4 项规定的股份公司的破产开始决定等情形,还包括因股份公司丧失资产,通过注册法院的职权或税务机关的申请,从商业注册簿上注销该股份公司的情形等(德国《股份法》第 262 条第 1 款第 6 项)。第三组是因章程存在瑕疵,法院设置了一定的整改期间而股份公司未给予回应的情形(德国《股份法》第 262 条第 1 款第 5 项),该书将该规定看作

[312] Raiser/Veil, Das Recht der Kapitalgesellschaften, 6. Aufl. , S. 354 f.

[313] BGHZ 103, 190 ff.

注册法院强制股份公司正确制定章程的手段。[314]

该书和法律一样重视实务上重要的判例,将其作为股份公司法的重要法源加以论述。正是因为有这样一个最重要的特色,该书在国际上被评价为最标准的系统性著作。

(三)对发展期的总结

1. 对德国《股份法》发展过程的总结

20 世纪对德国来说是一个动荡的时代。1914 年 7 月 28 日第一次世界大战爆发,1918 年 11 月 11 日德国与联合国签署停战协议,在第一次世界大战中战败。在随后的全球经济危机中通过总统的紧急命令等进行了德国《股份法》的修改。在第一次世界大战前后的战前期,由于德国《股份法》的内容在短期内就发生变化,法解释论并不发达,德国的股份公司法学也未得到大的发展。

1933 年 1 月 31 日,希特勒就任德国总理并掌握政权后,德国《股份法》的制定得以持续性进行。纳粹开始时将存在负无限责任的出资人的合名公司或合资公司看作理想的法律形态,对由不特定多数的匿名投资者组成的股份公司较敌视,但后来逐渐意识到股份公司

[314] Raiser/Veil, Das Recht der Kapitalgesellschaften, 6. Aufl., S. 355.

制度对经济发展不可或缺,因此积极参与股份公司法修改。在纳粹思想的影响下,指导者原理、董事薪酬的相当性、康采恩利益的优先等原则也被引进到股份法。这一时期没有学者执笔的应该阅读的股份法著作。用"共同利益优先于个人利益"等纳粹标语进行的股份法的制度宗旨的说明也是阻碍形成 1937 年德国《股份法》的严密的解释论的原因之一。[315]

德国于 1945 年 5 月 7 日向联合国无条件投降,在第二次世界大战中战败。虽然战后在西德也由联合国推行"去纳粹化"政策,[316] 但在纳粹政权下参与股份公司立法的法务官僚和御用学者战后仍作为法律家开展活动。战后以战争期间任职于司法部的格斯勒(Geßler)为执笔中心制定了 1965 年德国《股份法》。虽然后来历经修改,但 1965 年德国《股份法》的体制现在仍得以维持。

2. 对战后德国《股份法》研究的总结——以教授资格论文为中心

战后,最初真正对德国《公司法》进行研究的是穆勒·埃尔茨巴赫(Müller Erzbach)关于出资人权论的研究论文。[317] 该论文基于穆

---

[315] Alfred Hueck, Der Treuegedanke im Privatrecht, München 1947, S. 7. 正井章筰「ナチス商法学の日本への影響」倉沢康一郎 = 奥島孝康編『(岩崎稜先生追悼論文集)昭和商法学史』(日本評論社,1996 年)178 頁注 33;出口正義『株式権法理の展開』(文眞堂,1991 年)83 頁注 74 参照。

[316] 熊野直樹「東西ドイツ司法と『過去の克服』」法政研究(九州大学)71 巻 3 号(2005 年)453 頁参照。

[317] Müller-Erzbach, Das Private Recht der Mitgliedschaft als Prüfstein eines kausalen Rechtsdenkens, Weimar 1949.

勒·埃尔茨巴赫(Müller Erzbach)已有论文,采取的是追溯至中世纪的教会法等来解释出资人权之本质的历史性传统研究手法,其思想和叙述的体系中并未体现德国股份公司法学的特色。

在1965年德国《股份法》下,德国股份公司法学迎来了黄金时期。本书以下列举第二次世界大战后关于德国股份公司法学的具有代表性的教授资格论文。

首先,作为对1965年德国《股份法》立法产生影响的研究论文可以列举的是梅斯特梅克(Mestmäcker)的教授资格论文,[318]其特征在于与英美法的比较,文中基于新自由主义思想将康采恩看作经济权利,具备如何从该权利行使中有效地保护从属公司的少数派股东的问题意识。此外,还有格罗斯费尔德(Grossfeld)的教授资格论文,[319]其主张参考美国的股东派生诉讼的历史性发展以在德国引进该制度。雷宾德(Rehbinder)则发表了参考美国法来探讨康采恩中的债权人保护问题的教授资格论文[320]。威瑟尔特(Wiethölter)撰写了就美国与德国的股份公司的管理、监察机关进行比较的教授资格论文,[321]探讨参考美国法在监事会中设置少数派股东代表的立法上

〔318〕 Mestmäcker, Verwaltung, Konzerngewalt und Rechte der Aktionäre, Karlsruhe 1958.

〔319〕 Grossfeld, Aktiengesellschaft, Unternehmenskonzentration und Kleinaktionär, Tübingen 1968.

〔320〕 Eckard Rehbinder, Konzernaußenrecht und allgemeines Privatrecht, Bad Homburg 1969.

〔321〕 Wiethölter, Interessen und Organisation der Aktiengesellschaft im amerikanischen und deutschen Recht, Karlsruhe 1961.

的可能性。[322] 这些是战后德国具有代表性的股份公司法研究,其魅力也吸引了众多外国研究者参与德国股份公司法的研究。战后期还出版了众多新的系统性著作和注释书,德国股份公司法学在此受到世界关注。

其次,作为战后德国股份法的解释论、立法论首先可以列举的是巴勒施塔特(Ballerstedt)的教授资格论文,[323] 其旨在构筑资本公司中禁止向出资人返还注册资本的法理,虽然只有略显简短的 192 页的篇幅,但文中进行了精辟分析。格茨·哈克(Goetz Hueck)在撰写了最标准的公司法系统性著作[324] 的同时,发表了关于包括股东平等原则在内的私法平等原则的教授资格论文。[325] 卢特尔(Lutter)发表了关于战后德国股份公司法学新问题的欧洲公司法上的资本充实、维持问题的教授资格论文。[326] 维德曼(Wiedemann)发表的教授资

---

〔322〕 Wiethölter, Interessen und Organisation der Aktiengesellschaft im amerikanischen und deutschen Recht, S. 310 ff.

〔323〕 Ballerstedt, Kapital, Gewinn und Ausschüttung bei Kapitalgesellschaften, Tübingen 1949.

〔324〕 Goetz Hueck, Gesellschaftsrecht, 19. Aufl., München 1991. 该著作为格茨·哈克(Goetz Hueck)的弟子温德比希勒(Windbichler)所继承,现在已推出第 24 版,至今仍被认为是德国最标准的公司法教科书(Windbichler, Gesellschaftsrecht, 24. Aufl., München 2017)。

〔325〕 Goetz Hueck, Der Grundsatz der Gleichbehandlung im Privatrecht, München 1958.

〔326〕 Lutter, Kapital, Sicherung der Kapitalaufbringung und Kapitalerhaltung in den Aktien-und GmbH-Rechten der EWG, Karlsruhe 1964.

格论文[327]旨在构筑关于包括股份公司中的股份的转移、继承在内的商事公司中的出资人权的转移、继承的一般性理论。

最后,关于股份公司法和民事诉讼法方面最重要的研究论文,可以列举的是佐尔勒(Zöllner)的教授资格论文,[328]其就德国民法上的合伙与使股份公司中的表决权限制正当化的法理论进行了论述。关于"设立中的公司"可以列举的是里特纳(Rittner)的教授资格论文,[329]其以股份公司及有限公司为对象,追溯至19世纪的法人理论进行了深入考察。霍普特(Hopt)发表了关于银行法中投资者保护问题的教授资格论文,指出投资者保护是德国法上"未开拓的领域",他也成为德国资本市场法研究的开拓者。[330] 威廉(Wilhelm)在维尔纳·弗卢梅(Werner Flume)的指导下撰写了旨在改变透视理论相关学说的混乱状态的教授资格论文[331]。霍莫霍夫(Hommelhoff)在其论文[332]中称,包括实际上的康采恩的相关规定(德国《股份法》第311条以下)在内的1965年德国《股份法》的企业重组规制承认"康

[327] Wiedemann, Die Übertragung und Vererbung von Mitgliedschaftsrechten bei Handelsgesellschaften, München 1965.

[328] Zöllner, Die Schranken mitgliedschaftlicher Stimmrechtsmacht bei den privatrechtlichen Personenverbänden, München 1969.

[329] Rittner, Die werdende juristische Person, Tübingen 1973.

[330] Hopt, Der Kapitalanlegerschutz im Recht der Banken. München 1975.

[331] Jan Wilhelm, Rechtsform und Haftung bei der juristischen Person, Köln 1981.

[332] Hommelhoff, Konzernleitungspflicht, Köln 1982.

采恩指挥义务”,其对日本的下级法院的判例也产生了影响。[333] 关于股份公司的董事或有限公司的业务执行者与公司之间的关系,鲍姆斯(Baums)在教授资格论文[334]中对于通说将其分为机关上的地位和作为劳务合同的任用合同来展开解释表示反对,认为应看作只存在任用关系,对所谓的“分离说”展开了批判。施密特·莱托夫(Schmidt Leithoff)在里特纳(Rittner)的指导下就股份公司董事的责任撰写了教授资格论文,其内容深入了作为董事行为目标的“企业利益”的法律性质论。[335] 诺亚可(Noack)的教授资格论文[336]对大股东之间达成的表决权限制协议等资本公司的出资人之间的协议的法律问题展开了综合性论述。默尔伯特(Mülbert)的教授资格论文[337]将判决之后的康采恩形成规制也作为研究对象,同时还从资本市场法的视角展开新型康采恩法研究。马蒂亚斯·哈伯萨克(Mathias Habersack)的教授资格论文[338]基于出资人权法理的历史发展,对德国《民法典》第 823 条第 1 款的“其他权利”是否包括出资人权的解释论问题进行了探讨,主张出资人权是主观性权利,包含德国《民法典》第 823 条第 1 款的“其他权利”。卡恩(Cahn)的教授资格论

---

〔333〕 高橋英治『会社法の継受と収斂』(有斐閣,2016 年)222 頁以下参照。

〔334〕 Baums, Der Geschäftsleitervertrag, Köln 1987.

〔335〕 Schmidt-Leithoff, Die Verantwortung der Unternehmensleitung, Tübingen 1989.

〔336〕 Noack, Gesellschftervereinbarungen bei Kapitalgesellschaften, Tübingen 1994.

〔337〕 Mülbert, Aktiengesellschaft, Unternehmensgruppeund Kapitalmarkt, München 1995.

〔338〕 Habersack, Mitgliedschaft-subjektives und ‘sonstiges’ Recht, Tübingen 1996.

文[339]称,在母公司抽逃没有直接法律关系的孙公司的财产的情形下,禁止向出资人返还出资的规定就不起作用,由此可见用于保护康采恩中孙公司的债权人的现行股份法及德国有限公司法的资本维持规制尚不完善,因此应加强孙公司的责任财产维持的规定及侵害孙公司利益者的责任规制。虽然这些教授资格论文的目的在于确立德国国内的立法论及解释论,并非以比较法研究为主题,但其中一些论文在日本被加以介绍,对日本的股份公司法学产生了较大影响。

阿贝尔肖瑟(Abeltshauser)在赖泽尔(Raiser)的指导下撰写的教授资格论文,[340]对美国与德国的资本公司中的事业指挥者的勤勉义务及忠实义务的应有形态进行了比较研究。该论文对在经营判断原则成为成文法之前,该法理在德国的判例上的发展历史进行了颇为有趣的探讨。

马克思－普朗克(Max-Planck)外国私法国际私法研究所的鲍姆(Baum)与德罗布尼格(Drobnig)共同编著了关于日本的商法、经济法的首部真正的系统性著作。[341] 以往德国法对日本《股份公司法》的专业用语没有进行统一的译法,该书在此方面发挥了重要作用。[342]

---

[339] Cahn, Kapitalerhaltung im Konzern, Köln 1998.

[340] Abeltshauser, Leitungshaftung im Kapitalgesellschaftsrecht, Köln 1998.

[341] Baum/Drobnig (Hrsg.), Japanisches Handels-und Wirtschaftsrecht, Berlin 1994.

[342] 高橋英治「書評」ジュリスト1421号(2011年)72頁参照。

3. 战后德国股份公司法学呈现繁荣景象的背景

关于为何战后期德国的股份公司法学呈现繁荣景象,何为其前提原因,笔者个人意见如下:第一,作为主观性原因,第二次世界大战时在纳粹的言论控制下公司法学者无法自由地研究当时的敌国英美的法律制度,对于使用法解释上无意义的纳粹标语来修饰的实务书,众多公司法学者非常不满。因此,第二次世界大战时受到压抑的德国公司法学者追求真学问的感情在战后爆发。以梅斯特梅克(Mestmäcker)为代表的以新自由主义思想为出发点的股份公司法研究完全不同于战前传统的德国公司法学,吸引了众多德国年轻学者。[343] 第二,作为客观性原因,在 1965 年德国《股份法》下,战后数十年未进行过大的修改,存在解释论走向成熟的空间。正如战前期和战中期的德国股份公司法学的衰退所示,在频繁进行股份法的大修改的状况下,应该无法创造出真正的股份公司法的解释论。

关于第二次世界大战后大量涌现出优秀的教授资格论文的原因,慕尼黑大学教授马蒂亚斯·哈伯萨克(Mathias Habersack)列举了以下原因:①第二次世界大战后德国股份公司法学存在众多必须重新研究的课题,很多法解释上的重要问题有待解决;②第二次世界大战后欧洲法的影响还较小,德国的股份公司法学者可以集中研究

〔343〕 田中誠二ほか『会社法学の新傾向とその評価』(千倉書房,1978 年)2 頁以下参照。

本国股份公司法的解释上的问题;③当时的教授资格论文的作者特别优秀且具备全球性视野。[344]

洪堡大学教授汉斯－彼得·施温托夫斯基(Hans-Peter Schwintowski)就战后关于股份公司法的教授资格论文大量涌现的社会背景作出了以下分析:[345]20世纪70年代,维力·勃兰特总理率领的德国社会民主党政权将“机会均等”(Chancengleichheit)作为基本原则,面向所有希望上大学的年轻人设置了文理中学(Gymnasium)毕业资格制度,使其能获得大学学籍。德国的大学入学名额在1965～1975年增加至10倍,现在有近3成年轻人进入大学学习,其结果是使德国诞生了众多研究室和法学院。据推测现在在德国有650个私法方面的研究室,其中1/3是公司法专业。相比之下,20世纪60年代私法方面的研究室只有100个左右。汉斯·彼得·施温托夫斯基(Hans Peter Schwintowski)认为,这是20世纪70年代起关于德国《股份公司法》的教授资格论文大幅增加的原因。

汉斯－彼得·施温托夫斯基(Hans-Peter Schwintowski)称,20世纪60年代在欧洲已经发出了公司法指令,因此股份公司法非常重要,与经济法和资本市场法一样,在年轻法律家中萌发了希望掌握股

---

[344] 其为慕尼黑大学教授马蒂亚斯·哈伯萨克(Mathias Habersack)于2017年2月9日通过电子邮件向笔者作出的回答。

[345] 其为洪堡大学教授汉斯－彼得·施温托夫斯基(Hans-Peter Schwintowski)于2017年2月9日通过书信向笔者作出的回答。

份公司法的意识。虽然成为战后德国《股份公司法》修改契机的是欧洲的公司法指令,但该指令是以美国法为原型,因此就诞生了年轻的公司法学者在美国学习美国法的同时取得法学硕士学位、回国后撰写教授资格论文的职业生涯规划的模式。

此外,在德国每个研究室传统性地设置了 1 ~2 名没有任期的助手职位,并支付充足的工资(相当于现在 5000 欧元的月薪)。助手在辅助教授工作的同时,可专心撰写教授资格论文。汉斯 – 彼得 · 施温托夫斯基(Hans-Peter Schwintowski)认为,若没有这样的无任期的助手制度,过去 40 年就不可能持续产出高质量的股份公司法教授资格论文。

三、现代期(2000 年至今)

2000 年左右,德国《股份法》迎来了巨大转变。第一,1994 年之后,德国国内改革的速度加快了。第二,以 2000 年欧盟里斯本会议为契机,来自欧洲的改革压力变大,欧盟主导的股份法改革的速度也随之加快。[1] 本书将这些 1994 年之后德国国内主要的德国《股份法》的规制缓和改革和 2000 年之后德国《股份法》的欧洲化的动向称为德国《股份法》的现代化。以下来概括说明这些趋势。[2]

---

〔1〕 Habersack/Schürnbrand, Modernisierung des Aktiengesetzes von 1965, in: Bayer/Habersack (Hrsg.), Aktienrecht im Wandel, Band 1, Entwicklung des Aktienrechts, Tübingen 2007, S. 893.

〔2〕 以下叙述以高橋英治『ドイツ会社法概説』(有斐閣,2012 年)90 頁以下为参考对象。

(一)股份公司法

1. 德国《企业重组法》等

德国 1994 年 8 月 4 日制定《关于缓和小规模股份公司和股份法规制的法律》,[3]为中小企业采用股份公司形态缓和了规制。[4] 该法律主要修改点如下:(1)允许设立一人公司(德国《股份法》第 2 条);[5](2)公司知晓股东姓名时,可以用挂号邮件召集股东大会(德国《股份法》第 121 条第 4 款第 2 句);(3)全体股东出席股东大会时不需要股东大会召集程序(德国《股份法》第 121 条第 6 款);(4)员工不满 500 人的股份公司不适用基于 1952 年德国《事业所组织法》(Betriebsverfassungsgesetz)第 76 条以下的共同决定之规定(德国

---

〔3〕 Gesetz für kleine Aktiengesellschaften und zur Deregulierung des Aktienrechts vom 2.8.1994, BGBl. I S.1961.

〔4〕 关于该法律的详细内容,早川勝「ドイツにおける『小株式会社の規制と株式法の規制緩和のための法律』について」同志社法学 47 巻 2 号(1995 年)1 頁以下;丸山秀平「小規模株式会社法制とドイツ株式法改正」田中誠二先生追悼論文集刊行会編『(田中誠二先生追悼)企業の社会的役割と商事法』(経済法令研究会,1995 年)71 頁以下参照。

〔5〕 德国《股份法》第 2 条的旧条文规定,确立章程必须至少有 5 人参加,且通过出资认购股份,不允许设立一人公司。相反,修改后该法第 2 条规定,确立章程必须至少 1 人或者多人参加,且通过出资认购股份,认可了一人公司[Lutter, Das neue „Gesetz für kleine Aktiengesellschaften und zur Deregulierung des Aktienrechts“, AG 1994, 430;早川・前注(4)同志社法学 47 巻 2 号 12 頁]。

《1/3 参加法》第 1 条第 1 款第 1 句、第 4 条第 1 款)；(5)使股份公司不给现有股东分配新股的方式进行增资变得更加容易(德国《股份法》第 186 条第 3 款第 4 句)；等等。

1994 年 10 月 28 日，德国制定《企业重组法》〔6〕。该法律中的企业重组(Umwandlung)，〔7〕是指该法律所列举的经济企业的引领者所实施的 4 种行为，即合并(Verschmelzung)、分立(Spaltung)、财产转让(Vermögensübertragung)、法律形式变更(Formwechsel)(德国《企业重组法》第 1 条第 1 款)。1994 年德国《企业重组法》，不仅适

〔6〕 Umwandlungsgesetz vom 28. 10. 1994, BGBl. I S. 3210. 1994 年制定时的《企业重组法》的日语译文有，早川勝訳「ドイツ組織変更法」同志社法学 49 卷 4 号(1998 年)234 頁以下。关于《企业重组法》的成立以及修改过程，vgl. J. Semler/Strengel, in: Semler/Stengel, UmwG, 3. Aufl., München 2012, Einleitung A Rdnr. 6 ff; Sagasser, in: Sagasser/Bula/Brünger, Umwandlungen, 4. Aufl., München 2011, § 1 Rdnr. 1 ff。

〔7〕 "Umwandlung"传统上被翻译为组织变更[大隅健一郎 = 八木弘 = 大森忠夫、大隅健一郎補遺『独逸商法〔Ⅲ〕株式法』〔復刻版〕(有斐閣，1991 年)561 頁以下；早川勝訳「ドイツ組織変更法」同志社法学 49 卷 4 号(1998 年)234 頁以下参照]。大隅健一郎博士认为，被传统翻译为"组织变更"的 1937 年德国《股份法》中的"组织变更"的"Umwandlung"是特指公司变更为另一种类的公司的情形，所以"Umwandlung"翻译成"组织变更"比较贴切。然而，1994 年 10 月 28 日的"Umwandlungsgesetz"中，"Umwandlung"除日本《公司法》第 743 条以下的"组织变更"的意思外，还包括合并、分立以及财产转让等(参见《企业重组法》第 1 条第 1 款)。现在将"Umwandlung"译为"企业重组"更贴切。将 1994 年 10 月 28 日的"Umwandlungsgesetz"翻译为"企业重组法"的有，受川環大『組織再編の法理と立法——利害関係者の保護と救済』(中央経済社，2017 年)4 頁；牧真理子「組織再編に係る決議の効力を争う訴え」早川勝 = 正井章筰 = 神作裕之 = 高橋英治編『ドイツ会社法・資本市場法研究』(中央経済社，2016 年)448 頁以下；牧真理子「ドイツ組織再編法における債権者保護規定——会社分割法制の研究」北村雅史 = 高橋英治編『(藤田勝利先生古稀記念)グローバル化の中の会社法改正』(法律文化社，2014 年)339 頁以下；高橋英治『ドイツ会社法概説』(有斐閣，2012 年)467 頁等。

用于合名公司、合资公司等人合公司以及股份公司、有限责任公司等资合公司,也适用于合作社、民法上的登记社团、相互保险公司等有法律权利的团体或个人(德国《企业重组法》第 3 条)[8]。

制定 1994 年德国《企业重组法》的目的是:(1)对企业重组体系化进行整备;(2)使新的企业重组成为可能;(3)加强对投资者和债权人的保护。[9] 1994 年德国《企业重组法》政府草案中明确阐述了该草案的目的,[10]即(1)体系化地规制企业组织形式的变更;(2)补充现行法中的法律缺陷,使德国企业可以应对经济状况的变化进行变更;(3)在企业重组时进行信息公开,保护少数派股东和债权人。

1994 年德国《企业重组法》总共由七编构成。第一编只有 1 条,限定性列举企业重组的种类,规定该法的适用范围(德国《企业重组法》第 1 条第 1 款)、企业重组可能的范围(该法第 2 条第 2 款)以及该法规定的性质(该法第 1 条第 3 款)。第二编规定企业合并(该法第 2 条至第 122 条),由总则(该法第 2 条至第 38 条)及分则(该法第

---

〔8〕 基于 1994 年《企业重组法》,就有权利能力社团的法律形式变更问题进行讨论的文献有,受川環大「公益社団法人の営利転換に関する立法論的考察——ドイツ組織変更法の検討を中心として」奥島孝康教授還暦記念論文集編集委員会編『(奥島孝康先生還暦記念第 1 巻)比較会社法研究』(成文堂,1999 年)450 頁以下参照。

〔9〕 Veil, Umwandlungen, in: Bayer/Habersack (Hrsg.), Aktienrecht im Wandel, Band 2, Grundsatzfragen des Aktienrechts, Tübingen 2007, S. 1089.

〔10〕 Allgemeine Teil der Begündung des Regierungsentwurfs UmwG 1994, in: Schaumburg/Rödder, UmwG-UmwStG, Strukturierte Textausgabe des Umwandlungsgesetzes und Umwandlungssteuergesetzes mit Materialien und ergänzenden Hinweisen, Köln 1995, S. 2.

39 条至第 122 条)构成。在分则中,根据参与合并的公司种类作出了特殊规定。在德国《企业重组法》中,合并占有指导性地位,所以对于合并外的企业重组措施也准用合并的规定(该法第 125 条)。第三编规定企业分立(该法第 123 条至第 173 条),该法第 123 条限定性列举公司分立的种类,有解散分立(Aufspaltung)、存续分立(Abspaltung)以及分割分立(Ausgliederung)。第三编也由总则(该法第 123 条至第 137 条)和分则(该法第 138 条至第 173 条)构成,在分则中同样根据参与分立的公司种类不同作出了特殊规定。第四编规定财产转让(该法第 174 条至第 189 条)、第五编规定法律形式的变更(该法第 190 条至第 304 条)、第六编规定罚则(该法第 313 条至第 316 条)、第七编规定新法过渡措施(该法第 317 条至第 325 条)。

1998 年 3 月 25 日德国《无面额股份法》制定[11],变更了股份必须有面额这一德国《股份法》的传统要素,允许股份公司引入无面额股份(Stückaktie)[12](《股份法》第 8 条第 4 款)。

---

〔11〕 Gesetz über die Zulassung von Stückaktien vom 25.3.1998, BGBl. I S.590.

〔12〕 無額面株式法制定前における,ドイツ法上の無額面株式に関する学説の展開につき,小林量「無額面株式制度に関する一考察(1)」民商法雑誌 89 巻 1 号 27 頁以下(1983 年)参照。

2.《有关加强企业控制和透明度法律》等

1998 年 4 月 27 日《有关加强企业控制和透明度法律》(KonTraG)[13] 对公司治理作出了重要的修改。[14] 其内容为:(1)改善监事会和决算检查人的共同的工作(德国《股份法》第 111 条第 2 款第 3 句);(2)为了早期发现危及公司存续的事态的发展,对董事课以监督系统的构筑义务[15](德国《股份法》第 91 条第 2 款);(3)禁止复数表决权[16](德国《股份法》第 12 条第 2 款);(4)不承认上市公司的最高表决权制度(德国《股份法》第 134 条第 1 款第 2

---

〔13〕 关于 Gesetz zur Kontrolle und Transparenz im Unternehmensbereich (KonTraG) vom 27.4.1998, BGBl. I S.786. KonTraG 的日语文献,早川勝「会社法の規制緩和と会社内部の透明化——1996 年ドイツ『株式法改正』参事官草案を中心として」同志社法学 48 巻 6 号(1997 年)222 頁以下;早川勝「1998 年コントラック法における監査役監査と会計監査人監査制度の改正を中心として」奥島孝康先生還暦記念論文集編集委員会編『(奥島孝康先生還暦記念第 1 巻)比較会社法研究』(成文堂,1999 年)317 頁以下;正井章筰『ドイツのコーポレート・ガバナンス』(成文堂,2003 年)57 頁以下;前田重行「ドイツ株式法における経営監督制度の改革」平出慶道 = 小島康裕 = 庄子良男編『(菅原菊志先生古稀記念)現代企業法の理論』(信山社,1998 年)592 頁以下;小宮靖毅「1997 年ドイツ株式法改正試案素描——in dubio pro libertate」法学新報 104 巻 4 =5 号(1998 年)109 頁以下;佐藤誠二「ドイツにおける1998 年の商法会計法改革」法政研究(静岡大学)5 巻 3 =4 号(2001 年)523 頁以下;高木康衣「ドイツ株式法 147 条とその改正案について」比較法雑誌 38 巻 1 号(2004 年)142 頁以下参照。

〔14〕 Kirchwehm, Reformen der Corporate Governance in Japan und Deutschland, Frankfurt a. M. 2010, S. 68.

〔15〕 关于该监督系统的构筑义务之沿革,小宮靖毅「法遵守体制と"二層式"制度——モニタリングモデル受容の一過程を考える小論」明治学院論叢(法学研究)73 号(2002 年)84 頁以下参照。

〔16〕 关于复数表决权股份的沿革,加藤修「複数議決権株式」法学研究(慶応義塾大学)66 巻 1 号(1993 年)82 頁以下。关于废止复数表决权股份的详细内容,加藤貴仁『株主間の議決権配分——一株一議決権の機能と限界』(商事法務,2007 年)392 頁以下参照。

句)[17];(5)引入股票期权制度(德国《股份法》第 192 条第 2 款第 3 项)[18]等。

2001 年 1 月 18 日德国制定《关于简化记名股票和表决权行使的法律》(NaStraG),[19]为了普及记名股票和应对股东大会实务中的 IT 技术作出了相应修改。[20] 其中,重要的修改点有如下 3 点:(1)股东名册(Aktienbuch)称为股东登记(Aktienregister)(德国《股份法》第 67 条),应对通过网络变更股东名义的实务操作不再要求书面操作;(2)变更名义时无须提供股票,记名股票的权利转移可以通过通知或证明进行登记(德国《股份法》第 67 条第 3 款);(3)允许表决权由公司指定的代理人来行使[21](德国《股份法》第 134 条第 3 款第 3 句)。

3. 公司法专家小组报告书

2000 年在里斯本召开的欧洲首脑会谈作出决议,对欧洲经济进行根本性改革,以寻求到 2010 年为止将欧盟发展成世界上最有竞争

---

〔17〕 加藤貴仁『株主間の議決権配分——一株一議決権の機能と限界』393 頁以下。

〔18〕 黒石英毅「コントラ法によるドイツのストック、オプション制度の概要」比較法雑誌 34 巻 2 号(2000 年)170 頁以下。

〔19〕 Gesetz zur Namensaktie und zur Erleichterung der Stimmrechtsausübung vom 18.1.2001, BGBl. I S.123. 吉田夏彦「インターネットによる議決権行使の簡易化——ドイツ記名株式法(NaStraG)案の概要」憲法論叢 7 号(2000 年)63 頁以下参照。

〔20〕 Seibert, Aktienrechtsnovelle NastraG in Kraft-Übersicht über das Gesetz und Auszüge aus dem Bericht des Rechtsausschusses, ZIP 2001, 53 ff.

〔21〕 Noack, Stimmrechtvertretung in der Hauptversammlung nach NaStraG, ZIP 2001, 61 f. 小柿徳武「ドイツにおける株主総会に関する規整」森本滋編著『比較会社法研究』(商事法務,2003 年)150 頁以下参照。

力的经济市场的途径。这次2000年的欧盟里斯本会议之后,德国《股份公司法》的欧洲化发展十分迅速。[22]

为推动欧盟企业并购指令的制定,且促进欧洲公司法的合理化及现代化,欧盟境内的市场管辖机关的委员弗里茨·博尔克斯坦(Frits Bolkestein)在2001年9月上旬设置了由欧洲代表性的公司法学者和实务家构成的小组。这一公司法专家高级小组的目的是:不考虑欧盟各国已存在的政治纷争,对未来公司规制领域的欧盟法制定提出中立妥当的提案。2001年1月10日,公司法专家高级小组在布鲁塞尔发表了第一次报告书。该报告书约有100多页,名称为《公司法专家高级小组就有关要约收购问题的报告书》[23]。

2002年10月4日,公司法专家高级小组提出了第二次报告书。该报告书名称为《公司法专家高级小组关于欧洲公司法现代化的立

---

〔22〕 ハラルド・バウム、早川勝=久保寛展訳「ヨーロッパ買収法および会社法の改正に関する『会社法専門家ハイレベル、グループ』の提案」ワールド、ワイド、ビジネス、レビュー(同志社大学)5巻1号(2003年)104頁以下参照。

〔23〕 Report of High Level Group of Company Law Experts on Issues Related to Takeover Bids (Jan. 10, 2002) available at http://ec. europa. eu/internal_market/company/docs/takeoverbids/2002 – 01 – hlg-report_en. pdf (last visited Feb. 20, 2017). 关于该报告书,バウム・前掲注(22)ワールド、ワイド、ビジネス、レビュー5巻1号107頁以下;尾形祥「スウェーデン公開買付法におけるブレイクスルー・ルールの法的問題(2・完)——出資と支配の比例性の原則に抵抗する理由を中心として」高崎経済大学論集55巻3号(2013年)132頁以下;飯田秀総「公開買付規制における対象会社株主の保護」法学協会雑誌123巻5号(2006年)989頁参照。

法构造之报告书》,[24] 加上补遗共有 161 页。克劳斯·霍普特(Klaus J. Hopt)作为德国的公司法专家高级小组的代表成员在该报告书的编制中发挥了重要作用。该报告书中,将欧洲公司法今后的发展道路用"公司法的现代化"进行表述。该报告书提出以下关于欧洲各国 21 世纪公司法发展的方针:(1)应该把公司从立法上分为上市公司("Listed" Company)、公众公司("Open" Company)、封闭公司("Open" Company),分别加以规制;(2)应该废除回购公司中的自己股份 10% 的规制;(3)应该探讨是否参照美国法废除资本金制度,通过瑞士偿付能力测试(Swiss Solvency Test)来分配收益;(4)将欧洲私人公司(European Private Company,EPC)作为一种欧盟固有的公司形态引入公司法;(5)应该让通过互联网向股东提供信息以及股东通过互联网行使表决权成为可能;(6)公司应该有权自由选择欧洲股份公司中的一元制或二元制的公司治理模式;(7)关于利益冲突的危险性特别高的薪酬、管理层成员的提名案,以及财务报表,不应由业务执行机关决定,而应只由多个受委托监查的独立机关成员来决定。如果不能达成,至少应公开相关事宜,且应说明理由(comply

---

〔24〕 Report of High Level Group of Company Law Experts on Modern Regulatory Framework for Company Law in Europe(Nov. 4, 2002) available at http://www.ecgi.org/publications/documents/report_en.pdf(last visited Feb.20, 2017).关于该报告,バウム·前掲注(22)ワールド·ワイド、ビジネス、レビュー5巻1号111頁以下;ハンノ·メルクト、小柿徳武=守矢健一訳「ドイツにおける株式法の改正:基本方針および基本傾向」松本博之=西谷敏=守矢健一編『団体、組織と法』(信山社,2006年)107頁参照。

or explain,遵循或解释)等。[25]

2001年12月20日德国《关于规制有价证券之取得以及以企业收购为目的要约收购的法律》[26]正式生效。该法律的目的在于制定规制上市公司之要约收购的德国《关于有价证券之取得以及收购的法律》(WpÜG)[27](以下简称德国《企业收购法》)和在《股份法》[28]

---

〔25〕 Report of High Level Group of Company Law Experts on Modern Regulatory Framework for Company Law in Europe (Nov. 4, 2002), S. 34 ff.

〔26〕 Gesetz zur Regelung von öffentlichen Angeboten zum Erwerb von Wertpapieren und von Unternehmensübernahmen vom 20. 12. 2001, BGBl. I S. 3822. 该法律的日语翻译有,早川勝「ドイツ株式公開買付規制の新展開」同志社法学54巻1号(2002年)355頁以下。而该法律2007年1月5日修改后的条文翻译有,早川勝「ドイツ有価証券取得法と公開買付法(試訳)」同志社法学59巻4号(2007年)175頁以下;佐藤文彦「ドイツ改正『有価証券取得及び支配獲得法』(試訳)」獨協ロー、ジャーナル3号(2008年)125頁以下。关于该法律的详细内容,池田良一「ドイツ『企業買収法』の導入とEU『企業買収指令』合意に向けての再スタート」国際商事法務30巻9号(2002年)1197頁以下。

〔27〕 Wertpapiererwerbs-und Übernahmegesetz (WpÜG) vom 20. 12. 2001, BGBl. I S. 3822. 关于德国要约收购规制的概要,加藤貴仁「ドイツの企業結合形成過程に関する規制」商事法務1832号(2008年)19頁以下;クリスティアン、トライヒェル、フローリアン、ヴァーグナー「EU企業買収指令とドイツ企業買収法」国際商事法務33巻11号(2005年)1499頁以下;佐藤文彦「ドイツ有価証券取得及び支配獲得法(WpÜG)と敵対的企業買収における将来の局外株主の利益保護」獨協法学58号(2002年)78頁以下。还有2001年德国《企业收购法》的政府草案理由书,收录于Pötzsch, Das neue Übernahmerecht: Einführung, Texte, Materialien, Köln 2002。

〔28〕 关于2001年《股份法》中新规定的排挤少数派股东之规制的概要,福島洋尚「株式会社法における少数派株主の締め出し制度——ドイツ株式法を中心として」柴田和史=野田博編著『会社法の現代的課題』(法政大学出版局,2004年)200頁以下;齊藤真紀「ドイツにおける少数株主締め出し規整(1)(2・完)」法学論叢155巻5号(2004年)1頁以下、155巻6号(2004年)38頁以下;加藤・前揭注(27)商事法務1832号21頁以下;伊藤靖史「少数株主の締出しに関する規制のあり方について——ドイツにおける少数株主締出制度を参考に」同志社法学56巻4号(2004年)74頁以下;寺前慎太郎「ドイツ株式法上の締出しをめぐる近時の動向(1)」信州大学経法論集1号(2017年)445頁以下。

中创设排挤少数派股东之条款(德国《股份法》第 327a 条至第 327f 条)[29]。

4. 德国《企业透明度及披露法》等

2002 年 7 月 19 日,德国《企业透明度及披露法》(TransPuG)[30]正式生效。该法将 2001 年 7 月由德国联邦政府设置的公司治理、企业经营、企业统治、股份法之现代化委员会,即鲍姆斯委员会(Baums-Kommission)的提案[31]中立法紧急性高且争论较少的内容加以整理并立法。此次修改最重要的是引入了德

〔29〕 ドイツ企業買収法の制定過程については、关于德国企业收购法的制定过程, vgl. Hirte, in: Hirte/von Bülow (Hrsg.), Kölner Kommentar zum WpÜG, 2. Aufl., Köln 2010, Einl. Rdnr. 35 ff;早川勝「ドイツ株式公開買付規制の新展開」同志社法学 54 巻 1 号(2002 年)346 頁以下;野田輝久「EUとドイツにおける株式公開買付規制」青山法学論集 40 巻 2 号(1998 年)60 頁;牧真理子「ドイツ企業買収法における経営管理者の中立義務と例外規定」GEMCジャーナル5 号(2011 年)142 頁。

〔30〕 正式名称为《为促进透明化和公开化对股份法以及财务会计法进一步改革的法律》, Gesetz zur weiteren Reform des Aktien-und Bilanzrechts, zu Transparenz und Publizität (Transparenz-und Publizitätsgesetz) vom 19.7.2002, BGBl. I S. 2681。关于该法律, Hirte, Das Transparenz-und Publizitätsgesetz, München 2003, S. 1 ff; Strunk/Kolaschnik, TransPuG und Corporate Governance Kodex, Berlin 2003, S. 1 ff;ヘリベルト・ヒルテ、高橋英治=清水円香訳「ドイツおよびヨーロッパにおけるコーポレート・ガバナンスと会社法改正(1)」法学雑誌 51 巻 1 号(2004 年)304 頁以下。

〔31〕 Baums, Bericht der Regierungskommission Corporate Governance: Unternehmensführung, Unternehmenskontrolle, Modernisierung des Aktienrechts, Köln 2001, S. 9 ff.

国《公司治理准则》[32](Deutscher Corporate Governance Kodex)。该准则是德国联邦司法部任命的准则制定委员会于 2002 年 1 月 23 日决议通过的。[33] 该准则,就像其法律性质经常被称为软法所象征的一样,是公司法上一种新的立法技术。[34] 该准则的规定基于效力可分为 3 个部分,即(1)说明现行法的规定;(2)使用“soll”(应当)之表现的劝告性规定;(3)使用“sollte”(期待)或者“kann”(可以)之表现的建议性规定。[35] 公司可以不遵循(2)之劝告,但必须说明并披露相关事宜(comply or explain,遵循或解释,德国《股份法》第 161

〔32〕 关于德国《公司治理准则》,小柿德武「ドイツにおける会社法改正の動向」森本滋編著『比較会社法研究——21 世紀の会社法制を模索して』(商事法務,2003 年)61 頁以下;正井章筰『ドイツのコーポレート・ガバナンス』290 頁以下;早川勝「ドイツにおけるコーポレート、ガバナンス基準の策定」同志社法学 54 巻 2 号(2002 年)246 頁以下;中川美佐子「ドイツにおけるコーポレート、ガバナンスに関する1 考察——ドイツ企業統治規範を中心として(上)(下)」国際商事法務 32 巻 6 号(2004 年)707 頁以下、32 巻 7 号(2004 年)873 頁以下;舩津浩司「ドイツのコーポレートガバナンスコード」日本取引所金融商品取引法研究 3 号(2016 年)55 頁以下参照。德国《公司治理准则》自 2002 年制定以来多次修改。最新版为 2017 年 2 月 7 日的修改版。2016 年 1 月 1 日的德国《公司治理准则》的注释书有,Kremer/Bachmann/Lutter/v. Weber, Deutscher Corporate Governance Kodex, Kodex-Kommentar, 6. Aufl., München 2016 。

〔33〕 关于德国《公司治理准则》的成立背景介绍,vgl. Kremer/Bachmann/Lutter/v. Weber, Deutscher Corporate Governance Kodex, Kodex-Kommentar, 6. Aufl., S. 17 ff。

〔34〕 Windbichler, Gesellschaftsrecht, 24. Aufl., München 2017, S. 301。

〔35〕 2014 年 6 月 24 日的德国《公司治理准则》中,“sollte”的规定有 6 项[舩津·前揭注(32)日本取引所金融商品取引法研究 3 号 60 頁]。

条)。[36] 而公司不符合(3)之规定时也并没有报告义务。[37]

德国《企业透明度及披露法》除引入以上准则外,还规定以下几点:(1)通过纸媒公开公司公告时,公司有义务在德国电子版联邦法律公报(elektronischer Bundesanzeiger)上刊载(德国《股份法》第25条)。(2)旧法规定,公司章程或监事会"可以规定"关于特定种类的业务必须经监事会同意才能进行。而新法中则变更为"必须规定",公司有义务根据公司规模和行业类别规定必须经监事会同意的事项(德国《股份法》第111条第4款第2句)。(3)充实了向监事会提供信息的相关规则(德国《股份法》第90条第1款第1项,同条第3款第2句,同条第4款第2句)。(4)为了与(3)对应,明文规定监事会成员的保密义务[38](德国《股份法》第116条第2句)。

---

〔36〕 这个"soll"规定(劝告性规定)明确,上市公司的董事和监事会必须说明每年是否遵守了准则中的劝告、以后是否遵守、遵守了哪些劝告规定,或没有遵守的理由等(德国《股份法》第161条第1款)。以上说明必须在公司官网的网页上公布,使一般公众任何时间都可以访问(德国《股份法》第161条第2款)。关于德国《股份法》第161条规定的企业的应对宣言,vgl. Radke, Die Entsprechenserklärung zum Deutschen Corporate Governance Kodex nach §161 AktG, Frankfurt a. M. 2004, S. 69 ff.。关于德国《股份法》第161条所规定的企业应对宣言的2003年度实情调查,久保寛展「ドイツ株式法161条における企業の対応宣言(Entsprechungserklärung)の現状について」福岡大学法学論叢50巻1号(2005年)55頁以下参照。

〔37〕 Ringleb in: Ringleb/Kremer/Lutter/v. Werder, Kommentar zum Deutschen Corporate Governance Kodex, 1. Aufl., München 2003, Vorbem. 34 ff.; Kirchner, Regulierung durch Unternehmensführungskodizes (Code of Corporate Governance), in: Ballwieser (Hrsg.), BWL und Regulierung, zfbf Sonderheft 48(2002), S. 106.

〔38〕 Lutter, Information und Vertraulichkeit im Aufsichtsrat, 3. Aufl., Köln 2006, S. 2.

2005 年 8 月 3 日,德国《董事薪酬披露法》(VorstOG)[39]生效。该法律规定年度决算以及合并结算的附注中必须对各个董事的薪酬进行披露(德国《商法典》第 285 条第 9 项)。但如果公司股东大会通过 3/4[40]多数决决议不对公司各个董事薪酬的情况进行披露,该公司可最长 5 年不进行个别披露(德国《商法典》第 285 条第 5 款)。

制定德国《董事薪酬披露法》的直接契机是欧盟委员会在 2004 年 12 月 14 日出台的《关于上市公司董事薪酬合理化规制的建议》。[41] 在该建议中,欧盟委员会向欧盟各成员国提议:"该会计年度内董事个人所获得的薪酬以及其他利益应全部在年度会计报表或其附注中,或者于适当的场合在薪酬报告书中详细披露(该建议第 5.1 条)。"

---

〔39〕 Gesetz über die Offenlegung der Vorstandsvergütungen (Vorstandsvergütungs-Offenlegungsgesetz-VorstOG) vom 3. 8. 2005, BGBl. I S. 2267。关于该法律,野田輝久「ドイツにおける取締役報酬の開示規制」尾崎安央 = 川島いづみ編集委員『(石川卓磨先生 = 上村達男先生還暦記念)比較企業法の現在——その理論と課題』(成文堂,2011 年)61 頁以下;高橋英治 = 山口幸代「EUにおける企業法制改革の最新動向——行動計画の実現過程およびドイツの改革状況〔下〕」国際商事法務 34 巻 4 号(2006 年)448 頁以下参照。

〔40〕 1965 年德国《股份法》中,股份公司的股东大会 3/4 多数决之决议,不是指行使表决权的 3/4 以上而通过的决议,而是指代表资本金的 3/4 以上的多数通过的决议(参见 1965 年德国《股份法》第 179 条第 2 项第 1 句以外; vgl. Hüffer/Koch, Aktiengesetz, 12. Aufl., München 2016, § 179 Rdnr. 1)。在本书中,股份公司股东大会决议中,由代表资本金的股份的 3/4 以上的多数(特别多数)表决通过的决议,称为"3/4 多数决"。

〔41〕 Commssion Recommendation of 14 December 2004 forstering an appropriate regime for the remuneration of directors of listed companies (2004/913/EC). 关于该欧盟委员会建议,菊田秀雄「EUにおける取締役報酬規制改革——EU 委員会による勧告を中心に」早稲田大学大学院法研論集 115 号(2005 年)296 頁以下参照。

2005 年 9 月 22 日，德国《有关企业一体化和对撤销权进行现代化改造的法律》(UMAG)[42]生效。该法律的重点是引进追究董事责任的股东代表诉讼制度[43]、明文规定经营判断原则，[44]也对防止滥

---

〔42〕 Gesetz zur Unternehmensintegrität und Modernisierung des Anfechtungsrechts (UMAG) vom 22. 9. 2005, BGBl. I S. 2802. UMAG 政府草案收录于 Regierungsentwurf eines Gesetzes zur Unternehmensintegrität und Modernisierung des Anfechtungsrechts (UMAG), ZIP 2004, 2455 ff。关于 UMAG, vgl. Koch, Das Gesetz zur Unternehmensintegrität und Modernisierung des Anfechtungsrechts (UMAG), ZGR 2006, 769 ff; Wilsing, Neuerungen des UMAG für die aktienrechtliche Beratungspraxis, ZIP 2004, 1082 ff; Kirchwehm, Reformen der Corporate Governance in Japan und Deutschland, Frankfurt a. M. 2010, S. 75 ff。关于 UMAG 的日语文献，ジェラルド・シュピンドラー、久保寛展 = 早川勝訳『ドイツにおけるコーポレート、ガバナンス——「企業の健全性および総会決議取消に関する法規制の現代化に関する法律(UMAG)」による変更』同志社法学 58 巻 1 号(2006 年)293 頁以下；藤嶋肇『株主総会決議取消手続の現代化——「企業の誠実性及び取消権の現代化のための法律(UMAG)」の成立』大阪経大論集 56 巻 6 号(2006 年)153 頁以下；久保寛展「株主総会決議に対する濫訴防止の可能性——ドイツにおけるUMAG 草案による措置を中心として」福岡大学法学論叢 49 巻 3 =4 号(2005 年)385 頁以下；高橋英治『ドイツと日本における株式会社法の改革——コーポレート、ガバナンスと企業結合法制』(商事法務, 2007 年)233 頁以下参照。

〔43〕 关于通过《有关企业一体化和对撤销权进行现代化改造的法律》(UMAG)引入的股东代表诉讼，高橋均『株主代表訴訟の理論と制度改正の課題』(同文舘, 2008 年)198 頁以下；周劍龍「ドイツ株式法における株主代表訴訟」早川勝 = 正井章筰 = 神作裕之 = 高橋英治編『ドイツ会社法・資本市場法研究』(中央経済社, 2016 年)395 頁以下；松井秀征「ドイツにおける株式会社法制の運用実態とわが国への示唆〔上〕」商事法務 1941 号(2011 年)29 頁参照。

〔44〕 关于通过《有关企业一体化和对撤销权进行现代化改造的法律》(UMAG)明文化规定的经营判断原则的日语文献，内藤裕貴「経営判断原則の再考(1)~(3・完)」早稲田大学大学院法研論集 153 号(2015 年)219 頁以下、154 号(2015 年)183 頁以下、155 号(2015 年)225 頁以下；高橋英治『会社法の継受と収斂』(有斐閣, 2016 年)345 頁以下；マルクス、ロート、早川勝訳「ドイツの経営判断原則と取締役の責任の追及——ドイツ株式法の近時の改正」ワールド、ワイド、ビジネス、レビュー(同志社大学)7 巻 2 号(2006 年)105 頁以下参照。

用股东大会撤销诉讼进行了相应修改。

2008 年 10 月 23 日,《对有限责任公司法进行现代化改革和反滥用的法律》(MoMiG)[45]生效。该法律主要对德国《有限责任公司法》进行了修改,但同时对德国《股份法》中股东贷款[46]等问题(德国《股份法》第 57 条第 1 款第 4 句)进行了修改。

2009 年 7 月 31 日德国《债券法》(SchVG)[47](以下简称 2009 年德国《债券法》)生效。该法律不仅适用于公司发行债券的场合,同时适用于联邦、联邦特殊财产、州县市镇作为债务人发行公共债务等的场合(2009 年德国《债券法》第 1 条第 2 款)。2009 年德国《债券法》全面修改了 1899 年 12 月 4 日的德国《债券法》,[48]作为一项新的法律立法。其立法目的在于,在公司债券债务人濒临破产时,在不太晚的时期让债券债权人集体放弃债权,以此促进债务人重建[49]

[45] Gesetz zur Modernisierung des GmbH-Rechts und zur Bekämpfung von Missbrauchen vom 23. 10. 2008, BGBl. I S. 2026. 关于通过 MoMiG 的有限责任公司股东贷款的修改,增田友樹「ドイツにおける社員貸付けに対する規律付け」同志社法学 68 巻 2 号(2016 年)67 頁以下参照。

[46] 关于股东贷款,高橋英治『ドイツ会社法概説』(有斐閣,2012 年)296 頁以下参照。

[47] Gesetz über Schuldverschreibungen aus Gesamtemissionen (Schuldverschreibungsgesetz-SchVG) vom 31. Juli 2009, BGBl. IS. 1693.

[48] Gesetz, betreffend die gemeinsamen Rechte der Besitzer von Schuldverschreibungen von 4. Dezember 1899, Deutsches Reichsgesetzblatt Band 1899, Nr. 47, S. 691 – 698.

[49] Gesetzentwurf der Bundesregierung, Entwurf eines Gesetzes zur Neuregelung der Rechtsverhältnisse bei Schuldverschreibungen aus Gesamtemissionen und zur verbesserten Durchsetzbarkeit von Ansprüchen von Anlegern auf Falschberatung, BT-Drs. 16/12814, S. 13; Hopt/Seibt, in: Hopt/Seibt (Hrsg.), Schuldverschreibungsrecht, Köln 2017, S. 1.

(2009年德国《债券法》第19条)。为了达到这个立法目的,2009年德国《债券法》使公司债券债权人能够收集完整且适当的信息(2009年德国《债券法》第16条、第17条),赋予债权人自由决定权。该法规定,公司债券债权人通过多数决[50]可以决定公司债券债务的延期支付或放弃债权,可以采用债转股(Debt Equity Swap)或混合型债券(Debt Hybrid Swap)等措施(2009年德国《债券法》第5条)。

2009年7月30日,德国《有关实行股东权利指令的法律》(ARUG)[51]生效。该法律主要是将欧盟2007年7月11日的《股东权指令》[52]进行内国法化的法律,其目的在于更加便于股东行使表决权、质询权等权利。根据该法,通过章程规定,股东可以通过电子通信方法行使表决权(德国《股份法》第118条第2款)。

---

〔50〕 关于公司债权人的多数决和少数派的保护,vgl. Hans-Gert Vogel, Der Rechtsschutz des Schuldverschreibungsgläubigers, in: Baums, Das neue Schuldverschreibungsrecht, Berlin 2013, S. 41。

〔51〕 Gesetz zur Umsetzung der Aktionärsrechterichtlinie vom 30. 7. 2009, BGBl. I S. 2479.

〔52〕 Aktionärsrechte-Richtlinie 2007/36/EG vom 11. 7. 2007.《股东权指令》收录在Grundmann/Riesenhuber (Hrsg.), Textsammlung Europäisches Privatrecht, Vertrags-und Schuldrecht, Arbeitsrecht, Gesellschaftsrecht, Berlin 2009, S. 576 ff。《股东权指令》的日语译著有,正井章筰「EUにおける株主の権利指令」早稲田法学84巻4号(2009年)179頁以下。关于《股东权指令》,正井章筰「EUにおける株主の権利指令について——ドイツと日本の制度との比較において」早稲田法学84巻4号(2009年)19頁以下;川瀬裕司「EUにおける株主の権利指令の制定過程とその意義(1)——クロス、ボーダー議決権行使のための最小限の基準」早稲田大学大学院法経論集140号(2011年)29頁以下参照。

5. 有关支付董事适当薪酬的法律

2009 年德国《有关支付董事适当薪酬的法律》(VorstAG)[53]生效,明确引入关于董事薪酬的合理性审查。该法律明确规定,监事会有义务考虑董事的业绩等因素来确保董事薪酬的合理性,如果监事会成员决定了不合理的高额董事薪酬则要对公司承担损害赔偿责任,其责任最低额是支付给董事的薪酬金额和合理薪酬金额之间的差额。在世界经济危机的背景下,该法律是为了不让董事薪酬抑制公司长期成长而起草的。德国商法、公司法学家权威卡斯滕·施密特(Karsten Schmidt)教授指出,德国《关于合理调整董事薪酬的法律》是以 2007 年之后的德国金融危机为背景,为应对危机而制定的法律(Kriesengesetz)。[54] 该法对于日本法来说有很多值得参考之处,以下详细论述该法概要。

---

〔53〕 Gesetz zur Angemessenheit der Vorstandsvergütung (VorstAG) vom 31. 7. 2009, BGBl. I S. 2509. 关于该法律,伊藤靖史『経営者の報酬の法的規律』(有斐閣,2013 年)323 頁以下;伊藤靖史「ドイツにおける取締役報酬に関する規律——近年の動向」同志社法学 62 巻 2 号(2010 年)142 頁以下;青竹正一「ドイツと日本における取締役の報酬規制」早川勝 = 正井章筰 = 神作裕之 = 高橋英治編『ドイツ会社法・資本市場法研究』(中央経済社,2016 年)327 頁以下;正井章筰『ドイツにおけるコーポレート、ガバナンス強化への取組み(上)(下)——「取締役報酬の相当性に関する法律」を中心として』月刊監査役 564 号(2009 年)59 頁以下、565 号(2010 年)82 頁以下;野田輝久「ドイツにおける取締役報酬の実質的相当性について」近畿大学法科大学院論集 7 号(2011 年)53 頁以下;高橋英治『ドイツにおける「取締役報酬の相当性に関する法律」草案の概要——日本法への示唆』商事法務 1873 号(2009 年)72 頁以下。

〔54〕 Karsten Schmidt, in: Karsten Schmidt/Marcus Lutter, AktG, Kommentar, 3. Aufl., Köln 2015, Einleitung Rdnr. 10.

德国《关于合理调整董事薪酬的法律》的中心内容有以下4点：第一，该法律规定，监事会在确定董事薪酬时有义务注意薪酬是否和该董事的业绩相符，是否能够激励董事为了公司持续发展实施长期性经营。也就是说，基于该法律，德国《股份法》第87条第1款第1句规定："监事会在确定各个董事的总收入（薪酬、利益参与、费用补偿、保险金、手续费，如关于新股认购权等薪酬激励的约定以及各种种类的附属性的补贴）时，必须注意该薪酬与董事的职务与业绩、公司的状态以及通常的薪酬有合理关联，而且能够激励董事为了企业持续发展进行长期性经营。"这一规定在决定董事薪酬合理性因素里追加了董事业绩。这是遵循了列举董事个人的业绩作为董事薪酬合理性基准的德国《公司治理准则》（德国《公司治理准则》第4.2.2条第2款第2句）的规定。

第二，德国《关于合理调整董事薪酬的法律》规定，在薪酬确定之后，若公司经营状态恶化使支付已确定的薪酬变得不合理时，监事会有义务削减薪酬的相应额度（德国《股份法》第87条第2款第1句）。2009年修改前的德国《股份法》第87条第2款第1句继承了1937年德国《股份法》第78条第2款，规定在薪酬确定之后，公司状态发生"重大"恶化，而且维持并支付已确定的薪酬会产生"重大的不合理性"时，监事会有义务削减薪酬。而德国《关于合理调整董事薪酬的法律》将这一削减义务的要件更加明确化和严格化。该法律草案理由书称，公司不能分配红利且不得不采取解雇或削减工资等措施时，即满足该法所称的“公司状态恶化”之要件。关于 2009 年修订的德国《股份法》第 87 条第 2 款第 1 句的“支付薪酬不合理时”,虽然典型情况是董事违反义务,但即使没有违反义务,在该董事在任时公司状态恶化、事态的发生归责于该董事时,对该董事的薪酬支付亦有可能不合理。[55]

第三,德国《有关支付董事适当薪酬的法律》规定,监事会成员在决定了不合理的薪酬时,以过多的薪酬和合理薪酬之间的差额为最低损害额度承担损害赔偿责任(德国《股份法》第 116 条第 3 句)。在该规定中,监事会成员的损害赔偿责任是以违反义务为由的一种对公司承担的损害赔偿责任。该法律强调监事会成员在决定薪酬时的注意义务的同时,还规定过多的金额和合理金额的差额为应赔偿的损害额。该法律草案的理由书解释称,即使董事的行为使公司获得利益,该利益也不能用来抵消损失。[56] 这是因为,利益损失相抵消时所考虑的利益必须与侵害结果有相当的因果关系,而且,利益损失相抵消对受害者来说必须合理,符合损害赔偿的目的。而违反法律支付过多的薪酬的事例并不满足以上要件,适用利益损失相抵消并不妥当。

---

〔55〕 Gesetzentwurf der Fraktionen der CDU/CSU und SPD, Entwurf eines Gesetzes zur Angemessenheit der Vorstandsvergütung (VorstAG), BT-Drucks. 16/12278, S. 7.

〔56〕 Gesetzentwurf der Fraktionen der CDU/CSU und SPD, Entwurf eines Gesetzes zur Angemessenheit der Vorstandsvergütung (VorstAG), BT-Drucks. 16/12278, S. 8.

第四,德国《关于合理调整董事薪酬的法律》规定,过去 2 年在上市公司担任过董事者,原则上不能担任监事会成员(德国《股份法》第 100 条第 2 款第 1 句第 4 项)。鉴于有董事经验者能通过监事会对股份公司的指挥机关产生事实上的重大影响,该规定的目的就在于防止过去担任过董事的人通过监事会对股份公司的指挥机关行使影响力。[57]

6. 女性管理层比例的引入等

2015 年 3 月 27 日,《有关私有企业和公有企业中男女平等担任领导职位的法律》[58] 生效。该法律中关于股份公司高级管理人员之女性比例制的规定,在德国和其他欧洲国家中,取得了如下进展。

2003 年起,以挪威为首的多数欧盟国家就已经开始完善相关法律,将上市企业的董事会等机关成员的一定席位分配给女性。[59] 当时,德国《公司治理准则》第 4.1.5 条中规定:"关于公司的管理人员构成,董事应该考虑其多样性,尤其要适当考虑女性的参与。"换言之,该准则第 5.1.2 条第 1 款第 2 句是对监事会的规范,其中规定"在决定董事会成员时,监事会应该考虑……其多样性,尤其是应该对女性的参与适当考虑"。该准则第 5.4.1 条第 2 款也规定,监事会

〔57〕 Hüffer/Koch, Aktiengesetz, 12. Aufl., § 100 Rdnr. 16.

〔58〕 Gesetz für die gleichberechtigte Teilhabe von Frauen und Männern an Führungspositionen in der Privatwirtschaft und im öffentlichen Dienst vom 24. 4. 2015, BGBl. I S. 642.

〔59〕 正井章筰「ドイツにおける女性役員の割当て制——管理者の地位への男女の同権的参加に関する法律について」早川勝＝正井章筰＝神作裕之＝高橋英治編『ドイツ会社法・資本市場法研究』(中央経済社,2016 年)246 頁以下参照。

对其自身构成也应考虑多样性,且应将女性适当参加设立为具体目标。德国联邦家庭事务老人妇女及青年部(Bundesministerium für Familie, Senioren, Frauen und Jugend;BMFSFJ)指示,到2013 年,通过起用女性高管作为企业的自主规制进行运行,将达到整个联邦监事会成员和董事中起用1/3 以上的女性高管作为目标,法律应该对超过一定规模的企业规定其各自设定女性高管的比例,并且公开和实现该比例。[60] 德国联邦家庭事务老人妇女及青年部规定,对女性高管比率没有达到30%的公司或者拒绝公开女性高管比率的公司科以公司法上的制裁。如此一来,起用女性高管就作为德国公司法上的立法课题登场了。

当时德国的法学家对股份公司高管的女性比例制持反对态度。2012 年9 月18 日开始在慕尼黑召开的第六十九届德国法律专家会议经济法分会中,以慕尼黑大学教授马蒂亚斯·哈伯萨克(Mathias Habersack)的鉴定书《企业运营中国家或半国家性的干预》[61] 为基础,关于是否应该采用股份公司高管的女性比例制展开了探讨。马蒂亚斯·哈伯萨克(Mathias Habersack)在其鉴定书中,反对在法律上规定股份公司高管的女性比例制。其理由是,德国法已经以共同

---

〔60〕 Bundesministerium für Familie, Senioren, Frauen und Jugend, Mehr Frauen-Mehr Vielhalt, in:Flexi-Quote und Stufenplan „Frauen und Männer in Führungspositionen“ am 24. 7. 2012(通过文书名检索).

〔61〕 Habersack, Staatliche und halbstaatliche Eingriffe in die Unternehmensführung, Gutachten E zum 69. Deutschen Juristentag, München 2012.

决定的形式实现了监事会成员的多样化,如果在此之上规定监事会成员的女性比例制,有可能妨碍股东选任的自由,监事会成员的女性比例义务化和德国的公司法体系并不协调。[62] 而且,马蒂亚斯·哈伯萨克(Mathias Habersack)同样反对规定董事中必须起用一定比率的女性,他指出,如果在法律上采用相关规制,那么在没有达到该比例的公司中在将来几年的董事候补都会只被女性占据,这会限制对于公司成长非常重要的人事决定。[63]

2012年9月21日第六十九届德国法律专家会议经济法分会的决议中,接受了马蒂亚斯·哈伯萨克(Mathias Habersack)的提案。该决议通过了"德国的立法者和其他欧洲国家的立法者,都不应该在法律上规定监事会以及董事之女性比例"这一决议事项。[64]

对此,2012年12月欧盟委员会颁布的《关于改善上市公司中非业务执行高管的性别平衡的指令案》[65] 规定,到2020年,上市公司非业务执行高管的40%的职位应该分配给女性(该指令案第4条)。

---

〔62〕 Ders., E. 100.

〔63〕 Ders., E. 43. 反对董事中女性比率的法定化文献有,Bachmann, Zur Umsetzung einer Frauenquote im Aufsichtsrat, ZIP 2011, 1138 f。

〔64〕 赞成62票,反对16票,弃权2票。Der Ständige Deputation des Deutschen Juristentages(Hrsg.), Verhandlungen des 69. Deutschen Juristentages München 2012, Band/2 Sitzungsberichte-Diskussion und Beschlussfassung, München 2013, N 229.

〔65〕 Vorschlag für eine Richtlinie des Europäischen Parlaments und des Rates zur Gewährleistung einer ausgewogeneren Vertretung von Frauen und Männern unter den nicht geschäftsführenden Direktoren/Aufsichtsratsmitgliedern börsennotierter Gesellschaften und über damit zusammenhängende Maßnahmen, COM(2012)614 final(通过题目检索).

该规定对于像德国这样的股份公司管理机关采用二元制的成员国,也适用于监事会。2013年11月20日,欧盟议会通过了该指令案。

在德国,2015年3月27日,《关于私有企业和公有企业中男女有同等权利进入管理者席位的法律》成立。该法律就私有企业规定了两点中心内容。第一点是确定上市公司等监事会成员中女性所占比例。也就是说,该法规定,对于适用1976年德国《共同决定法》、1951年《煤炭钢铁共同决定法》以及1956年《共同决定之补充法》之平等的共同决定规定的上市公司,其监事会成员中的女性比例不得少于30%(德国《股份法》第96条第2款第1句)。第二点是让公司设定阶段性的目标值,通过达成该目标值,增加管理层中女性的比例。为了实现这一目的,该法引入了以下两个条款:

条款一:"上市公司或者适用共同决定的公司的监事会,应确定监事会以及董事中女性比例的目标值。在确定目标值之际,女性比例低于30%之时,该目标值不得低于每次已经达到的比例。同时,还必须确定达到目标值的期限。相关期限每次不得超过5年。监事会已经达到第96条第2款规定比例的情况下,只需对董事确定目标值。"〔66〕(德国《股份法》第111条第5款)

〔66〕 关于因《关于私有企业和公有企业中男女有同等权利进入管理者席位的法律》之成立而作出修改的2015年修改《股份法》条文的日语译文,正井章筰「ドイツにおける女性役員の割当て制——管理者の地位への男女の同権的参加に関する法律について」早川勝=正井章筰=神作裕之=高橋英治編『ドイツ会社法、資本市場法研究』(中央経済社,2016年)257頁以下参照。

条款二："上市公司或者适用共同决定的公司的董事，应确定董事以下两个管理层的女性比例。在确定目标值之际，女性比例低于30%之时，该目标值不得低于每次已经达到的比例。同时，还必须确定关于达到目标值的期限。相关期限每次不得超过5年。"（德国《股份法》第76条第4款）

即使股份公司达不到德国《股份法》第111条第5款、第76条第4款的目标值，也不产生法律效果。〔67〕德国的立法者所期待的是，这些规定能够促使公司遵从"遵循或解释"之原则，通过报告、公开目标值增强经营的透明度，在目标没有实现时产生实现目标的社会压力。〔68〕

2011年12月20日，德国联邦政府议会通过了德国联邦司法部部长提出的《2012年〈股份法〉修改》（Aktienrechtsnovelle 2012）。根据该政府草案，2012年德国《股份法》修改的主要目的在于缓和

---

〔67〕 Hüffer/Koch, Aktiengesetz, 12. Aufl., §76 Rdnr. 69, §111 Rdnr. 58; Teichmann/Rüb, Die gesetzliche Geschlechtsquote in der Privatwirtschaft, BB 2015, 903；正井章筰「ドイツにおける女性役員の割当て制——管理者の地位への男女の同権的参加に関する法律について」早川勝＝正井章筰＝神作裕之＝高橋英治編『ドイツ会社法、資本市場法研究』（中央経済社，2016年）260頁。

〔68〕 Gesetzentwurf der Bundesregierung, Entwurf eines Gesetzes für die gleichberechtigte Teilhabe von Frauen und Männern an Führungspositionen in der Privatwirtschaft und im öffentlichen Dienst, BT-Drucksache 18/3784, S. 119 f; Herb, Gesetz für die gleichberechtigte Teilhabe an Führungspositionen-Umsetzung in der Praxis, DB 2015, 970；正井章筰「ドイツにおける女性役員の割当て制——管理者の地位への男女の同権的参加に関する法律について」早川勝＝正井章筰＝神作裕之＝高橋英治編『ドイツ会社法、資本市場法研究』（中央経済社，2016年）261頁。

规制,对优先股进行了修改,同时允许了公司发行有转换权的可转换债券等。[69] 该草案久经周折,作为德国《股份法》(2016 年修正)(Aktienrechtsnovelle 2016),[70] 和其他草案合并在一起才成为成文法。

2016 年德国《股份法》修改的中心内容,有如下 6 点:[71]

第一,作为股份公司融资上的缓和规则策略,除以前就有的无表决权优先股,增加了优先分红等后置的一种新的优先股种类。这种新的优先股种类,在优先分红等未支付之前,持有该优先股的股东享有表决权(德国《股份法》第 140 条第 2 款)。

第二,承认了公司有转换权的可转换公司债券(德国《股份法》第 221 条第 1 款第 1 句)。

第三,作为反恐对策和反洗钱对策,特别针对股份,增设了加强资本增加状况透明化的相关规定。也就是说,股份原则上是记名股份(德国《股份法》第 10 条第 1 款第 1 句)。

第四,从以前开始,监事会成员就有制作报告书的义务,但关于该义务是以法律为依据的,还是以监事会和公司缔结的委托合

---

〔69〕 Gesetzentwurf der Bundesregierung, Entwurf eines Gesetzes zur Änderung des Aktiengesetzes (Aktiennovelle 2012). 关于该政府草案, vgl. Seibert/ Böttcher, Der Regierungsentwurf der Aktienrechtsnovelle 2012, ZIP 2012, 12 ff。分析探讨 2011 年 12 月 20 日决定的 2012 年《股份法》的日语文献有,藤嶋肇「2012 年ドイツ株式法改正法案」大阪経大論集 63 巻 4 号(2012 年)137 頁以下。

〔70〕 Das Gesetz zur Änderung des Aktiengesetzes vom 30. 12. 2015, BGBl. I S. 2565.

〔71〕 Böttcher/Carl Schmidt/Seibert, Die Aktienrechtsnovelle, München 2016, S. 33 ff.

同为基础这一问题，在学界产生了争论。关于地方政府机构(Gebietskörperschaft)向股份公司注入资本并选任或派遣监事的情形，德国《股份法》(2016年修正)作出特殊规定。也就是说，该法规定监事会成员向地方政府机构制作报告书的义务，可以法律、章程或监事会中以文书形式规定的法律行为为基础(德国《股份法》第394条第3句)。

第五，1952年10月11日，德国《企业组织法》规定，监事会成员的1/3必须是劳动者，而根据1994年8月4日的《关于缓和小规模股份公司和股份法规制的法律》，[72]小规模股份公司不适用这个1/3的共同决定规定，所以监事会成员数也可以不是3的倍数。因此，德国《股份法》(2016年修正)规定，除适用德国《1/3参加法》第1条的企业外，监事会成员数可以不是3的倍数(德国《股份法》第95条第2句)。[73]

第六，为消除法律解释上的疑义作出了以下修改。[74] 比如，关于股份公司的公告方法不承认公司公告和德国联邦公报外的方法(删除德国《股份法》第25条第2款)，新规定分配红利请求权自

〔72〕 Gesetz für kleine Aktiengesellschaften und zur Deregulierung des Aktienrechts vom 2.8.1994, BGBl. I S.1961.

〔73〕 "章程可以规定(监事会成员人数。——笔者注)超过3人的一定人数"(德国《股份法》第95条第1句)。

〔74〕 关于详细情况，参见 Böttcher/Carl Schmidt/Seibert, Die Aktienrechtsnovelle, S.47 ff。

“股东大会之后的第一个营业日”起和在第三人之间也产生效力等(德国《股份法》第58条第4项第2句)。

7. 近年欧盟的动向

欧盟在2014年10月22日,根据面向多国籍企业的经济合作与发展组织(Organization for Economic Co-operation and Development, OECD)指南[75]和国际劳工组织(International Labor Office, ILO)的三方宣言,[76]发布欧盟《企业的社会责任指令》,[77]规定公司职员超过500人的大企业,必须就“环境、社会利益、劳动者利益、尊重人权以及根除腐败和收受贿赂”等相关事宜,在管理报告书(Lagebericht)的非财务事项中进行宣言(该指令第19a条)。[78] 欧盟《企业的社会责任指令》第4条规定,到2016年12月6日,欧盟成员国之德国有义务将该指令内国法化。对此,2016年3月11日,德国联邦司法部和消费者保护部对《关于企业的社会责任指令之内国法化的法律参

---

[75] OECD, 2011 Update of the OECD Guidelines for Multinational Enterprises(根据题目检索).

[76] International Labor Office, Tripartite Declaration of Principles Concerning Multinational Enterprises and Social Policy, Geneva 2006(根据题目检索).

[77] Richtlinie 2014/95/EU. 关于该指令, vgl. Spießhofer, Die neue europäische Richtlinie über die Offenlegung nicht finanzieller Informationen-Paradigmenwechsel oder Papiertiger?, NZG 2014, 1281 ff; Voland, Erweiterung der Berichtspflichten für Unternehmen nach der neuen CSR-Richtlinie, DB 2014, 2815 ff。

[78] 作为日本企业实现持续成长的方法,相关德国的企业的社会责任的立法案值得参考。关于这一点,高橋英治「将来の日本のコーポレート・ガバナンスのあり方について——ドイツ法の視点から」月刊監査役657号(2016年)9頁参照。

赞草案》[79]进行公布。[80] 2016年9月21日,政府草案[81]出台。该政府草案试图导入如下规定:上市公司等在管理报告书以及康采恩状况报告书(Konzernlagebericht)中,要对环境、社会利益、劳动者利益、尊重人权以及根除腐败和收受贿赂等非财务事项作出宣言(德国《商法政府草案》第289b条第1款、第289c条第2款、第315c条第1款)。

德国《关于企业的社会责任指令之内国法化的法律》[82]当初预定在2016年公布并生效,从2017年1月1日起的年度决算开始实际适用,[83]可实际是2017年4月11日成立,同月19日生效。该法律中引入了以下规制,即关于环境、社会利益、劳动者利益、尊重人权以及根除腐败和收受贿赂等的宣言,可以作为非财务事项报告书(以下

---

〔79〕 Referentenentwurf des Bundesministeriums der Justiz und für Verbraucherschutz, Entwurf eines Gesetzes zur Stärkung der nichtfinanziellen Berichterstattung der Unternehmen in ihrer Lage-und Konzernlageberichten (CSR-Richtlinie-Umsetzungsgesetz)(通过立法案名称检索).

〔80〕 Müller, Referentenentwurf des CSR-Richtlinie-Umsetzungsgesetzes-wieder eine missglückte 1:1 Umsetzung?, BB 19/2016, Die Erste Seite.

〔81〕 Gesetzentwurf der Bundesregierung, Entwurf des Bundesministeriums der Justiz und für Verbraucherschutz, Entwurf eines Gesetzes zur Stärkung der nichtfinanziellen Berichterstattung der Unternehmen in ihrer Lage-und Konzernlageberichten (CSR-Richtlinie-Umsetzungsgesetz)(通过立法案名称检索).

〔82〕 Das CSR-Richtlinie-Umsetzungsgesetz vom 11.4.2017, BGBl. I 2017, 802. 关于该法律, vgl. Hennrichs, CSR-Umsetzung-Neue Pflichten für Aufsichtsräte, NZG 2017, 841 ff。

〔83〕 Lanfermann, Referentenentwurf des CSR-Richtlinie-Umsetzungsgesetzes sieht Prüfungspflicht für den Aufsichtsrat vor, BB 2016, 1131.

简称企业社会责任报告书),独立于管理报告书制作(2017 年德国《商法典》第 289b 条第 3 款、第 298c 条)。在这种情况下,董事要制作企业社会责任报告书,[84]提交给监事会[德国《股份法》(2017 年修正)第 170 条第 1 款、德国《商法典》(2017 年修正)第 289b 条],监事会对企业社会责任报告书进行检查[德国《股份法》(2017 年修正)第 171 条第 1 款第 3 句、德国《商法典》(2017 年修正)第 289b 条]。一般认为,监事会作为通常的监查业务来检查企业社会责任报告书即可。而监事会若发现企业社会责任报告书中有不正确的地方或和平常不一样的地方,必须对董事或公司职员进行询问调查。[85] 决算监查人也可任意检查企业社会责任报告书。[86]

2011 年 4 月 5 日《未来欧盟公司法反思专家组报告》(Report of the Reflection Group on the Future of EU Company Law)[87]公布。该报告提议:"欧盟委员会应该在欧盟层面开展活动对各国都有益这一共识下讨论是否引入认可企业集团利益的建议性规定。"[88]同时,该

〔84〕 Hennrichs/Pöschke, Die Pflicht des Aufsichtsrats zur Püfung des "CSR-Bericht", NZG 2017, 127.

〔85〕 Hennrichs/Pöschke, NZG 2017, 127.

〔86〕 Hennrichs/Pöschke, NZG 2017, 127.

〔87〕 该小组的成员中,还有德国歌德大学名誉教授西奥多·鲍姆斯(Theodor Baums)、比利时根特大学名誉教授艾迪·威米尔希(Eddy Wymeersch)等人。

〔88〕 Report of the Reflection Group on the Future of EU Company Law, of 5 April 2011, S. 65(根据立法案名称检索).

报告还提议,应该改进关于企业集团信息公开的规制。[89] 对此,2012 年 EU 行动计划书中表明:“欧盟委员会于 2014 年就承认企业集团中的信息披露和企业集团利益之概念发出动议。”[90] 2014 年 4 月 9 日,欧盟委员会发布了关于关联交易(Related Party Transactions)等的《股东权指令修改案》[91] 和《一人有限责任公司指令案》。[92] 前者是有益于 2012 年欧盟行动计划书对于企业集团内交易等的信息公开的内容。后者的目的则在于,通过对一人有限责任公司中一人股东控制权进行规定,使欧盟领域内多国籍企业中康采恩控制者更加容易行使控制权。[93] 前者指令修改案的名称是《关

---

〔89〕 Report of the Reflection Group on the Future of EU Company Law, of 5 April 2011, S. 75.

〔90〕 European Commission, Communication from the Commission to the European Parliament, the Council, the European Economic and Social Committee and the Committee of the Regions, Action Plan: European Company Law and Corporate Governance-a Modern Legal Framework for More Engaged Shareholders and Sustainable Companies, Brussels, XXX COM (2012) 740/2, S. 15(根据立法案名称检索).

〔91〕 关于《股东权指令》,正井・前揭注(52)早稲田法学 84 卷 4 号 19 頁以下参照。

〔92〕 Vorschlag für eine Richtlinie des europäischen Parlaments und des Rates über Gesellschaften mit beschränkter Haftung mit einem einzigen Gesellschafter, COM/2014/0212final - 2014/0120(COD)(根据立法案名称检索).

〔93〕 关于《一人有限责任公司指令案》,高橋英治「ヨーロッパ企業結合法の歴史的転換点——日本法への示唆」国際商事法務 44 卷 4 号(2016 年)579 頁以下。该指令案在承认一人股东对一人公司的指挥权的同时,又规定了一人股东作为“影子董事”的责任。这一构想作为一人公司规制的想法十分明了,对于日本法也很有借鉴意义。

于长期吸引股东以及企业控制的指令案》[94],在欧盟议会上决议通过,2017 年 5 月 17 日改称为《从股东长期参与的观点修改股东权指令之指令》[95]从而正式生效,其中规定了关于关联交易的规定。[96]该规定要求,公司和其关系相近的企业以及自然人之间进行“重要交易”的场合,要公开关于该交易适当性和合理性的报告书(欧盟《股东权指令》第 9c 条第 3 款),而且关于相关重要交易,原则上需要股东大会或监事会的同意(欧盟《股东权指令》第 9c 条第 4 款)。具体怎样的交易是“重要交易”,该指令称,各成员国可以根据对公司和股东产生的危险等多种因素来设定判断标准(欧盟《股东权指令》第 9c 条第 1 款第 2 句)。因为欧盟《股东权指令》第 9c 条第 1 款第 2 句的

---

〔94〕 Legislative Entschließung des Europäischen Parlaments vom 14. März 2017 zu dem Vorschlag für eine Richtlinie des Europäischen Parlaments und des Rates zur Änderung der Richtlinie 2007/36/EG im Hinblick auf die Förderung der langfristigen Einbeziehung der Aktionäre sowie der Richtlinie 2013/34/EU in Bezug auf bestimmte Elemente der Erklärung zur Unternehmensführung(COM(2014)0213 – C7 – 0147/2014 – 2014/0121(COD)).

〔95〕 Richtlinie(EU)2017/828 des Europäischen Parlaments und des Rates vom 17. Mai 2017 zur Änderung der Richtlinie 2007/36/EG im Hinblick auf die Förderung der langfristigen Mitwirkung der Aktionäre, Amtsblatt der Europäischen Union, L 132, Ausgabe in deutscher Sprache, Rechtsvorschriften, 60. Jahrgang 20. Mai 2017, S. 1 ff.

〔96〕 讨论在关于关联交易的指令的影响下,德国法应当如何修改的文献有,Vetter, Regelungsbedarf für Related Party Transactions?, ZHR 179(2015)273 ff;近期的论文有,Spindler/Seidel, Die Zustimmungspflicht bei Related Party Transactions in der konzernrechtlichen Diskussion-Ein Plädozer für die Zuständigkeit des Aufsichtsrats, AG 2017, 169。

存在，德国“霍尔茨米勒（Holzmüller）案”判决[97]和“吉利丁（Gelatine）案”判决[98]确立了规则，即只有母公司将相当于其总资产80%以上的财产转移给子公司时，才需要母公司股东大会决议这一点就无须通过立法确立了。

慕尼黑大学教授马蒂亚斯·哈伯萨克（Mathias Habersack）指出，通过欧盟《股东权指令》，德国《股份法》中的康采恩规制（德国《股份法》第291条以下）德国康采恩法，包括事实型康采恩规制（德国《股份法》第311条以下）在内原则上都不需要变更，[99]但鉴于欧

---

〔97〕 BGHZ 83, 122 „Holzmüller“. 本判决，早川勝「コンツェルンにおける上位会社の局外株主の保護——Holzmüller判決を中心として」産大法学19巻4号（1986年）22頁以下；神作裕之「純粋持株会社における株主保護〔中〕——ドイツ法を中心として」商事法務1430号（1996年）13頁以下；伊藤靖史「子会社の基礎的変更への親会社株主の関与——ドイツにおけるコンツェルン形成・指揮規制に関する議論を参考に」同志社法学51巻2号（1999年）59頁以下；前田重行「持株会社における経営参加権の確保——比較法的観点からの分析」『（田村諄之輔先生古稀記念）企業結合法の現代的課題と展開』（商事法務，2002年）194頁以下；マークス、ルッター＝木内宜彦編著『日独会社法の展開』（中央大学出版会，1988年）188頁以下；松浦寛「株式会社における業務執行権の制限について——いわゆるホルツミュラー判決を中心として」明治大学短期大学紀要39号（1986年）3頁以下参照。

〔98〕 BGHZ 159, 30 „Gelatine I“. 关于本判决，舩津浩司『「グループ経営」の義務と責任』（商事法務，2010年）20頁以下；舩津浩司「ドイツの親会社保護」森本滋編著『企業結合法の総合的研究』（商事法務，2009年）300頁以下参照。同时，关于“Gelatine案”判决（BGH NJW 2004, 1860 = ZIP 2004, 993 = NZG 2004, 571 „Gelatine“）早川勝「持株会社による事業統合の問題点」判例タイムズ1158号（2004年）143頁以下；高橋英治『ドイツと日本における株式会社法の改革——コーポレート、ガバナンスと企業結合法制』143頁以下参照。

〔99〕 Habersack, Aktienkonzernrecht-Bestandsaufnahme und Perspektiven, AG 2016, 697. 同样的见解有，Hopt, Group of Companies Regulation and Reform Debate in Europe, Lecture at Kyoto University on March 21, 2017, Typoskript, S. 3。

盟《股东权指令》第 9c 条的存在,关于不符合母子公司关系的公司和股东之间一般的重要交易,还是有必要考虑该指令,在德国《股份法》第 311 条内增加规制。[100] 美因茨大学教授德克·费尔泽(Dirk A. Verse)指出,如果包括关联交易在内的指令在今后 1 年内立法,德国康采恩法和已经生效的欧盟《股东权指令》[101] 的成文法一样,必须强化在事实康采恩中对少数派股东的保护。[102] 但是,德克·费尔泽(Dirk A. Verse)也指出,《股东权指令》已有涉及关联交易的相关规制,德国康采恩法没有必要进行全面修改。对此,塔尔德(Tarde)指出,通过欧盟《股东权指令》的国内法化,更加严格要求各个关联交易的公正性,允许延期进行不利益补偿的德国《股份法》第 311 条第 2 款会被删除。[103]

笔者预测,关于控制公司和从属公司之间的关联交易的信息披露问题,虽然有从属报告书(德国《股份法》第 312 条),但该报告书是非公开的,所以德国《股份法》第 311 条应该会作出修改,要求对从属报告书中的控制公司和从属公司之间交易的部分进行披露。马蒂亚斯·哈伯萨克(Mathias Habersack)也指出,有关欧盟《股东权指

---

〔100〕 2017 年 4 月 4 日以及 2017 年 4 月 10 日慕尼黑大学教授马蒂亚斯·哈伯萨克(Mathias Habersack)给笔者的邮件回复内容。

〔101〕 关于欧盟《股东权指令》的日语翻译,正井·前揭注(52)早稲田法学 84 卷 4 号 179 頁以下参照。

〔102〕 2017 年 4 月 12 日美因茨大学教授德克·费尔泽(Dirk A. Verse)给笔者的邮件回复内容。

〔103〕 Tarde, Die verschleiterte Konzernrichtlinie, ZGR 2017, 387.

令》之国内法化的法律草案至今没有公布，所以他自己也只是单纯推测该法律草案中有可能规定从属报告书的信息披露事项。[104]

（二）股份公司法学

1. 弗里德里希·库伯勒(Friedrich Kübler)——德国公司法现代性的教科书

(1)特征

法兰克福大学名誉教授弗里德里希·库伯勒(Friedrich Kübler)的《公司法论》(第1版)于1981年出版，这是一本面向学生的教科书，这一点和前述所介绍的教科书意义有所不同。该著作意识到美国的“法和经济学”，尤其是罗纳德·科斯(Ronald H. Coase)[105]和奥利弗·威廉姆森(Oliver E. Williamson)[106]等所代表的市场和组织经济学，试图明确私有组织的法律构造。在该著作第1版的序言中，弗里德里希·库伯勒(Friedrich Kübler)这样写道：“公司法是关

---

[104] 2018年4月9日慕尼黑大学教授马蒂亚斯·哈伯萨克(Mathias Habersack)给笔者的邮件回复内容。

[105] Ronald H. Coase, *The Firm, the Market, and the Law*, Illinoi 1988. 本书日语译著有ロナルド・H・コース、宮沢健一ほか訳『企業、市場、法』(東洋経済新報社，1994年)。

[106] Oliver E. Williamson, *Markets and Hierarchies: Analyse and Antitrust Implications*, New York, 1975. 本书的日语译著有，O・E・ウィリアムソン、浅沼萬里＝岩崎晃訳『市場と企業組織』(日本評論社，1980年)。

于私有组织的法律。可以说,文化、经济以及政治体系是通过组织构造的多样化和演变来支持的。而(现在)不仅是私有结合体,以个人为母体的组织关系在不断强化……因此,公司法的目标也逐渐转移到规制具体的政策性制度上。"〔107〕该著作被翻译成西班牙语、中文等,可以说是国际上具有代表性的德国公司法教科书。本书将以2006 年《公司法论》(第 6 版)〔108〕为素材说明其特征。这一版在弗里德里希·库伯勒(Friedrich Kübler)独著的第 5 版基础上加以修改,和图宾根大学名誉教授海因茨－迪特尔·阿斯曼(Heinz-Dieter Assmann)共同著作,在其中考虑了近期公司法发展。

该著作由第一编"基础"、第二编"法形态"、第三编"超越法形态的规制问题"三部分构成。第一编"基础"中,在说明公司法的概念之后,对公司法的历史进行了概述。这一部分试图看清 21 世纪德国公司法发展的方向。美国 20 世纪后期开始的规制缓和之潮流在世界范围普及,主张不需要资本金制度(leaglcapital)。鉴于这一现象,该著作预测,公司债权人保护的规制在德国会有所变化。〔109〕该著作还预测,股东保护的规制也会发生很大变化,德国也会废除很多国家已经废除的新股认购权制度,以美国法为模板的股东代表诉讼

---

〔107〕 Vorwort zur 1. Auflage, in:Kübler/Assmann, Gesellschaftsrecht, 6. Aufl., Heidelberg 2006.

〔108〕 Kübler/Assmann, Gesellschaftsrecht, 6. Aufl., Heidelberg 2006.

〔109〕 Kübler/Assmann, Gesellschaftsrecht, 6. Aufl., Heidelberg 2006, S. 17.

(derivativeaction)将作为股东控制经营者等的方法得以运用。[110] 关于这一追究董事责任的股东代表诉讼的引入,在将该制度通过立法引入的2005年9月22日的《有关企业一体化和对撤销权进行现代化改造的法律》(UMAG)[111]生效之前,作者就已在1999年该著作的第5版(独著)中预测到这一变化。[112]

该著作认为,1994年《关于缓和小规模股份公司和股份法规制的法律》[113]以及1998年《有关加强企业控制和透明度法律》(KonTraG)[114]是面向21世纪德国股份法最初的规制缓和。该著作预测,关于债权人以及股东的保护将来的德国股份公司法会作出重大的构造性改革。[115] 也就是说,关于债权人保护将会废弃德国法传统的资本金制度,也会放松股利分配方法(包括取得自己股份)的相关规则,还有就像承认无面额股份所象征的一样,股份公司的设立、融资会更加简易化,使公司设立和融资更加容易。关于股东保护,该著作同时指出,上市公司中已经有很多公司没有在新股发行时赋予

---

〔110〕 Kübler/Assmann, Gesellschaftsrecht, 6. Aufl., Heidelberg 2006, S. 18.

〔111〕 Gesetz zur Unternehmensintegrität und Modernisierung des Anfechtungsrechts (UMAG) vom 22. 9. 2005, BGBl. I S. 2802.

〔112〕 Kübler, Gesellschaftsrecht, 5. Aufl., Heidelberg 1999, S. 18.

〔113〕 Gesetz für kleine Aktiengesellschaften und zur Deregulierung des Aktienrechts vom 2. 8. 1994, BGBl. I S. 1961.

〔114〕 Gesetz zur Kontrolle und Transparenz im Unternehmensbereich (KonTraG) vom 27. 4. 1998, BGBl. I S. 786.

〔115〕 Kübler/Assmann, Gesellschaftsrecht, 6. Aufl., Heidelberg 2006, S. 17 ff.

现有股东新股认购权。如果着眼于此,德国法关于股东保护看起来将来要走向弱化,但该著作认为,德国法会通过引入美国式的资本市场法制、大股东对少数派股东的诚信义务以及针对董事违法行为的股东代表诉讼制度,强化股东保护。还有,关于学界提出废止论的德国共同决定制度,该著作评价称,该制度为第二次世界大战后成就德国经济急速复兴作出了重大贡献,但同时承认该制度花费较多,而组织的自由性更高的美国式组织机构制度设计在费用这一点上则处于上风,德国经济被世界经济席卷的过程中,共同决定制度是否能继续维持是个很难作答的问题。[116] 笔者将该著作作为 21 世纪德国股份公司法学的代表教科书列举出来,正是因为该著作早在 1981 年就出版了第 1 版,但与其他体系书不同,其大胆预测了 21 世纪德国股份公司法的发展方向。

该著作在第一编“基础”和第二编“法形态”中,将公司(Gesellschaft)从构造上分为属人公司(Körperschaft)和社团。民法上的合伙中,合名公司和合资公司是属人公司的典型,股份公司是社团的典型,假定由很多成员构成。股份公司有以下几点特征:①不因成员的死亡或交替而解散;②有固有名称,关于机关不是通过公司合同而是在章程中规定了详细内容,至少有由董事和由成员构成的两个会议体(董事会和股东大会),特别是成员外的人也可以当董事(第三者机关

[116] Kübler/Assmann, Gesellschaftsrecht, 6. Aufl., Heidelberg 2006, S. 19 f.

制）；③公司决策由多数决决定；④成员事项和社团事项严格分离，公司为法人；⑤成员和社团的关系以及成员相互之间的关系淡薄等。[117] 这种动态的分析方法是该著作的特征，在帮助初学者理解德国公司法复杂体系的同时，也提高了该著作作为公司法理论书的魅力。

（2）内容

关于股份公司，该著作继受了阿喀琉斯·雷纳德（Achilles Renaud）[118] 以来的“社员权论”[119]。根据沃丁格（Würdinger）[120] 的见解，社员权分为由表决权代表的“管理权”和由红利分配请求权代表的财产权。[121] 该著作中，还将“股东相互间的交流”作为一个新的股东权能进行列举。也就是说，多名股东为了满足共同行使少数股东权的条件［比如，得到股东代表诉讼许可的权利（德国《股份法》第142条第2款）］，在德国电子联邦公告[122] 上的“股东论坛”[123] 中进

---

〔117〕 Kübler/Assmann, Gesellschaftsrecht, 6. Aufl., Heidelberg 2006, S. 24 f.

〔118〕 Renaud, Das Recht der Actiengesellschaften, 1. Aufl., Leipzig 1863, S. 72 f.

〔119〕 Kübler/Assmann, Gesellschaftsrecht, 6. Aufl., Heidelberg 2006, S. 196.

〔120〕 Würdinger, Gesellschaften, Zweiter Teil: Recht der Kapitalgesellschaften, Hamburg 1943, S. 38 f; Würdinger, Aktienrecht und das Recht der verbundenen Unternehmen, 4. Aufl., Heidelberg 1981, S. 48 ff.

〔121〕 Kübler/Assmann, Gesellschaftsrecht, 6. Aufl., Heidelberg 2006, S. 197 ff.

〔122〕 相当于电子版的政府公报，高橋英治『ドイツ会社法概説』（有斐閣，2012年）214頁参照。

〔123〕 关于“股东论坛”，久保寛展「株主間のコミュニケーション手段の確立——ドイツにおける株主フォーラム（広場）制度の創設」福岡大学法学論叢51巻1=2号（2006年）1頁以下，高橋英治「ドイツ法における株主代表訴訟の導入——UMAG報告者草案とわが国法制への示唆」商事法務1711号（2004年）16頁以下参照。

行的股东相互间的交流就是一例。2005 年《有关企业一体化和对撤销权进行现代化改造的法律》之《股份法》修改,增加了《股份法》第 128a 条。根据该条规定,股东可以利用德国电子联邦公告的“股东论坛”共同申请或提出要求(德国《股份法》第 128a 条第 1 款),公司可以针对这一网络上的申请在德国电子联邦公告上表明意见(德国《股份法》第 128a 条第 4 款)。从指出这一项新的股东权能这一点来看,也可以看出该著作明确指出了德国股份公司“现代化”的方向,可称为新型的德国公司法的教科书。

该著作根据德国的通说(“分离说”),[124] 区别了董事的“选任”(Bestellung)和“聘用”(Anstellung)。该著作认为,“选任”是指通过董事候补的同意将该人任命为董事的一种公司法上的行为,而“聘用”的基础是监事会代表公司与董事签订的债务合同,董事通过缔结作为债务合同的聘用合同,负有指挥公司业务执行的义务。[125] 聘用合同一般是德国《民法典》第 611 条以下规定的雇佣合同,但是该著作认为,根据判例,董事并非劳动者,而发挥着“雇主的功能”。[126] 然而,该著作又称,聘用合同是长期合同,这一点上和劳动关系相近,当董事因疾病等不能履行聘用合同时,根据德国《民法典》第 326 条第 1 款的规定,聘用合同并不是原始无效,所以公司还必须向董事支付薪酬。

---

〔124〕 高橋英治『ドイツ会社法概説』(有斐閣,2012 年)145 頁以下参照。

〔125〕 Kübler/Assmann, Gesellschaftsrecht, 6. Aufl., S. 201.

〔126〕 这是联邦普通法院的见解(BGHZ 36, 143)。

该著作表明以下观点：首先，从“分离说”的立场出发，作为董事的选任行为在董事任期结束前取消的情况下，聘用合同并非因解聘而自动解除。[127] 其次，根据德国《民法典》第 626 条的规定，聘用合同可以在有重要事由的情况下解除。虽然从德国《民法典》第 626 条文字表面来看，是否可以解除所考虑的因素是聘用合同的当事人之公司和董事双方的利益，但从德国《股份法》来看，公司和股东的利益也很重要。最后，该著作引用判例[128]指出，可以立即对 20 年间一直获得不当的高额薪酬的董事解任，但是考虑其选任期间很长这一点，解除聘用合同必须通过一般的解雇方法来实现。如此，该著作在简短叙述中也大量引用判例，致力向初学者介绍作为私有组织的股份公司之法律秩序的全景。

2. 其他教科书

21 世纪的德国代表性教科书首先是格茨·哈克（Goetz Hueck）的弟子克里斯汀·温德比希勒（Christine Windbichler）的著作《公司法论》（第 24 版），[129]其被指定为德国法学院学生必读的教科书。此外，对公司法进行体系性论述的有卡斯滕·施密特（Karsten Schmidt）的《公司法论》（第 4 版）[130]。该著作不仅面向学生，也是实

---

[127] Kübler/Assmann, Gesellschaftsrecht, 6. Aufl., 203.

[128] BGHZ 20, 249.

[129] Windbichler, Gesellschaftsrecht, 24. Aufl., München 2017.

[130] Karsten Schmidt, Gesellschaftsrecht, 4. Aufl., Köln 2002.

务专家与公司法学者的必读本,具有极高的学术水平。另外,汉堡大学教授黑里贝特·希尔特(Heribert Hirte)是基督教民主联盟(Christlich Demokratische Union Deutschlands,CDU)成员,2017 年德国联邦议会选举中从科隆第二区当选,现在作为德国联邦议会议员活跃在政坛。他所执笔的《资本公司法论》(第 8 版)[131],以资本公司法一般理论的存在为前提,从设立、机关结构、社员权、融资等各事项将有限责任公司的规制和股份公司的规制进行对比并加以解说。而作为企业集团法的体系性书籍,还有著名的经济法学者艾默里奇(Emmerich)和现代德国私法学的代表性学者马蒂亚斯·哈伯萨克(Mathias Habersack)合著的《康采恩法论》(第 10 版)[132]。该著作不仅是学习用的教科书,更属于影响实务和研究的体系性书籍。

其他的教科书,如卡斯滕·谢弗(Carsten Schäfer)的《公司法论》(第 4 版)[133]主要举出案例问题并提示出简单的解答,其因平易的解说广受好评。森格尔(Saenger)的《公司法论》(第 3 版),[134]有比较详细的解说,也有案例问题、解答和重要判例的摘要。格鲁内瓦尔德(Grunewald)的《公司法论》(第 9 版)[135]从判例、通说的立场出发展开通俗易懂的解说,是面向初学者的公司法教科书的代表性著作。

---

[131] Hirte, Kapitalgesellschaftsrecht, 8. Aufl., Köln 2016.

[132] Emmerich/Habersack, Konzernrecht, 10. Aufl., München 2013.

[133] Carsten Schäfer, Gesellschaftsrecht, 4. Aufl., München 2015.

[134] Saenger, Gesellschaftsrecht, 3. Aufl., München 2015.

[135] Grunewald, Gesellschaftsrecht, 9. Aufl., Tübingen 2014.

另外,以初学者为对象的教科书,还有比特(Bitter)和海姆(Heim)的《公司法论》(第3版),[136]该书在概述了公司法整体内容之后,加上了案例问题和解答。而库尔曼(Kuhlmann)和阿尼斯(Ahnis)的《康采恩法——企业重组法论》(第4版)[137]通俗易懂地解说了复杂的德国企业集团法和企业重组法。

21世纪出版的第一版德国股份公司的教科书都是以初学者为对象的著作,可以说学术型"体系书"的著作至今尚未问世。笔者认为有如下背景原因:①为了迎合他们的需求,21世纪的法学部大学生为了国家考试不考虑方法,比起学术性高的体系书,通俗易懂的学习用教科书需求性越来越高;②通晓股份公司法在实务中如何实际操作这一需求越来越高,经济法专业的律师等实务家撰写很多关于《股份法》的相关手册;[138]③为了迎接21世纪(若包括德国《企业治理准则》的修改、《小规模股份法》修改在内),德国每年都修改《股份公司法》,关于股份公司的法律状态很不安定,因此德国公司法学失去了作为学问成熟发展的机会。

---

[136] Bitter/Heim, Gesellschaftsrecht, 3. Aufl., München 2016.

[137] Kuhlmann/Ahnis, Konzern-und Umwandlungsrecht, 4. Aufl., Heidelberg 2016.

[138] 关于《股份公司法》手册性的代表著作有,Henn/Frodermann/Janott (Hrsg.), Handbuch des Aktienrechts, 8. Aufl., Heidelberg 2009;Welf Müller/Thomas Rödder (Hrsg.), Beck'sches Handbuch der AG, 2. Aufl., München 2009; Ziemons/Binnewies, Handbuch Aktiengesellschaft:Gesellschaftsrecht-Steuerrecht, Köln 2016。

(三)对德国《股份法》现代期与股份公司法学的总结和展望

1. 对 21 世纪德国《股份法》现代期的总结

从 1602 年荷兰东印度公司以及 19 世纪前半期股份公司设立采用核准主义中可以看出,在股份公司法的历史初期,国家权力积极介入股份公司的设立。[139] 在德国,已经在 19 世纪后半期对股份公司的设立引入了准则主义,股份公司从设立时的国家监督中解放出来,获得自律性发展。德国在经过 20 世纪的“发展期”,从 20 世纪到 21 世纪的转变期开始,就一直在开展公司法的“现代化”。其特征之一,就是以 1994 年的《关于缓和小规模公司和股份法规制的法律》[140] 为代表的股份公司法的“规制缓和”。这使德国国内股份公司数增加。1892 年德国国内的股份公司有 2143 家,到 2014 年加上股份合资公

---

〔139〕 奥托·吉尔克(Otto Gierke)论道:“在荷兰股份公司最初是1602 年3 月20 日由当时还存在的小型的诸多公司以及诸多商业公司(包括合伙在内)(Maskopeien)的结合通过荷兰议会设立,并赋予其在好望角的对岸专卖性的商业垄断权和很多特权(同盟权、战争权及设立分店权等)。通过国家,荷兰东印度公司作为一个彻底的公司有机地组织起来了”[Otto von Gierke, Das Deutsche Genossenschaftsrecht, Erster Band, Graz 1868, S. 992 f. 日语译文参见オットー・フォン・ギールケ,庄子良男訳『ドイツ団体法論第 1 巻第 4 分冊』(信山社,2015 年)168 頁]。根据奥托·吉尔克(Otto Gierke)的叙述,1602 年荷兰东印度公司设立之际国家曾积极参与。

〔140〕 Gesetz für kleine Aktiengesellschaften und zur Deregulierung des Aktienrechts vom 2. 8. 1994, BGBl. I S. 1961.

司增加到16,292家。[141] 2015年推测德国登记的股份公司数有15,000多家。[142] 到2016年1月1日登记的股份公司和股份合资公司的总数是15,746家,占全部企业数的0.95%。[143] 而德国国内上市公司的总数,在2012年10月时只有761家。[144]

21世纪德国《股份法》的特征是"欧洲化"。2015年,1965年德国《股份法》已制定半个世纪。德克·费尔泽(Dirk A. Verse)在2015年召开的纪念德国《股份法》50周年的祝贺座谈会上以《欧洲影响下的德国》为题演讲。他指出,将来欧盟委员会接纳一元型公司治理的要求会格外强烈,关于《共同决定法》和康采恩法这些德国式的规制应该如何维持或者是应该如何变更这些问题,今后在欧盟其他各国和德国之间都有必要持续进行有建设性的讨论。[145]

"欧洲化"和"规制缓和"加速的背景中还有欧洲国际公司法原

---

〔141〕 Karsten Schmidt, in: Karsten Schmidt/Marcus Lutter (Hrsg.), Aktiengesetz, Kommentar, 3. Aufl., Einleitung Rdnr. 2.

〔142〕 Schäfer, Gesellschaftsrecht, 4. Aufl., München 2015, S. 263.

〔143〕 Windbichler, Gesellschaftsrecht, 24. Aufl., S. 45.

〔144〕 Karsten Schmidt, in: Karsten Schmidt/Marcus Lutter (Hrsg.), Aktiengesetz, Kommentar, 3. Aufl., Einleitung Rdnr. 2.

〔145〕 Verse, 50 Jahre Aktiengesetz-Das deutsche Aktienrecht unter europäischem Einfluss, in: Fleischer/Koch/Kropff/Lutter (Hrsg), 50 Jahre Aktiengesetz, ZGR-Sonderheft 19, Berlin 2016, S. 324.

则的变更。受到欧盟法院3个判例[146]的影响,2008年10月27日德国联邦一般法院摒弃以前的主要营业所在地准据法主义之立场,变更为设立地准据法主义。[147] 根据欧盟法院的3个判例,在欧盟某一国设立公司,适用该国公司法,相关公司在欧盟领域可以依据设立地之成员国的公司法开展经营活动。各成员国为了吸引投资而日益放松管制,采用设立地准据法主义,引发了欧洲的"公司法竞争"。[148] 欧盟为了避免相关现象导致欧盟成员国的公司法秩序"朝底竞争"(race to the bottom),也就是说,为了避免各个成员国的法制降低投资者保护的水平,主要以"指令"等"看得见的法律之手"来对成员国的公司法加以控制。

本书接下来将就在欧盟法的影响下,德国《股份法》将来会如何

---

〔146〕 欧盟法院的3个判例如下,EuGH, Urteil vom 9.3.1999, Rs. C-212/97, Slg. 1999, I 1459 "Centros",该判决的详情,森田果「ヨーロッパ国際会社法の行方(1)」民商法雑誌130巻45号(2004年)782頁以下;中村民雄=須網隆夫編著『EU法基本判例集』〔第2版〕(日本評論社,2010年)〔由布節子〕261頁以下;今野裕之「ECにおける移動の自由の原則とペーパーカンパニーの2次的開業権」国際商事法務29巻6号(2001年)741頁以下;山内惟介「セントロス事件」同『国際会社法研究第1巻』(中央大学出版部,2003年)331頁以下参照。EuGH, Urteil vom 5.11.2002, Rs. C-208/00, Slg. 2002, I 9919 "Überseering",该判决的详情,森田・前掲注(146)民商法雑誌130巻45号785頁以下。EuGH, Urteil vom 30.9.2003, Rs. C-167/01, Slg. 2002, I 607 "Inspire Art",该判决的详情,森田果「ヨーロッパ国際会社法の行方(2・完)」民商法雑誌130巻6号(2004年)1098頁以下;上田廣美「EUにおける開業の自由の原則に関する判例の変遷——インスパイア、アート事件を中心に」奥島孝康=宮島司編『(倉澤康一郎先生古稀記念)商法の歴史と論理』(新青出版,2005年)59頁以下参照。

〔147〕 BGH NJW 2009, 289 "Trabrennbahn".

〔148〕 ダニエル・チマー、高橋英治訳「ヨーロッパにおける会社法の競争」同志社法学59巻4号(2007年)218頁。

修改这一问题,阐述德国代表性的公司法学者的见解。

2. 未来德国《股份法》将如何发展

(1)是否会废除取得库存股的数量限制

首先,学者预测,德国股份公司的融资将会向“规制缓和”和“多样化、灵活化”方向发展。正如公司法专家高级小组第二报告书中的提案所示,[149]是否废除库存股取得规制中10%的限制会是将来德国立法上的争论点。该库存股取得之10%的限制(德国《股份法》第71条第1款第8号)的根据是1976年《第二指令》(2006年修改前)[150]第19条第1款b号的规定,即成员国“可以”规定资本金10%以下的数量限制。2006年修改后的《第二指令》第19条第1款之1中,也维持了将相关数量限制交由各成员国裁量的立场。以马库斯·卢特尔(Marcus Lutter)为中心的德国公司法专家小组[151]反对废除资本金

---

〔149〕 Report of High Level Group of Company Law Experts on Modern Regulatory Framework for Company Law in Europe (Nov. 4, 2002), S. 85.

〔150〕 Zweite Richtlinie vom 13. Dezember 1976 (Kapitalrichtlinie) (77/191/EWG). 1976年《第二指令》(2006年修改前)的条文收录于 Lutter, Europäisches Unternehmensrecht: Grundlagen, Stand und Entwicklung nebst Texten und Materialien zur Rechtsangleichung, 4. Aufl., ZGR-Sonderheft 1, Berlin 1996, S. 114 ff.; Hopt/Wymeersch (Edit.), European Company and Financial Law: Texts and Leading Cases, Oxford 2004, S. 284 ff。有关该指令,森本滋『EC会社法の形成と展開』(商事法務,1984年)103頁以下参照。

〔151〕 Zur Entwicklung des Europäischen Gesellschaftsrechts: Stellungnahme der Arbeitsgruppe Europäisches Gesellschaftsrecht (Group of German Experts on Corporate Law) zum Report of the High Level Group of Corporate Law Experts on a modern Regulatory Framework for Company Law in Europe, ZIP 2003, 863. 这一“德国公司法专家小组”是为了针对向欧盟建议的“公司法专家高级小组”的见解而结成的小组,负责从德国法立场上提出意见。

10% 的框架。其理由是 10% 规制可以防止通过利用取得自己股票来操纵股价的行为。[152] 然而,2006 年修改后的《第二指令》[153] 第 19 条第 1 款之 1 只表明成员国可以维持 10% 以下的数量规制,但是否废除相关数量规制则交由成员国裁量。公司法专家高级小组主张,10% 的数量规制属于过大规制,将来应该废止,但至今为止在德国法上没有出现废除 10% 规制的立法动向。

其次,围绕这一问题,德国学说见解出现了分歧。洪堡大学教授格雷戈尔·巴赫曼(Gregor Bachmann)预测,在德国最近的未来不会出现像废除取得库存股之 10% 的数量限制这样急迫的修改。[154] 相反,洪堡大学教授汉斯 - 彼得·施温托夫斯基(Hans-Peter Schwintowski)则认为,股份公司即使取得 100% 的库存股,也不会有任何障碍。他指出,股份公司即使取得 100% 的库存股,该股份公司只是变成一个“财团”形态,而德国企业形成“财团”的事例在过去 150 年中就已存在,从这一点来看上述行为不会产生法律问题。[155]

---

[152] Stellungnahme der Arbeitsgruppe Europäisches Gesellschaftsrecht, ZIP 2003, 873.

[153] 2006 年修改的《第二指令》收录于 Marcus Lutter/Walter Bayer/Jessica Schmidt, Europäisches Unternehmens-und Kapitalmarktrecht, 5. Aufl., ZGR-Sonderheft 1, Berlin 2012, S. 571 ff; Grundmann/Riesenhuber (Hrsg.), Textsammlung Europäisches Privatrecht, Vertrags-und Schuldrecht, Arbeitsrecht, Gesellschaftsrecht, Berlin 2009, S. 595 ff。

[154] 2017 年 3 月 10 日洪堡大学教授格雷戈尔·巴赫曼(Gregor Bachmann)给笔者的邮件回复内容。

[155] 以上为 2017 年 3 月 10 日洪堡大学教授汉斯 - 彼得·施温托夫斯基(Hans-Peter Schwintowski)给笔者的邮件回复内容。

笔者认为，在融资规制缓和的潮流中，德国废除取得自己股份的数量限制规制会通过欧盟《第二指令》的修改成为现实。

(2)德国股份公司的公司治理欧洲化——引入一元型公司治理结构的可能性

汉斯－彼得·施温托夫斯基(Hans-Peter Schwintowski)认为，2014年4月9日欧盟委员会公布的《股东权指令修改案》[156]展示了德国法近期可以实现的未来设想。他预测：①充实向股东提供信息，引入股东更加容易行使权利的制度结构；[157]②关于董事薪酬的额度和方法，不是由监事会，而是由股东大会决定[158]等。[159]

德国法的"欧洲化"是不是也会涉及《共同决定法》？1976年的《共同决定法》规定，尤其是对于适用同权性共同决定(半数共同决定)的德国上市公司来说，外国企业即使取得该上市公司半数以上的表决权(德国《股份法》第133条)，也只能派遣监事会半数成员。从这一点[160]来看，实际上限制了资本的自由移动(《欧洲联合运营条

---

[156] Vorschlag für eine Richtlinie des Europäischen Parlaments und des Rates zur Änderung der Richtlinie 2007/36/EG im Hinblick auf die Förderung der langfristigen Einbeziehung der Aktionäre sowie der Richtlinie 2013/34/EU in Bezug auf bestimmte Elemente der Erklärung zur Unternehmensführung, Brüssel, den 9. 4. 2014 COM (2014) 213 final, 2014/0121 (COD).

[157] Ders., S. 14.

[158] Ders., S. 16.

[159] 2017年3月10日洪堡大学教授汉斯－彼得·施温托夫斯基(Hans-Peter Schwintowski)给笔者的邮件回复内容。

[160] 高橋英治『ドイツ会社法概説』(有斐閣,2012年)169頁参照。

约》第 63 条、第 64 条)。但是,欧盟法现在的立场是尊重成员国的多样性(补充性原则,参照《欧洲联合运营条约》第 5 条第 3 款),所以欧盟也不会立即逼迫德国放弃同权性共同决定制度。

将来德国股份公司的公司治理体制,将会变成以监事会为前提的二元型和一元型的选择制。如果章程上的主要营业所在地在德国的欧洲股份公司(SE)选择一元型的形态,那么股东大会可以直接选任经营机关的成员(欧洲《股份公司规则》[161] 第 43 条第 3 款),大股东可以兼任经营机关经营会的会长和业务执行董事,和其他两位经营会成员一起经营欧洲股份公司。[162] 因此,将德国作为章程上主要营业所在地,采取欧洲股份公司形态的多数小规模公司和其子公司,都选择了一元型的公司治理体制。[163] 马蒂亚斯·哈伯萨克(Mathias Habersack)鉴于以上欧洲股份公司的经验指出,一元型组织结构对中小股份公司来说是很有意义的选择项,所以在德国股份公司中应该引入一元型和二元型的选择制。[164] 2012 年第六十九届德国法律专家会议经济法分会决议中,通过了应该对所有的股份公司的组织

〔161〕 欧洲《股份公司规则》收录于 Marcus Lutter/Walter Bayer/Jessica Schmidt, Europäisches Unternehmens-und Kapitalmarktrecht, 5. Aufl., ZGR-Sonderheft 1, S. 1551 ff。

〔162〕 高橋英治 = 新津和典「ヨーロッパ会社(SE)法制の現状と課題〔下〕」商事法務 1959 号(2012 年)51 頁。

〔163〕 高橋 = 新津·前揭注(162)商事法務 1959 号 51 頁。

〔164〕 Habersack, Staatliche und halbstaatliche Eingriffe in die Unternehmensführung, Gutachten E zum 69. Deutschen Juristentag, E. 103.

结构引入一元型和二元型的选择制之提案。[165] 对照相关过程，可以说在德国向股份公司选择性引入一元型公司治理体制是不可避免的。[166] 伴随此变化，关于德国的共同决定制度修改之议论也会再次兴起。

马蒂亚斯·哈伯萨克（Mathias Habersack）认为，德国的《共同决定法》的本质还是会被维持的，但正如2009年企业家共同决定研究会[167]中所提出的，其内容在一定程度上会灵活化。2009年企业家共同决定研究会提案称，根据欧洲股份公司的规制，共同决定并不是像现行法一样在满足一定条件的情况下被强制，而是采用"交涉模式"，也就是说，是否引入共同决定由代表股份公司的董事和劳动者组成的特别委员会的交涉来决定。[168]

---

〔165〕 赞成53票、反对26票、弃权5票。Der Ständige Deputation des Deutschen Juristentages (Hrsg.), Verhandlungen des 69. Deutschen Juristentages München 2012, Band/2 Sitzungsberichte-Diskussion und Beschlussfassung, N 234.

〔166〕 赞同引入一元型公司治理的见解有，Reichert, Reformbedarf im Aktienrecht, AG 2016, 681。格雷戈尔·巴赫曼（Gregor Bachmann）认为，从长远来看，德国股份公司中会引入一元型公司治理模式，但在近期的德国的立法上没有引入该模式的预定［2017年3月10日洪堡大学教授格雷戈尔·巴赫曼（Gregor Bachmann）给笔者的邮件回复内容］。

〔167〕 企业家共同决定研究会的成员，有洪堡大学教授格雷戈尔·巴赫曼（Gregor Bachmann）、歌德大学名誉教授西奥多·鲍姆斯（Theodor Baums）、慕尼黑大学教授马蒂亚斯·哈伯萨克（Mathias Habersack）、科隆大学教授马丁·亨斯勒（Martin Henssler）、波恩大学名誉教授马库斯·卢特尔（Marcus Lutter）、基尔大学教授哈特穆特·厄特克（Hartmut Oetker）、海德堡大学名誉教授彼得·乌尔默（Peter Ulmer）。

〔168〕 Arbeitskreis "Unternehmerische Mitbestimmung", Entwurf einer Regelung zur Mitbestimmungsvereinbarung sowie zur Größe des mitbestimmten Aufsichtsrats, ZIP 2009, 886 ff.

在TUI航空事件[169]中,欧盟法院预定作出判决来判定德国的共同决定制度是否对国籍不同的劳动者作出差别性待遇,以及是否侵害了欧盟的基本自由(劳动者的自由移动)。马蒂亚斯·哈伯萨克(Mathias Habersack)和格雷戈尔·巴赫曼(Gregor Bachmann)[170]指出,该判决会给德国的共同决定制度的命运带来影响。

美因茨大学教授德克·费尔泽(Dirk A. Verse)主张,即使在TUI航空事件中,欧盟法院作出判决判定德国的共同决定制度违反欧盟法,德国的立法者也只是采取最低限度的措施来使现在的共同决定制度不违反欧盟法,当今的德国政党也不会积极主动地修改同权性共同决定制度。[171]

汉斯-彼得·施温托夫斯基(Hans-Peter Schwintowski)也认为,同权性共同决定制度在将来也会存续。但是,他同时指出,通过相互持股形成的所谓"德国股份公司"(Deutschland AG)覆灭,受到国际资本市场的压力,德国的股份公司的目标从长期的利益追求逐渐变更为短期的利益追求。从短期的视角出发,为了逃避共同决定制度,德国的股份公司(AG)向欧洲股份公司(SE)进行企业重组的现象会

---

[169] KG, Vorlagebeschluß von 16.10.2015, AG 2015, 872 = KG NZG 2015, 1311. 其他因德国的共同决定制度违反欧盟法而争讼的事件有,OLG Frankfurt a. M. NZG 2016, 1186。

[170] 2017年3月10日洪堡大学教授格雷戈尔·巴赫曼(Gregor Bachmann)给笔者的邮件回复内容。

[171] 2017年4月12日美因茨大学教授德克·费尔泽(Dirk A. Verse)给笔者的邮件回复内容。

日益普遍。[172]

2017年7月18日欧盟法院在TUI航空事件判决[173]中判定,德国公司法律上的共同决定制度中,在德国外的欧盟成员国子公司工作的员工,在德国母公司的监事会成员的选任上没有选举权和被选举权(在德国子公司工作的员工在德国母公司的监事会成员的选任上有选举权和被选举权),这一点与《欧洲联合运营条约》第18条规定的禁止一般差别并不抵触,也不违反《欧洲联合运营条约》第45条规定的劳动者移动的自由。该案是TUI集团顶点的TUI股份公司的股东(原告)以德国《股份法》第98条,外国人在TUI股份公司的监事会成员的选任上无选举权和被选举权,违反欧盟法为由提起的诉讼。柏林地方法院判定,决定TUI股份公司监事会构成的《共同决定法》没有违反欧盟法。[174] 柏林高级法院判定,《共同决定法》有可能违反欧盟法,将该案委托给欧盟法院,[175]请求其作出《共同决定法》是否违反欧盟法的先行判决。负责TUI航空事件的欧盟法院助理首席监察官(Generalanwalt)曾于2017年5月4日得出结论,称德国的

---

[172] 2017年3月10日洪堡大学教授汉斯-彼得·施温托夫斯基(Hans-Peter Schwintowski)给笔者的邮件回复内容。

[173] EuGH, Urteil vom 18.7.2017, C-566/15, Celex-Nr. 62015C0566. 该判决的评论有, Schilha, Anmerkung, EWiR 16/2017, 489 f; Schanze, Die Pluralität der Mitbestimmungslösung in Europa: Kommentar zum EuGH v. 18.7.2017 - C-566/15, ECLI:EU:C:2017:562 - KonradEzberger./. TUI AG, AG 2017 577 ff。

[174] LG Berlin, Beschluß von 1.6.2015, AG 2015, 588 ff.

[175] KG, Vorlagebeschluß von 16.10.2015, AG 2015, 872 f.

共同决定制度既不违反劳动者的移动自由,也不违反禁止以国籍为理由的差别规定。[176]

对 2017 年 7 月 18 日欧盟法院 TUI 航空事件的判决,马蒂亚斯·哈伯萨克(Mathias Habersack)指出,TUI 集团共有 5 万名劳动者,但在德国工作的劳动者只有 1 万名左右,而只有这 1 万名左右的劳动者享有德国母公司监事会成员的选举权和被选举权,其他在德国外的成员国工作的 4 万名 TUI 集团劳动者(外国人)却没有德国母公司监事会成员的选举权和被选举权,这种现状明显不合理。他批判说,TUI 集团的德国母公司或子公司的劳动者调动到在别的欧盟国家的子公司时,在德国共同决定制度之下,该劳动者会失去母公司监事会成员的选举权和被选举权,欧盟法院关于 TUI 航空事件的判决非常不合时宜。[177] 在此之上,马蒂亚斯·哈伯萨克(Mathias Habersack)还指出,欧盟法院不应废止德国的共同决定制度,而是应该对德国外的欧盟国家也开放这一制度。他提出,这一点没有实现,即意味着在欧盟法院 TUI 航空事件判决中,取得胜利的不是民主主义,而是那些反对改革德国共同决定制度,以赋予其他欧盟国家的劳

---

〔176〕 EuGH, Schlussanträge vom 04052017 – Rs. C – 566/15 des Generalanwalts, Konrad Erzberger / TUI AG. 关于这一欧盟法院助理的见解,参见 Stolzenberg, Vereinbarkeit des deutschen Mitbestimmungsgesetzes mit EU-Recht-Schlussanträge des Generalanwalts, DB 2017, 1077。

〔177〕 Habersack, "Germany first"?, NZG 2017, 1022.

动者选择是否参与共同决定制度的人。[178] 同时，他还指出，以该判决为契机，德国的共同决定制度，应该向尊重团体自治、向德国外的欧盟国家的劳动者也能够参与的方向变化。[179]

TUI 航空事件中的原告康拉德·埃茨贝格尔，不是 TUI 集团德国外的在欧盟国家的子公司的劳动者，而是德国 TUI 集团母公司 TUI 股份公司的股东，本身就试图避免德国《共同决定法》的适用而主张德国共同决定制度违反欧盟法。关于这一点，维尔茨堡大学研究欧洲公司法的德国权威教授克里斯托夫·泰希曼（Christoph Teichmann）指出，原告的相关主张侵害国家的立法权限，欧盟法院判决德国《共同决定法》不违反欧盟法是正确的判断，由此围绕德国《共同决定法》的讨论将会告一段落。[180] 克里斯托夫·泰希曼（Christoph Teichmann）称，以此判决为契机，立法者将面临的课题是，德国的《共同决定法》如何在新的阶段一边防止法律规避，一边向灵活化和国际化发展。[181]

笔者认为，通过 TUI 航空事件判决可以明显看出共同决定制度属于欧盟成员国的国内法的裁量范围。在将来，20 世纪 80 年代欧洲放弃引入的那些股份公司组织结构的相关指令，也会像共同决定制

---

[178] Habersack, “Germany first”?, NZG 2017, 1023.

[179] Habersack, “Germany first”?, NZG 2017, 1023.

[180] Teichmann, Atempause für die Mitbestimmung, NJW-aktuell 21/2017, S. 3.

[181] Teichmann, NJW-aktuell 21/2017, S. 3.

度的引入交由成员国选择的方式一样,长期地被探讨下去。

(3)学界对未来德国康采恩法所持观点

有企业集团法的欧盟成员国中,具备企业集团的体系性法典的成员国除德国外只有葡萄牙。而有一部分成文法规定的也只有意大利、波兰、斯洛文尼亚、捷克、匈牙利等少数成员国家。[182] 德国《股份法》中的康采恩规制(德国《股份法》第 291 条以下)是 1965 年德国首次引入的制度。但是,这一德国康采恩法对于在德国设立股份公司来作为子公司的其他欧盟成员国的企业家来说,在保护子公司的少数派股东和债权人上成本很大,实际上有限制营业自由的一面。[183]

那么德国法的"欧洲化",是不是也涉及企业集团法,德国康采恩法将来会向废止的方向发展吗?

欧盟法现在的立场是尊重成员国的多样化(补充性原则,《欧洲联合运营条约》第 5 条第 3 款),因此笔者认为,欧盟不会马上逼迫德国放弃德国康采恩法。[184] 然而值得关注的是,挑起 21 世纪重担的德国青年股份公司法学者对自己国家的股份康采恩法渐渐失去自信

---

〔182〕 Emmerich/Habersack, Konzernrecht, 10. Aufl. , S. 20.

〔183〕 高橋英治『会社法の継受と収斂』(有斐閣,2016 年)409 頁以下参照。

〔184〕 德国康采恩法第一人马蒂亚斯·哈伯萨克(Mathias Habersack)预测,将来德国股份法上的康采恩规制,即使有欧盟关于关联交易的指令的国内法化,契约型康采恩规制和事实型康采恩规制都不会有很大变化(Habersack, Aktienkonzernrecht-Bestandsaufnahme und Perspektiven, AG 2016, 697)。

和骄傲。[185] 他们认为,德国《股份法》第 291 条,尤其是该法第 311 条规定的事实型康采恩规制,因其存在附期限的损失补偿和不公开从属报告书这些规定,对从属公司少数派股东的保护是不充分的。就此,一直到 20 世纪 90 年代,德国反垄断委员会以及德国公司法学者都一直主张为了保护从属公司少数派股东和债权人加强德国的事实型康采恩规制。[186] 但德国并不会在不久的将来主动强化本国事实型康采恩规制(德国《股份法》第 311 条以下)中对从属公司少数派股东和债权人的保护。如果将来通过设立从属公司少数股东对支配企业的补偿请求权规定来强化事实康采恩规制,那也是受 EU 企业结合指令改革之影响。

关于德国康采恩法的未来,德国的见解出现分立。德国康采恩法研究的第一人——慕尼黑大学教授马蒂亚斯·哈伯萨克(Mathias Habersack)认为,德国康采恩法有可能继续发展,像卡特尔法那样不区分合同的有无,在法体系上取消契约型康采恩和事实型康采恩的区别,将两者在同一个责任规范中加以规制。[187] 与此相对,汉斯-彼得·施温托夫斯基(Hans-Peter Schwintowski)则指出,欧洲甚至在国际

[185] Katja Langenbucher, Do We Need a Law of Corporate Groups?, in: Fleischer/Kanda/Kim/Mülbert, German and Asian Perspectives on Company Law, Tübingen 2016, S. 355 ff.

[186] 高橋英治『企業結合法制の将来像』(中央経済社,2008 年)58 頁以下参照。

[187] 2017 年 3 月 9 日慕尼黑大学教授马蒂亚斯·哈伯萨克(Mathias Habersack)给笔者的邮件回复内容。

上并不接受 1965 年德国《股份法》的康采恩法制中显现出的思考方法,在将来也并不能实现欧洲康采恩法化。他预测,康采恩法将会被社团成员间履行的诚实义务和知悉责任(Wissenszurechnung)[188]之规则所取代。[189]

(4)德国康采恩法有可能通过欧盟法院向其他欧盟国家传播吗

将来,德国康采恩法的思想有没有可能通过欧盟法院向其他欧盟国家传播?我们假定以下事例:

"澳大利亚的企业家(A),自己作发起人在澳大利亚设立了股份公司(B 公司),在澳大利亚设立登记,以德国为主要营业地开展经营活动。X 是德国人,在 B 公司设立时受到 A 的邀请成为 B 公司股东。最终 B 公司上市,被德国籍的股份公司(C 公司)收购,变成 C 公司的从属公司。C 公司和 B 公司之间签订了控制合同和利益提供合同。变成 B 公司少数派股东的 X 试图从 C 公司处获得补偿(德国《股份法》第 305 条)而离开 B 公司。然而,C 公司主张,B 公司不是在德国设立的公司,不能适用德国《股份法》第 305 条,因此 C 公司没有对 A 支付补偿的义务。对此,X 主张,如果是在德国设立的公司有获得补偿的权利,而因为是澳大利亚籍的公司所以不能适用德国

---

〔188〕 关于知悉责任,参见 Alexander Reuter, Wissenszurechnung in Unternehmen, ZIP 2017, S. 310 ff。2017 年 1 月 ZHR 座谈会以"熟知责任"为主题召开,此次会议的报告以及讨论的报告书,参见 ZHR 181 (2017), 160 – 427 。

〔189〕 2017 年 3 月 10 日洪堡大学教授汉斯 – 彼得 · 施温托夫斯基(Hans-Peter Schwintowski)给笔者的邮件回复内容。

的股份康采恩法这一点,是因公司国籍不同的差别对待,违反联邦宪法法院判例(该判例判定获得适当金额补偿的权利是基于德国《基本法》第 14 条规定的财产权保障),向联邦宪法法院提出宪法异议之诉。联邦宪法法院称,X 在成为 B 公司股东时就已经知晓投资对象 B 公司是在澳大利亚设立的事实,从这一点 X 当然就可以预测到澳大利亚籍的 B 公司不适用德国的《股份法》,因此 X 既没有《股份法》上的获得补偿权利,也没有宪法上获得的补偿权利。但是,X 主张,实务上履行控制合同以及利益提供合同的同时,澳大利亚的法律现状又不像德国法一样在《股份法》上规定从属公司少数派股东的补偿权利,这一点阻碍了向在澳大利亚设立的子公司的投资,严重限制资本移动的自由,违反了《欧洲联合运营条约》第 63 条。基于 X 的主张,联邦宪法法院为了得到《欧洲联合运营条约》的解释,将该事件委托欧盟法院处理。"

现在欧盟法的通说认为规定资本移动自由的《欧洲联合运营条约》第 63 条对欧盟成员国国家的第三者有直接法律效力。[190] 在澳大利亚,虽然学界主张在缔结控制合同的情形下,适用澳大利亚《分割法》第 9 条、第 11 条,从属公司的少数派股东有权从公司获得补偿而退出,[191] 但没有出现判例从正面讨论这一问题。在此情况下,澳

---

〔190〕 高橋英治『会社法の継受と収斂』(有斐閣,2016 年)389 頁以下参照。

〔191〕 Vgl. Dorald/Dieger, in:Goette/Habersack (Hrsg.), Münchener Kommentar zum Aktiengesetz, 4. Aufl., München 2015, ÖKonzernR Rdnr. 106.

大利亚的法律状态是虽然控制合同或利益提供合同在实务中运行,却没有像德国法那样的从属公司少数派股东有请求补偿的权利之法律保障。从不能充分实现投资人保护这一点来看的确限制了资本移动的自由。但是,德国康采恩法和欧洲公司法之权威慕尼黑大学教授马蒂亚斯·哈伯萨克(Mathias Habersack)则认为,欧盟法院的实务中,资本移动的自由只是限定适用于公有企业范围,〔192〕欧盟法院至今还没有出现针对《股份法》上的问题援用资本移动自由规制的事例。马蒂亚斯·哈伯萨克(Mathias Habersack)预测称,关于上述事例,欧盟法院会判定,投资家只能接受在澳大利亚没有企业集团法之法律调整这一事实。〔193〕马蒂亚斯·哈伯萨克(Mathias Habersack)还指出,欧盟法院在解决康采恩法的问题上,不应该介入欧盟成员国的公司法秩序,而是应该将其交于康采恩指令来调整。

从上述讨论来看,德国康采恩法的规制内容不可能通过欧盟法院向其他成员国传播。〔194〕如前所述,在欧盟中很多学者认为,德国康采恩法的规制方式在欧盟各成员国中属于少数派,结果就是对要在德国设立子公司的母公司课以对该子公司的少数派股东及债权人

---

〔192〕 高橋英治「ヨーロッパ会社法の基礎としての資本移動の自由」国際商事法務42巻9号(2014年)1330頁以下参照。

〔193〕 2017年5月24日慕尼黑大学教授马蒂亚斯·哈伯萨克(Mathias Habersack)给笔者的邮件回复内容。

〔194〕 2017年5月29日慕尼黑大学教授马蒂亚斯·哈伯萨克(Mathias Habersack)给笔者的邮件回复内容。

的保护费用,这有可能限制欧盟各国间的营业自由(《欧洲联合运营条约》第49条、第54条)。[195] 这一主张在欧盟占多数派。在这种情况下,要将德国康采恩法的构想变为欧洲的共同财产,德国的公司法学者必须发挥积极主动性,运用指令来调整欧盟各国的企业集团规制。[196]

(5)德国康采恩法的现代期——有关公司集团的欧洲论坛的《康采恩指令案》

关于以德国公司法学者为中心制定《欧洲康采恩指令》,近期的尝试有2015年的有关公司集团的欧洲论坛(Forum Europaeum On Company Groups),[197](以下简称新论坛)中的《关于欧洲跨境指挥简

---

〔195〕 Mathias Lehmann, LMK 2013, 352735. 高橋英治『会社法の継受と収斂』(有斐閣,2016年)415頁参照。

〔196〕 以德国公司法学者为中心,1998年的尝试有欧洲康采恩法论坛的提案(Forum Europaeum Konzernrecht, Konzernrecht für Europa, ZGR 1998, S. 672 ff.)。欧洲康采恩论坛提案的日语翻译文献有,早川勝訳「ヨーロッパ・コンツェルン法(1)~(3)——ヨーロッパ、コンツェルン法フォーラム」同志社法学53巻8号(2002年)195頁以下、54巻1号(2002年)401頁以下、55巻3号(2003年)351頁以下。分析探讨该提案的日语文献有,早川勝「ヨーロッパコンツェルン法の新たな展開とその方向」同志社法学49巻2号(1998年)246頁以下;斉藤真紀「子会社の管理と親会社の責任(4)——子会社の債権者保護に関する基礎的考察」法学論叢150巻3号(2001年)10頁以下;早川勝「ヨーロッパ・コンツェルン法の基本構想について——ヨーロッパ、コンツェルン法フォーラムの提言と提案を中心として」泉田栄一=関英昭=藤田勝利編『(小島康裕教授退官記念)現代企業法の新展開』(信山社,2001年)401頁以下参照。

〔197〕 新论坛的成员有德国慕尼黑大学教授马蒂亚斯·哈伯萨克(Mathias Habersack)、波恩大学欧洲经济法研究所所长马库斯·卢特尔(Marcus Lutter)、海德堡大学名誉教授彼得·霍莫霍夫(Peter Hommelhoff)。

易化的法律构造纲要》[198](以下简称《跨境指挥纲要》)。该纲要的主要目的是使欧盟范围内的多国籍企业的康采恩指挥更容易。为了达成该目的,该纲要规定,无论子公司是完全子公司还是有少数派股东的子公司,都应该承认母公司对子公司的指挥权,而子公司也有义务服从母公司的指挥。[199]《跨境指挥纲要》中母公司的责任规制是以罗森布卢姆(Rosenblum)原则为模板的。[200] 1998年欧洲康采恩法论坛的提案中的罗森布卢姆(Rosenblum)原则是指如下判断康采恩指挥者有无违反义务的标准。[201] 即"集团公司的业务执行者为了集团利益实施经营决策,其行为超出企业家自由裁量的范围时,如满足以下要件则不违反义务:第一,集团有平衡而且坚固的结构;第二,集团公司中有整合性的长期性的集团政策;第三,业务指挥者在合理预

---

〔198〕 Forum Europaeum on Company Groups, Eckpunkte für einen Rechtsrahmen zur erleichterten Führung von grenzüberschreitenden Unternehmensgruppe in Europa, ZGR 2015, S. 507 ff. 关于新论坛的提案,高橋・前揭注(93)国際商事法務44卷4号582頁以下参照。以下关于新论坛的提案内容,以该论文为基础论述。

〔199〕 Forum Europaeum on Company Groups, ZGR 2015, S. 511.

〔200〕 罗森布卢姆(Rosenblum)原则,是指以1985年法国最高法院翻案法院刑事部的判决[Cour de Cassation-drim 4. 2. 1985, ICP/E 1985, 14614. 关于该判决的详细内容,清水円香「グループ利益の追求と取締役の義務、責任(1)」法政研究(九州大学)77卷3号(2010年)454頁以下参照]为主要判例,是保护为了集团利益进行了交易的公司指挥者的法理[参见齊藤真紀「フランスにおける子会社の少数株主、債権者保護」森本滋編著『企業結合法の総合的研究』(商事法務,2009年)386頁]。

〔201〕 Forum Europaeum Konzernrecht, ZGR 1998, 712. 早川勝「ヨーロッパ・コンツェルン法の基本構想について——ヨーロッパ、コンツェルン法フォーラムの提言と提案を中心として」泉田栄一=関英昭=藤田勝利編『(小島康裕教授退官記念)現代企業法の新展開』(信山社,2001年)408頁以下。

测期间内将发生的损害(特别是剥夺交易机会)作为利益进行补偿的情况下。但可补偿的损失里不包含危及集团公司的措施(特别是剥夺公司存续所必要的支付能力)”。

《跨境指挥纲要》通过引入罗森布卢姆(Rosenblum)原则,认为母公司可以从长期性角度出发对给子公司带来的损失进行补偿。《跨境指挥纲要》根据2014年欧洲委员会《股东权指令修改案》还规定,关于非正常的集团内部交易,要有独立的第三人提出“公允意见”。[202] 该纲要还规定判断和该关联当事人之间的交易是否正常,要考虑长期的集团计划。

《跨境指挥纲要》指出,子公司如果只是运营集团财务管理等服

[202] 2014年4月9日,欧盟委员会发布《股东权指令修改案》[Europäische Kommission, Vorschlag für eine Richtlinie des Europäischen Parlaments und des Rates Zur Änderung der Richtlinie 2007/36/EG im Hinblick auf die Förderung der Langfristigen Einbeziehung der Aktionäre sowie der Richtlinie 2013/34/EU in Bezug auf bestimmte Elemente der Erklärung zur Unternehmensführung, Brüssel, den 9.4.2014 COM (2014) 213 final, in: BR-Drucks. 166/14 v. 10.4.2014]。该修改案以改善欧盟境内企业的公司治理为目标,其主要内容之一是强化企业内部信息公开。欧盟委员会在2014年《股东权指令修改案》中,关于企业集团内部交易的公开,规定:“欧盟成员国,在企业和关联企业等交易中,在该交易占该企业财产的百分之一时,在交易时必须公开和该关联企业之间的交易。”(2014年欧盟委员会《股东权指令修改案》第9c条第1款)。该修改案规定,该关联交易公开时,必须附带提交说明该关联交易是否和一般的市场交易同等条件进行的第三方报告书(2014年欧盟委员会《股东权指令修改案》第9c条第1款)。这一“第三方报告书”被称为“公允意见”(fairness opinion)。关于美国法中的“公允意见”,永江亘「少数派株主の締出し取引における外部機関の意見について——フェアネス・オピニオンの意義と問題点の検討を中心に」私法75号(2013年)258頁以下;永江亘「Going-Private取引における外部機関による公正性に関する評価意見書(フェアネス・オピニオン)の機能と問題点——米国法の検討を中心に」神戸法學雜誌60巻3号(2011年)273頁以下参照。

务项目的“服务公司”时,应该可以选择性地引入(opting in)企业集团规制。[203]

《跨境指挥纲要》对于集团的信息披露作出了以下规定。即要求企业在年度结构报告书中报告集团的整体结构,在年度交易报告书中要报告集团内部交易的补偿等是在怎样的方针下进行的等事项,且各个报告书要分别接受独立的专家的检查。年度结构报告书和年度交易报告书要和独立专家的评估报告一起以适当方式进行披露。[204]

《跨境指挥纲要》还指出,作为制裁规定,在服务子公司外的一般子公司如果长期没有得到损失补偿的情形下,应该赋予子公司的少数派股东从母公司处获得现金补偿从而退出子公司的权利。[205]

新论坛提出欧盟应该以指令的形式实现以上的内容。[206]

在子公司有少数派股东的场合也承认母公司对子公司的指挥权这一点上,《跨境指挥纲要》和霍莫霍夫(Hommelhoff)的构想不同,并指出霍莫霍夫(Hommelhoff)的康采恩指挥义务(或者说康采恩指挥权)[207]不要求以康采恩宣言或控制合同之缔结作为前提。从这一点上可以看出《跨境指挥纲要》促进欧盟境内子公司的设立。但《跨

〔203〕 Forum Europaeum on Company Groups, ZGR 2015, 513.

〔204〕 Forum Europaeum on Company Groups, ZGR 2015, 514.

〔205〕 Forum Europaeum on Company Groups, ZGR 2015, 514.

〔206〕 Forum Europaeum on Company Groups, ZGR 2015, 515.

〔207〕 Forum Europaeum on Company Groups, Hommelhoff, Konzernleitungs-pflicht, Köln 1982, S. 165 ff. 关于霍莫霍夫(Hommelhoff)的康采恩指挥义务论,舩津浩司「『グループ経営』の義務と責任」126頁以下参照。

境指挥纲要》的问题则在于,事实型康采恩中如果有法定权限指挥子公司的母公司实施侵害行为,《跨境指挥纲要》能否通过相关规制充分保护子公司的利益这一点。

梅斯特梅克(Mestmäcker)主张,在1958年,以市场价格为标准进行损失补偿是唯一正当性举措。在这一前提下,如果认为从属公司进入康采恩本身就是损失补偿中的一种利益补偿,康采恩策略是否成功就成为损失补偿的判断因素之一,而这样的判断就不能称为法律判断了。[208] 而且,他还认为,康采恩中的损失补偿只能在合同范围内进行。其根据是,是否因控制企业行使支配性影响力使从属公司遭受损失这一问题,只能通过对控制企业和从属公司之间缔结的合同中的给付与对等给付进行个别比较来判断。[209]

《跨境指挥纲要》与相关新自由主义(Neoliberalism)[210] 的古典思想彻底诀别。从这个意义上来说《跨境指挥纲要》体现了德国康采恩法的“现代化”。《跨境指挥纲要》主张从长期的集团计划中来看子公司是否享受由母公司带来的好处这一观点来判断是否有损失补偿,放弃个别的损失补偿的方法的同时,承认在长期不进行损失补偿

〔208〕 Mestmäcker, Verwaltung, Konzerngewalt und Rechte der Aktionäre, Kahlsruhe 1958, S. 278 f.

〔209〕 高橋英治『企業結合法制の将来像』(中央経済社,2008年)37頁、54頁参照。

〔210〕 奥尔多自由主义(Ordoliberalism)。关于新自由主义的梅斯特梅克(Mestmäcker)的法律解释的方法,田中誠二ほか『会社法学の新傾向とその評価』(千倉書房,1978年)235頁参照。

的情况下子公司少数派股东对母公司的现金补偿请求权。当然,关于通过保护子公司的法律政策的转换是否能够充分保护子公司少数派股东利益这一问题是有争论的,但作为促进在欧盟境内设立子公司的一种政策性的选择,《跨境指挥纲要》的规定还是值得评价的解决方法。

《跨境指挥纲要》公布不久,该纲要规定,子公司只是进行集团的财产管理等服务的“服务公司”时,应该允许企业有选择性地(opting in)引入企业集团规制,但“服务公司”可以规避企业集团规制的理论根据之论据却很薄弱。接着,《跨境指挥纲要》规定,在子公司中有少数派股东时也承认母公司对子公司的指挥权,而在母公司的相关法定化的指挥权下,《跨境指挥纲要》是否能有效地保护经济地位处于弱势的子公司少数派股东还尚存疑问。作为相关子公司少数派股东的保护措施,《跨境指挥纲要》从子公司少数派股东保护的立场出发规定了一部分大幅改进德国事实型康采恩规制的规定,比如,在长期不进行损失补偿的情况下子公司少数派股东对母公司的现金补偿请求权等。如前所述,相关现金补偿制度,比起赋予子公司少数派股东追究母公司对子公司的损害赔偿责任(德国《股份法》第 317 条第 1 款第 1 句)的股东代表诉讼权(德国《股份法》第 309 条第 4 款、第 317 条第 4 款),更有利于保护少数派股东。今后,德国以及欧盟各国的公司法学者对《跨境指挥纲要》会提出怎样的见解,还有以《跨境指挥纲要》为基础的欧盟企业集团指令会不会实现很值得关注。

3. 对21世纪德国股份公司法学的总结——以介绍教授资格论文为中心

21世纪紧跟20世纪,也有很多重要的关于股份公司法的教授资格论文。本书从中列举几篇代表性著作。默克特(Merkt)在克劳斯·霍普特(Klaus J. Hopt)的指导下撰写教授资格论文,该论文通过历史性的、比较法的、经济学的考察确立了企业的财务报表公开的法理论。[211] 以该著作为契机,默克特(Merkt)承担了鲍姆巴赫(Baumbach)/霍普特(Hopt)的《德国商法评论》的商业账簿部分的撰写工作,[212]这奠定了其德国会计法第一人的地位。德克·费尔泽(Dirk A. Verse)在马蒂亚斯·哈伯萨克(Mathias Habersack)的指导下撰写了对股东平等对待原则进行历史性的、比较法的考察的教授资格论文。[213] 该著作对德国[214]和日本[215]股东平等原则的研究和解释都产生了很大影响。德克·费尔泽(Dirk A. Vorse)的这些业绩

---

〔211〕 Merkt, Unternehmenspublizität, Tübingen 2001.

〔212〕 Merkt, in: Baumbach/Hopt, Handelsgesetzbuch, 37. Aufl., München 2016, S. 958 – 1357.

〔213〕 Verse, Der Gleichbehandlungsgrundsatz in Recht der Kapitalgesellschaften, Tübingen 2006.

〔214〕 Blaurock, Gleichbehandlungsgrundsatz und Treuepflicht im Gesellschaftsrecht, in: Stürner (Hrsg.), Die Bedeutung der Rechtsdogmatik für die Rechtsentwicklung, Tübingen 2010, S. 254. 该论文的日语译文为,ウベ・ブラウロック、高橋英治訳「会社法における株主平等原則と誠実義務」松本博之＝野田昌吾＝守矢健一編『法発展における法ドグマーティクの意義』(信山社,2011年)289頁。

〔215〕 山下徹哉「株主平等の原則の機能と判断構造の検討(1)」法学論叢169巻3号(2011年)16頁以下;高橋英治『会社法の継受と収斂』(有斐閣,2016年)47頁以下。

受到好评,2016年他接到了弗赖堡大学的聘用邀请,但还是继续留在了美因茨大学。还有,扬·冯·海因(Jan von Hein)在克劳斯·霍普特(Klaus J. Hopt)的指导下撰写了长达1089页的教授资格论文,该论文考察了德国法对美国公司法的继受过程,[216]是德国和美国公司法制度的比较法制史研究论著。列举出资本市场法、经营判断原则、股东代表诉讼等制度是德国法继受美国法的代表性制度。

彼得·荣格(Peter Jung)在布劳洛克(Blaurock)的指导下撰写了教授资格论文,该论文综合并整体探讨了企业成为公司成员(股东)时可否适用透视理论等问题。[217] 法伊特(Veit)在托马斯·赖泽尔(Thomas Raiser)的指导下写出了教授资格论文,[218]该论文综合考察了德国《股份法》第291条以下规制的契约型康采恩的法律问题。而克罗恩(Klöhn)在斯宾德勒(Spindler)的指导下撰写了教授资格论文,[219]该论文综合考察了德国《股份法》以及企业重组法上的代偿请求权和德国《基本法》第14条中的宪法上的代偿请求权之关系。还有舒恩布兰德(Schürnbrand)在马蒂亚斯·哈伯萨克(Mathias Habersack)的指导下撰写了综合考察事实董事等公司法上的机关问

---

〔216〕 Jan von Hein, Die ezeption US-amerikanischen Gesellschaftsrechts in Deutschland, Tübingen 2008.

〔217〕 Peter Jung, Der Untehnehmergesellschafter als personaler Kern der rechtsfähigen Gesellschaft, Tübingen 2002.

〔218〕 Veil, Unternehmensverträge, Tübingen 2003.

〔219〕 Klöhn, Das System der aktien-und umwandlungsrechtlichen Abfindungsansprüche, Tübingen 2009.

题的教授资格论文。[220]

另外，马克斯－普朗克（Max-Planck）外国司法国际私法研究所高级研究员（日本法担当）汉堡大学教授哈拉尔德·鲍姆（Harald Baum）和歌德大学教授莫里茨·巴尔兹（Moritz Bälz）编著了《日本商法、经济法手册》。[221] 解说日本《公司法》的主要部分是由神作裕之教授和莫里茨·巴尔兹（Moritz Bälz）负责的。[222] 这是21世纪德国人关于日本2005年《公司法》世界最高水平的解说。

4. 未来德国公司法将如何发展

（1）21世纪德国公司法学在方法论上反思的可能性

在20世纪，德国法学因纯粹法学的登台得以长足发展。格奥尔格·耶利内克（Georg Jellinek）主张，国家是社会学的对象也是法学的研究对象。而汉斯·凯尔森（Hans Kelsen）则指出这一"国家两面说"主张的矛盾所在，[223] 并批判道，承认国家有固有意思等的国家理

[220] Schürnbrand, Organschaft im Recht der privaten Verbände, Tübingen 2007.

[221] Harald Baum/Moritz Bälz (Hrsg.), Handbuch Japanisches Handels-und Wirtschaftsrecht, Köln 2011.

[222] Hiroyuki Kansaku/Moritz Bälz, Gesellschaftsrecht, in: Harald Baum/Moritz Bälz (Hrsg.), Handbuch Japanisches Handels-und Wirtschaftsrecht, Köln 2011, S. 63－140.

[223] Hans Kelsen, Der soziologische und der juristische Staatsbegriff, 2. Aufl., Wien 1927, S. 114 ff.

论是所谓“国家神学”,[224] 国家的本质应该是法律秩序,是人为的存在。[225] 而股份公司法学里,并不追求以“应然”(sollen)和“实然”(sein)的区别论为基础。

21 世纪德国公司法学还有一个课题,即反省从自身立场出发的方法论。到那时,德国股份公司法学也必须将德国法学理论的发展吸收进来。从这一观点来看,笔者谈谈如下主张。

从以“应然”和“实然”的区别论为前提的“纯粹法学”立场出发,德国的“股份公司”本质是包括《基本法》《民法典》《商法典》《股份法》《公司治理准则》,以及章程等自治法规在内的有阶梯构造的法律秩序本身,以及相关法律秩序下形成的拟制的法律主体。[226]

奥托·吉尔克(Otto Gierke)在 1887 年指出,社团是有其固有意思和行为的主体,社团全部存在是作为一个“有机的生命统一体”形成“社团的人格灵魂”,[227] 从相关事实来看,德国一直承认社团不仅

---

[224] Hans Kelsen, Der soziologische und der juristische Staatsbegriff, 2. Aufl., Wien 1927, S. 248, 253.

[225] Hans Kelsen, Der soziologische und der juristische Staatsbegriff, 2. Aufl., Wien 1927, S. 248; Hans Kelsen, Vorrede zur zweiten Auflage, in: Hans Kelsen, Hauptprobleme der Staatsrechtslehre, 2. Aufl., Aalen 1960, S. 13; Hans Kelsen, Gott und Staat, in: Hans Kelsen, Aufsätze zur Ideologiekritik, Neuwied 1964, S. 29 ff;ハンス・ケルゼン、長尾龍一訳『神と国家』(木鐸社,1977 年)56 頁。

[226] Vgl. Wiedemann, Gesellschaftsrecht Band 1. Grundlagen, München 1980, S. 193.

[227] Otto Gierke, Die Genossenschaftstheorie und die Deutsche Rechtsprechung, Berlin 1887, S. 611.

有权利能力,也有意思能力和行为能力,这一点毋庸置疑。[228] 而且,他在1913年主要著作《德国社团法论(第四卷)》的“序言”中写道,该著作的目的在于“将社团法中贯彻公法以及私法的各种丰富的形态进行体系性分类和提示,然后从实在的总体人格(reale Gesamtpersönlichkeit)这一中心思想出发来阐明所有相关问题”。[229] 这一“法人实在说”表现了当时社会的世界观,相关社团应该被认定为法人。[230] 但从“应然”和“实然”的区别论立场来看,该“法人实在说”是用社会学方法来解答对法人的认定这一法学问题,犯了方法论上的错误。从纯粹法学的立场来看,一个社团是否被认定为法人只能由法律授权来决定。

而在日本判例中,受到奥托·吉尔克(Otto Gierke)影响的“法人实在说”给公司的政治捐款的合法性提供了理论基础。[231] 最高法院1970年6月24日八幡制铁政治捐款事件判决书[232]中写道:“公司是……社会性实体……协助(政党。——笔者注)健全发展,对公司

---

〔228〕 Otto Gierke, Die Genossenschaftstheorie und die Deutsche Rechtsprechung, Berlin 1887, S. 603 ff.

〔229〕 Otto von Gierke, Das deutsche Genossenschaftsrecht, Vierter Band Die Staats-und Korporationslehre der Neuzeit, Berlin 1913, Vorwort S. 11. 日语译文参见オットー・フォン・ギールケ、庄子良男訳『ドイツ団体法論第1巻　ドイツゲノッセンシャフト法史第1分冊』(第4巻のまえがき)(信山社,2014年)64頁。

〔230〕 川島武宜『民法総則』(有斐閣,1965年)91頁参照。

〔231〕 中原俊明「会社の政治献金」鴻常夫ほか『会社判例百選』〔第6版〕(有斐閣,1998年)9頁参照。

〔232〕 最判1970年6月24日民集24巻6号625頁。

来说,也是作为社会实体被期待的行为。而作为协助的一种形式,捐献政治资金也并非例外。"[233] 由此认定公司的政治捐款是在公司章程目的的范围内的事项。如果将股份公司看作法律秩序以及法律秩序所形成的拟制体,将公司看作"社会实体"本身就是错误的。[234] 就公司是否可以给政党捐款这一法解释学上的问题,从"公司 = 社会实体论"出发是不可能得出答案的。[235]

德国和日本的股份公司法学,反省以前所用的方法,迎来了真正摆脱股份公司法上"社团 = 有机体论"之错误的时代。

在德国公法学界,从被称为"Kelsen 文艺复兴"[236] 的汉斯·凯尔森(Hans Kelsen)全集[237] 2007 年起顺次出版到现在为止,纯粹法学在战后几乎没有得到关注,相反在日本却有了理论的深化。日本的菅野喜八郎博士提出如下观点。即法律秩序的中心不是(凯尔森所考虑的)强制规范,而是授权规范。以《股份法》为中心的法律秩序

---

〔233〕 最判 1970 年 6 月 24 日民集 24 卷 6 号 628 頁以下。

〔234〕 星野岸英一博士就八幡制铁政治捐款事件指出,这一最高法院判决中的公司是社会实体的想法受到奥托·吉尔克(Otto Gierke)等的影响,并发言称"可以说今天在民法学界法人实在说几乎被遗弃了"[座談会「会社の政治献金」ジュリスト460 号(1970 年)30 頁〔星野英一発言〕]。

〔235〕 鈴木竹雄『商法研究Ⅲ』(有斐閣,1971 年)331 頁。

〔236〕 オリバー・レプシウス、高田倫子訳「ドイツ国法学におけるケルゼン・ルネサンス」日独法学 30 = 31 = 32 号(2011/2012/2013 年)1 頁参照。

〔237〕 Matthias Jestaedt (Hrsg.) in Koop. m. d. Hans Kelsen-Institut, Hans Kelsen, Hans Kelsen Werke, Tübingen 2007.

中的核心也是“授权规范”。[238] 从这一观点来看,从 20 世纪到 21 世纪德国公司法学家反复探讨的一大问题,即股份公司董事的业务执行目的是“企业利益”还是“股东价值”这一问题的决定因素,就在于以《股份法》为中心的实质意义上的股份公司法是如何向股份公司业务执行机关之董事授权的。1937 年《股份法》中明文规定了董事追求的利益中包括员工利益以及公共利益(1937 年《股份法》第 70 条第 1 款)。1965 年《股份法》立法者在 1965 年《股份法》的政府草案理由书中称,1965 年《股份法》第 76 条第 1 款沿袭了 1937 年《股份法》第 70 条第 1 款,[239] 而将股份公司董事应追求的利益定为“企业利益”的规定在德国《公司治理准则》等中随处可见(2015 年 5 月修改的德国《公司治理准则》第 4.3.1 条第 1 句[240])。从这一事实可以

---

[238] 菅野喜八郎「ケルゼンの強制秩序概念と授権規範論」日本法哲学会編『(法哲学年報)法規範の諸問題』(有斐閣,1977 年)1 頁以下参照。

[239] 1965 年《股份法》第 76 条的政府草案理由书中解释称:“1965 年《股份法》第 76 条第 1 款是相当于 1937 年《股份法》第 70 条第 1 款的规定。董事在采取措施时理所应当顾及股东及劳动者的利益,这是不言自明的事情,所以没有在法律上作出明文规定。同样的道理也适用于公共利益方面。”(Begründung zum §76 Aktiengesetz 1965, in: Kropff, Aktiengesetz, Textausgabe 1965, Düsseldorf 1965, S. 97.)该政府草案理由书的日语译文,慶應義塾大学商法研究会訳『西ドイツ株式法草案および理由書(1960 年)』(慶應義塾大学法学研究会,1966 年)188 頁以下;慶應義塾大学商法研究会訳『西独株式法』(慶應義塾大学法学研究会,1969 年)105 頁参照。

[240] 2017 年 2 月 7 日改订的德国《公司治理准则》第 4.1.1 条规定:“董事必须在自我责任的前提下为了企业的利益(Unternehmensinteresse),即股东、劳动者及其他和企业有关联的集团(企业利害相关者)的利益考虑,同时为了持续性创造价值之目的进行指挥。”2017 年 2 月 7 日修订的德国《公司治理准则》第 4.3.1 条第 1 句规定,“董事是因企业的利益(Unternehmensinteresse)而被科以义务的”。

看出,董事应追求的利益不仅包含股东利益,也包含员工利益以及公共利益在内的“企业利益”这一法律解释,无论是“企业利益”这一语言表现的恰当性还是其内容都是毋庸置疑的。

德国股份公司法学的前提之“企业利益”是一个有幅度的概念。这一点正是德国股份公司法学以及德国经济的强项。[241] 也就是说,董事所追求的利益是“企业利益”这种抽象的概念,这使董事在如何管控股份公司这种经营课题中,不仅考虑股东的利益,还要考虑员工的利益,而且使同时考虑企业社会责任等企业伦理问题成为可能。换言之,关于纯粹法学上的“企业利益”的具体确定,即德国股份公司法上董事能够对员工利益或公共利益考虑到什么程度,要根据德国股份公司当时所处的具体环境来考量。1965 年《股份法》立法者从纯粹法学观点出发,为明确股份公司有效率且合乎伦理道德的发展方向进行法律解释留出了发展空间。

可以推测,21 世纪的德国股份公司法学,将会以德国的股份公司所处的时代环境为背景,持续侧重讨论出资者利益的保护问题。当然作为该讨论的前提,德国也将继续坚持董事的行为标准不是致力“股东价值”(shareholder value),而是致力“企业利益”之学说主张。

---

〔241〕 高橋英治『ドイツ会社法概説』(有斐閣,2012 年)3 頁以下参照。

(2)“法与经济学”与21世纪德国股份公司法学

21世纪德国股份公司法学将会如何变化？在预测21世纪德国股份公司法学的未来时，重要的一点是，最近股份公司法学中“实证研究”的潮流已经影响到德国。[242] 而在与日本比较方面，这一潮流的发展也值得关注。[243] 在德国，运用美国“法与经济学”手法的研究从21世纪开始越来越盛行。[244] 德国和日本的“股份公司法学”也显现了“美国化”的“趋同”现象。[245] 相反，年轻学者撰写的博士论文中有历史性导入部分的越来越少。可以说，德国的股份公司法学正在摆脱传统向一个新的世界迈进。[246]

---

〔242〕 Spindler/Gerdmann, Rechtstatsachenforshung-Grundlagen, Entwicklung und Potentiale, AG 2016, 698 ff.

〔243〕 森田果『実証分析入門:データから“因果関係”を読み解く作法』(日本評論社,2014年)1頁以下参照。

〔244〕 德克·费尔泽(Dink A. Verse)认为，公司契约肯定是长期契约且必然是不完全契约，从这一点来看，股份公司法中必须规定股东平等对待原则和股东的诚实义务等一般条文[Verse, Treuepflicht und Gleichbehandlungsgrundsatz, in: Bayer/Habersack (Hrsg.), Aktienrecht im Wandel, Band 2, Grundsatzfragen des Aktienrechts, Tübingen 2007, S. 582, Fn. 1]。

〔245〕 然而，主张实证法学研究的重要性的斯宾德勒(Spindler)和格德曼(Gerdmann)则认为，德国的实证法学研究的方向不应当是欠缺对德国法学深入研究的“美国化”(Spindler/Gerdmann, Rechtstatsachenforshung-Grundlagen, Entwicklung und Potentiale, AG 2016, 703)。

〔246〕 洪堡大学教授格雷戈尔·巴赫曼(Gregor Bachmann)预测，德国股份公司法具有很强的解释学传统，因此，美国的法和经济学不会像日本那样对德国股份公司法产生太大影响。他同时指出，如果说“法律和经济学”会产生很大影响，那就是逐渐受到欧盟法影响的资本市场法[2017年3月10日洪堡大学教授格雷戈尔·巴赫曼(Gregor Bachmann)给笔者的邮件回复内容]。

以前德国股份公司法中的“实证研究”,是以通过采访或调查问卷等所获得的少量数据进行的。[247] 通过少量数据进行的“实证研究”中,很容易因研究者的先入观念等产生偏见。而且,受企业出资设立的财团支援的研究,倾向提出偏向经济界的调查结果,而受工会的相关财团资金支援的研究,则倾向提出偏向员工的调查结果。至少,“实证研究”若要提供能够成为德国股份公司立法基础的资料,研究者就需要扩大调查对象,收集大量客观性数据。同时,从外部筹措实证研究的资金时,研究者必须加强研究体制的管控,以确保“实证研究”的中立性。

对于股份公司法立法政策的决定来说,“实证研究”则提供了重要的“立法事实”信息。而支撑“实证研究”的统计学、经济学、会计学、心理学等相邻社会科学学科的发展日新月异,运用相关方法获得的数据的可信赖性也在逐渐提高。而且,“法与经济学”越来越可能从新的视点为既有的德国法制度提供正当化根据,而且可以预测将来采取一项法律政策时的结果。将来,德国越来越有必要实施吸引公司在国内设立的立法政策。可以预想,“法与经济学”和“实证研究”作为工具来预测一项立法政策对是否能吸引公司在德国设立,将

---

[247] 代表性的研究有,Vogel, Aktienrecht und Aktienwirklichkeit-Organisation und Aufgabenteilung von Vorstand und Aufsichtsrat: Eine empirische Untersuchung deutscher Aktiengesellschaften, Baden-Baden 1980; Hommelhoff, Praktische Erfahrungen mit dem Abhängigkeitsbericht, ZHR 156 (1992), S. 295 ff。

会具有重大意义。然而,不能忘记的是,在将“实证研究”和“法与经济学”作为立法政策方法来运用的场合,立法政策的基础上一直会有“价值判断”,这反映了立法政策立案负责人等主观考虑的理想法律状态,所以即使相关价值判断是基于客观数据的集聚,也不能将它正当化(应然和实然的严格区别)。还有,特别是在日本,关于像家族公司那样的小规模封闭性股份公司中少数股东的地位问题,从会计学等范畴下进行的研究成果来看,通过用少量现金就能将少数股东排挤出公司(《公司法》第179条第1款)来重新进行考察。[248]

外国司法国际私法研究所前所长马克斯–普朗克(Max-Planck)、现代德国公司法以及资本市场法的代表性学者克劳斯·霍普特(Klaus J. Hopt)和马克斯–普朗克(Max-Planck)税法研究所所长沃尔夫冈·舍恩(Wolfgang Schön),认为德国和美国的股份公司法学的差异在于,德国的股份公司法学采用的是内部方法,而美国的股份公司法学采用的则是外部方法。也就是说,德国《股份法》中解释学的特征最显著,通过和法院的紧密协作,从内部人员的角度出发努力明确法律所包含的内容,而美国的股份公司法学则从外部人员的角度出发运用经济学等其他学科的方法来明确法的经济基础以及社会基础。克劳斯·霍普特(Klaus J. Hopt)指出,21世纪的德国股

---

〔248〕 高橋英治「特別支配株主の株式売渡請求制度の憲法適合性の検討——ドイツでの議論を手がかりに」民商法雑誌151巻3号(2014年)259頁参照。

份公司法学,应该将两种方法统合,这正是现在已经开展的运用功能性比较法学[249]这种方法的研究。[250]

正如克劳斯·霍普特(Klaus J. Hopt)所指出的,德国股份公司法学在传统上解释学的一面非常强大。而从现在起,时代要求德国股份公司法学不能故步自封于探求公司法秩序内部的意义这种封闭的研究之中,而要吸收其他社会科学学科的研究成果和方法,继而创造新的传统。

---

[249] 功能性比较法学的代表著作有,Zweigert/Kötz, Einführung in die Rechtsvergleichung, 3. Aufl., Tübingen 1996。该著作的英文译文有, Konrad Zweigert & Hein Kötz, *An Introduction to Comparative Law*, Third Edition, translated by Tony Weir, Oxford 1998。

[250] Hopt, Professor Takahashi, Aufsatz über "Die Deutsche Rechtswissenschaft im 21. Jahrhundert", Hamburg 12.4.2017, Typoskript, S.1 f.

第二编　日　本　法

日本股份公司可以说是来自欧美的“法律移植物”（legal transplants），[1]“法律移植物”必须要有适应其生长的土壤环境。如果没有准备好迎接它的环境（日本人的教育水平、资本主义精神、原有的商业组织），那么在“不同土壤”中的“法律移植物”就无法顺利成长。本书第二编将分析与探讨“股份公司”这一来自欧美的“法律移植物”如何在日本被接受，又是如何成长的。最近，日本明治时期之前商业组织的经营史的发展备受关注。在本书第二编中，作者将以日本经营史研究的最新成果为基础，考察与股份公司相似的以营利为目

---

〔1〕“法律移植”，是指规则或法律体系从一个国家到另一个国家或者从一个国民到另一个国民进行转移的情形（Alan Watson, *Legal Transplants: An Approach to Comparative Law*, Second Edition, Athen 1993, S. 21）。探讨公司法中“法律移植”的近期的代表文献有，Fleischer, *Legal Transplants in European Company Law-The Case of Fiduciary Duties*, ECFR 2005, S. 378 ff; Kanda/Milhaupt, *Re-Examining Legal Transplants: The Director's Fiduciary Duty in Japanese Corporate Law*, The American Journal of Comparative Law, Vol. 51, No. 4 (2003), S. 887 ff。

的的商业组织在明治时期之前究竟发展到什么程度,并阐述当时的实际状况。

关于日本《股份公司法》和股份公司法学的发展,笔者将以日本股份公司的相关制度、法律、学说如何受德国法影响而发展的过程为主要对象进行讨论。

一、成立期(从《Roesler 草案》到1899 年《商法》的时期)

(一)股份公司和股份公司法

1. 江户时代存在股份公司吗

根据日本公司法学[2]、经营史学[3]、法制史学[4]、证券史研

---

〔2〕 龍田節『会社法〔第9版〕』(有斐閣,2003年)23頁;浜田道代「会社との出会い——幕末から明治初期」浜田道代編『(北澤正啓先生古稀祝賀論文集)日本会社立法の歴史的展開』(商事法務研究会,1999年)18頁;Eiji Takahashi, Rezeption des Aktienrechts in Japan, FS Schott, Bern 2001, S.317。

〔3〕 菅野和太郎『日本会社企業発生史の研究』(岩波書店,1931年)322頁;高村直助『会社の誕生』(吉川弘文館,1996年)41頁。

〔4〕 利谷信義=水林彪「近代日本における会社法の形成」高柳信一=藤田勇編『資本主義法学の形成と展開』(東京大学出版会,1971年)19頁参照。

究[5]的定论,日本最初的股份公司,是依据1872年太政官布告第349号按照许可顺序排号而设立的国立银行(第一国立银行)。

在“第一国立银行”之前,是不是没有出现过股份公司?这一问题也是一个法学上的论点,即如何定义股份公司概念。[6]作者认为,股份公司的股东对公司的债务承担有限责任(《公司法》第104条)是区别于合伙的最主要因素。

(1)隐名合伙

在明治时期之前,日本就已经存在出资者只承担有限责任的合营企业,这种企业并不是股份公司,而是类似隐名合伙。

在日本闭关锁国之前,在贸易商人之间曾经存在一种以“抛银证文”为依据的类似康孟达(commenda)的组织。其方法如下,在船主赴国外出航之际,贸易业者从投资家处借来资金,将一定额度的银币提供给船主进行贸易,并提前约定,在船主平安回国产生利润时,投资家、船主、贸易业者之间分配利润,而因海上遇难产生损失时,则无须返还本金和利息。[7]一次航海的利息规定,中国船是35%~

---

〔5〕 小林和子『株式会社の世紀——証券市場の120年』(日本経済評論社,1995年)15頁参照。

〔6〕 高橋英治『会社法概説』〔第3版〕(中央経済社,2015年)37頁参照。

〔7〕 宮本又郎ほか『日本経営史』〔新版〕(有斐閣,2007年)38頁〔宮本又郎〕参照;柴謙太郎「投銀とは何、海上貸付か、コメンダ投資か(中)」経済史研究46号(1933年)16頁;中村質「投銀」日東寺義昌ほか編『日本歴史大事典　第3巻』(小学館,2001年)173頁。

90%,朱印船(日本控制)是 35% ~ 50%,葡萄牙船是 25% ~ 45%。[8] 葡萄牙船相关利率根据其在途中受到荷兰舰队埋伏的危险程度,变动很大。所谓“抛银”葡萄牙语为“respondençia”,[9] 将该词汇带入日本的正是葡萄牙人。[10] 抛银是类似现代隐名合伙合同(《商法》第 535 条)的消费贷款合同(《民法典》第 587 条)形态。

菅野和太郎的《日本公司企业发展史之研究》可以说是研究日本股份公司制度发生史的古典著作。关于江户时代的隐名合伙,该书列举了若干事例,其中有可能是隐名合伙的有以下两个事例:

事例一:1739 年,北海道产的沙丁鱼干[11] 按照幕府命令从长崎出口,1741 年之后,近江商人承包了沙丁鱼干的出口,表面上是由近江八幡出身的富商西川传治负责相关经营,并承担一切关于沙丁鱼干的采购、出口以及贩卖的责任。许多近江商人参与了这一业务,并各自出资。[12] 1741 年 8 月 15 日,载着 432 条沙丁鱼干的滨野源三郎号船遭遇海难时,相关损失由各个出资者按其持有的股份数进行

〔8〕 永積洋子「投銀」国史大事典編集委員会編『國史大事典　第 10 巻』(吉川弘文館,1998 年)682 頁参照。

〔9〕 永積洋子「投銀」国史大事典編集委員会編『國史大事典　第 10 巻』(吉川弘文館,1998 年)682 頁;武田久義「投銀をめぐる一考察」桃山学院大学経済経営論集 33 巻 4 号(1992 年)57 頁参照。

〔10〕 川島元治郎「日本に於ける冒険貸借の起源に就きて」商業と経済(長崎高等商業学校研究館年報)第 3 冊(1923 年)164 頁;武田、前掲注(8)桃山学院大学経済経営論集 33 巻 4 号 57 頁参照。

〔11〕 晒干的海产品。

〔12〕 菅野和太郎『日本会社企業発生史の研究』(岩波書店,1931 年)24 頁参照。

了分担。[13]

事例二:1838 年,近江出身的藤野喜宾卫、西川准兵卫、冈田半兵卫 3 家共同承包择捉舰船的场地。该合营组织将房屋号命名为“丸三”,将店名命名为“近江屋惣兵卫”(虚构人物)。经理掌握实际的业务,藤野、西川、冈田 3 家各自按 6∶2∶2 的比例出资,且按出资额分配营业盈亏。[14]

这些江户时代的合营企业是否能够称为隐名合伙?受到关注的是这些交易中出面且成为交易主体的,在事例一中是西川传治。很多近江商人虽然都参加了该业务,却并不是交易主体。在事例一中,沙丁鱼干的出口业务在表面上是西川传治的个人事业,产生损失时也由西川传治承担该业务的一切责任。这里就有一个问题,即近江商人的出资是否归西川传治所有。如果近江商人的出资归属于西川传治,那么也可以暂且推测该事业类似西川传治为“经营者”,其他近江商人为“隐名合伙人”的隐名合伙合同的事业(《商法》第 536 条第 1 款)。然而,从“滨野源三郎号船遭遇海难之际,损失由各个出资人按所持股份分配”的意思,如果说在该业务产生损失时,出资额为负,最终出资者必须按照负的出资额,以其个人财产承担该业务的损失,

〔13〕 菅野和太郎『近江商人の研究』(有斐閣,1972 年)242 頁;菅野和太郎『日本会社企業発生史の研究』(岩波書店,1931 年)25 頁。

〔14〕 菅野和太郎『近江商人の研究』(有斐閣,1972 年)242 頁以下;菅野和太郎『日本会社企業発生史の研究』(岩波書店,1931 年)25 頁以下。

那么至少不是以现代日本的通说[15]和德国法[16]为前提的隐名合伙(《商法》第 535 条、德国《商法典》第 230 条),而可以认为是民法上的合伙合同(《民法典》第 667 条、德国《民法典》第 705 条)。这是因为这种企业没有出资者的有限责任这一实际特征。而如果在沙丁鱼干出口业务资不抵债时,只有西川传治对外对债权人承担一切责任,可以说是一种隐名合伙。

事例二中,交易上使用的店名“近江屋惣兵卫”是虚构的人物姓名。在该事例中,隐名合伙中的“经营者”(《商法》第 536 条)除业务经营者外是不存在的。在该事例中,关键也是要看合营企业的成员是否和隐名合伙成员一样享受功能性的有限责任的效果(《商法》第 536 条第 4 款),在事业资不抵债时,只有业务经营者负责,还是出资者对该业务的损失负责。菅野和太郎博士的记述中称业务产生损失时,该损失是由藤野、西川、冈田 3 家按 6∶2∶2 的比例来负担的。如果是这样,那么从产生相关损失时的分割债务原则出发,该合营企业可以说与日本民法上的合伙合同相近。菅野和太郎博士认为,因为实际的业务经营者并不是出资者,所以该合营企业(“丸三”)不是单

---

〔15〕 西原宽一博士认为,从合资公司的有限责任股东的责任的平衡出发,一般应该否定隐名合伙中分担损失最终使出资额为负数的情况[西原寛一『商行為法』〔第 3 版〕(有斐閣,1973 年)182 頁]。

〔16〕 德国《商法典》第 336 条的规定内容是以隐名合伙人已支付或未支付的出资额危险度分担损失为前提的。德国《商法典》第 336 条的日语译文,法務省大臣官房司法法制『ドイツ商法典(第 1 編~第 4 編)』法務資料 465 号(法務省大臣官房司法法制部司法法制課,2016 年)68 頁〔松井秀征〕参照。

纯的民法上的合伙,而是隐名合伙。[17] 但如上所述,一般来说,如果该合营企业("丸三")是隐名合伙,则负责经营的业务经营者应具有"营业者"(《商法》第536条)的实体,3家的出资必须归其"所有"。而通常在出资者和业务经营者之间却没有这么强的信赖关系。所以该合营企业("丸三")应该看作合伙业务委托合伙成员外的第三人来执行的合伙合同(《民法典》第670条第2款)。但是,如果该合营企业("丸三")在业务资不抵债时也采用只有业务经营者对外对债权人负责的结构,那么也可以说是与隐名合伙相近的企业形态(参见《商法》第536条第4款)。

1697年之后,在宇部市和该市近郊进行的煤炭开采,渐渐变成企业形式。而主要负责的是按照商业习惯成立的炭矿合营企业"宇部式隐名合伙"。在该企业中,有不负责执行业务的合伙成员,他们被称为"荫步"。"荫步"对企业首长之总经理给予绝对信赖,关于企业运营的一切都交由总经理一人负责。"宇部式隐名合伙"虽然是合营企业,但对外则是总经理的个人企业,企业财产归属于总经理,只有总经理承担无限责任。[18] 可以说,该"宇部式隐名合伙"类似现代

---

〔17〕 菅野和太郎『近江商人の研究』(有斐閣,1972年)247頁参照。

〔18〕 和座一清「宇部式匿名組合の研究——炭鉱業における家父長制的企業の資本的発展と消滅」金沢大学法文学部論集法経編12号(1964年)106頁以下参照。

隐名合伙(《商法》第 535 条)的企业形态。[19]

从相关事实可以看出,在江户时期,出资人负有限责任的合营企业,很有可能以类似隐名合伙的形式存在过。然而,这些合营企业却没有成为明治时期日本引入股份公司制度的起源。日本在 1890 年《商法》中制定关于隐名合伙和股份公司的规定时,完全没有考虑从江户时期到明治初期延续的这些隐名合伙的实际情况。

(2)合资公司

鸿池善右卫门家主要经营“大名贷”,[20] 享宝年间(1716 ~ 1736 年)之前经营稳定,设立了很多分家、别家,这些店都是独立经营业务的。可是,享宝期之后,大名贷的利率低下,弱小的分家、别家经营陷入困难,抑制自家产业,以“加入”本家或有力的分家、别家的借贷业务的形式参加的企业越来越多。[21] “加入”中的“加”,是指在本家等的贷款上“添加”,即出资的意思。[22] 而在伴有“加入”出资的贷款的情况下,掌握贷款主导权的是进行贷款的本家等,贷款对象以及贷款条件都由本家等决定,加入的分家等没有对贷款对象或贷款条件的决定权,只是获取利息的“按份出资资本家”。加入的只是出资,而不

〔19〕 1889 年の宇部式匿名組合の規約に「蔭歩」という言葉が見出せる[和座、前掲注(18)金沢大学法文学部論集法経編 12 号 111 頁]。可以说“宇部式隐名合伙”是在 1889 年前就成立了,但从资料上还无法确认江户时代是否存在“荫步”。

〔20〕 宮本又次「鴻池家」国史大事典編纂委員会編『國史大事典　第 5 巻』(吉川弘文館,1985 年)476 頁参照。

〔21〕 宮本又郎ほか『日本経営史』〔新版〕(有斐閣,2007 年)38 頁〔宮本又郎〕参照。

〔22〕 安岡重明『財閥形成史の研究』〔増補版〕(ミネルヴァ書房,1998 年)137 頁参照。

是贷款,偿还贷款时,分家等不能请求返还出资。〔23〕 加入是无功能资本家的按份出资。提出请求的分家等添加的加入资金不是借款金,而是出资金,经营史学家认为这种“加入借贷”是鸿池家族的联合业务。〔24〕 从18世纪中叶的别家记账簿(鸿池弥三郎)可以看出,这个别家的资金基本都用于“加入借贷”。〔25〕

宫本又郎博士认为,鸿池家的相关业务形态是承担无限责任的功能资本家(本家和有力的分家、别家)和承担有限责任的按份出资资本家的结合,是合资公司的资本结合。〔26〕

以宫本又郎博士的相关见解为基础进行研究的安岗重明博士认为,虽然成为功能资本家的是本家等,但从利息业的性质来看,加入的分家等无功能资本家和本家等功能资本家都以出资额危险度承担有限责任,所以“可以认为鸿池家的企业形态是合资公司变相的一种企业形态……或者相当于一种隐名合伙”。〔27〕〔28〕 如果在2005年《公司法》下理解安岗重明的这一见解,那么鸿池家整个企业组织,就

---

〔23〕 安岡重明『財閥経営の歴史的研究』(岩波書店,1998年)23頁参照。

〔24〕 宮本又郎ほか『日本経営史』〔新版〕(有斐閣,2007年)38頁〔宮本又郎〕参照。

〔25〕 安岡重明『財閥形成史の研究』〔増補版〕(ミネルヴァ書房,1998年)137頁参照。

〔26〕 宮本又郎「商家の経営組織」日本経営史学会編『日本経営史の基礎知識』(有斐閣,2004年)20頁参照;吉田準三『日本の会社制度発達史の研究』(流通経済大学出版会,1998年)まえがきⅰ。这些学说都以安冈重明的研究为依据[宮本又郎『日本企業経営氏研究——人と制度と戦略と』(有斐閣,2010年)31頁]。

〔27〕 安岡重明『財閥形成史の研究』〔増補版〕(ミネルヴァ書房,1998年)141頁参照。

〔28〕 作道洋太郎ほか『日本経営史』(ミネルヴァ書房,1980年)55頁参照。

是类似全部成员都承担有限责任的合同公司(《公司法》第 576 条第 4 款)组织。如果在 2005 年以后的新法下重构安岗重明博士的观点,分家等为加入贷款所出的资金,是否归属于贷款主体之本家等所有(《商法》第 536 条第 1 款)是判断"加入贷款"业务是类似隐名合伙还是类似合同公司(《公司法》第 576 条第 4 款)的关键。

安岗重明博士从利息行业的性质出发,认为进行贷款的主体之本家等只承担有限责任。确实,如果着眼于利息行业者从事的交易,进行贷款的本家等在交易中不会蒙受超出贷出金额的损失。但是,即使根据这一点,在法律上也不能说进行贷款的主体只承担有限责任。无论如何,合营企业中的有限责任,是指因合营企业的活动产生债务时,其成员对该债务的债权人不负超出出资额的债务。[29] 在企业财务资不抵债时,进行贷款的本家等不能支付自己应承担债务的情况下,如果本家等有义务以其个人资产支付业务债务,那么本家等则承担无限责任。从鸿池家进行的各个贷款交易来看,贷款名义人之本家等看起来承担的是以贷款金额为限度的"有限责任",但如果因所进行的贷款等导致资不抵债,债务名义人之本家等无法支付相关债务时,则可以推测构成债务名义人之本家等自然人以其个人资产承担了无限责任。还可以推测,即使产生鸿池家整体无法支付债务的情况,除进行"加入贷款"的下层官员(日语称为"手代")等失去

---

〔29〕 神田秀樹『会社法』〔第 20 版〕(弘文堂,2018 年)26 頁、321 頁参照。

出资金外,不承担任何责任。如此就可以推测鸿池家的业务是合资公司的前身。

安岗重明博士和宫本又郎博士都认为,功能资本家和无功能资本家的资本结合是合资公司的要素,但2005年《公司法》中并没有规定合资公司的有限责任社员原则上不能执行业务。换言之,功能资本家和无功能资本家之资本结合,在2005年《公司法》中并不是合资公司的必备要件。2005年《公司法》下,合资公司被定义为由无限责任社员和有限责任社员构成的公司(《公司法》第576条第3款),即使是有限责任社员原则上也不排除业务执行(参照《公司法》第590条第1款)。即使2005年《公司法》修改前,判例〔30〕和通说〔31〕也都主张,禁止有限责任社员之业务执行的2005年修改前的《商法》第156条是任意规定,如果章程另有规定,有限责任社员也可执行业务,功能资本家和无功能资本家的资本结合并不是合资公司的必要条件。而德国法的情况和2005年修改前的《商法》的情况是一样的(参照德国《商法典》第163条、第164条)。在德国法中,合资公司被定义为由有限责任社员和无限责任社员双方构成的公司(参照德国

〔30〕“《商法》第156条的规定中有关业务执行的部分解释为任意规定比较妥当,合资公司(两合公司)以章程或其他内部规章制度规定有限责任股东有业务执行的权利义务的情况下,应承认该规定有效。”(最判1949年7月26日民集3卷8号284頁。)

〔31〕大隅健一郎=今井宏『会社法論上巻』〔第3版〕(有斐閣,1991年)135頁;上柳克郎=鴻常夫=竹内昭夫編集代表『新版注釈会社法第1巻』(有斐閣,1985年)636頁〔林竧〕。

《商法典》第161条第1款),判例[32]和学说[33]解释认为,规定有限责任社员被排除出公司业务执行的德国《商法典》第164条是任意规定(德国《商法典》第163条),如果章程另有规定,有限责任社员也可参与业务执行。

由此可见,因法律修改引起某个合营企业的概念发生重大变化时,究竟如何在该合营企业之起源的讨论中反映出这一点,是现代企业法制史直面的一个困难课题。

(3)合名公司

三井家创业者八郎兵卫高利从伊势松坂到江户创立和服店而成功,于1694年去世。约定高利死后继承财产作为继承人的共同财产运用。这样,三井家的业务就成为三井家和苗九家的共同业务。而1710年大元方的设置将该业务制度化。大元方将三井家和苗九家的全部资产作为资本整体性所有,苗九家持有大元方的股权,各家虽然持股比率不同,但有平等的发言权,而且在参与大元方评议的同时,各自负责三井家营业店铺的经营(功能资本家),对大元方承担无限责任。宫本又郎博士以此为据认为,大元方是合名公司的资本结合,[34]这一点在法学上存有疑问。本来,合名公司成员承担直接无

---

〔32〕 BGHZ 17, 394; BGHZ 45, 207 f; BGHZ 51, 201.

〔33〕 Kübler/Assmann, Gesellschaftsrecht, 6. Aufl., Heidelberg 2006, S. 103.

〔34〕 宮本又郎「市場と企業」宮本又郎＝粕谷誠編著『講座・日本経営史第1巻経営史、江戸の経験』(ミネルヴァ書房,2009年)63頁以下参照。

限责任(《公司法》第 580 条第 1 款)是指,关于合名公司(这里指“大元方”)对第三人承担的债务,股东要负直接、无限、连带责任,[35] 股东对大元方——内部关系中——承担无限责任这一点,并不是合名公司的属性。但是从以下几点来看,也可以认为三井家的大元方是类似管理继承财产的合名公司组织:①起点是家长死亡后继承人共同经营事业;②成员各家对大元方有股权,参加相当于股东会的大元方评议;③在大元方评议中股东都有平等的发言权;④股东之三井各家都执行业务。(本人机关制,《公司法》第 590 条第 1 款、第 599 条第 1 款)

1722 年以后,大元方的股权只有三井家和苗九家持有,但三井家和苗九家将其所有的股权进行分割请求或处分未被允许。[36] 从此以后,大元方变成了类似完全闭锁公司的三井家财产管理机构。

大元方以其资本为“骨架”,以向货币兑换点、和服店的各营业店出资的形式进行运营。以这些出资为资本运营的各营业所每期向大元方缴纳一定比例的“贡金”。[37] 大元方虽然是共有财产的管理组织,但也有类似控股公司的功能。也就是说,三井的分店向本店一卷(三井越后屋和服店)提交决算书,本店一卷向大元方报告决算情况。

---

〔35〕 高橋英治『会社法概説』〔第 3 版〕(中央経済社,2015 年)285 頁参照。

〔36〕 宮本又郎ほか『日本経営史』〔新版〕(有斐閣,2007 年)37 頁〔宮本又郎〕参照。

〔37〕 宮本又郎「市場と企業」宮本又郎 = 粕谷誠編著『講座、日本経営史　第 1 巻経営史、江戸の経験』(ミネルヴァ書房,2009 年)64 頁参照。

三井的分店独立性不强,大元方对各个营业店有强大的权限并承担无限责任。[38] 在三井家,以相当于战前的控股公司的三井合名公司为顶点的三井康采恩的类似组织在江户时期已经形成。[39] 而三井家以股份公司为从属公司的康采恩经营的真正开始,则是 1909 年三井家接受德国汉堡银行行长马克斯·沃伯格(Max Warburg)的建议进行经营组织改革。[40] 而以德国康采恩为模板的 1909 年的三井家经营组织改革自然而然被接受的理由,也是因为三井家在江户时期的相关经验。本书接下来以近江商人的康采恩为例对江户时代的康采恩进行详细说明。

(4)康采恩

江户时期,在近江商人中存在被经营史学家称为"中井家康采恩"[41]的合营企业形态。根据经营史学家记述,这种经营形态的情况如下所述。[42]

近江日野商人中井家的企业大多采用合营企业形态。这些企业

---

〔38〕 藤田貞一郎=宮本又郎=長谷川彰『日本商業史』(有斐閣,1978 年)133 頁〔宮本又郎〕参照。

〔39〕 高橋英治『ドイツと日本における株式会社法の改革——コーポレート、ガバナンスと企業結合法制』(商事法務,2007 年)262 頁以下参照。

〔40〕 高橋英治『企業結合法制の将来』(中央経済社,2008 年)108 頁参照。

〔41〕 江頭恒治『江州商人』(至文堂,1965 年)166 頁参照。

〔42〕 所述内容主要是参考,江頭恒治『江州商人』(至文堂,1965 年)155 頁以下,および江頭恒治『近江商人中井家の研究』(雄山閣,1965 年,復刻,1992 年)179 頁以下、315 頁以下,并加上其他研究进行了梳理。

的资本额度、出资人人数、持股比例、机关等都不同，而且投资对应利息以及收益的分红率也不同，是各自独立结算的独立企业实体。然而，因为中井家对各个企业的出资额是绝对性的巨额资金，所以形成了可以与现在的康采恩相匹敌的企业复合型组织。比如，主要经营二手商品和皮棉的中井家的“仙台店”，在 1772 年，采用了合资企业形态，中井家创业者之中井源左卫门出资 67.5 %，和其他 4 人组成合营企业。1783 年，同样是以二手物品、皮棉贩卖为主同时还经营当铺等的中井家“相马店”的资本金中，中井家“仙台店”、中井家和经理人分别出资 50%、45% 和 5%（劳务出资）。[43] 从“中井家康采恩”中可以看出的特征是，这种企业采取的是极度的风险分散主义。这种分散主义表现为资本的分散、地域的分散以及行业的分散。

首先，资本的分散，是指除中井家外的参加资本利用的是各个地方的当地资本。在各个店铺，当地经营者承担无限责任，而中井家承担有限责任，所以各店铺是合资公司形态。[44] 其次，地域的分散，是指店铺从东北到九州几乎遍布日本全国。最后，行业的分散，是指不仅有当铺和贷款业，还将业务扩展到酒、酱油、醋等酿造业、榨油业、矿业等制造业，极其多样。还有，作为中井家商法必须关注的一点是，康采恩集团越到末端，实际的经营者是当地企业家的倾向就越

---

〔43〕 从以上事实可以看出，中井家、仙台店、相马店各企业体都采用了垂直型的康采恩构造。

〔44〕 宫本又郎ほか『日本経営史』〔新版〕（有斐閣，2007 年）48 頁〔宫本又郎〕参照。

强,当地企业家对劳务和金钱出资一样处理,对相关劳务出资分配利益。这一点对期待末端的店铺中实务负责人的勤勉和忠实起到相当大的作用。经理人根据本家指示的“店铺规定”等店铺规则进行店铺经营,向本家送达每月的营业报告和期末的清点结算账簿。[45]

从这些情况来看,中井家的合营企业形态是否属于德国法意义上的“康采恩(多数企业在统一指挥下的企业实体)”(《股份法》第 18 条)[46]存在几点疑问。第一,中井家的店铺在法律上是不是独立的企业实体。中井家的店铺全部是由中井家全额出资设立的,即使各个店铺有独立的账目,独立负责业绩的好坏,中井家合营企业整体也可以说采用了营业部制(采用单一企业的营业部门各个独立运营以及核算制等的状态)。然而,考虑组成“中井家康采恩”的大部分店铺的出资者不仅有中井家,还有其他多数出资者,将各个店铺看成是各自独立的合营企业体也是理所当然的。[47] 第二,“中井家康采恩”是高度分权化的构造。中井家企业实体从严格意义上构成“康采

〔45〕 藤田貞一郎 = 宮本又郎 = 長谷川彰『日本商業史』(有斐閣,1978 年)134 頁〔宮本又郎〕参照。

〔46〕 控制企业和一个以上的从属企业在支配企业统一指挥下的总体管理的情况下,这些企业形成康采恩(《股份法》第 18 条第 1 款第 1 项)。《股份法》的日语译文,早川勝「1965 年株式法の改正と展開」同志社法学 63 卷 6 号(2012 年)206 頁以下参照。

〔47〕 宫本又郎博士指出,这些店铺是有独立财务会计,不承担业绩责任的单独的企业体,和承担无限责任的当地经营者、承担有限责任的中井家一起构成合资企业的形态[宮本又郎ほか『日本経営史』〔新版〕(有斐閣,2007 年)48 頁〔宮本又郎〕;藤田貞一郎 = 宮本又郎 = 長谷川彰『日本商業史』(有斐閣,1978 年)133 頁以下〔宮本又郎〕]。

恩”(德国《股份法》第 18 条),各“分店”必须在中井家的“统一指挥”之下运营。也可以说,中井家的合营企业形态是一种只存在以中井家绝对性的多数出资为基础形成的德国法意义上的“支配、从属关系”(中井家对各个分店有可能行使支配性的影响力的状态)(《股份法》第 17 条)[48]事例。然而,宫本又郎博士指出,中井家康采恩的组织上,末端的分店由本店管理,本家根据需要企划经营大纲,该大纲送到各个有实力的分店,在这里将大纲更加具体化并移交业务部门执行。从以上宫本又郎博士的见解来看,各个分店是在本店的统一指挥下运营的。

无论如何,重要的是江户时期已经存在类似康采恩的商家经营。江户时代三井家以及中井家进行类似康采恩经营的这一历史经验,成为明治时期之后康采恩经营兴盛的基础。然而,江户时期合营企业形成的目的并不是像近代的股份公司中存在的社会性资本集中之积极目的,而是像三井家看到的防止家产分散等的消极目的,而且在大多数合营企业实体中,合营企业的决策都受到家族成员的制约。[49]

(5)幕府时期公司制度的引入

1867 年 4 月,在担任勘定奉行的小栗上野介主要倡导下,伴随兵

---

〔48〕 从属企业,是指在法律上独立的,其他企业(控制企业)直接或间接地对该企业行使控制性影响力的企业(《股份法》第 17 条第 1 款)。

〔49〕 藤田貞一郎 = 宮本又郎 = 長谷川彰『日本商業史』(有斐閣,1978 年)132 頁〔宮本又郎〕参照。

库开港,以大量资本进行外国贸易设立商社的方案出台。小栗上野介曾经在 1860 年参加遣美使节团,耳闻目睹了欧美各国的公司制度后回国。1867 年 6 月商社设立,富豪三人成为商社社长,只限一代人享受一百石的俸禄和旅行可以带刀的待遇。另外,受商社御用的下属若还没有姓氏,只限一代人可获得姓氏。1867 年 8 月 19 日,幕府颁布法令(在日语中称为"触")面向一般民众招募商社的参加者。然而在当时理解商社内容的人很少,而且不涉足贸易等新业务是大阪商人的家风,所以寻找商社加入者非常困难。于是,幕府将大阪富豪 60 余人传唤到町奉行,命令他们任商社御用闻这样一个幕府的职位。这实际上意味着强制他们对商社出资。这些富豪再次集会申请辞去商社御用闻之职位,但幕府没有应允,强制他们加入商社。这一"兵库商社"几乎没有运营,半年就解散了。[50]

研究经营史的多数研究者都认为,兵库商社本来是模仿公司设立的企业,但并不是"公司",从组织上看可以认为是合伙。[51] 而安岗重明博士则认为,兵库商社从严格意义上说是功能资本家和无功能资本家构成的合资公司"magna societas"。[52]

---

〔50〕 菅野和太郎『日本会社企業発生史の研究』(岩波書店,1931 年)74 頁以下参照。

〔51〕 菅野和太郎『日本会社企業発生史の研究』(岩波書店,1931 年)109 頁;高村直助『会社の誕生』(吉川弘文館,1996 年)10 頁。

〔52〕 安岡重明『財閥経営の歴史的研究』(岩波書店,1998 年)29 頁参照。

2. 股份公司的诞生

(1)股份公司知识的普及

日本股份公司的诞生,是以股份公司制度相关知识在民间的传播为前提的。为此起到重大作用的是福泽谕吉的《西洋国情》、福地源一郎整理的《公司论》以及涩泽荣一所著的《立会略则》等关于公司法的启蒙书籍。

福泽谕吉的《西洋国情》的"商人公司"一项中介绍说,在西洋,大型买卖在一个商人无法进行的情况下,则由5~10人的友人聚集起来共同进行,这种模式称为"商人公司",公示买卖方案、本金以及年度结算,通过转让被称为"action"的票据来集资。[53] 福泽谕吉指出,西洋的铁道和运河等大型事业都是由相关"商人公司"进行的,并强调其在国民经济中的重要性。该著作是在日本初次介绍西洋股份公司制度的著作之一,同时也是第一个以股份公司之意使用"公司"这一词汇。[54] 福泽谕吉虽然提到了股份的自由转让性以及通过股

〔53〕 福沢諭吉「西洋事情」慶應義塾『福沢諭吉全集　第1巻』(岩波書店,1958年)296頁以下参照。

〔54〕 Eiji Takahashi, FS Schott, S. 319;穂積陳重「会社」同『続法窓夜話』(岩波書店,1980年)143頁;野田良之「会社という言葉について」竹内昭夫編『(鈴木竹雄先生古稀記念)現代会社法学の課題中』(有斐閣,1975年)696頁;浜田道代「会社との出会い——幕末から明治初期」浜田道代編『(北澤正啓先生古稀祝賀論文集)日本会社立法の歴史的展開』(商事法務研究会,1999年)4頁。日本股份公司中最早自称为"股份公司"的被认为是1886年设立的"东京制纸股份公司"(1919年与富士制纸合并)[小林和子『株式会社の世紀——証券市場の120年』(日本経済評論社,1995年)28頁]。

份转让获得利益的可能性,但还没有意识到股份是公司成员资格这一点。他完全没有提到股份公司破产时股东的有限责任,但提到股份是“票据”。因为取得票据的人除支付票据金额外不承担商人公司的债务,所以可以推测在这里包含了股东有限责任的意思。

1870 年福地源一郎翻译,并在 1871 年由涩泽荣一附序文的《公司论》,[55] 以美国的维兰德(Wieland)的经济书纲的公司法编为基础,并摘译了英国的米尔(Mill)和荷兰的尼曼(Niemann)的经济编。该著作中的“公司”是指银行,它并不是介绍一般股份公司的著作,而是以储蓄公司(bank of deposit)、汇兑公司(bank of exchange)、贴现公司(bank of discount)、发行公司(bank of circulation)等各银行为对象,说明了其设立程序、各银行种类的优点、设立时的注意事项。值得关注的是,在“各公司回收债权程序概要”一章中,对于各公司的持有份额用了“股份”这一词汇。该著作中认购“股份”获得公司分配利益的人称为“股东”,管理公司各种业务的人叫“公司管理人”,从公司管理人中选任一名认真的人,将该人定义为“公司经理”。该著作中,将股份公司的持有份额定义为“股份”,将认购股份并享受分红的人定义为“股东”,将其和银行公司发行的“票据”区别说明,对上述西洋国情中引起误解的问题点进行变更并加以解说。

福地源一郎只是对银行的股份公司设立方法进行了说明,而

---

〔55〕 福地源一郎訳『官版会社弁』(大蔵省,出版年不明)参照。

1871 年 9 月涩泽荣一执笔的《立会略则》[56]则以通商公司为代表的一般股份公司为对象解说了公司的设立、运营上的注意点。关于商社(通商公司)的设立程序的概要,涩泽荣一作出以下说明,即关于发起人合伙负担的资本金额,商社的业务名称以及完约规则,要以书面形式向地方官员提出,关于申请公司设立的许可证,地方官员收到相关文件后对发起人的为人等进行调查、审查,在判断设立商社妥当的情况下,追加许可意见将相关文件送交政府,政府对相关商社发放设立许可。

(2)日本最初的股份公司和股份公司法——第一国立银行和《国立银行条例》

日本最初规定股东有限责任的股份公司法是 1872 年 11 月 15 日太政官布告第 349 号《国立银行条例》,[57]以此为基础设立的日本最初的股份公司正是第一国立银行。国立银行以美国的“national bank”为模板设立,其名称也是“national bank”的日语直译。[58] 以下本书将简述《国立银行条例》的内容。

关于国立银行的法律性质,在《国立银行条例》中没有直接规定。但是,在该条例中规定国立银行需有以下要件:①在为经营银行业务需要房屋的场合、代物清偿的场合、借款人为了贷款向银行提供房屋

---

〔56〕『官版立会略則』(大蔵省,1871 年)参照。

〔57〕《国立银行条例》全文收录于,明治財政史編纂会『明治財政史第 13 巻』(丸善株式会社,1905 年)31 頁以下。

〔58〕『第一銀行五十年小史』(1926 年)2 頁;玉置紀夫『日本金融史』(有斐閣,1994 年)24 頁。

作为抵押的场合下,要有拥有土地或房产等不动产所有权的能力(参见该条例第 10 条第 3 节);②有贷款能力等作为合同当事人的能力(参见该条例第 2 条第 3 节第 1 款);③设置了公司管理层等第三人机关(该条例第 25 条第 2 节);④有固有名称(该条例第 2 条第 3 节第 1 款);⑤根据一般诉讼法有成为诉讼当事人的能力(该条例第 23 条第 1 节);⑥必须遵守该条例规定的“本金”不入账不得设立(该条例第 3 条第 2 节)的规定;⑦银行需规定在分红时从收益的一部分中提取储备金(该条例第 13 条第 3 节);⑧采用股份有限责任(该条例第 18 条第 12 节)。从这些要件来看,国立银行具有独立于出资者的(现代法律学上的)“法人格”。

国立银行的设立采用的是许可主义。也就是说,国立银行的设立需要 5 人以上的发起人(该条例第 1 条第 1 节)。这些发起人为了设立国立银行构成“合伙”(该条例第 1 条第 1 节)。这几点在探讨“设立中的国立银行”之法律性质时颇有意义。国立银行设立的第一步是发起人联名向纸币寮(相当于财务省印刷局)提出国立银行设立的申请书(该条例第 1 条第 2 节)。纸币头(相当于理事长)通过申请书判断该申请“妥当”时,命令发起人等提出公司创立证书和章程(该条例第 1 条第 3 节前半段)。纸币头有对发起人的身份等“秘密调查”的权限,也有就发起人等的身份以及经营的业务情况向地方政府询问的权限(该条例第 1 条第 3 节后半段)。

国立银行设立的方式,如下所述,在形式上只承认募集设立。股东的募集可以在上述纸币头命令之后立即开始(该条例第2条第1节)。成为股东的人定好后,在股东大会上通过银行创立证书以及章程,选任行长及董事,向纸币寮提交银行创立证书以及章程(该条例第2条第2款)。在大藏卿(财务大臣)认可了银行设立证书以及章程的情况下,纸币头向银行发放开业执照(该条例第3条第1节)。纸币头对该条例规定的“本金”已入账、股份款额已缴足且股东未进行不正当事务处理等事项加以确认后,发放开业执照(该条例第3条第2节)。开业执照会在报纸等媒体上公告(该条例第3条第4节)。取得开业执照后,国立银行就可开始营业了(该条例第3条第3节)。

关于国立银行和股东的关系有以下规定。国立银行的股票金额为1股100日元,股东持股无上限(该条例第5条第1节)。股东根据其股票额度享受权利(该条例第5条第2节)。国立银行的股东大会虽然没有作为制度法定化,但规定了“股东等的集会”(该条例第5条第11节),且“股东等的集会”中承认表决权的代理行使(该条例第5条第3节),还确立了股份转让的自由性(该条例第5条第3节)。但没有允许退还股票本金以及股东自由退出公司事项(该条例第5条第7节、第13节)。

关于国立银行的董事,有以下规定。在国立银行中,董事必须为5人以上(该条例第4条第4节括号内文),董事中的一人为行长(该条例第4条第4节括号内文)。行长以及董事执行国立银行的业务(该条例第4条第2节后半段)。国立银行的行长和董事在执行业务时负有忠实公平的义务(该条例第 4 条第 6 节)。国立银行的行长以及董事等在执行业务时选任经理、会计以及秘书等管理层(该条例第 4 条第 2 节后半段)。

国立银行必须正确简明地记载财务报表(该条例第 24 条第 1 节)。国立银行的行长以及董事等每年度进行国立银行的总决算,计算纯利益,按所持股票额度向股东分红(该条例第 13 条第 1 节)。国立银行的行长以及董事等在分红前要向股东通知分配利益,且在报纸上公告(该条例第 13 条第 2 节)。国立银行的行长以及董事等,在公告后分红前要向纸币头通知分红的相关计算(该条例第 13 条第 3 节)。

《国立银行条例》没有规定国立银行的解散事宜。

3. 一般性股份公司法的制定——《Roesler 草案》制定前

(1)关于公司大审院判例的变迁

上述《西洋国情》等启蒙书中并没有明确提及股东有限责任等股份公司破产时会产生问题的法律事项。这是因为这些启蒙书都是公司设立的指引,并不是解说公司法的书籍。这一点也是《国立银行条例》之后,围绕民间设立的“公司”的股东责任提起很多诉讼的一个原因。[59] 本书在先行研究成果[60]的基础上追加独自调查的部分,

---

〔59〕 吉田準三『日本の会社制度発達史の研究』(流通経済大学出版会,1998 年)3 頁。

〔60〕 利谷信義 = 水林彪「近代日本における会社法の形成」高柳信一 = 藤田勇編『資本主義法学の形成と展開』(東京大学出版会,1971 年)70 頁以下参照。

分析、探讨关于公司的一般判例，以此明确在当时欠缺公司相关规制的状态下所产生的问题。

根据《明治前期大审院民事判决录》[61]的记载，1875年至1877年11月未出现日本的公司或商社相关的大审院民事判决。根据该判决录记载，关于日本公司的最初的案件是大判1878年9月18日宣判的《明治前期大审院民事判决录》第3卷第203页记载的“妨害国内运输公司案”。根据大阪高等法院的审判，该案件中，石川县的元伏木村的总代（X）以六度寺村运输公司（A公司）的董事（Y等）为被告，以元伏木村有水运的特权，但A公司未经元伏木村许可擅自使用水路为由，请求Y等停止从元伏木村港口出发运送货物。大审院判决认为，X等并无相关水运的特权，所以没有支持X的请求。这个判决认定的事实是，Y等是依据旧长野县的布达（一种行政命令——译者注）设立了A公司前身之元陆运公司，取得了营业许可，之后通过“合并”等设立水运公司，在1890年旧商法成立前进行了分立为甲乙丙丁戊等的企业重组。同时，民间的运输公司依据县的布达，即许可主义之下，设立事实得以明确。

大判1878年9月30日宣判的《明治前期大审院民事判决录》第三卷第209页记载的“妨害国内运输公司案”中，石川县的元伏木村的总代（X）以石川县的渡村运输公司（A公司）利用沿河流域擅自进

〔61〕 我妻榮編集代表『明治前期大審院民事判決録全13巻』（三和書房，1957年）参照。

行水运业务,侵害了该村对水路享有的特权为由,起诉 A 公司的董事 Y 等。但大审院以石川县的元伏木村的水路权已经消灭为由,驳回 X 的诉讼请求。这里值得关注的是侵害元伏木村的水路权的是 A 公司,但该诉讼被告不是 A 公司,而是 A 公司的董事。可以推测其理由是案件当时不承认私营公司的权利能力,所以诉讼法上也不允许私营公司作为诉讼当事人参加诉讼。

大判 1879 年 2 月 24 日宣判的《明治前期大审院民事判决录》第四卷第 94 页记载的“私营公司违约案”,其大致内容如下。1872 年 10 月 X 等和 Y 等共同设立运输公司。总公司和新设的商法公司合并,设立了没有官方许可的“富士川公司”(A 公司),A 公司连续 4 年未分红。A 公司股东 X 以 Y 等违反合同为由主张退出公司,将 A 公司的股东 Y 等作为被告向静冈县法院提起诉讼。大审院认定 Y 等违反合同,判定原审法院恢复 X 作为 A 公司股东的地位的判决错误,撤销原判决。在该案件中值得关注的是,在无官方许可设立私营公司的情况下,大审院也没有判定相关公司无效;无官方许可的私营公司进行了合并等企业重组。

大判 1879 年 7 月 1 日宣判的《明治前期大审院民事判决录》第五卷第 7 页记载的“关于退出公司以及取回股金”的案件,是原告(X)将自己所有的旧小田县殖产商社的股票作为抵押交给该县,以此为由和抵押权人(Y)之间关于 X 提交的股票作为抵押物的价值等产生纠纷的案件。从公司法的视点来看,该案件中,私营公司之商社的“股票”作为抵押这一点值得关注。

大判1883年4月30日宣判的《明治前期大审院民事判决录》第九卷第100页记载的“非法资金赔偿案”中,关于第六二国立银行(现常阳银行)的分行行长(X)是否从Y处收受了400日元非法资金产生纠纷,围绕有无赔偿的必要性进行争论。大审院认定X没有收受非法资金的事实,维持了原判。该案件作为关于股份公司之国立银行有无运营上的非法行为之民事案件,值得关注。

大判1883年7月26日宣判的《明治前期大审院民事判决录》第九卷第234页记载的“申请变更米商股票名义”的案件中,X持有的米商会所的10张股票是否预售给了Y成为争议焦点。大审院判定X没有回购相关股票的权利。1876年8月米商会所条例认可米商会所作为股份公司设立。在1879年,该条例进行了修改,要求在创立证书上明确记载股东责任是有限的还是无限的(该条例第2条第3节但书)。[62] 该案件虽然不是争论股东责任的有限性的案件,但从相关过程可以看作股份公司设立的米商会所之股票的买卖合同是否存在要约存在争论,值得关注。

大判1884年5月22日宣判的《明治前期大审院民事判决录》第十卷第136页记载的“催促贷款案”中,第二四国立银行(X)和Y之

---

〔62〕 吉田準三『日本の会社制度発達史の研究』(流通経済大学出版会,1998年)30頁参照。

间缔结了以 X 为贷款人的消费贷款合同,因 Y 怠于履行义务,X 对作为该消费贷款的抵押持有的股票进行评估,向 Y 请求剩余的不足金额,Y 则回答称如果返还相关股票,则履行义务。大审院判定,X 拒绝向 Y 返还作为抵押物的股票之行为毫无道理。在该案件中,股票作为抵押权对象这一点值得关注。

大判 1884 年 10 月 8 日宣判的《明治前期大审院民事判决录》第十卷第 259 页记载的"要求货物赔偿金案"中,国内运输公司(A 公司)将从旧高田石油公司处作为贷款抵押物的货物交付给别的石油公司,由此 X 以遭受损害为由向 A 公司的社长 Y 提出请求赔偿。大审院以 A 公司的货物交付行为没有不妥之处未受理上诉。该案件是私营公司和私人之间的纠纷,被上诉人是私营公司的社长,可以明显地看出当时还不承认私营公司作为诉讼当事人的能力。

大判 1884 年 12 月 25 日宣判的《明治前期大审院民事判决录》第十卷第 330 页记载的"开垦农产公司收回所有山地案"中,X 等是开垦农产公司(A 公司)的社长,共 7 人,围绕从政府(劝农寮)处买入的山地等的归属争议,大审院没有受理 X 等的上诉。

大判 1885 年 1 月 27 日宣判的《明治前期大审院民事判决录》第十一卷第 15 页记载的"银行股票请求案",是围绕第 132 国立银行的股票归属的诉讼,大审院以该股票的名义人未参加诉讼为由撤销了原判。

大判 1886 年 3 月 8 日宣判的《明治前期大审院民事判决录》第

12 卷第 70 页记载的“贷款案”中,Y 等是诉讼外第三人殖产商社的大股东,在中央设置总公司选任一名主任统一管理整个公司的业务,X 向 Y 等请求返还贷款是这一案件的争论点。大审院未受理 X 的上诉。在该案件中,总公司和分公司各自在法律上是否独立存在单从判决上看并不能判断。但值得关注的是,如果该案中总公司和分公司,是法律上独立的存在,那么,当时 Y 等就是以本公司和分公司之形态,经营类似股份公司康采恩形式的企业。

在大判 1886 年 12 月 20 日“请求银行创立资金垫付款案”中,宣判了 5 份判决。[63] 所有判决中的争论点都是 X 等向第 146 国立银行(现在的广岛银行)行长 Y 等请求返还作为银行创立费用的垫付金。大审院以原审有错误等为由,将案件移交给了冈山初审法院。在该案件中,引起关注的是虽然第 146 国立银行有作为诉讼当事人的能力(参见《国立银行条例》第 23 条第 1 节),但 X 是以国立银行行长为被告请求返还创立费用的。笔者认为这样做的理由可能是“设立中的公司”[64]之概念还没有发展起来,在 X 等因创立第 146 国立银行而支付给发起人的费用未支付的情况下,该银行成立之后该

〔63〕 明治前期大審院民事判決録 12 巻 414 頁~429 頁。

〔64〕 東京高判 1976 年 7 月 28 日判例時報 831 号 94 頁;東京地判 1999 年 5 月 28 日判例時報 1727 号 108 頁〔有限会社の事例〕;東京高判 1989 年 5 月 22 日金融商事法務 1251 号 24 頁;江頭憲治郎『株式会社法』〔第 7 版〕(有斐閣,2017 年)107 頁注 2;神田秀樹『会社法』〔第 20 版〕(弘文堂,2018 年)58 頁以下;田中亘『会社法』(東京大学出版会,2016 年)574 頁;龍田節 = 前田雅弘『会社法大要』〔第 2 版〕(有斐閣,2017 年)443 頁参照。

费用的支付债务由该银行承担之“公司责任说”的观点还没有在判例法上被采用，[65] X 等在支付金钱时，第 146 国立银行还没有成立，所以只能采取向第 146 国立银行的行长请求返还该银行创立费用的垫付款这样的诉讼形式。

大判 1886 年 12 月 22 日宣判的《裁判杂志刑事集》第一卷第 226 页记载的是关于公司的名誉毁损的刑事案件。该判决中，大审院判定，一种社团之公司是通过各个个人的集合而成立的，所以也有权利、义务和名誉，且法律应该予以保护，对（毁损这些权益的人）加以制裁，在这一点上和一般的人没有不同。这一判决中，大审院从一般论上承认了公司有作为权利义务主体之能力。

大判 1887 年 4 月 14 日宣判的《1887 年大审院民事商事判决录》（商事）第 1 页中记载的案件是：X 公司（Morrison 商会）是 A 公司的债权人，因 A 公司无资产，所以 X 公司主张 A 公司股东之 Y 等负无限责任，向 Y 等提出返还债务的请求。原审（东京控诉院）判定，A 公司的章程里虽然有有限责任的条款，但这是限于股东的合意，不能以此为据认定 A 公司是有限责任公司。大审院和原判一样，认为 A 公司既然没有向社会“公告”其为有限责任公司，那么就不能认定其为有限责任公司，支持 X 公司获取 Y 等的个人财产。在该案中，原审（东京控诉院）以章程是股东之间的合意为由否认了通过章程规定

---

〔65〕 高橋英治『会社法概説』〔第 3 版〕（中央経済社，2015 年）501 頁参照。

设立有限责任公司的可能性。而大审院在坚持“公司”原则上是无限责任公司这一立场的同时，也承认了通过“公告”可以使有限责任公司成立。

大判1888年7月25日宣判的《审判杂志民事集》第1卷第332页记载的是“第一百国立银行（现在的三菱UFJ银行）诉仓库公司案”，大审院判定，依据《国立银行条例》第一百国立银行有成为诉讼当事人的能力（参照《国立银行条例》第23条第1节），民间设立的仓库公司也理所当然地有成为诉讼当事人的能力。

大判1887年10月31日宣判的《审判杂志民事集》第二卷第332页记载的争论设立中的有限责任公司之法律性质的案件中，大审院将其认定为“合伙”。

大判1891年11月24日宣判的《审判杂志民事集》第六卷第392页记载的案件是：X是A公司（日本玻璃制造公司）的贷款债权人，X以Y等为A公司股东为由，向Y等提起返还贷款的请求之诉。大审院判定，公司章程虽然得到了地方政府的许可，但这只是惯例，不是“公告”，在相关公司的规则并不存在的当时，股东资格和责任的程度只能具体情况具体探究。该判决在遵循前述大判1887年4月14日《1887年大审院民事商事判决录》（商事）第1页判决，即关于股东的有限责任之“公告”的情况下，承认以无限责任为原则的公司也有可能被认定为有限责任公司之判决的同时，判定在无“公告”的情况下，公司是否是有限责任公司需要根据个别情况决定。因此，关于私营公司的股东在满足什么条件下才享受有限责任这一点,并没有提出明确标准。

大判 1892 年 1 月 23 日宣判的《1892 年大审院判决录》(1 ~ 2 月)第 53 页记载的 X 向 A 公司(横滨丸善汇兑店)的股东 Y 等提出请求退回存款的案件中,法院判定,要认定公司责任为有限责任需要具备一定的条件,但并未明确此类条件的认定方式。

大判 1893 年 3 月 11 日宣判的《审判杂志民事集》第八卷第 73 页记载的是一家与政府交易的 A 公司的债权人 X,以 A 公司为无限责任公司为由向 A 公司股东 Y 等请求支付 A 公司债务的案件。法院判定,除采用适当的方法公示公司为有限责任公司或者在缔结合同时明示外,都不能认定一般的私营公司为有限责任公司。该判决指出,认定私营公司的有限责任的条件,除以适当的方法“公示”外,又加进了在“合同”中需表示有限责任,从这一点来说是新的一个判决。

明治前期的大审院民事案件中关于公司的民事案件值得关注的有以下 5 点。第一,大审院没有认定无官方许可设立的私营公司为无效公司。第二,初期大审院的判例中,没有私人起诉“公司”的事例,只存在以相关负责人如董事为诉讼被告的事例。而经过时代的变迁,大审院承认了私营公司通常与自然人有同样的权利能力,也认可了私人可以起诉“公司”本身。第三,在关于公司的一般法规施行之前,无官方许可设立的私营公司进行合并、分立等企业重组行为的情形,大审院肯定相关行为的效力。第四,大审院将设立中的有限责任公司的法律性质看作“合伙”。第五,到1893年7月1日《公司法》施行为止,大审院在判决理由中展开讨论,明示了民间的一般公司在通过“公告”及“合同”向对方明示的情况下认可股东的有限责任,但在实际的案件中并没有认定民间的一般私营公司股东的有限责任。大审院指出,作为一般原则,对于一般的私营公司,如果有其股东承担有限责任之内容的“公告”等,则该公司的股东承担有限责任,但却没有明确“公告”的具体方式。此时就有必要形成股份公司法,通过法律明确股东的有限责任了。

(2)1875年《公司条例》(草案)

根据法制史研究,1875年内务省《公司条例》(草案)(以下简称1875年《公司条例》)是明治时代公司法草案的开端。[66] 该草案于1875年5月26日完成,由内务卿大久保利通附加公告案提交给太政大臣三条实美。

1875年《公司条例》规定了以下内容。[67]

该条例中的公司分为“保证有限公司”和“责任无限公司”两种(1875年《公司条例》第1条第3节)。与股份公司相近的是“保证有

---

〔66〕 利谷信義=水林彪「近代日本における会社法の形成」高柳信一=藤田勇編『資本主義法学の形成と展開』(東京出版会,1971年)85頁参照。

〔67〕 向井健「1875年・内務省『会社条例』(草案)——明治前期商法編纂史研究(3)」法学研究44巻9号(1971年)90頁以下,登載了1875年《公司条例》全文。

限公司”。“保证有限公司”,是指公司解散时应偿还的负债由公司担保的公司(该条例第 2 条第 4 节)。而与此相反,“责任无限公司”,是指公司解散时公司的负债由股东承担的公司。“保证有限公司”中规定,公司解散时公司负担的担保金额为一定金额的公司称为“有限定额公司”,没有固定的公司解散时公司担保金额的公司称为“有限不定额公司”,两者在创立证书的记载事项上有所差异(该条例第 7 节、第 8 节)。1875 年《公司条例》对“保证有限公司”和“责任无限公司”这两个基于不同原理的公司没有分篇规制,所以相关公司规制的内容极难理解。根据该条例,股东有限责任不由法律规定,而由创立证书的约定内容规定。这是保证有限公司的一种。“有限定额公司”适用资本金按股份比例分割之原则(该条例第 2 条第 7 节之 4),该条例规定,资本金增加,保证金额就随之增大(该条例第 17 条第 55 节)。

1875 年《公司条例》中对于社员的权利,只规定如果不缴纳股金则不享有在社员集会上的发言权(该条例第 23 条第 69 节),但关于社员的分红请求权等没有规定。该条例中存在社员名册的制度,在社员表上记载社员的姓名、职业、住所、所持股份数等(该条例第 19 条第 47 节),该社员表要在定期股东大会后 20 日内提交给地方官(该条例第 19 条第 52 节)。

1875 年《公司条例》中,作为公司“机关”的有“公司管理层”(该条例第 17 条)。公司管理层中,有社长、副社长、总经理、董事、检查员、肝入(江户、明治时代管理人员的一种职位——译者注)等,该条例规定,相关的重要管理人员的权限和职务应该在公司章程中(这些人员以下的人员之权限和职务在公司内部商议规则中)记载(该条例第17条第40节)。“公司管理层”外的公司机关,有社员大会(日语为“総社員ノ集会”),该条例规定,每年应召开一次定期股东大会(所谓“定期集会”)(该条例第26条第74节前半段)。此外,公司也可召开临时大会(所谓“临时集会”)(该条例第26条第74节后半段)。社员大会的决议方法是一般决议(所谓“通常集议”)和特别决议(所谓“特别集议”)(该条例第26条第75节)。关于资本金或者股东人数的增减、章程变更、公司解散等事项,必须向社员发出社员大会的召集通知告知会议议题,并经过总股份3/4以上通过的“特别集议”(该条例第26条第78节),其他的“一般集议”由总社员数或总股份数的过半数决议等通过(该条例第26条第81节)。

1875年《公司条例》,管理法规色彩浓重,不能说该草案是保障股东权利的近代股份公司法。而且,与股份公司相近的“有限定额公司”虽然存在资本金制度,但在法律上没有引入社员的有限责任。还有在社员名册中记载全部社员的姓名、职业、住所、所持股份数,向地方政府报告的制度(该条例第19条第52节),以及增加社员需要经过社员大会特别决议等(该条例第26条第78节之1)规定,说明该“有限定额公司”不适合作为吸引大量的小额闲散资本开展大规模业务的大型上市股份公司的法律形态。1874年10月13日《股份交易条例》(太政官布告 107 号)[68]公告,从允许在交易所进行柜台交易来看(该条例第 24 条第 1 节),吸引闲散资金的上市公司成立的法律制度正一步一步地完善。可以推测,如果日本的股份公司制度是以 1875 年《公司条例》为基础建立,那么明治时代的“殖产兴业”很可能没有实现。

太政官法制局批判道,该草案主要以英国法为依据,没有考虑法国、德国等国法律,应该由学者和实务家构成的专门委员来进行大幅修改。[69] 在讨论途中,1877 年爆发西南战争,1875 年《公司条例》依然保留在太政官的手中,含混不清地被埋没到历史中去了。[70] 究其原因,可以说该草案作为日本经济现代化的公司法典完成度太低了。

(3)1881 年《公司条例》(草案)

西南战争后,公司法草案出台,1880 年开始由以元老院干事山口尚芳为局长的“公司和合伙条例审查局”进行讨论,1881 年 4 月作为《公司条例》(草案)(以下简称 1881 年《公司条例》)完成。

---

〔68〕 关于股份交易条例,長谷川新「取引所条例(ブールス条例)と仲裁制度——金融取引所法における金融 ADRの源流を辿る」関東学院法学 24 巻 1 号(2014 年)53 頁以下参照。

〔69〕 利谷信義 = 水林彪「近代日本における会社法の形成」高柳信一 = 藤田勇編『資本主義法学の形成と展開』(東京大学出版会,1973 年)85 頁参照。

〔70〕 向井健「会社法草案の編纂始期——明治初期商法編纂史の一齣」法制史研究 22 号(1972 年)10 頁参照。

1881年《公司条例》的股份公司规制有以下内容。[71] 公司分为人合公司和股份公司，人合公司必须在商号（名号）中使用社员的姓氏或姓名（该条例第6条），也规定了社员的无限责任（该条例第5条）。而股份公司则禁止在其商号中使用股东的姓名（该条例第44条），而且规定“股份公司的责任是有限的，以公司所有的资产为限”（该条例第45条）。该条例使用股份公司的责任有限这一表述，规定了股东有限责任（参见该条例第58条）。[72] 股份公司在使用商号时有义务加上“有限”二字（该条例第67条）。关于公司的设立，采用的是许可主义（该条例第50条）。股份公司的设立只能用募集设立的方式（该条例第46条）。股份公司成立前，有义务制定“创业说明书”（该条例第47条），在创业说明书中，公司有义务记载“公司名称”、“公司设置地”、“创业缘由以及目的”以及“资本金额”等（该条例第48条）。股份公司除“创业说明书”外，也可通过股东大会决议制定“章程”（该条例第52条）。该条例规定，股份公司获得设立许可后，以创立证书和章程的登录日为公司成立日（该条例第54条）。

1881年《公司条例》中关于股份公司的设立，需要特别提到的一

〔71〕 向井健「1881年『会社条例』草案とその周辺——明治前期商法編纂史研究(2)」法学研究44巻2号(1971年)87頁以下，全文刊载了1881年《公司条例》。

〔72〕 1881年《公司条例》第58条规定，“违反第56条以及第57条的规定在营业时产生的股份公司的责任不限于其资产，与股东共同承担连带责任”。从该条文可以看出，规定“股份公司的责任以公司所有的资产为限”的1881年《公司条例》第45条规定了股东有限责任。

点是规定了发起人对在创立大会("第一总会")前签订的合同负责(该条例第 61 条)。最判 1969 年 10 月 24 日民集 12 卷 14 条第 3228 页的判例中关于开业准备行为中发起人的责任类推适用《民法典》第 117 条第 1 款,认定了发起人责任,而该条例不需用迂回技术,关于发起人责任直接适用该条例第 61 条,这一点比上述案例处理方式更先进。

1881 年《公司条例》中股份公司规制还没有确立股份的自由转让制度,股份买卖需要董事会的同意(该条例第 78 条)。与 1861 年德国《商法典》中已确立的股份的自由转让制度相比(1861 年德国《商法典》第 183 条第 3 项、第 223 条),1881 年《公司条例》第 78 条的规制方式适合家族企业,而不适合吸引大量闲散资本的大规模上市股份公司。1874 年 10 月 13 日《股份交易条例》(太政官布告 107 号)发布后,1878 年 5 月 4 日《股份交易所条例》[73]发布,关于股份上市的立法状况有了飞跃性进展。1881 年《公司条例》第 78 条之规定并不符合当时大规模上市股份公司的实际情况。

1881 年《公司条例》中规定股份公司只发行额面股,最低面额为 10 日元(该条例第 74 条)。股份公司不存在无额面股制度,还允许股份的分期支付(该条例第 77 条)。

---

〔73〕 关于股份交易所条例,長谷川、前揭注(68)関東学院法学 24 卷 1 号 58 頁以下参照。

1881 年《公司条例》中的股份公司，引入了股东名册制度（“股东碟”，该条例第 71 条以下），也引入了一股一表决权制度（该条例第 85 条）。

1881 年《公司条例》中股份公司的机关有作为公司“管理层”的董事（该条例第 63 条以下）和股东大会（日语称为“总会”）（该条例第 80 条以下）。董事的职务是管理股份公司的实务、监督管理层、成为诉讼中的被告（该条例第 115 条）。“总会”的规制中，“总会”的召集通知（“会议要旨之报告、通知”）（该条例第 81 条），资本金的增减以及章程修订都是股东大会的必要决议事项（该条例第 83 条）。1881 年《公司条例》第九章作为专门的一章来规定“总会”制度，这与 1861 年德国《商法典》对“股东大会”没有明确的分章专门规定相比，前者在这一点更先进。

1881 年《公司条例》中股份公司的决算，不是股东大会的决议事项（该条例第 83 条），而是向地方政府的报告事项（该条例第 101 条）。从这一点来看，1881 年《公司条例》还是一个政府管理色彩很强的立法案。该条例第 112 条规定，股份公司的收益分配按持股比例进行。这一条与规定一股一权原则的第 85 条，成为体现一部分股东平等原则的规定。

1881 年《公司条例》中规定了公司对董事侵权行为的责任（该条例第 114 条）以及董事对公司的任务懈怠的责任（该条例第 116 条），但没有规定董事对第三人的责任。

如上所述,1881 年《公司条例》比 1875 年《公司条例》更加完善。但当时公司法编纂作为商法编纂的一环,由赫尔曼·罗斯勒(Hermann Roesler)主导的商法草案开始起草,所以该条例没有见到天日就夭折了。

(二)股份公司法——《Roesler 草案》的制定

1. 草案起草的经过和体系

1881 年 4 月,太政官法制局主管参议山田显义命令外务省顾问赫尔曼·罗斯勒(Hermann Roesler)起草日本近代商法典。[74] 1881 年 7 月起,赫尔曼·罗斯勒(Hermann Roesler)开始制定日本《商法典》(草案)。[75] 赫尔曼·罗斯勒(Hermann Roesler)经过 2 年 9 个月在 1884 年完成了德语的《商法典》(草案)(以下简称《Roesler 草案》)并添加序言、各法条注释,完成报告书上交。

参与日本宪法编纂的赫尔曼·罗斯勒(Hermann Roesler)[76]是在什么背景下受命编纂日本的商法典,日本有各种学说。现在可以

〔74〕 伊東すみ子「ロェスレル商法草案の立法史的意義について」滋賀秀三 = 平松義郎編『(石井良助先生還暦祝賀)法制史論集』(創文社,1976 年)187 頁参照。

〔75〕 Bartels-Ishikawa (Hrsg.), Hermann Roesler, Berlin 2006, S. 61.

〔76〕 关于大日本国宪法编纂中赫尔曼·罗斯勒(Hermann Roesler)发挥的作用,参见 Siemes, Hermann Roesler and the making of the Meiji State, Tokyo 1968, S. 15 ff。

推测的是,赫尔曼·罗斯勒(Hermann Roesler)的博士论文《罗马法中商业公司的财产的法律性质》[77]显示出其对公司法具有卓越的见识,日本政府认为由此人来编纂日本商法典有利于国家利益。[78]

可以说,《Roesler 草案》的体系和法国《商法典》几乎一模一样,[79]《Roesler 草案》中股份公司法的内容借鉴 1870 年德国《商法典》,[80]这是由于赫尔曼·罗斯勒(Hermann Roesler)认为就公司法来说,德国法在法律完整性和彻底性上是第一位的。[81]

2. 股份公司的属性

《Roesler 草案》将股份公司的属性分为 4 点。第一,股份公司是商业公司;第二,股东有 7 人以上;第三,其财产(资本金)分为股份即有一定比例的股权,且该股权可以流通;第四,股份公司的代表机关,

---

〔77〕 赫尔曼·罗斯勒(Hermann Roesler)的博士论文登载于莱温·戈尔德施密特(Levin Goldschmidt)编辑的『ゴルトシュミット商法雑誌(Goldschmidt's Zeitschrift für Handelsrecht)』。Karl Friedrich Hermann Roesler, Die rechtliche Natur der Handelsgesellschaften nach römischem Recht, ZHR 4 (1861), S. 252 – 326. 该杂志现在更名为《全商法经济法杂志》[Zeitschrift für das gesamte Handels-und Wirtschaftsrecht (ZHR)]。

〔78〕 Bartels-Ishikawa (Hrsg.), Hermann Roesler, S. 61;海老原明夫「ロエスレル」ジュリスト1155 号(1999 年)38 頁以下参照。

〔79〕 Bartels-Ishikawa (Hrsg.), Hermann Roesler, S. 62.

〔80〕 菅原菊志博士指出,《Roesler 草案》受到 1861 年德国《商法典》的影响[菅原菊志『企業法発展論』(信山社,1993 年)11 頁]。然而,在《Roesler 草案》中关于股份公司引用的是 1870 年修改的德国《商法典》(Roesler, Entwurf eines Handels-Gesetzbuches für Japan mit Commentar, Band 1, Tokio 1884, S. 293)。

〔81〕 Roesler, Entwurf eines Handels-Gesetzbuches für Japan mit Commentar, Band 1, S. 192.

除股东(大会)外,还有特别的代表机关(《Roesler 草案》第 175 条)。[82] 这一规定将现代德国公司法第一人克里斯汀·温德比希勒(Christine Windbichler)定义的“第三人机关制”(Drittorganshaft)[83]作为股份公司属性,这一点明确了和以合名公司、合资公司等“本人机关制”为基本原理的人合公司之间的根本差异,是一则非常先进的定义规定。

赫尔曼·罗斯勒(Hermann Roesler)认为,股东有限责任不是股份公司的固有属性。他主张,成员的有限责任这一属性在合资公司中也经常看到(《Roesler 草案》第 154 条),且《Roesler 草案》第 228 条第 2 句规定,章程可以规定从股份公司的股东中选任出的董事在任期间对公司产生的债务承担连带责任,因该规定的存在所以不能认为股东承担有限责任。[84] 但在这一点上,赫尔曼·罗斯勒(Hermann Roesler)的叙述并没有说服力。《Roesler 草案》第 228 条第 2 句不是关于股东义务的规定,而是关于作为机关的董事所负义务的规定,因此并不能认为因为该规定存在,就可以冲破股东有限责任原则。《Roesler 草案》中“董事”同时也是“股东”(《Roesler 草案》

---

〔82〕 Roesler, Entwurf eines Handels-Gesetzbuches für Japan mit Commentar, Band 1, S. 290 f.

〔83〕 Windbichler, Gesellschaftsrecht, 24. Aufl., München 2017, S. 24. 克里斯汀·温德比希勒(Christine Windbichler)将股份公司的代表机关董事由公司成员以外的第三人担任的情况称为“第三人机关制”。

〔84〕 Roesler, Entwurf eines Handels-Gesetzbuches für Japan mit Commentar, Band 1, S. 291.

第 223 条），没有有意识地明确区分作为机关的董事的权利义务和股东的权利义务。

《Roesler 草案》中没有将股份公司定义为法人。而 2005 年日本《公司法》在法律上明文规定股份公司是法人（《公司法》第 3 条），德国现行《股份法》也规定，股份公司具有固有的法人格（《股份法》第 1 条第 1 款第 1 句），在这一点上与《Roesler 草案》有鲜明对比。而《Roesler 草案》中，代替“股份公司为法人”之规定，规定“所有商业公司都有特别财产、独立的权利义务。特别是商业公司可以公司名义享有债权承担债务，取得动产及不动产，向法院提起诉讼或被诉讼”。1861 年德国《商法典》中，也没有将股份公司定义为“法人”而是采用了和《Roesler 草案》一样的规定方式（1861 年德国《商法典》第 213 条）。[85] 可以推断，《Roesler 草案》是遵循当时的德国法制定的。

《Roesler 草案》第 71 条的注释解说道，商业公司在完整意义上不能被称为法人，只是因商业活动的要求在法律上将其看作法人而已。[86] 赫尔曼·罗斯勒（Hermann Roesler）认为，特意没有将商业公

〔85〕 1870 年修改德国《商法典》时也没有对 1861 年德国《商法典》第 213 条加以修改。江村義行「普通ドイツ商法典（ADHGB）の株式会社規定の翻訳——1861 年法及び 1870 年改正を中心に」慶應義塾大学大学院法学研究科論文集 44 号（2003 年）46 頁参照。

〔86〕 Roesler, Entwurf eines Handels-Gesetzbuches für Japan mit Commentar, Band 1, S. 199.

司规定为法人也是为了避免和民法上一般概念的冲突。[87]

赫尔曼·罗斯勒(Hermann Roesler)在 1861 年《Goldschmidt 商法杂志》中刊载的《从罗马法观点来看商业公司财产关系的性质》中,在论及税关公会(societas publicanorum)是不是法人的部分指出,法人有独立的权利义务这一观点是纯粹的拟制,归属于法人的财产本身也归属于其成员之自然人。[88] 可以推测,在"相关法人拟制说"的前提下,赫尔曼·罗斯勒(Hermann Roesler)认为,将股份公司定义为法人在法律上没有具体的效果。

赫尔曼·罗斯勒(Hermann Roesler)以自己独创的罗马法上商业公司的概念为基础,在商法草案中将股份公司定义为"有权利能力的公司"。《Roesler 草案》第 178 条规定:"对股份公司的债务……只以公司财产负责。"并注释称,该规定明确了股东有限责任。赫尔曼·罗斯勒(Hermann Roesler)从股份公司的财产关系来规定股东有限责任。1807 年法国《商法典》从股东责任的观点出发直接明文规定了股东的有限责任(1807 年法国《商法典》第 33 条)。1861 年德国《商法典》也有同样的规定(1861 年德国《商法典》第 207 条第 1 款)。赫尔曼·罗斯勒(Hermann Roesler)的博士论文从罗马法角度来讨论商业公司财产的法律性质,所以商业公司的财产关系也是他的专业领

---

〔87〕 Roesler, Entwurf eines Handels-Gesetzbuches für Japan mit Commentar, Band 1, S. 199.

〔88〕 Roesler, ZHR 4 (1861), 283.

域。从赫尔曼·罗斯勒(Hermann Roesler)的商业公司的财产关系论来看,关于股份公司的债务只以公司财产为限承担责任这一规定,是以其成员不对公司债务承担责任为前提的,那么该规定也自然是规定了股东的有限责任。1890 年《商法》没有对通过规定商业公司的财产关系来导出股东责任的有限性这一赫尔曼·罗斯勒(Hermann Roesler)的基本方针作出修改。也就是说,1890 年《商法》第 154 条,关于股份公司的概念规定为“股份公司是指,公司资本份额为股份,以公司财产为限对债权人承担义务的公司”,以“股份”作为“资本金”的单位以及股东有限责任,这 3 个要素构成了股份公司的属性。这是从德国法观点出发的现代性的规定方式。德国现行《股份法》规定,“关于公司的债务,只以公司财产对债权人负责”(第 1 条第 1 款第 2 句),通说认为该条规定的是股东有限责任,[89] 该法采用了和《Roesler 草案》一样的规制方式,从股份公司的财产关系来导出股份公司股东有限责任之属性。而在日本法上,1899 年《商法》之后就不再采用从股份公司的财产关系中导出股东有限责任的规制方式。也就是说,1899 年《商法》废止了股份公司是指“只以公司财产向公司债权人负责的公司”这一定义,而是规定“股东的责任以其认购或者受让的股份之金额为限”,从股东责任的观点来明确规定了股东有限责任(1899 年《商法》第 144 条第 1 句)。

---

〔89〕 Raiser/Veil, Das Recht der Kapitalgesellschaften, 6. Aufl., München 2015, S. 72.

3. 股份公司的设立和发起

《Roesler 草案》区分“发起”(Errichtung)和“设立”(Gründung)。赫尔曼·罗斯勒(Hermann Roesler)认为,“设立”,是指从法律上使公司成立,而“发起”是指使公司为了在其营业目的范围内开展业务获得法律上存在的能力。[90] 德国法并不区分“发起”和“设立”。相关发起和设立的区别在 1890 年《商法》中被采用,但在 1899 年《商法》中没有被采用。1898 年发表的《商法修正案理由书》中说明,1899 年《商法》放弃区分股份公司的“发起”和“设立”的主要理由是,如果要区分股份公司的发起和设立,其他公司不区分发起和设立则不符合逻辑,这样的立法例在其他国家也不存在。[91]

《Roesler 草案》中关于股份公司的设立采用准则主义(参见《Roesler 草案》第 182 条)。但是,赫尔曼·罗斯勒(Hermann Roesler)主张,有一个例外是股份公司的业务属于公共行政以及警察领域时,需要政府许可(《Roesler 草案》第 69 条、第 182 条、第 187 条第 1 项)。赫尔曼·罗斯勒(Hermann Roesler)认为,通过对股份公司严格的法律规制,特别是信息披露的规制等可以充分预防没有财产保证、不负责任的股份公司之设立。[92] 而且他认为,股份公司的设

---

〔90〕 Roesler, Entwurf eines Handels-Gesetzbuches für Japan mit Commentar, Band 1, S. 295.

〔91〕 『商法修正案理由書』(博文館,1898 年)104 頁以下。

〔92〕 Roesler, Entwurf eines Handels-Gesetzbuches für Japan mit Commentar, Band 1, S. 293.

立采用准则主义而非许可主义有利于促进国家经济的活跃发展。[93]赫尔曼·罗斯勒(Hermann Roesler)解释道,股份公司设立的准则主义在英国是1862年、1867年,在法国是1867年,在德国是1890年确立的设立方法。[94] 赫尔曼·罗斯勒(Hermann Roesler)考虑到,通过将最新的立法观点引入日本,满足其以在草案"序言"中提到的"和其他文明国家共同的最新原理"[95]为基础起草日本《商法典》的基本方针。

这一点在制定1890年《商法》时被修改,股份公司设立引入了许可主义。也就是说,1890年《商法》规定股份公司不取得政府执照不得设立(1890年《商法》第156条)。近年法制史研究[96]明确了一点,就是股份公司的设立从准则主义到许可主义的变化背景中有赫尔曼·罗斯勒(Hermann Roesler)自身想法的变化。根据这些研究,1882年以鹤田为委员长的商法编纂局编纂的草案对于股份公司设立采用了许可主义,赫尔曼·罗斯勒(Hermann Roesler)对这一点在1884年2月13日批判道,股份公司设立的许可主义在现在的国际社

---

〔93〕 Roesler, Entwurf eines Handels-Gesetzbuches für Japan mit Commentar, Band 1, S. 292.

〔94〕 Roesler, Entwurf eines Handels-Gesetzbuches für Japan mit Commentar, Band 1, S. 292 f.

〔95〕 Roesler, Entwurf eines Handels-Gesetzbuches für Japan mit Commentar, Band 1, Einleitung 1.

〔96〕 利谷信義＝水林彪「近代日本における会社法の形成」高柳信一＝藤田勇編『資本主義法学の形成と展開』(東京大学出版会,1971年)114頁。

会已经不再被采用,应该让任何人都可以随意设立纺织、制糖等股份公司。[97] 然而,1884 年 11 月 18 日,在商社法案的审议途中对日本股份公司设立方法的考虑发生了以下变化。根据赫尔曼·罗斯勒(Hermann Roesler)所讲的,英国、德国和法国的通说认为政府对股份公司的监督不能达到其所预想的目的,这是股份公司设立的准则主义的根本思想,而该准则主义的自由主义思想主要是基于英国的自由贸易论思想,且很多的股份公司都基于该思想设立,而事实是这些公司在 18 世纪的欧洲又破产了。[98] 于是赫尔曼·罗斯勒(Hermann Roesler)的见解也发生了转变,他主张考虑当时日本的实际情况,如果股份公司设立自由化,那么就有可能像欧洲发生的情况一样,轻率地或以不正当目的设立公司,因这种轻率或欺诈型公司的设立而导致出资者个人资产的浪费,因此应该规定公司不管其目的如何都必

---

〔97〕「ロエスレル氏商法草案意見書」43 頁以下,明治 17 年(1884 年)2 月 13 日「商法編纂委員ノ草案ニ対フ(ママ)意見書」は越智俊夫「明治前期の会社設立に関する立法主義」松山商科大学商経研究会編『(星野通博士退職記念論集)法史学及び法学の諸問題』(日本評論社,1967 年)103 頁にその一部が収録されている。

〔98〕这里指的是英国 18 世纪最初 20 年被称为“南海泡沫”的泡沫经济以及泡沫经济崩溃后的时代。坂本達也『影の取締役の基礎的考察——イギリスにおける会社法形成史および従属会社保護の視点からの考察』(多賀出版,2009 年)18 頁以下;上田純子『英連邦会社法発展史論』(信山社,2005 年)17 頁注 13;本間輝雄『英米会社法の基礎理論』(有斐閣,1986 年)138 頁。

须获得官方许可才能设立。[99]

还可以推测,上述赫尔曼·罗斯勒(Hermann Roesler)思想上的转变还受到了德国股份公司的影响。1870 年德国《商法典》修改之后,股份公司的设立从许可主义变更为准则主义,此后 3 年间,德国迎来了所谓的“发起人时代”。1870 年年末普鲁士的股份公司只有 203 家,1871 ~ 1873 年新设了 843 家股份公司。[100] 但是,因 1873 年维也纳股票大跌以及 1873 年 10 月德国裕宝联合银行的经营破产,德国开始进入恐慌时代。[101] 以相关泡沫经济形成和崩溃为背景,德国出现了应该废除股份公司的见解。[102] 1877 年哥廷根大学鲁道夫·冯·耶林(Rudorf von Jhering)批判道,股份公司的管理者以他人投资为基础追求个人利益,以欺诈方法来吸引大众资金,股份在投机性动机下交易,正如 1873 年的恐慌所显示的,股份公司可能是破坏整个社会的“万恶之源”(Quelle des Uebels)。[103] 赫尔曼·罗斯勒

---

〔99〕 以上赫尔曼·罗斯勒(Hermann Roesler)的见解在 1884 年 11 月 18 日第 1 次商社法第一议会中被提出。ハー、リヨウスレル稿「株式会社官許に関する意見書」会社条例編纂委員会「第 1 回商社法第一読会筆記」法務大臣官房司法法制調査部監修『日本近代立法資料叢書第 17 巻』161 頁(商事法務研究会,1885 年)。

〔100〕 Assmann, in: Hopt/Wiedemann (Hrsg.), AktG: Großkommentar, 4. Aufl., Berlin 1992, Einl Rdnr. 90(„GroßkommAktG, 4. Aufl.“と略記する).

〔101〕 Assmann, in: GroßkommAktG, 4. Aufl., Einl Rdnr. 90.

〔102〕 新山雄三「19 世紀におけるバブル対処策としての会社法改正——1884 年ドイツ株式法改正草案理由書管見」石川卓磨 = 上村達男編『(酒巻俊雄先生還暦記念)公開会社と閉鎖会社の法理』(商事法務研究会,1992 年)531 頁以下参照。

〔103〕 Rudorf von Jhering, Der Zweck im Recht, Erster Band, 1. Aufl., Leipzig 1877, S. 226 ff., S. 228.

(Hermann Roesler)对股份公司设立主义的观念的转变反映了德国 1870 年修改德国《公司法》以后吸取了泡沫经济的弊害之经验,也反映了随之产生的德国法律思想的变化。

《Roesler 草案》规定股份公司要有 7 人以上的成员(股东)(《Roesler 草案》第 175 条),股份公司设立时有 4 人以上发起人即可(《Roesler 草案》第 179 条)。《〈Roesler 草案〉理由书》中说明,该条没有规定发起人必须在设立之初就认购一股股份,为了设立程序更加简单,要求发起人在 4 人以上即可。[104] 赫尔曼 · 罗斯勒(Hermann Roesler)解释道,没有规定发起人 1 人即可的理由是由数人来实行股份公司设立计划,可以防止滥用股份公司设立,获得公众的信赖。[105]

赫尔曼 · 罗斯勒(Hermann Roesler)区分公司的招股说明书(Prospect)和章程(Statut)。他解释道,招股说明书就像人诞生前的"卵细胞"(Ei),记载该股份公司区别于其他股份公司的基本事项,而章程则需要记载实际执行这些基本事项的所必要的原则。[106] 招股说明书的绝对记载事项是公司的商号、公司的住所、企业目的和动机、公司是股份公司的声明、资本金金额以及股份总数和各个股份的

[104] Roesler, Entwurf eines Handels-Gesetzbuches für Japan mit Commentar, Band 1, S. 269.

[105] Roesler, Entwurf eines Handels-Gesetzbuches für Japan mit Commentar, Band 1, S. 269 f.

[106] Roesler, Entwurf eines Handels-Gesetzbuches für Japan mit Commentar, Band 1, S. 297.

金额等(《Roesler 草案》第 181 条)。在《Roesler 草案》中没有规定章程的绝对记载事项。他在该草案第 180 条理由书中解释道,参考英国法中对“备忘录”(memorandum)和“章程”(articles of association)的区分,对招股说明书和章程进行了区分。赫尔曼·罗斯勒(Hermann Roesler)认为,这不仅是因为事物性质不同,而且是考虑到是否成为公开以及登记事项而进行的区分。[107] 他批判说,1870 年修改的德国《商法典》虽然从公开和登记的观点出发区分了“公司合同”(Gesellschaftsvertrag)(1870 年德国《商法典》第 209 条)和“拔萃书”(Auszug)(1870 年德国《商法典》第 210 条),但与《Roesler 草案》中对招股说明书和章程的区分相比还缺乏明确性。[108] 这一招股说明书和章程的区分,在 1890 年《商法》中被废弃,而在 1899 年《商法》中也未被采用,招股说明书中的绝对记载事项中的一部分作为章程的绝对记载事项被沿袭(参见 1899 年《商法》第 120 条)。

《Roesler 草案》规定,股份公司的设立自招股说明书和临时章程的制定、认证开始(《Roesler 草案》第 180 条),到登记、公告终止(《Roesler 草案》第 197 条)。《Roesler 草案》在程序上不区分发起设

---

〔107〕 第一,《Roesler 草案》第 195 条列举了股份公司的设立登记事项,但这与招股说明书的记载事项并不是完全一致的;第二,招股说明书和章程都以同样方法向所有人公开(参见《Roesler 草案》第 173 条),所以在这里,赫尔曼·罗斯勒(Hermann Roesler)的观点是否正确存有疑问。

〔108〕 Roesler, Entwurf eines Handels-Gesetzbuches für Japan mit Commentar, Band 1, S. 297.

立和募集设立,无论哪种场合都需要经股东大会通过章程(《Roesler 草案》第 182 条第 2 项)。

《Roesler 草案》第 197 条规定,股份公司在其设立登记、公告之前不得进行经营活动。关于股份公司在设立登记前可否以公司名义或者以公司财产来承担债务这一点,《Roesler 草案》规定,如果股份公司未登记则发起人和董事都对该债务负连带责任(《Roesler 草案》第 199 条)。《Roesler 草案》第 199 条是以 1867 年英国《公司法》第 38 条为模板的。[109]

4. 股份

如前所述,赫尔曼·罗斯勒(Hermann Roesler)在 1861 年刊登于《Goldschmidt 商法杂志》的论文《从罗马法观点来看商业公司财产关系的性质》中,在论及税关公会(societas publicanorum)是不是法人的部分指出,"法人有独立的权利义务"这一观点是纯粹的拟制,归属于法人的财产本身也归属于其自然人成员。[110]

以上赫尔曼·罗斯勒(Hermann Roesler)的法人观对《Roesler 草案》的股份本质论产生了影响。根据《Roesler 草案》,股份的本质不是社员权,而具有两面性。该草案解释道,股份是公司的财产,同时是可流通的证券,这种证券表明社员与公司不是单纯的债务关系而

---

〔109〕 Roesler, Entwurf eines Handels-Gesetzbuches für Japan mit Commentar, Band 1, S. 310 f.

〔110〕 Roesler, ZHR 4 (1861), 283.

是资本的构成要素。[111] 赫尔曼·罗斯勒(Hermann Roesler)明确说明,股份公司中公司财产归股份公司所有。[112] 但《Roesler 草案》同时承认股份作为对公司财产的持有份额的要素,将股东视为公司财产的按份所有人。[113] 赫尔曼·罗斯勒(Hermann Roesler)认为,股份公司的财产也归属于其自然人股东,这一股份本质论也反映了他 1861 年发表的关于商业公司财产关系的主张,是他独特的观点。

《Roesler 草案》原则上只承认记名股票(《Roesler 草案》第 209 条),且规定了股东名册制度(《Roesler 草案》第 204 条以下)。但例外的是,全体股东全部支付了额面股金额后,经股东大会"3/4 多数决"(需要经过出席股东所行使的表决权之 3/4 以上赞成的股东大会决议,根据《Roesler 草案》的用语,称为"3/4 多数决",参见《Roesler 草案》第 242 条)的同意,记名股票可以变更为无记名股票(Actien auf Inhaber)(《Roesler 草案》第 241 条第 3 项、第 242 条、第 249 条以下)。

《Roesler 草案》允许股金分期付款(《Roesler 草案》第 211 条)。因《Roesler 草案》不采用股金的全额付款制,而采用了分期付款制,

---

[111] Roesler, Entwurf eines Handels-Gesetzbuches für Japan mit Commentar, Band 1, S. 291.

[112] Roesler, Entwurf eines Handels-Gesetzbuches für Japan mit Commentar, Band 1, S. 199.

[113] Roesler, Entwurf eines Handels-Gesetzbuches für Japan mit Commentar, Band 1, S. 200.

所以还规定在转让股份时，不仅需要变更股东名册还需要公司的同意（《Roesler 草案》第 214 条）。《Roesler 草案》没有确立股份的自由转让性。但在记名股票全部付款后，通过股东大会决议股份变更为无记名股票时（《Roesler 草案》第 249 条），相关无记名股票就如同动产一样可以（无须股东大会同意）自由转让、流通（《Roesler 草案》第 252 条）。《Roesler 草案》规定无记名股票的占有者可以行使利益分配请求权等权利。[114] 但该草案没有规定无记名股票的占有者行使分红请求权或股东大会中的表决权的具体方法。

《Roesler 草案》和现在的日本法不同，禁止向股份公司股东退还出资（《Roesler 草案》第 266 条）。与此相关联，该草案同样规定股份公司原则上不得取得自己股份（《Roesler 草案》第 267 条）。该草案列举的理由是：①资本政策上的根据，即回购自己股份也意味着退还股份公司资本金，有可能损害股份公司债权人的利益；②法理论上的根据，即股份是股东对股份公司所持有的债权的基础，股份公司取得自己股份，就会产生股份公司既是债权人又同时是债务人这种不合理的现象。[115]

5. 组织机构

《Roesler 草案》将“股东大会”定位为股东全体代表公司进行决

---

〔114〕 Roesler, Entwurf eines Handels-Gesetzbuches für Japan mit Commentar, Band 1, S. 336.

〔115〕 Roesler, Entwurf eines Handels-Gesetzbuches für Japan mit Commentar, Band 1, S. 344.

策的机关。[116] 赫尔曼·罗斯勒(Hermann Roesler)指出,各个股东没有代表股份公司的权限,但通过"股东大会"可以影响股份公司的业务执行。《Roesler 草案》中,董事作为股份公司的代表机关通过股东大会决议选任。[117]《Roesler 草案》规定,股份公司可以设置"监事"这一机关,监督董事业务执行。但该草案考虑到小规模公司能够担当监事的人手不足,将监事设定为任意机关。

《Roesler 草案》和现代的日本《公司法》不同,关于股份公司机关的条文不是从"股东大会"开始,而是从"董事和监事"开始的。正如高田晴仁教授所指出的,[118]《Roesler 草案》中"董事"和"监事"之关系不是上下关系,而是并列关系。

《Roesler 草案》规定,股份公司最少要通过股东大会选任 3 人董事(《Roesler 草案》第 219 条)。像这样选任的董事,可以任命一个或多个业务执行董事(《Roesler 草案》第 219 条)。在《Roesler 草案》中,董事是股份公司的"代表机关",股份公司只因董事的行为而直接产生义务(《Roesler 草案》第 222 条第 1 句)。

《Roesler 草案》中,董事要获得报酬等,必须就相关事宜记载在

---

[116] Roesler, Entwurf eines Handels-Gesetzbuches für Japan mit Commentar, Band 1, S. 329.

[117] Roesler, Entwurf eines Handels-Gesetzbuches für Japan mit Commentar, Band 1, S. 319.

[118] 高田晴仁「"取締役"と"監査役"の形成——ロェスレル草案の受容」早川勝=正井章筰=神作裕之=高橋英治編『ドイツ会社法、資本市場法研究』(中央経済社,2016年)276 頁参照。

章程里或者通过股东大会决议(《Roesler 草案》第 225 条)。《Roesler 草案》和日本 2005 年《公司法》不同的是,关于董事的资格要求董事必须是拥有自己所属的股份公司股票的股东,并在章程中规定其最低持有股份数(《Roesler 草案》第 223 条)。根据《Roesler 草案》第 223 条解释,该条以 1867 年法国法的规定为基础,规定董事有义务持有自己公司股份,这样可以期待董事更加努力地执行职务。

《Roesler 草案》中,"监事"只是"监查机关",其职务是:①监查董事,防止董事通过业务执行等作出违法或不正当的行为(《Roesler 草案》第 213 条第 1 项);②检查年度决算以及利益分配,向股东大会报告检查结果(《Roesler 草案》第 231 条第 3 项);③必要时召集股东大会(《Roesler 草案》第 231 条第 3 项)。监事为了执行上述职务,有接受股份公司业务执行情况报告的权限、阅览公司财务报表和相关资料的权限、调查股份公司财务状态的权限(《Roesler 草案》第 234 条)。《Roesler 草案》还规定,股份公司通过章程规定或经股东大会同意,可以向监事支付报酬(《Roesler 草案》第 232 条)。

《Roesler 草案》规定了董事和监事各自的责任规则。首先,《Roesler 草案》第 227 条规定了董事对公司的任务懈怠责任:董事欠缺作为商人的注意和勤勉时、欠缺执行自己的职责所必要的知识时、在追求公司利益的同时追求自身利益时,对股份公司承担损害赔偿责任。[119] 公司的相关诉讼原则上由有业务执行权限的董事执行,但在追究董事对公司任务懈怠责任的诉讼中,董事和公司利益相冲突,由监事或者为进行诉讼由股东大会特别选任的代理人代表公司(《Roesler 草案》第 279 条)。[120] 《Roesler 草案》第 228 条规定,董事存在非法分配利益或其他违法行为的情况时,在有章程规定时,不仅要对股份公司承担责任,还要对公司债权人承担责任。[121]

而根据《Roesler 草案》第 235 条的规定,监事在同意董事行为的情况下原则上也和董事承担同样的责任。该草案有规定,监事因其懈怠任务给公司或者公司债权人造成损害的,例外地向公司或公司债权人承担责任(《Roesler 草案》第 235 条)。追究监事对公司任务懈怠责任的主体是股东大会选任的特别代理人(《Roesler 草案》第 279 条)。

《Roesler 草案》第 280 条规定了股东对公司管理层的责任追究制度。该条规定,出资 5% 以上的股东,在起诉董事或者监事的诉讼中,可以指定特别的代理人来代理原告或被告。这意味着在对股份公司董事等提起诉讼时,出资 5% 以上的股东可以指定代理人来进行

---

〔119〕 Roesler, Entwurf eines Handels-Gesetzbuches für Japan mit Commentar, Band 1, S. 350.

〔120〕 Roesler, Entwurf eines Handels-Gesetzbuches für Japan mit Commentar, Band 1, S. 325.

〔121〕 Roesler, Entwurf eines Handels-Gesetzbuches für Japan mit Commentar, Band 1, S. 325 f.

追究董事等责任的诉讼。《Roesler 草案》第 280 条理由书指出,该条参考的是 1867 年法国法第 17 条和第 39 条。[122]

《Roesler 草案》中的"股东大会"分为确定公司会计账簿、利益分配的"定期股东大会"和持有资本金 1/5 以上股份的股东申请的"临时股东大会"(《Roesler 草案》第 238 条、第 239 条)。《Roesler 草案》规定,股东大会决议通常是过半数决议,但该草案第 241 条列举的特别事项(商号变更、住所变更、记名股票向无记名股票的变更、资本增加或面额金额的增加、章程变更、公司解散)的决议,则需要持有资本金 1/2 以上股份的股东出席,经出席股东所行使的表决权的 3/4 以上赞成的多数决(《Roesler 草案》第 241 条、第 242 条)。

上述《Roesler 草案》中特别决议不是 2/3 的多数决,而是 3/4 的多数决,这依据的是英国法的原理。《Roesler 草案》起草时,1870 年德国《商法典》虽然有关于特别决议的规定(参见 1870 年德国《商法典》第 209b 条第 3 款),但没有规定特别决议成立所需要的表决权比例。德国在 1937 年《股份法》中才引入 3/4 多数决(1937 年《股份法》146 条第 1 款)。

《Roesler 草案》规定了一股一表决权原则,但同时规定对持有 10 股以上的股东,通过章程规定可以限制其表决权(《Roesler 草案》第

---

[122] Roesler, Entwurf eines Handels-Gesetzbuches für Japan mit Commentar, Band 1, S. 351.

244 条)。《Roesler 草案》第 244 条理由书中说明,该条的宗旨在于限制一人股东对经营的随意操纵。[123]

《Roesler 草案》规定,出资 20% 以上的股东可以向公司所在地的管辖法院申请选任"检查人"调查股份公司业务状况以及财产状态(《Roesler 草案》第 275 条)。该草案规定,"检查人"有检查公司所有文件以及账簿的权限,也有向董事以及其他管理层质询的权限(《Roesler 草案》第 276 条)。检查人要向所管辖法院提交检查报告书,公司以及股东通过请求,可以取得检查报告书的摘抄(《Roesler 草案》第 277 条)。

6. 融资

《Roesler 草案》在公司章程有规定时或者股东大会 3/4 多数决通过时,允许增减资本金额或者股份额面金额(《Roesler 草案》第 254 条)。《Roesler 草案》第 254 条第 2 句规定,可以通过增加股份的额面金额、发行新股、发行公司债券(Schuldobligation)中的任何一种方式来增加资本金。

《Roesler 草案》允许通过发行新股增资这一点值得关注。该草案规定资本金额可以减少到资本金的 1/4(《Roesler 草案》第 255 条),而且公司应该对不同意减资的债权人履行债务或提供担保

---

〔123〕 Roesler, Entwurf eines Handels-Gesetzbuches für Japan mit Commentar, Band 1, S. 333.

(《Roesler 草案》第 255 条至第 260 条)等。然而,公司发行新股增加资本,现有股东有可能遭受持股比率或所持股份的财产价值的变动,但《Roesler 草案》对此并没有采取充分的保护措施。而在德国,事实上在 1897 年德国《商法典》之后,新股发行时赋予现有股东新股认购权这种对现有股东原则性的保护才得以法定化(1897 年德国《商法典》第 282 条)。[124] 由此来看,《Roesler 草案》的立场从当时的学术水平观察,也是不得已的法律欠缺。

《Roesler 草案》第 254 条允许发行"债券"也值得关注。《Roesler 草案》第 254 条理由书又将该条中的"债券"称为"优先股"(Prioritätsactien),[125] 所以该条允许发行的看似不是公司债券,而是关于利息的优先股。但以《Roesler 草案》为基础的与 1890 年《商法》同期公布的 1890 年 8 月 8 日法律第 60 号,将"债券"作为规定了"偿还时期"等的"公司债券"来规制。而赫尔曼·罗斯勒(Hermann Roesler)是否参与制定了 1890 年法律第 60 号则不清楚。

7. 章程变更

《Roesler 草案》规定了股份公司变更章程时必须将其公开在登

---

〔124〕 Karl Lehmann, Das Recht der Aktiengesellschaften, Band 2, Berlin 1904, S. 462; Müller-Erzbach, Deutsches Handelsrecht, 2./3. Aufl., Tübingen 1928, S. 308; Koenige/Pinner/Bondi, in: Staub's Kommentar zum Handelsgesetzbuch, 12. und 13. Aufl., Berlin 1926, §282 Anm. 2.

〔125〕 Roesler, Entwurf eines Handels-Gesetzbuches für Japan mit Commentar, Band 1, S. 338.

记簿上之原则(《Roesler 草案》第 261 条)。但该草案对组织变更、合并等企业重组没有作出规定。

8. 公司财务会计等

《Roesler 草案》规定,股份公司必须每半年确定决算,[126]制订财产目录表及资产负债表,经过监事的检查和董事的同意后公开(《Roesler 草案》第 268 条)。但《Roesler 草案》完全没有明确规定财产目录表以及资产负债表的详细内容。

《Roesler 草案》第 272 条提到了在利益分配中的股东平等原则,规定利润、利息的分配应按照股份面额的比例进行。

《Roesler 草案》第 269 条、第 270 条规定了利益分配中的资本充实原则。该草案第 269 条规定,不得以减少公司资本的方式进行减资,第 270 条规定,股份公司必须在每次分配利益时提取年度利益的 5% 以上作为法定公积金,直到法定公积金积累到公司资本的 1/4 以上为止。

《Roesler 草案》特别有时代意义的一点是,规定任何人都可以在通常的营业时间内阅览股东名册、招股说明书、章程、股份公司设立许可证、登记资料、股东大会决议、每半年一次的年度决算决议和资产负债表、公司的担保债权人名册(《Roesler 草案》第 273 条第 1 句)。但该草案还规定,不是该股份公司股东要阅览相关文件必须支

[126] 确定股份公司决算需要经过定期的股东大会决议(《Roesler 草案》第 238 条)。

付手续费(《Roesler 草案》第 273 条第 2 句)。

9. 解散和清算

《Roesler 草案》第 281 条规定存在以下情况,公司解散:①章程中记载的事项发生;②股东大会决议;③股东未满 7 人;④资本金不满 1/4;⑤破产;⑥法官发布解散命令。还有,《Roesler 草案》第 282 条规定,股份公司从事违法业务或者在业务执行中违反公序良俗,法官可通过政府的申请命令该股份公司解散。《Roesler 草案》规定,股份公司解散后进入清算程序,立即向法院通知清算人的姓名,并在登记簿上登记、公告(《Roesler 草案》第 288 条)。

《Roesler 草案》关于股份公司的清算程序一部分准用了合名公司的清算程序规定(《Roesler 草案》第 293 条)。但是这并不是说赫尔曼·罗斯勒(Hermann Roesler)认为进入了清算程序的股份公司本质上是合名公司。[127]

《Roesler 草案》规定清算要经过以下程序。股份公司进入清算程序后其商号中必须附加"清算中"(in Liquidation)字样(《Roesler 草案》第 302 条)。这一规制虽然在现行 2005 年《公司法》中没有被采用,但在现行德国《股份法》第 269 条第 6 项中被采用。

关于清算,《Roesler 草案》规定对公司债权人的支付,所有债务支付之后还有积极财产剩余时,按股份所有比例将该剩余财产支付

---

〔127〕 清算中的股份公司股东不对公司的债务承担无限责任。

给股东(《Roesler 草案》第 302 条)。也就是说,这里规定了剩余财产分配中的股东平等原则。《Roesler 草案》规定,股份公司清算途中如果出现公司财产不能满足所有债权人的情况,股份公司则进入破产程序(《Roesler 草案》第 306 条第 1 句)。在这一情况下,向股东或债权人的善意支付无效,该支付的接受者有义务向清算公司返还在清算程序中被支付的给付(《Roesler 草案》第 306 条第 2 句)。

《Roesler 草案》规定,在清算终结后,必须向法院公示并在报纸上通知清算终结的结果,特别是以下几项内容:①所有债权人获得全部或者一部分支付(《Roesler 草案》第 308 条第 1 项);②剩余财产按股东所持有的股份面额的比例分配,以及剩余财产的金额和成为剩余财产之不动产(《Roesler 草案》第 308 条第 2 项);③已支付清算费用以及应对了清算请求权(《Roesler 草案》第 308 条第 3 项);④通过股东大会决议或者法官的命令认可公司清算终结(《Roesler 草案》第 308 条第 4 项);⑤采取了相关措施保存公司账簿以及文件(《Roesler 草案》第 208 条第 6 项);⑥破产程序开始时的相关通知(《Roesler 草案》第 308 条第 6 项)。赫尔曼·罗斯勒(Hermann Roesler)认为,股份公司自清算终结时归于消灭。

(三)股份公司法——《Roesler 草案》制定后

1.1882 年《商法案》

虽然太政官法制部商法编纂局开始进行《Roesler 草案》的翻译工作,但与此同时,1882 年太政官参事官开设了以鹤田为委员长的商法编纂局,对《Roesler 草案》的总则和公司部分进行变更,制定了总共由 160 条条文构成的草案。该草案成为《商法案》。[128] 这样紧急地进行公司法的完善工作有以下缘由。第一,公司法的欠缺而引起的弊害已经被国民申诉;第二,适应通货紧缩政策,日本同样需要促进企业发展。如果不对公司制度进行完善保障投资安全,那么就无法期待社会资本的集中。[129] 然而,在《商法案》完成后,赫尔曼·罗斯勒(Hermann Roesler)马上针对该法案提出了反对意见。这就是 1884 年 2 月 13 日的《Roesler 氏商法草案意见书》(以下简称《商法意见书》)。[130] 而对

---

[128] 《商法案》收录于法務大臣官房司法法制調査部監修『日本近代立法資料叢書第 21 巻』(商事法務研究会,1885 年)中。

[129] 利谷信義 = 水林彪「近代日本における会社法の形成」高柳信一 = 藤田勇編『資本主義法学の形成と展開』(東京大学出版会,1971 年)50 頁参照。

[130] 名古屋大学法学研究科佐野智也教授受庆应大学法科大学院教授高田晴仁教授的请求和启发制作了网页(「明治民法情報基盤——旧商法」),这一网页体系性地整理了《Roesler 草案》起草之后商法草案的资料,具有划时代的意义(http://www.law.nagoya-u.ac.jp/jalii/meiji/commerce/index23.html)。在该网页中可以阅读《商法意见书》原文。

此意见书,日本方面也展开了反论。也就是商法编纂局所撰的《针对Roesler 氏意见的答辩》。[131]

《商法案》基本遵循了《Roesler 草案》,[132] 只在一些地方和《Roesler 草案》的内容有所不同。关于这些内容的变更,赫尔曼·罗斯勒(Hermann Roesler)和太政官参事官商法编纂局的日本人委员之间产生了争论。笔者已在其他文章[133]中详细阐述了此次争论,故在本书中将这些内容进行归纳、补充,以此明示赫尔曼·罗斯勒(Hermann Roesler)与太政官参事官商法编纂局意见的对立点。[134]

赫尔曼·罗斯勒(Hermann Roesler)对《商法案》的批判首先指向的一点是,他的草案中共由 318 条构成的商法总则和公司法缩短成了 160 条。赫尔曼·罗斯勒(Hermann Roesler)批判称,股份公司的章节中以下内容都被删除:①记名股份向无记名股份变更的一节;②资本金增减的一节;③章程变更的一节;④对董事以及监事提起诉

---

〔131〕「ロエスレル氏意見に対する答弁」は,法律取調委員会「商法に関する書類」法務大臣官房司法法制調査部監修『日本近代立法資料叢書　第 19 巻』(商事法務研究会,1885 年)61 頁以下。

〔132〕「ロエスレル氏商法草案意見書」40 頁。

〔133〕高橋英治「ロエスレル氏商法草案意見書について」関西法律特許事務所編『(関西法律特許事務所開設 35 周年記念論文集)民事特別法の諸問題　第 4 巻』(第一法規,2002 年)223 頁以下。

〔134〕本书将对象限定在赫尔曼·罗斯勒(Hermann Roesler)和太政官参事官商法编纂局编纂委员会的对立非常明确的《Roesler 草案》的缩减和股份公司设立的问题上,阐明两者的对立点。关于其他的对立点,高橋英治「ロエスレル氏商法草案意見書について」関西法律特許事務所編『(関西法律特許事務所開設 35 周年記念論文集)民事特別法の諸問題　第 4 巻』(第一法規,2002 年)234 頁以下参照。

讼的一节。[135]

赫尔曼·罗斯勒(Hermann Roesler)批判道,一般来说,这样的条文删减会使负责相关诉讼的法官事实上进行立法行为。[136]

对此,太政官参事官商法编纂局没有对删除这些规定的具体理由进行反论,而是展开了一般讨论,也就是说鉴于当时日本的风土人情,按照商业习俗,为了防止法律实施时产生问题而删除。[137]《商法案》中的确删除了关于资本金增减的章节,但是规定了资本金增减可以通过股东大会 3/4 的决议而实现(《商法案》第 112 条第 3 款)。而且规定,减少资本要进行公告(《商法案》第 116 条第 1 款),只有在公告期间内没有出现反对减少资本的意见时,通过地方长官的许可,才可减少资本(《商法案》第 116 条第 2 款)。可以说,这些日本方面的规制方针意味着政府对股份公司融资的干涉,没有充分保护公司债权人。还有,《商法案》中删除对董事以及监事提起诉讼的相关规定,这会引起公司管理层对公司治理的意识低下,意味着在法律上形成一种状态使董事即使夺取了其经营的股份公司的公司财产,股东也不能提起诉讼。可以明确地说,删除相关条文是考虑了经济界的意向,即当时的经济界畏惧股东向公司管理层提起诉讼。

---

〔135〕「ロエスレル氏商法草案意見書」2 頁以下。

〔136〕「ロエスレル氏商法草案意見書」3 頁。

〔137〕「ロエスレル氏意見に対する答弁」は,法律取調委員会「商法に関する書類」法務大臣官房司法法制調査部監修『日本近代立法資料叢書　第 19 巻』(商事法務研究会,1985 年)61 頁。

关于股份公司的设立，赫尔曼·罗斯勒(Hermann Roesler)采用的是准则主义，而《商法案》则采用了许可主义。对此赫尔曼·罗斯勒(Hermann Roesler)也进行了批判。而答辩从以下3点批判了《Roesler草案》的准则主义。[138] 第一，答辩称，公司设立需要政府许可属于日本的惯例。第二，答辩称，如果无论有无政府认可都可设立公司，可能会导致狡猾的资本家欺骗不具备股份公司相关知识的市民而设立公司，夺取市民财产的结果。第三，答辩称，考虑运营铁道、海运等业务的股份公司，设立相关公司的许可与政府的产业政策也息息相关。之后，赫尔曼·罗斯勒(Hermann Roesler)以上述第二点理由，赞成采用许可制设立股份公司。

关于股份公司发起人的最低人数，《Roesler草案》第179条规定为4人，而《商法案》则规定，股份公司发起人的最低人数和最低股东人数同样为7人。《Roesler草案》第179条规定，发起人的最低人数为4人是因为如果发起人的最低人数设定为7人，那么就有可能出现实际上不参与设立的发起人或架空的发起人等的情况。[139] 而对此，法律调查取证委员会答辩说明，在日本股份公司的设立太过容易而导致失败的例子很多，为了确保公司业务，慎重设立股份公司，要

[138] 「ロエスレル氏意見に対する答弁」は，法律取調委員会「商法に関する書類」法務大臣官房司法法制調査部監修『日本近代立法資料叢書第19巻』71頁。

[139] 「ロエスレル氏商法草案意見書」43頁。

求发起人为 7 人以上符合日本的实情。[140] 关于这一点,《商法案》比《Roesler 草案》更妥当。也就是说,在《Roesler 草案》之下,不允许仅有发起人设立股份公司的"发起设立",股份公司的发起人总是要以某种形式募集能够成为股东的人。因此,《Roesler 草案》不能采用仅限于"发起设立"的立法上的特别规制(如不需要召开创立大会或第一次股东大会等),从立法技术上来说,反倒会增加公司设立的社会成本。众所周知,1890 年《商法》遵循《Roesler 草案》第 179 条规定发起人的最低人数为 4 人(1890 年《商法》第 157 条第 1 款)。与此相反,在 1899 年《商法》第 119 条理由书作如下解释:1890 年《商法》将发起人的最低人数和股东的最低人数做不同的设定正是因为该法区分作为公司设立的准备行为之"发起"和公司设立行为本身之"设立",而公司设立的准备行为包含在设立中,没有必要对两者进行区分。因此,依照法国、英国等其他国家的立法例,将发起人的最低人数设定为 7 人。[141] (1899 年《商法》第 119 条。)

《商法意见书》批判道,《商法案》与《Roesler 草案》第 183 条、第 184 条、第 185 条不同,没有提及股份认购的募集方法和股份认购的法律效果。[142] 对此,法律调查取证委员会答辩回复称,股份认购的

---

〔140〕「ロエスレル氏意見に対する答弁」は,法律取調委員会「商法に関する書類」法務大臣官房司法法制調査部監修『日本近代立法資料叢書第 19 巻』71 頁。

〔141〕《商法修正案理由書》106 頁以下。

〔142〕「ロエスレル氏商法草案意見書」44 頁。

方法按照实际的惯例操作比较妥当,而且股份认购人负有支付义务也理所当然,因此删除相关规定。[143]

关于股份公司设立之际是否需要公证人公证(以下简称公证),《Roesler 草案》第 180 条规定必须公证,而《商法案》则规定不需要公证。《商法意见书》认为,如果无须公证,那么股份公司的设立必须经过政府许可,而政府很难许可[144]。而答辩反驳道,日本没有进行公证的实务习惯,而且政府规定在创业招股说明书上必须有家长(日本旧时的家族制度下,掌管整个家族的最高支配者——译者注)的印章,这在事实上和公证起到同样的效果。[145]

赫尔曼・罗斯勒(Hermann Roesler)在《商法意见书》中还指出,《商法案》变更了《Roesler 草案》的很多内容,关于这些变更部分他本人很难负责。[146] 而且他还批判,《商法案》制定者虽然自称《商法案》是基于简明单一主义制定的,但《Roesler 草案》与之相比则更加浅显易懂。《商法案》的内容不完整,缺乏立法上的便利性和法律上的缜密性,不予支持。再者,他还说道,《商法案》最终不会受到外国人的尊重,也不会对日本有利。他批判道,虽然实际上日本的法官已经有

---

〔143〕「ロエスレル氏意見に対する答弁」は,法律取調委員会「商法に関する書類」法務大臣官房司法法制調査部監修『日本近代立法資料叢書第 19 巻』72 頁。

〔144〕「ロエスレル氏商法草案意見書」43 頁。

〔145〕「ロエスレル氏意見に対する答弁」は,法律取調委員会「商法に関する書類」法務大臣官房司法法制調査部監修『日本近代立法資料叢書第 19 巻』71 頁。

〔146〕「ロエスレル氏商法草案意見書」48 頁。

适用法律的能力,但《商法案》却给日本法官的法律适用带来了困难。[147] 针对这些批判,答辩辩解道,《商法案》以《Roesler 草案》为基础,是为了符合当时日本的实际情况而编纂的,并不是擅自搅乱《Roesler 草案》的法案,也不是试图以学术理论为基石凌驾于各个外国法律之上的无法无天的法案。[148]

《商法案》于 1882 年 9 月 1 日提交给太政官,但就此束之高阁。[149] 学界推测这是受到赫尔曼·罗斯勒(Hermann Roesler)反对的影响。[150]

2. 1890 年《商法》(旧商法)

1882 年《商法案》因赫尔曼·罗斯勒(Hermann Roesler)的反对失败,之后依照《Roesler 草案》重新起草条文,其成果就是 1886 年

---

〔147〕「ロエスレル氏商法草案意見書」49 頁。

〔148〕「ロエスレル氏意見に対する答弁」は,法律取調委員会「商法に関する書類」法務大臣官房司法法制調査部監修『日本近代立法資料叢書第 19 巻』(商事法務研究会,1885 年)74 頁以下。

〔149〕志田鉀太郎『日本商法典の編纂と其改正』(明治大学出版会,1933 年)26 頁以下;高田晴仁『「旧商法典」——その意義と研究に関する覚書』奥島孝康先生還暦記念論文集編集委員会編『(奥島孝康教授還暦記念第 2 巻)近代企業法の形成と展開』24 頁(成文堂,1999 年);高橋英治「ロエスレル氏商法草案意見書について」関西法律特許事務所編『(関西法律特許事務所開設 35 周年記念論文集)民事特別法の諸問題　第 4 巻』(第一法規,2002 年)226 頁。

〔150〕伊東すみ子「ロェスレル商法草案の立法史的意義について」滋賀秀三 = 平松義郎編『(石井良助先生還暦祝賀)法制史論集』207 頁参照;利谷信義 = 水林彪「近代日本における会社法の形成」高柳信一 = 藤田勇編『資本主義法学の形成と展開』(東京大学出版会,1971 年)88 頁。关于未采用《商法案》一事,赫尔曼·罗斯勒(Hermann Roesler)宣言,对于《Roesler 草案》中被变更的部分自己无法承担责任,笔者认为这一宣言产生了极大影响。

《商社法案》。而《商社法案》作出部分修改后虽然在元老院通过，但因为条约修改等的原因，商法典编纂工作重新启动，《商社法案》也以失败告终。[151]

之后，由于《商社法案》编纂进展缓慢，农商务省制定了独自的草案。这就是 1885 年向太政官提交的《公司管理内则案》。[152]

《公司管理内则案》是农商务省因困惑于当时的公司弊害而制定的该部门的公司行政指南。《公司管理内则案》规定，股份公司是 7 人以上的发起人募集股东发行股票的公司，股东责任是有限还是无限，由股份公司自己起草的创业招股说明书规定（《公司管理内则案》第 24 条第 8 项）。关于股东责任是有限还是无限，通过报纸或其他方法进行公告（《公司管理内则案》第 31 条第 5 项）。《公司管理内则案》没有确立股东的有限责任，而且规定股份公司的设立要经过农商务省大臣的许可。从这几点上可以说《公司管理内则案》中的"股份公司法"部分的规定是保守而落后的，没有满足近代股份公司法的条件。然而，在此之后，大审院明确了以下立场：公司原则上是无限责任公司，公司可以通过对其股东只承担有限责任之内容进行"公告"成为有限责任公司［大判 1887 年 4 月 14 日宣判《1887 年大

---

〔151〕 利谷信義＝水林彪「近代日本における会社法の形成」高柳信一＝藤田勇編『資本主義法学の形成と展開』（東京大学出版会，1971 年）88 頁以下参照。

〔152〕 「会社取扱内則案」案は，日本学術振興会＝会社条例編纂委員会『商社法第 1 読会筆記　第 6 巻』商社 1／6／13 頁以下。前揭注（129）网页「明治民法情報基盤——旧商法」参照。

审院民事商事判决录》(商事)第 1 页,大判 1891 年 11 月 24 日宣判的《裁判杂志民事集》第 6 卷第 392 页等]。《公司管理内则案》规定,可以通过报纸等公告来规定股东责任的有限性(《公司管理内则案》第 31 条第 5 项),该法案依据大审院的观点,认可了“有限责任公司”作为“股份公司”的设立。

农商务省的《公司管理内则案》虽然被呈报但最终没有被接受。其原因在于《公司管理内则案》在没有确立股份公司的股东有限责任等部分和赫尔曼·罗斯勒(Hermann Roesler)的基本构想大相径庭。法制史学家指出,太政官在接到农商务省呈报时,对是否发布《公司管理内则案》曾征求了公司条例编纂委员会的意见,而该委员会中的大多数委员都认为《公司管理内则案》不完备而反对发布,认为应当采取在公司条例出台之前不发布《公司管理内则案》的方针,并将该意见报告给了太政官,这就是太政官没有接受《公司管理内则案》的经过。[153]

继 1886 年《商社法案》失败后,以《Roesler 草案》为基础的 1890 年《商法》(旧商法)[154]予以公布。

从 1890 年《商法》关于股份公司的设立采用的不是准则主义,而

---

〔153〕 利谷信義 = 水林彪「近代日本における会社法の形成」高柳信一 = 藤田勇編『資本主義法学の形成と展開』(東京大学出版会,1971 年)109 頁以下参照。

〔154〕 1890 年《商法》(旧商法,1893 年修改前)的条文收录于,我妻榮編『旧商法集』(有斐閣,1968 年)234 頁以下。

是许可主义等内容,可以看出赫尔曼·罗斯勒(Hermann Roesler)自身想法经过变更而与《Roesler 草案》的若干不同之处。例如,1890 年《商法》第 206 条将《Roesler 草案》第 254 条中关于事实上的优先股制定的“债券”的相关规定修改为通过章程变更可发行记名式债券的规定。这成为日本关于“公司债券”规定的第一步。[155] 1890 年 8 月 8 日,日本制定了第一个关于公司债券的特别法(1890 年 8 月 8 日法律第 60 号)。德国制定的《债券法》是 1899 年 12 月 4 日的《债券法》,[156]而日本早在 10 多年前就制定了有关公司债券的特别法。日本最早的公司债券法,即 1890 年 8 月 8 日颁布的第 60 号法律,考虑到其资料上的重要性,以下记载该法律的全文。

1890 年 8 月 8 日法律第 60 号(官报 8 月 9 日)

第 1 条 根据商法第 206 条规定,股份有限公司发行公司债券时必须已经缴纳了总股份金额一半以上。

第 2 条 债券之发行额不得超过股票之缴纳金额。

第 3 条 债券发行应当经由地方长官得到主务省的批准。

---

〔155〕 田邊光政「社債法制の沿革」倉沢康一郎 = 奥島孝康編『(岩崎稜先生追悼論文集)昭和商法学史』(日本評論社,1996 年)460 頁参照。

〔156〕 Gesetz, betreffend die gemeinsamen Rechte der Besitzer von Schuldverschreibungen von 4. Dezember 1899, Deutsches Reichsgesetzblatt Band 1899, Nr. 47, S. 691 – 698.

第 4 条　每一份债券除必须记载其债务金额、利息比例及支付日期、发行日期、编号、商号、公司印章、董事的姓名及印章、债权人的姓名外,还要记载以下事项。

1. 公司的营业所;

2. 股份资金总额及缴纳金额;

3. 还本付息的初始日期以及最终期限;

4. 公司开业的年月日;

5. 规定存立期限的公司之期限;

6. 已经过批准许可。

第 5 条　股份公司发行公司债券时应当置备公司债券存根簿,按每一份债券记载以下事项。

1. 债券者的姓名、地址;

2. 债券的金额编号;

3. 利息比率;

4. 债券发行年月日及转让年月日;

5. 还本付息的最初期限及最终期限。

第 6 条　债券之转让如果不在公司债券存根簿上记载受让人姓名,该转让对公司无效。

第 7 条　在股份公司的营业时间内,如有要求阅览债券存根簿的人,不得拒绝提供。在此情况下,公司可以向请求人收取 20 元以内的手续费。

第8条 董事有以下不正当行为时,对其处以5日元以上50日元以下的罚款。

1. 未在债券上记载应记载事项或进行不正当记载;

2. 未备置公司债券存根簿或在公司债券存根簿上进行不正当记载。

1890年《商法》被称为《Roesler商法》,[157]对于股份公司的规制,基本上是按照《Roesler草案》立法的。1890年《商法》的章节构造是法国法系,而内容主要是德国法系。[158]

从应该与旧民法同时实施之观点出发,首先在第一次议会上将1890年《商法》施行日期推迟到了旧民法施行预定日1893年1月1日。接着其又被卷入法典争论,[159]1890年《商法》也与旧民法一样被批判为只是模仿外国法,并没有充分考虑日本的商业习惯等,[160]

---

〔157〕 高田晴仁「『旧商法典』——その意義と研究に関する覚書」奥島孝康先生還暦記念論文集編集委員会編『(奥島孝康教授還暦記念第2巻)近代企業法の形成と展開』(成文堂,1999年)24頁参照。

〔158〕 西原寛一『近代的商法の成立と発展』(日本評論新社,1963年)63頁参照;山本桂一『商法のはなし』(有信堂,1970年)19頁;Harald Baum/Eiji Takahashi, Commercial and Corporate Law in Japan, Legal and Economic Developments after 1868, in: Wilhelm Röhl (edit.), History of Law in Japan since 1868, Leiden 2005, S. 356.

〔159〕 关于《商法典》论争,三枝一雄『明治商法の成立と変遷』(三省堂,1992年)83頁以下;大和正史「商法典論争に関する一考察——大阪商工会議所の商法断行決議をめぐって」関西大学法学論集36巻2号(1986年)18頁以下;淺木愼一『日本会社法成立史』(信山社,2003年)11頁以下参照。

〔160〕 Takahashi, FS Schott, S. 323.

因此在第三次议会上再次将施行日期推迟到了 1896 年 12 月 30 日。引起 1890 年恐慌的经济界之混乱产生了施行法典的需求。政府看到法典施行的时机成熟,在第四次议会上提出施行商法的法案。最终从 1893 年 7 月 1 日开始,《公司法》作为《商法》的一部分,在最终对 1890 年《商法》进行了若干修正后,得以与《票据法》《破产法》一起施行。[161] 1890 年《商法》中其余的部分也从 1898 年 7 月 1 日到 1899 年《商法》施行日的前一天即 1899 年 6 月 15 日,陆续得以施行。[162]

3. 1899 年《商法》(新商法)

1899 年,日本公布了受德国法更多影响的《商法》(新商法)。关于 1899 年《商法》的制定经过及内容是有先行研究成果的。[163] 在此,笔者以 1899 年《商法》中股份公司的规定受到德国法的影响和比德国法先进的地方为重点进行论述。

(1)股份公司法的体系

1899 年商业法的股份公司法的体系,由设立股份公司的机关、公司的财务会计、公司的债券、章程变更、解散、清算等构成。在日本以研究商法历史而闻名的[164]哈勒大学教授保罗·雷姆(Paul

---

〔161〕 1893 年施行的《商法》条文收录于 1893 年 3 月 6 日公布的,『改正大日本商法』(長島文昌堂,1893 年)。1890 年《商法》和 1893 年《商法》的对照表收录于,淺木愼一『日本会社法成立史』(信山社,2003 年)74 頁以下。

〔162〕 菅原菊志『企業法発展論』13 頁参照。

〔163〕 淺木愼一『日本会社法成立史』(信山社,2003 年)55 頁以下参照。

〔164〕 P、レーメ「商法史概説」塙浩『(塙浩著作集 7)ヨーロッパ商法史』(信山社,1992 年)3 頁以下;服部榮三『商法総則』〔第 3 版〕(青林書院新社,1983 年)127 頁。

Rehme)在20世纪初至今德国最高水准的商法杂志,也是莱温·戈尔德施密特(Levin Goldschmidt)创刊的《全商法杂志》(Zeitschrift für das gesamte Handelsrecht)[165]上发表以《日本的商法》为题的论文。该论文对日本1899年《商法》的股份公司法之体系赞不绝口,认为其法律秩序比德国《商法典》即1897年德国《商法典》更明确。[166]

(2)股份公司的属性

没有像1890年《商法》第154条一样规定相同的股份公司之定义(股份公司,是指将公司资本分为股份,只以公司财产为限承担责任的公司),1899年《商法》只是单纯在"总则"中规定公司是法人(1899年《商法》第44条第1款)。因此,股份公司被认定为法人。1899年《商法》具体规定了公司的能力,即公司拥有独立的固有财产,独立承担权利义务,具备诉讼当事人的能力(1890年《商法》第73条)。日本的立法负责人解释道,1890年《商法》第73条是认定商业公司为法人的规定。[167] 与此相反,《Roesler草案》第71条理由书认

---

〔165〕 如前所示,该杂志现更名为《全商法经济法杂志》[Zeitschrift für das gesamte Handels-und Wirtschaftsrecht (ZHR)]。

〔166〕 Paul Rehme, Das japanische Handelsrecht, ZHR 54 (1904), S. 369.

〔167〕 岸本辰雄著述『商法正義　第2巻』(新法注釈会出版,出版年不明)36頁。

为:“商业公司不是完全意义上的法人。”[168][169]而规定公司为法人的1899 年《商法》第 44 条的理由书中解释道:“公司是否是法人存在争论,这种争论会引起公司是不是法人在法律适用上的巨大差异,因此设定了相关规定。”[170]但是,这种从具体规定到抽象语句的变化是否属于公司法的进步,也引起了质疑。[171] 也就是说,按此规定包括合名公司和合资公司在内的所有公司都被认定为法人,“法人”的含义变得模糊,会引发解释论上的不明确性。

1897 年德国《商法典》中并没有将股份公司定义为法人的规定(参见 1897 年德国《商法典》第 178 条)。但是,1897 年德国《商法典》中有相当于《Roesler 草案》第 71 条的规定,即“股份公司有自己独立的权利及义务。也就是说,股份公司可以取得不动产的物权和其他所有权,也可以向法院起诉或被起诉”(1897 年德国《商法典》第 210 条第 1 款)。1965 年《股份法》[172]中“股份公司”被定义为具有固有的法人格的公司(《股份法》第 1 条第 1 款第 1 句),这被解释为是

---

〔168〕 Roesler, Entwurf eines Handels-Gesetzbuches für Japan mit Commentar, Band 1, S. 199.

〔169〕 关于 1890 年《商法》第 73 条,赫尔曼·罗斯勒(Hermann Roesler)和日本委员意见的不同参见村上淳一「会社の法人格——比較法史の一断章」桐蔭法学 2 巻 2 号(1996 年)5 頁以下。

〔170〕 『商法修正案理由書』(博文館,1898 年)40 頁。

〔171〕 海老原、前掲注(77)ジュリスト1155 号(1999 年)41 頁。

〔172〕 到 2012 年为止的关于 1965 年《股份法》的日语译文,早川勝「1965 年ドイツ株式法の改正と展開」同志社法学 63 巻 6 号(2012 年)200 頁以下参照。

关于股份公司的法人性质的规定。[173] 而日本法通过1890年《商法》第44条的规定,将股份公司作为法人,这意味着日本从立法技术上先行于德国股份公司法制,形成了比德国法更先进的状态。

1890年《商法》的立法者将合名公司、合资公司、股份公司以及当时日本也存在的股份合资公司都认定为法人。关于这一点,保罗·雷姆(Paul Rehme)预测:"这是效仿了法国的学说,但却与母国法之德国法不同,按照这些公司的结构来看会产生矛盾。"[174] 然而与此相反,关于日本法将所有公司都认定为法人这一点,几乎没有被指出立法及解释上的矛盾。

在现代德国,有一种学说主张股份公司虽然是法人,但要明确通过法律规定其为"法人"。托马斯·赖泽尔(Thomas Raiser)在2016年提出,德国民法中应将法人有作为权利义务主体的能力这一定义作为法人通则加以规定。[175] 根据托马斯·赖泽尔(Thomas Raiser)提出的定义规定,保罗·雷姆(Paul Rehme)所质疑的如果被认定为法人就会产生矛盾的合名公司、合资公司以及股份合资公司都是法人。[176] 另外,在日本也有观点认为,2005年《公司法》中公司法人格

---

〔173〕 Hüffer/Koch, Aktiengesetz, 12. Aufl., München 2016, § 1 Rdnr. 4; Lange, in: Henssler/Strohn (Hrsg.), Gesellschaftsrecht, 3. Aufl., München 2016, AktG § 5 Rdnr. 5.

〔174〕 Paul Rehme, ZHR 51 (1901), 457.

〔175〕 Thomas Raiser, Allgemeine Vorschriften über juristische Personen in einem künftigen Bürgerlichen Gesetzbuch, ZGR 2016, S. 786.

〔176〕 Vgl. Thomas Raiser, ZGR 2016, 786, Fn. 9.

的本质是“权利能力”。[177] 笔者认为,日本法也应该效仿托马斯·赖泽尔(Thomas Raiser)的观点,在《民法典》第一编第三章“法人”中,设置从权利能力的观点定义法人的规定。

(3)设立

1899 年《商法》在创立股份公司时废除许可主义,采用了准则主义。在制定 1899 年《商法》之际,政府为了明确修改宗旨向帝国议会两院发送了《商法修正案参考书》。改变《商法修正案参考书》标题出版的《商法修正案理由书》中,对股份公司设立采取准则主义列举了如下理由:①合名公司或合资公司等其他公司都可以无执照设立,而股份公司的设立却需要设立执照,这样和其他公司之间不能保持平衡;②当时的先进国家都采用准则主义;③实业界要求废除执照制度,设立股份公司采取许可主义有害无利;④当初引入股份公司制度时,政府官员还有相关的知识经验,而现在却不是这样;⑤设立执照制度使股份公司的设立需要花费时间,因此会产生弊端使试图设立股份公司的企业家失去商机等。[178]

从 1893 年 7 月 1 日《公司法》施行到 1895 年 9 月为止,向农商务部提交公司设立申请的共有 310 家,但其中未获得批准的只有 13 家。[179] 1890 年《商法》对于股份公司的设立采用了许可主义,但运

---

〔177〕 高橋英治『会社法概説』〔第 3 版〕(中央経済社,2015 年)20 頁参照。

〔178〕 『商法修正案理由書』103 頁以下。

〔179〕 高村直助『会社の誕生』(吉川弘文館,1996 年)125 頁参照。

行缓慢。从这些公司设立许可的实务操作来看,从许可主义转变为准则主义的弊端很小。

1899 年《商法》对设立股份公司采用了准则主义,这才使日本的股份公司法在规定方面赶上了欧美的发达国家。

保罗·雷姆(Paul Rehme)认为,1899 年《商法》就设立股份公司采用了准则主义等方面,除发起人的最低人数不是 5 人(参见 1884 年修订德国《商法典》第 209 条第 1 款)而是 7 人这一点外(参见 1899 年《商法》第 119 条),遵循的是德国法。[180]

1890 年《商法》效仿《Roesler 草案》,区别设立和发起(1890 年《商法》第一编第六章第 3 节第 2 款“公司的发起和设立”),而 1899 年《商法》则废除设立和发起,只对设立进行了统一规制。其理由是,如果区分股份公司的设立和发起,那么也应当区分其他公司的设立和发起,而区分所有公司的设立和发起之立法例在其他国家完全不存在。[181] 1899 年《商法》没有区分招股说明书、临时章程、章程,把所有文件统一为“章程”。[182] 从这两方面来看,1899 年《商法》向德国法靠近。

1899 年《商法》第 144 条规定,股东有限责任是指股东以其认购

---

[180] Paul Rehme, ZHR 54 (1904), 370.

[181] 『商法修正案理由書』104 頁以下。

[182] 1899 年《商法》第二编第四章第一节理由书(『商法修正案理由書』105 頁以下参照)。

等取得的股份金额为限度承担责任。该条文理由书解释称:“公司既为法人,以其财产对公司债权人承担责任是理所当然的事情,因此该条变更语言表现方式,且该条也间接说明股东对公司债权人不承担责任。”[183] 1807 年法国《商法典》规定,“无名公司的股东不会受到超过该公司的持股额之不利待遇”,这是从股东责任的角度明确对股东有限责任作出的规定(1807 年法国《商法典》第 33 条)。1861 年德国《商法典》规定,股东对股份公司之债务不承担属人性(连带)责任(参见 1861 年德国《商法典》第 207 条第 1 款)。1897 年德国《商法典》也规定,股东的义务限于票面金额(1897 年德国《商法典》第 211 条)。1899 年《商法》第 144 条从股东责任角度出发明确规定了股东有限责任,这在日本股份公司法历史上具有划时代意义。股东有限责任对股东来说,应该是针对公司及其债权人的防御性权利,但日本 1890 年《商法》中对股东有限责任原则的规定方式,在法律明确性上是落后于德国和法国立法的。1899 年《商法》第 144 条可以说追赶上了这些欧美国家。但是,保罗·雷姆(Paul Rehme)批判道,公司既为法人,股份公司只以其财产承担责任是理所当然的,由此不能从 1899 年《商法》第 144 条规定中明确读出这是面向公司债权人宣布股东责任有限性的条文。[184]

---

〔183〕『商法修正案理由書』128 頁。

〔184〕Paul Rehme, ZHR 54 (1904), 391.

(4)组织机构

1899年《商法》把有关股份公司机关的第3节的体系设计为第1款“股东大会”、第2款“董事”、第3款“监事”。1899年《商法》第二编第四章第三节理由书中对其结构的宗旨解说道,股东大会是公司的最高机关,有选举罢免董事及监事的权限,因此作为第1款,在“机关”章节的开头设置特别的一款加以规定。[185] 另外,该理由书解释,董事和监事,前者是执行公司业务及成为公司代表的机关,而后者只是监督董事的机关,两者作为机关的性质、职务有很大差异,因此分成各个款进行规定。[186]

1899年《商法》中股份公司机关的规定形式和内容与德国法有很大差异。1897年德国《商法典》中,股东大会在股份公司的“组织和业务执行”一节的最后规定(1897年德国《商法典》第250条至第273条),在原则上也没有选任董事权限(参见1897年德国《商法典》第237条),而在1899年《商法》中,股东大会在“机关”章节的一开始规定(1899年《商法》第156条至第163条),且规定股东大会选任董事[187](1899年《商法》第164条)。另外,与1890年《商法》不同,在1899年《商法》中,监事成了必备机关(参见1899年《商法》第108

---

〔185〕『商法修正案理由書』139頁。

〔186〕『商法修正案理由書』139頁以下。

〔187〕德国现行《股份法》中股东大会的条文是规定在关于董事会、监事会、对公司行使影响力的条文之后的(《股份法》第118条以下)。另外,德国的现行《公司法》规定,监事会选任董事(《股份法》第84条第1款)。

条以下)。此时,2005 年《公司法》之前的(设立委员会公司除外)日本公司治理原型得以形成,即在当时法国革命的立宪思想的影响下,产生了公司机关的明确划分,包括相当于立法机关即代表国家成员之国民的 3 种权利的最高机关“股东大会”,相当于行政机关的“董事”以及相当于公司内部司法机关的“监事”。[188]

(5)公司的财务会计

1899 年《商法》将 1890 年《商法》中“公司之义务”一节,效仿阿根廷《商法》重新规定为“公司之财务会计”一节。[189] 1890 年《商法》第 216 条规定,效仿 1861 年德国《商法典》第 216 条第 2 款禁止退还出资的规定,对退还股金加以禁止,而 1899 年《商法》认为,禁止退还股金是理所当然的,因此没有作相关规定。[190] 但现行德国《股份法》仍然禁止公司退还股东出资(《股份法》第 57 条第 1 项 1 文),而目前是否存在禁止对股东退还出资的规定在德国法和日本法之间有很大的差异。这种差异源于日本 1899 年《商法》立法负责人的判断。不过,目前德国法上禁止退还出资(《股份法》第 51 条第 1 款、第 3 款)还发挥如下重要作用:①公司以对股东有利的条件融资;②公司对股东所承担的债务作出担保等;③免除公司对股东所负债务;④公司以有利条件向股东授予特许或期权;⑤禁止公司向股东支付不合理的

---

〔188〕 大隅健一郎 = 今井宏『会社法論中巻』〔第 3 版〕(有斐閣,1992 年)2 頁参照。

〔189〕『商法修正案理由書』164 頁。

〔190〕『商法修正案理由書』164 頁。

报酬;⑥维持股份公司的资本;⑦保障股东之间的平等对待;⑧维持有关利益分配的权利秩序等。[191] 如此来看,将日本1899年《商法》中禁止退还股金的规定作为理所当然的事情删除,立法负责人的判断是否正确存有疑问。

保罗·雷姆(Paul Rehme)批判1899年《商法》"公司之财务会计"一节称,商业账簿的制定、关于检查人的选任之少数股东权、利益分配等性质不同的规定混杂在一起。[192] 现行德国法将制定商业账簿理解为广义的"财务会计"(rechnungslegung),[193] 只适用于股份公司的特别规定除外(《股份法》第150条至第176条),从原则上将相关内容从股份法中分离,在德国《商法典》第三编"商业账簿"[194](德国《商法典》第238条至第342e条)中规定。日本2005年《公司法》把2005年修改前《商法》中"公司的财务会计"一节更改为第二编第五章"财务会计等"。2005年《公司法》第二编第五章不是"财务会计",而是"财务会计等",是考虑该章规定的"业务报告"等(《公司法》第436条)不包含在"财务会计文件"之中等技术上的问题,也是

---

〔191〕 Cahn/v. Spannenberg, in: Spindler/Stilz (Hrsg.), Kommentar zum Akitengesetz, 3. Aufl., München 2015, §57 Rdnr. 4; Hüffer/Koch, Aktiengesetz, 12. Aufl., §57 Rdnr. 1; Raiser/Veil, Das Recht der Kapitalgesellschaften, 6. Aufl., S. 315 f.

〔192〕 Paul Rehme, ZHR 54 (1904), 389 ff.

〔193〕 Creisfeld, Rechtswörterbuch, 22. Aufl., München 2017, S. 1062.

〔194〕 德国《商法典》第三编商业账簿的日语译文,法務省大臣官房司法法制部「ドイツ商法典(第1編~第4編)」法務資料465号69頁以下〔久保大作〕;宮上一男=W·フレーリックス監修『現代ドイツ商法典』〔第2版〕(森山書店,1993年)3頁以下参照。

考虑盈利分配等放在“财务会计”的概念中不合适。1904 年保罗·雷姆(Paul Rehme)所主张的商业账簿、财务会计文件等的制定和利益分配应放在不同领域把握的观点在现代又重新复苏。一个多世纪后的 2005 年《公司法》中终于采取了与该观点对应的措施(章节题目已变更)。

(6)公司债券

公司债券的规定得到了系统性完善(1899 年《商法》第 199 条以下)。在此处可以看出 1899 年《商法》比德国法先进一点。德国最初关于公司债券的法律规定是以 1930 年《股份法》(草案)第 194 条为基础制定的 1937 年《股份法》第 174 条[195]。[196]

与此不同,在日本,1890 年《商法》第 206 条对记名式债券(公司债券)进行了规定,而关于公司债券的特别法还有 1890 年 8 月 8 日第 60 号法律,而 1899 年《商法》将该特别法吸纳。[197] 1899 年《商法》对以下事项作出了规定:①公司债券除记名式外,还允许无记名式债券(1899 年《商法》第 156 条、第 207 条);②公司债券的发行与

---

〔195〕 该文的日语译文刊载于,大隅健一郎ほか『独逸商法〔Ⅲ〕株式法』(有斐閣、複刻版,1956 年)408 頁。但是,在 1937 年《股份法》颁布之前,法人发行的债券(Schuldverschreibung)规定在 1899 年的《债券法》(Gesetz, betreffend die gemeinsamen Rechte der Besitzer von Schuldverschreibungen)。

〔196〕 Hebersack, in: Goette/Habersack (Hrsg.), Münchener Kommentar zum Aktiengesetz, 4. Aufl., München 2016, §221 Rdnr.4; Merkt, in: Karsten Schmidt/Marcus Lutter (Hrsg.), Aktiengesetz, Kommentar, 3. Aufl., Köln 2015, §221 Rdnr. 5.

〔197〕 『商法修正案理由書』173 頁。

公司章程变更需要进行“特别决议”(1899 年《商法》第 199 条、第 209 条);③公司债券的总额不得超过已支付的股票金额,股份公司的现有财产的金额低于股票金额的情况下,不得超过现有财产的金额(1899 年《商法》第 200 条);④股份公司募集公司债券时,董事必须公告公司债券的总数及其金额,公司债券的利率以及债券的偿还方法及期限等(1899 年《商法》第 203 条)。

保罗·雷姆(Paul Rehme)面向德国学者对关于公司债券的 1899 年《商法》第 199 条以下的规定作出了详细解说。[198]

(7)公司重组(合并、组织变更等)

1890 年《商法》中合并的规定付之阙如,1899 年《商法》引入合并的相关规定,所有种类的公司都可以与其他公司进行合并。[199] 1899 年《商法》规定,股份公司可以和其他公司合并,但股份公司合并的相关规定被设置在公司解散的章节中,要求合并决议通过后股份公司解散并进行清算(1899 年《商法》第 74 条第 4 项、第 221 条第 1 项)。与 1897 年德国《商法典》允许不以清算程序为前提的股份公司的合并规定相比(参见 1897 年德国《商法典》第 306 条),1899 年

---

〔198〕 Paul Rehme, ZHR 54 (1904), 386 f.

〔199〕 关于合名公司,规定在 1899 年《商法》第 74 条第 4 项、第 77 条至第 82 条中;关于合资公司,规定在该法第 105 条中;关于股份公司,规定在该法第 221 条第 1 项、第 222 条、第 223 条中;关于股份合资公司,规定在该法第 236 条、第 246 条中。根据这些规定,是否认可不同种类公司之间合并这一点,从条文解释上来看并不明确。因此,在 1911 年《商法》第 44 条之 3 第 1 款中明确规定了不同种类公司之间的合并。

《商法》中的股份公司合并规定比较落后。1899 年《商法》尚未规定反对合并之股东股份回购请求权等,股东利益在合并前的清算程序中得以保护。因为在合并时股份公司会解散,不会产生因合并比例不公平等引起的股东保护问题。关于合并时公司债权人的保护,1899 年《商法》规定,合并的公司进行公告时要通知所有债权人(1899 年《商法》第 78 条第 2 款、第 222 条),提出异议的债权人可以要求公司清偿债务(1899 年《商法》第 79 条第 2 款、第 222 条),存续公司继承合并后可以消灭公司的权利义务(1899 年《商法》第 82 条、第 222 条),可见 1899 年《商法》对合并程序中的债权人利益保护进行了完备的规定。

1899 年《商法》允许合资公司变更为股份公司(1899 年《商法》第 251 条),1897 年德国《商法典》同样允许股份公司和股份合资公司之间的组织形式的变更[200](1897 年德国《商法典》第 305 条至第 308 条、第 320 条第 3 款)。可以推测出 1899 年《商法》对股份合资公司变更为股份公司的规定是借鉴了 1897 年德国《商法典》之规定。[201]

---

[200] Vgl. Veil, Umwandlungen, in: Bayer/Habersack (Hrsg.), Aktienrecht im Wandel, Band 2, Grundsatzfragen des Aktienrechts, Tübingen 2007, S. 1069.

[201] 『商法修正案理由書』215 頁。

（四）股份公司法学

19 世纪的日本,真正意义上的股份公司法学还没有诞生。关于 1890 年《商法》的著作有 1890 年《商法》立法负责人岸本辰雄所著的《商法正义第二卷》[202]（新法注释会出版,出版年不详）及梅谦治郎讲述的《商法第一编》[203]（日法法律学校出版,出版年不详）。前者是以《Roesler 草案》理由书为基础的面向实务家所写的 1890 年《商法》的注释书。后者是日法法律学校（现法政大学）的讲义集,是面向在该法律学校学习的学生的教科书。两者都不是独立调查研究股份公司法的相关外国文献并作为学问对 1890 年《商法》正式进行注释和解说的著作。

对 1890 年《商法》进行了部分修改的 1893 年《商法》施行之际,该法的立法负责人矶部四郎[204]发表了《大日本商法公司法释义》[205]

---

〔202〕 長谷川喬著述＝岸本辰雄著述『商法〔1890 年〕正義』（新法注釈会出版,出版年不明,復刻,信山社,1995 年）。

〔203〕 梅謙治郎先生講述『日本商法〔1890 年〕講義』（和仏法律学校蔵版,出版年不明,復刻,信山社,2007 年）。

〔204〕 关于矶部四郎的研究有,平井一雄＝村上一博編『磯部四郎研究』（信山社,2007 年）。

〔205〕 磯部四郎『大日本商法会社法釈義〔1893 年〕』（長島書房叢書,1996 年,復刻,信山社,1996 年）。

一书(长岛书房丛书,1893 年)。但这也不是独立调查研究股份公司法的相关外国文献对 1893 年《商法》正式进行注释和解说的著作。关于 1899 年《商法》中股份公司规定的解说,虽然有志田钾太郎[206]的《日本商法论卷之两种公司》(有斐阁,1902 年),但这只不过是面向实务专家的解说书,而不是正式的股份公司法学的著作。

冈野敬次郎博士是日本股份公司法学的创始人,因为他在德国柏林留学时受到奥托·吉尔克(Otto Gierke)的熏陶,学习了德国的法学知识。1920 年的《公司法律讲义案》是他所著的最早的公司法体系书[207],该书的具体内容将在 20 世纪日本股份公司法学部分进行论述。

---

〔206〕 关于志田钾太郎,坂口光男「志田鉀太郎」ジュリスト1155 号(1999 年)47 頁以下参照。

〔207〕 岡野敬次郎『会社法講義案』(有斐閣書房,1920 年)参照。

二、发展期(1900～1990年泡沫经济破裂之前)

这个部分以第二次世界大战(1938～1945年)为分界点,将20世纪日本股份公司法分为第二次世界大战前期、第二次世界大战中期及第二次世界大战后期3个部分,下文阐述各个时期的立法及其特征。

(一)股份公司法

1. 战前期(1900～1938年)

(1)卡特尔和康采恩时期

20世纪初的经济危机引发卡特尔活动,美国金融危机导致日本生丝出口数量急剧下降,最终陷入贸易逆差的困境,1900年股市全面崩盘,[1]纺织业的萧条引发的经济危机波及整个产业链,日本产业通过卡特尔活动来应对本次经济危机。

事实上,日本的经济发展从19世纪开始就与卡特尔紧密相连。据记载,由经济学家命名的"卡特尔"[2]起源于1880年12月26日成立的造纸所联合会。[3]《创立规章》第1条规定,由造纸所联合会决定高级印刷纸的最高价格及低级印刷纸的最低价格;《创立规章》第2条补充规定,该价格对加盟企业具有约束力。[4] 为使"价格卡特尔"[5]具有实际约束力,该规章第19条规定,当加盟企业违反创立规章时,造纸所联合会有权将其除名。[6] 关于造纸所联合会的定位,有观点认为其是同业者合伙性团体,也有观点认为其是卡特尔团体。[7] 但创立初期,造纸所联合会的定位是以协调销售价格为目的

---

〔1〕 高村直助『日本紡績業史序説下』(塙書房,1971年)66頁参照。

〔2〕 大島清「カルテル」国史大事典編集委員会編『国史大事典第3巻』(吉川弘文館,1983年)682頁参照。

〔3〕 平林英勝『独占禁止法の歴史(上)』(信山社,2012年)11頁参照。

〔4〕 四宮俊之『近代日本製紙業の競争と協調——王子製紙、富士製紙、樺太工業の成長とカルテル活動の変遷』(日本経済評論社,1997年)144頁以下参照。

〔5〕 现代经济学称为经济卡特尔。根岸哲＝舟田正之『独占禁止法概説』〔第5版〕(有斐閣,2015年)143頁以下;金井貴嗣＝川濵昇＝泉水文雄編著『独占禁止法』〔第5版〕(弘文堂,2015年)41頁以下参照。

〔6〕 四宮俊之『近代日本製紙業の競争と協調——王子製紙、富士製紙、樺太工業の成長とカルテル活動の変遷』(日本経済評論社,1997年)145頁参照。

〔7〕 四宮俊之『近代日本製紙業の競争と協調——王子製紙、富士製紙、樺太工業の成長とカルテル活動の変遷』(日本経済評論社,1997年)155頁参照。

之一的事业团体。

“纺纱联合会”于1882年设立，为了应对1890年的经济危机。纺纱联合会在1890年5月召开的定期大会上对缩短生产时间实施卡特尔[8]作出决议。[9] 1900～1901年，纺纱联合会认为，纺纱业不景气导致棉线过量生产，于是实施了“第三次缩短生产时间”计划。[10] 1902年5月，纺纱联合会依据1899年政府实施的关税调整，对棉线价格实施了卡特尔，以价格较高的印度棉线价格作为日本棉线的最低价格。[11]

1890年《商法》的商事公司部分于1893年7月1日开始实施，此时，三井物产、三井矿山及三井银行分别设立了合名公司。1893年9月7日，三井布匹店也以合名公司形态成立。然而，在这种组织形态下，当公司面临破产时，股东要以个人财产承担无限责任。因此，对于三井家来说，在维持公司经营控制权的同时，如何以有限责任公司形态经营成为经营组织改革的重要课题。

---

〔8〕 现代经济学称为“数量限制卡特尔”，金井貴嗣＝川濱昇＝泉水文雄編著『独占禁止法』〔第5版〕(弘文堂，2015年)42頁；根岸哲＝舟田正之『独占禁止法概説』〔第5版〕(有斐閣，2015年)144頁以下参照。

〔9〕 高村直助『日本紡績業史序説上』(塙書房，1971年)175頁参照。

〔10〕 高村直助『日本紡績業史序説下』(塙書房，1971年)95頁参照；宮本又郎ほか『日本経営史』〔新版〕(有斐閣，2001年)151頁。

〔11〕 最终没有实施该决定。高村直助『日本紡績業史序説下』(塙書房，1971年)96頁参照。紡績連合会を:「同業組合」とみるか、「カルテル」とみるかについて経済史研究者において争いがある[森芳三『明治期初期独占論』(風間書房，1969年)1頁以下]。

1907年，益田孝作为三井家副顾问远赴欧美考察财产管理模式。犹太人银行家马克斯·沃伯格(Max Warburg)的意见对三井财阀集团的公司形态起了决定性影响，三井集团从合名公司的康采恩形态转变到股份公司的康采恩形态。马克斯·沃伯格(Max Warburg)热情接待益田孝，耐心解答其提出的各种问题，在阅读了日本民商法规定后，就相关法律问题咨询了居住在柏林的日本书记官。在充分考虑日本法律的适用性基础上，制定了书面意见文件后邮寄给益田孝，即所谓"马克斯·沃伯格(Max Warburg)对三井家经营组织的建议书"。[12]

马克斯·沃伯格(Max Warburg)提出如下建议：第一，将三井物产、三井矿山及三井银行这3家合名公司变更成股份公司组织形态；第二，设立持有这三家公司股份的控股公司；第三，由三井家持有该控股公司的全部股份；第四，该控股公司对各股份公司的持股比例应达到51%。三井家于1909年依据该建议书实施了经营组织改革。

首先，将三井物产及三井银行这两家合名公司变更成股份公司，其全部资本由三井家出资。其次，由三井家族11个成员作为股东成立三井合名公司，并持有三井银行和三井物产的全部股份。新设的三井合名公司继受了三井家同族会一直以来对旗下事业的统辖职能，三井

---

〔12〕 三井文庫編『三井事業史資料篇第3卷』(三井文庫，1974年)561頁以下参照。

合名公司的股东大会为三井家经营活动的最高决策机关。[13]

三井财阀在1917~1919年的短短两年时间内,将经营组织转变为康采恩形态。[14] 换言之,三菱合资公司作为控股公司,将旗下采用独立核算制的矿山、商事、造船及银行等各营业部门设立为股份公司。这些股份公司作为三菱合资公司的子公司,由三菱合资公司这一控股公司统一管理。住友财阀于1921年将住友总店变更为住友合资公司,将仓库业及矿山业的直营事业分为多个部门,进行康采恩形态的转变。[15] 通过借鉴德国康采恩的模式,在战前日本经济中占据重要地位的财阀康采恩组织得以形成。

(2)公司治理结构

在战前的日本股份公司中,股东对公司的经营活动享有绝对影响力。1938年修改前的《商法》规定,股份公司的董事和监事必须从股东中选任(1938年修改前《商法》第164条、第189条)。1935年,在非财阀企业中,公司两成以上的董事由持股排名前10名以内的股

〔13〕 高橋英治『ドイツと日本における株式会社法の改革——コーポレート、ガバナンスと企業結合法制』(商事法務,2007年)262頁以下参照。

〔14〕 柴孝夫「財閥の生成、そして解体」伊丹敬之ほか編『ケースブック日本企業の経営行動第1巻日本的経営の生成と発展』(有斐閣,1998年)60頁以下参照;橋本寿朗「財閥のコンツェルン化」橋本寿朗=武田晴人編『日本経済の発展と企業集団』(東京大学出版会,1992年)109頁;持株会社整理委員会『日本財閥とその解体』(1951年)12頁以下。

〔15〕 橋本寿朗「財閥のコンツェルン化」橋本寿朗=武田晴人編『日本経済の発展と企業集団』(東京大学出版会,1992年)119頁参照。

东担任。[16] 在非财阀企业中大股东兼任董事直接参与公司经营，享有执行业务或监督业务执行的权利。

战前，日本企业原则上将公司大部分盈利分配给股东，设置对经营者的物质激励与股东利益相一致的制度，对于经营层的奖赏比例，战前是战后的3倍以上。[17] 1921～1936年，大多数公司实施利润分配，上市公司的平均利润分配比例高达70%。[18]

根据计量经营学研究，战前的日本企业主要通过更换经营层提高公司效率，尤其是企业中存在大股东时，这种现象更加显著。[19] 可以说，在战前的日本企业中，经营层处于看股东脸色实施经营活动的弱势地位，假如长期未能取得良好业绩则会面临被替换的窘境。

此时的日本企业中也有发生敌意收购的现象。譬如，在武藏电铁、池上电铁及玉川电铁等铁路股份公司的股价处于低迷时期时，东京急行的创立者五岛庆太趁机大量购买各个铁路公司的股票，随即

---

〔16〕 岡崎哲二「企業システム」岡崎哲二＝奥野正寛編『現代日本経済システムの源流』(日本経済新聞社，1993年)103頁参照。

〔17〕 在非财阀企业中，对公司经营层的奖励在战前和战后的比例如下：1961～1970年平均为0.0118，1921～1936年为0.0363。岡崎哲二「企業システム」岡崎哲二＝奥野正寛編『現代日本経済システムの源流』(日本経済新聞社，1993年)106頁参照。

〔18〕 岡崎哲二「企業システム」岡崎哲二＝奥野正寛編『現代日本経済システムの源流』106頁参照。然而，2017年日本上市公司的平均利润分配比例为31%。

〔19〕 宮島英昭＝川本真哉「企業統治の有効性とパフォーマンス：戦前期日本企業の経営者交替メカニズム」Working Paper Series, Waseda University Institute of Finance, WIF－07－005：June 2007, p.13－14。

解聘了公司全体经营层,由自己担任董事。[20] 在1920年经济不景气时期,日产等新兴财阀及三井财阀收购业绩不良企业后,直接参与公司的经营活动的现象非常普遍。[21]

事实上,截至1900年,日本公司中的监事作为监督机关一直发挥有效的作用。[22] 初期股份公司中存在大股东是普遍现象,尤其是江户时代的商人出资设立股份公司时,之前家中的忠实管家常常会被选任去担任监事,他们为维护大股东利益尽心尽责。此外,在由地方工商业界出资设立的股份公司中,大多数监事是从"名士"中选任,充分发挥了监督职责。然而,到了20世纪初期,监事逐渐丧失其监督职能。1904~1905年日俄战争爆发后,日本经济迅猛发展,股份公司数量及规模不断扩大,但难以招聘到有实力的监事。大正到昭和初期,依据法律规定,监事必须从股东中选任产生。职工监事数量增长、经营活动愈趋复杂、股份分散等原因导致发挥监事制度效力的社会基础逐渐丧失,日本出现了"监事沦落为董事傀儡"的尴尬现象。[23]

---

〔20〕 岡崎哲二「日本におけるコーポレート・ガバナンスの発展——歴史的パースペクティブ」青木昌彦=ロナルド・ドーア編『システムとしての日本企業』(出版株式会社,1995年)448頁以下参照。

〔21〕 岡崎哲二「日本におけるコーポレート・ガバナンスの発展——歴史的パースペクティブ」青木昌彦=ロナルド、ドーア編『システムとしての日本企業』(出版株式会社,1995年)448頁参照。

〔22〕 菅原菊志『取締役、監査役論〔商法研究Ⅰ〕』(信山社,1992年)40頁以下参照。

〔23〕 大隅健一郎『会社法論』(有斐閣,1931年)204頁参照。

(3)1911年《商法》的修订

①修订过程

1893年,赫尔曼·罗斯勒(Hermann Roesler)回到欧洲后,[24]日本商法逐渐摆脱其个人影响,1899年《商法》第44条赋予所有商事公司法人资格就是典型例子之一。1911年《商法》修改中试图消除日本公司法在解释论上的争议,力求制定符合公司实务的股份公司法。志田钾太郎博士依据《日本商法典的编纂及其修订》指出,1899年《商法》实施后,对其在实务问题中的适用与解释争议不断,给商业活动带来了负面影响。1906年,在松田正久大臣的号召下召开了会议,讨论了在司法部中设立法律调查委员会的事项,依据1907年4月20日敕令第133号的规定,成立了法律调查委员会。[25] 由河村让三郎、穗积八束、梅谦治郎、冈野敬次郎、奥田义人、鸠山和夫、原嘉道、齐藤十一郎、富谷鉎太郎及元田肇等人担任修法的主审委员。[26] 由冈野敬次郎、富谷鉎太郎、齐藤十一郎等人着手修订商法草案。[27]

---

〔24〕 Bartels-Ishikawa, Hermann Roesler: Dokumente zu seinem Leben und Werk, Berlin 2007, S. 85.

〔25〕 志田鉀太郎『日本商法典の編纂と其改正』(明治大学出版部,1933年)116頁以下。

〔26〕 志田鉀太郎『日本商法典の編纂と其改正』(明治大学出版部,1933年)123頁。浅井慎一教授指出,面对《公司法》修改工作,法律调查委员会应当着眼1899年《商法》的中心内容,1911年《商法》是1899年立法工作的延伸,本次修改的意义在于将再次完善后的公司法呈现于世人面前。浅井愼一『日本会社法成立史』(信山社,2003年)229頁参照。

〔27〕 志田鉀太郎『日本商法典の編纂と其改正』(明治大学出版部,1933年)119頁参照。

为应对实务问题,日本学界和实务界借鉴德国立法规定,制定了第二次世界大战前期及第二次世界大战中期的股份公司法。与19世纪不同的是,20世纪的日本已积累了一定程度的公司实务经验,参考德国法的规定主要是为解决国内股份公司的实务及理论问题。从这个意义而言,战前股份公司法的修改与其说是通过引入外国制度迅速实现近代化,不如说是因经济发展及解决法律上的问题而自发进行的产物,1911年《商法》修订就是典型的例子。

不同于以往的秘密修法,本次修法事先公开了政府的修改草案。鉴于对社会舆论的顾虑,当时的新闻媒体刊登出多篇关于修改法案的社论。[28] 公司法制史研究者对此给予高度评价,认为1911年《商法》公开的立法过程信息为当今日本公司法的修改程序树立了良好榜样。[29]

下文对1911年《商法》的修改概要展开详细论述。

②股东大会决议无效

1911年《商法》规定,股东大会的召集程序或表决方式违反法律法规或公司章程的,股东、董事或监事有权主张该决议无效(1911年《商法》第163条第1款)。决议无效之诉必须自决议之日起一个月

〔28〕 关于该社论的内容,浅井愼一『日本会社法成立史』(信山社,2003年)190頁以下参照。

〔29〕 浅井愼一『日本会社法成立史』(信山社,2003年)230頁参照。

内提起(1911年《商法》第163条之2第1款)。[30]

本次修改对股东的权利行使作出了一定限制:第一,当股东提起决议无效之诉时,法院应当依据公司请求,要求股东提供相应担保(1911年《商法》第163条之3);第二,接到召集通知但未出席股东大会或出席股东大会但未对决议提出异议的股东不能提起决议无效之诉(1911年《商法》第163条第2款)。

松本烝治博士认为,与条文规定精细全面的德国法(1871年德国《商法典》第171条至第173条)相比,在立法上,日本商法关于股东大会决议无效的规定显然落后于德国。[31] 冈野敬次郎博士则认为,虽然1911年《商法》对股东大会决议无效的范围规定过于限制,但在适用上比德国法简单明了。[32]

③董事的选任资格

1911年《商法》修订的最大争议在于,是否将持有公司股份作为担任股份公司董事、监事的必要条件,因为《Roesler草案》规定,股份公司的董事及监事必须从股东中选任(《Roesler草案》第219条第1项、第230条)。赫尔曼·罗斯勒(Hermann Roesler)认为,设置代表机关是股份公司的属性(《Roesler草案》第175条),从股份公司的董

---

〔30〕 关于决议无效事由(违反法律法规或章程的规定)以及提起无效之诉的期限(1个月)的规定是遵从了1887年德国《商法典》第271条第1款的规定内容。

〔31〕 松本烝治『商法改正法評論』(巌松堂,1911年)65頁参照。

〔32〕 岡野敬次郎『会社法講義案』(中央大学,1920年)160頁以下参照。

事和监事从股东中选举产生这一规定(《Roesler 草案》第 219 条第 1 项、第 230 条)可以看出,赫尔曼・罗斯勒(Hermann Roesler)并没有将属人公司"自身机关制"原理引入股份公司中的想法。

对于上述规定,松本烝治博士于 1910 年指出,要求监事必须从股东中选任的国家有日本、葡萄牙、墨西哥、塞尔维亚等 23 个国家。比起监事的人选,确保董事人选更迫切,[33]无须在立法上对董事及监事的选任资格作出限制,各公司通过章程予以规定,更有利于股东外的人员担任公司重要职务,便于实务操作。[34]

1911 年颁布的政府草案不再要求董事从股东中选任,而是规定通过股东大会选举产生,废除董事和监事必须从股东中选任之规定(1911 年《商法》修订法案第 164 条、第 189 条)。1911 年 2 月,松本烝治博士在《商法修订法案评论》中指出,他赞同政府草案出于确保合适的人才担任董事之迫切需要而作出上述修改。[35] 然而,众议院特别委员会中设置的特别调查委员会(以下简称众议院特别调查委员会)否决了该修改草案。1911 年 3 月 17 日召开的第二十七届帝国议会众议院商法修改法案外二件委员第六回会议记录,对否决理由作出如下解释:一是股东能够基于公司立场采取经营方式,从股东中

---

〔33〕 松本烝治「監査役制度ノ改正問題ニ付テ」法学協会雑誌 28 巻 5 号(1910 年)785 頁以下参照。

〔34〕 松本、前揭注(33)法学協会雑誌 28 巻 5 号 786 頁以下。

〔35〕 松本烝治『商法改正案評論』(巌松堂,1911 年)69 頁参照。

选任的董事能够充分为公司利益行事,忠实地履行职责。二是在采用出资分期缴纳的现状下,原则上由董事来催缴出资,假如董事不是股东,强制要求股东缴纳则过于严苛,在股东外选任董事和监事的法案显然并不合适。〔36〕

花井卓藏指出,众议院特别调查委员会要求监事必须从股东中选任的理由在于,监事负有维护股东权利之义务。但为了确保股份公司的经营人才,维持现行法规定意味着立法的退步。政府修改草案以推动立法进步为目的,应当将董事的选任资格排除在股东外,让具备经营能力的人员担任董事。花井卓藏的提案同样遭到众议院特别调查委员会的否决,多数决认为,非股东的董事强制命令股东缴纳出资会让股东陷入窘境。如果想让股东外的人员担任董事,只要在选任董事之际将股份出借给他即可。也就是说,多数决鉴于当时社会实施借股实情,在现行法下可以让股东外的人才担任董事,无须排除董事从股东中选任之规定。〔37〕

1911年《商法》修订后,松本烝治博士在同年11月出版的《商法改正法评论》中并未提及其对众议院特别调查委员会的否决意见的

〔36〕『第27回帝国議会衆議院商法中改正法立案外二件委員会議事録(速記)第6回[明治44年(1911年)3月17日]』52頁以下参照。

〔37〕关于上述众议院特别调查委员会的讨论事项,法律新聞社編『改正商法』(法律新聞社,1911年)181頁以下;藤井信秀「日露戦争後の経済発展への対応——1911年の改正」浜田道代編『(北澤正啓先生古稀祝賀記念)日本会社立法の歴史的展開』(商事法務研究会,1999年)142頁参照。

看法，而是强调1911年《商法》第164条第1款关于董事的选任属于股东大会的决议事项之规定应当区别于德国法规定。他认为，德国法中董事会的选任被认为是监事会的决定事项，因而监事会的专权有其弊端。日本法上没有赋予监事选任董事的权限，使监事要看董事脸色行事，但在董事的选任程序规定上，日本法显然优于德国法。[38]

④董事、监事与公司的关系

公司法规定董事和监事与公司的关系适用民法上的委任关系（2005年《公司法》第330条），根据民法的委任规定，董事和监事对公司负有善良管理人的注意义务（2005年《公司法》第330条、《民法典》第644条）。第330条规定起源于1911年《商法》第164条第2款规定，即“公司与董事的关系适用委任关系”。政府草案的修改理由指出，由于公司与董事的法律关系一直处于不明确状态，有必要在立法上予以明确。[39] 相对于此，现行德国法认为公司与董事的关系原则上属于雇佣合同，[40] 只有在无偿经营的情况下，才认为其属于委任合同。[41]

日本法上董事和监事与公司的关系适用委任关系的讨论源于法

---

〔38〕 松本烝治『商法改正法評論』（巌松堂，1911年）69頁参照。

〔39〕 法律新聞社編『改正商法理由』（法律新聞社，1911年）168頁参照。

〔40〕 BGHZ 10, 194; BGHZ 41, 185 f; BGHZ 47, 343.

〔41〕 Hirte, Kapitalgesellschaftsrecht, 8. Aufl., Köln 2016, S. 112; Kübler/Assmann, Gesellschaftsrecht, 6. Aufl., Heidelberg 2006, S. 201.

国法学派。关于董事的法定性质,大决1903年3月14日民录第9号第307页支持董事的选任是无须经由其本人同意的契约,是“单独行为”这一学说立场。但没有明确通过该“单独行为”,董事与公司之间产生何种法律关系,判例亦未明确董事注意义务的判断标准。当时,法学派的代表学者梅谦次郎博士提出,大审院的董事经由股东大会选任,股东大会决议不是契约,董事的选任充其量只是“单独行为”,〔42〕对《商法》中董事需承担何种程度的注意义务没有作出明确规定提出批判。假如从立法论角度来看,公司与董事之间的关系适用委任关系,则适用《民法典》第644条之规定。董事应当如同代理人一样承担善良管理人的注意义务,如此才能填补日本《商法》的缺陷。〔43〕

1911年《商法》第164条第2款规定,公司与董事的关系适用委任关系,第189条规定监事与公司的关系同样适用委任关系,这两条正是基于梅谦次郎博士的意见而作出的规定。

松本烝治博士认为,董事和监事的选任适用委任或准委任关系,依据该解释,公司与董事的关系必然适用委任关系。1911年《商法》并无必要新设第164条第2款之规定。既然大审院主张董

〔42〕 梅謙次郎「取締役の選任の性質」法学志林12巻8号(1910年)4頁参照。

〔43〕 梅、前揭注(42)法学志林12巻8号21頁以下。在1911年《商法》修改之前,多数决认为在董事选任决议上,假如没有得到被选任者的承诺,董事与公司之间就不存在合同关系。王佳子「取締役の任務懈怠の再構成(1)」青山ローフォーラム6巻2号(2018年)124頁参照。

事的选任属于单独行为，也就是说其并不反对1911年《商法》设置这样的立法解释规定。[44]

⑤董事的责任

1911年《商法》第177条第1款规定："当董事懈怠职务时，对公司承担连带损害赔偿责任。"《商法》立法负责人对该立法背景作出如下解释：由于修法之前，由民法规制董事对公司的责任，无法对责任的连带性提出理论依据，故新设了该条规定。本次修法明文规定董事对公司的责任，但却未进行董事对第三人的责任规定（当董事行为违反法律或公司章程时，即使其行为是依据股东大会决议所为，也要对第三人承担连带赔偿责任）（1911年《商法》第177条第2款）。此后，日本股份公司法关于董事的责任规定有对公司的责任和对第三人的责任之区分，设置了不同于德国法的责任规定。事实上，1950年《商法》修改废除了第177条第1款中职务懈怠责任的表述，但在2005年《公司法》中再次"复活"，是《公司法》第423条第1款的雏形。

德国《股份法》中关于董事责任的渊源来自1861年德国《商法典》第241条第2款之规定。该条文规定："当董事的行为超出委任的界限或违反法律或公司合同范围时，对产生的损害承担连带赔偿

〔44〕 松本烝治『「商法」改正法評論』（巖松堂，1911年）69頁以下参照。

责任。”德国判例法也将该条文规定适用于公司债权人。[45]

1884 年德国《商法典》规定:“当董事违反义务,对公司承担由此产生的连带赔偿责任。”(1884 年德国《商法典》第 241 条第 3 款。)明文规定董事职务懈怠责任,明确了“董事以公司名义实施的法律行为,对第三人不承担公司债务的责任”(1884 年德国《商法典》第 241 条第 1 款)。

1884 年德国《商法典》废除以立法形式规定董事对第三人责任的背景在于,德国《商法典》规定了当债权人无法回收自己的债权时,可以对公司董事直接行使损害赔偿请求权(1884 年德国《商法典》第 241 条第 4 款)。德国法上主要视“第三人”为公司债权人,认为当公司债权人无法回收自己的债权时,可以直接追究公司的责任予以救济,从而废除董事对第三人的责任。相反,日本法没有采用这种规制方式。

然而,无论是德国的规制方式还是日本的规制方式,都会引发问题。对于董事侵害第三人的案件,德国的规制方式是适用德国民法的侵权责任。[46] 而日本关于董事对第三人责任的法律性质到底是侵权责任还是法定责任,董事对第三人的责任能否适用于“股东的间

〔45〕 RGZ 5, 24.

〔46〕 高橋英治『ドイツ会社法概説』(有斐閣,2012 年)162 頁以下参照。

接损害”,在学说上一直存有争议。[47]

⑥合并及其他事项

1890年《商法》没有对合并作出规定,1899年《商法》引入了国外当时最新政策,允许公司与其他公司进行合并,[48]该合并规定是参照意大利法律规定的。[49] 然而,1899年《商法》并未明确不同类型公司之间是否可以进行合并,[50]由此产生解释论上的争议。[51] 为此,1911年《商法》第44条之3第1款中规定,“公司可以实施合并行为”,明确了不同类型公司之间也可进行合并,并设立了新设合并的相关规定,明确了由公司选任的人员实施关于新设公司的设立行为(1911年《商法》第44条之3第2款)。

1897年德国《商法典》只肯定股份公司之间,或股份公司与股份

---

〔47〕 学说上认为,法律规定通过代表诉讼等方式追究董事的损害赔偿责任可以救济股东的间接损害。洲崎博史「取締役の第三者に対する責任の法意」岩原紳作=神作裕之=藤田友敬編『会社法判例百選』〔第3版〕(有斐閣,2016年)144頁以下;村田敏一「取締役の第三者に対する損害賠償責任と株主の第三者性」立命館法学363=364号(2015年)913頁以下;高橋陽一「取締役の対第三者責任に関する判例法理は今後も維持されるべきか?(1)(2・完)」法学論叢177巻6号(2015年)1頁以下、178巻2号(2015年)1頁以下;神田秀樹『会社法』〔第20版〕(弘文堂,2018年)269頁注1;大隅健一郎=今井宏『会社法論中巻』〔第3版〕(有斐閣,1992年)269頁以下参照。

〔48〕 合名公司(无限公司)规定在1899年《商法》第74条4号第77条至第82条,合资公司(两合公司)规定在同法第105条,股份有限公司规定在同法第221条1号第222条、第223条,股份合资公司(股份两合公司)规定在同法第236条、第246条。

〔49〕 松本烝治『商法改正法評論』25頁参照。

〔50〕 合名公司(无限公司)规定在1899年《商法》第74条4号第77条至第82条,合资公司(两合公司)规定在同法第105条,股份有限公司规定在同法第221条1号第222条、第223条,股份合资公司(两合公司)规定在同法第236条、第246条。

〔51〕 松本烝治『商法改正法評論』25頁に掲げられている文献参照。

两合公司之间可进行吸收合并(1897 年德国《商法典》第 305 条第 1 款)。德国法是在 1994 年《企业重组法》实施后才认可股份公司与合名公司之间的合并行为(1994 年《企业重组法》第 3 条第 1 款)。从这个意义上讲，日本 1911 年《商法》第 44 条之 3 第 1 款肯定股份公司和合名公司之间的合并行为具有划时代意义。因为日本法上的合名公司具有法人资格(1899 年《商法》第 44 条第 1 款)，股份公司和合名公司的合并也是法人之间的合并，故不同类型公司的合并规制并未在理论上产生冲突。

此外，1911 年《商法》还涉及在财产目录上记载对财产的评估事项，引入时价主义(1911 年《商法》第 26 条第 2 款)、股份公司中董事的共同代表等规定(1911 年《商法》第 30 条之 2)。

2. 战中期(1938～1945 年)——关于 1938 年《商法》修订

(1)日本股份公司法的相关概述

1929 年纽约证券交易所股价崩盘引发全球危机，为应对这种局面，各资本主义国家开始寻求领导有方的领导者。美国为降低国内失业率，在 1933 年罗斯福总统的领导下开始实施新政政策。1925 年，穆索里尼当选意大利首相，实施了法西斯政策。希特勒于 1933 年取得政权后，德国国家社会主义工人党(National Socialist German Worker's Party，NSDAP，又称纳粹党)开始实施整体主义政策。而德国从魏玛时期就开始制定 1937 年股份公司法草案。最初的草案完全不带整体主义色彩，但 1933 年之后，由于引入指导者原理，受到了纳粹意识形态的影响。

同样,日本于1929年5月11日依据敕令第332号设置法制审议会,也就是说,《商法》是在1931年日本军国主义化之前着手修订的。法制审议会的主审委员历时3年制定了修订要纲案,于1931年7月20日通过决议,[52]并刊登在报纸及相关法学杂志上。[53] 1932年由原嘉道博士担任委员长在司法部内设置商法修改委员会,该委员会以206条条文构成的商法修改要纲作为主旨内容,起草了《商法》(总则、公司)修订案,[54]草案起草负责人正是松本烝治博士。[55] 1938年《商法》在经由贵族院审议之后,同年2月23日通过了众议院决议,于同年4月5日颁布,1940年正式实施。

本次修法后,日本股份公司法的规定内容更加接近德国法。司法部民事局编纂的《商法修订案理由书(总则、公司)》[56]虽是极为简要的解说,但却是为了应对德国出版的关于1937年《股份法》的政府

---

〔52〕 松本烝治「商法改正要綱解説」同『私法論文集続編』26頁(巖松堂,1938年)。1931年7月20日法制审议会《商法改正要纲》的部分内容,浅井慎一『日本会社法成立史』(信山社,2003年)417頁以下参照。

〔53〕 志田鉀太郎『日本商法典の編纂と其改正』(明治大学出版部,1951年)134頁以下参照。

〔54〕 田中耕太郎『改正商法及有限会社法概説』(有斐閣,1929年)3頁参照。

〔55〕 志田鉀太郎『日本商法典の編纂と其改正』(明治大学出版部,1951年)137頁参照。

〔56〕 司法省民事局編纂『商法中改正法律案理由書(総則、会社)』(清水書店,1937年)参照。

理由书而制定的。[57] 可以说,在法律形式上,1938年《商法》采取了接近德国1937年《股份法》的形式。

日本1938年《股份公司法》与德国1937年《股份法》最大的差异在于,其虽然是在法西斯时代制定的,但完全没有受到整体主义思想之影响。修法主要负责人松本烝治博士说道:"本次的修法目的在于弥补之前的法律不足,设置符合新型经济形势的规定。"

松本烝治博士认为:"在太平洋战争之前的1940年,商法学者赞誉修改法体现自由主义精神,不具有整体主义或经济统治的观念……1929年开始起草修订要纲,当时并未像现在这样盛行整体主义……应对社会状况及经济形势的变化修改商法完全适宜。没有基于整体主义或意识形态修改民法或商法的先例……基于意识形态的修改不是我们的共同心愿。"[58] 换言之,依据立法负责人的说法,1938年《商法》与受到纳粹意识形态影响的德国1937年《股份法》划清界限,基于特定意识形态制定的公司法不是正确的立法方式。

特别需要说明的是,1930年起草的德国《股份法》的首次草案对1938年《商法》产生巨大影响是一个不争的事实。大隅健一郎博士对第一次草案作出如下解说:"本草案公布之时恰逢我国《商法》修

〔57〕 Klausing, Gesetz über Aktiengesellschaften und Kommanditgesellschaften auf Aktien (Aktien = Gesetz) nebst Einführungsgesetz und „Amtliche Begründung", Berlin 1937.

〔58〕 松本烝治『株式会社法改正の要点』(巖松堂,1940年)7頁以下。

订案的立法准备时期，公司编的大量规定借鉴了该草案内容。[59] 1930 年 8 月 16 日《股份法》的首次草案对 1938 年《商法》的研究具有重大意义。”

1938 年之前，日本《商法》第二编关于公司的规定全文由 225 条条文构成，修改之后全文 449 条，条文数量几乎增加了一倍，并且设置了大量关于股份公司法的新规定，可以说，本次修改最大的变化就是股份公司法。虽然有转换公司债、转换股份这类起源于英美法的制度，但同样存在大量借鉴德国法的规定。

以下，本书以日本法与德国法的异同为中心，对《商法》修改的重点内容展开论述。1938 年正处于第二次世界大战时期，本次修改的内容主要是关于战争时期股份公司法的规范。处于第二次世界大战中的日本，除《商法》外，依据《国家总动员法》制定了股份公司的法律，以及为更加高效地开展战争而促进特殊类型公司设立的法律，本书将对这类“战争时期的公司法”进行解说。

（2）1938 年《商法》的修订

①股份有限公司的设立

制定章程是设立股份公司的必要前提，1897 年德国《商法典》第 182 条第 1 款，以及 1930 年《股份法》第一次草案第 5 条第 1 款

---

〔59〕 大隅健一郎「序説」大隅健一郎 = 八木弘 = 大森忠夫『独逸商法〔Ⅲ〕株式法』（有斐閣，復刻版，1966 年）12 頁。

规定,章程内容必须通过法院或公证程序予以确定。日本 1938 年《商法》第 167 条规定:“未经公证人认定的章程不具有法律效力。”由此可见,1938 年日本《商法》借鉴德国法规定,但却有别于德国法之规定,即不认可通过法院确定的章程内容。但是,德国 1965 年《股份法》第 23 条第 1 款第 1 句中规定,“章程必须通过公证人制定的证书予以确定”,[60]不再认可通过法院确定章程内容,与日本法规定相近。

1938 年《商法》第 168 条第 1 款第 6 项增加“财产受让”这一特殊设立事项(必要记载事项之一),这是受到 1897 年德国《商法典》第 186 条及 1930 年《股份法》第一次草案第 9 条将“财产受让”(sachübernahme)作为章程相对必要记载事项规定的影响。[61] 1938 年《商法》第 246 条新设了“事后设立”事项,该条也是借鉴了 1897 年德国《商法典》第 207 条及 1930 年《股份法》第一次草案第 36 条中关于“事后设立”(nachgründung)的规定。[62]

---

〔60〕 关于 1965 年《股份公司法》的日文翻译文献,早川勝「1965 年ドイツ株式法の改正と展開」同志社法学 63 巻 6 号(2012 年)200 頁以下参照。

〔61〕 1938 年《商法》第 168 条第 1 款 6 号是基于 1931 年《〈商法〉改正要纲》第 77 条而制定的,立法负责人松本烝治博士基于 1897 年德国《商法》第 186 条规定对《〈商法〉改正要纲》第 77 条进行详细解说(松本烝治「商法改正要綱解説」同『私法論文集続編』81 頁以下)。

〔62〕 1938 年《商法》第 246 条是基于 1931 年《〈商法〉改正要纲》第 79 条而制定的,立法负责人松本烝治博士指明,《〈商法〉改正要纲》第 79 条以 1897 年德国《商法》第 207 条为参考对象,但与 1897 年德国《商法》第 207 条规定内容并不一致(松本烝治「商法改正要綱解説」同『私法論文集続編』82 頁以下)。

第二次世界大战前及第二次世界大战中,日德两国在股份公司的设立方式上存在巨大差异,虽然两国的公司实务中都有发起设立和募集设立两种设立方式,但德国以发起设立的公司居多,而日本大多数公司采用募集设立。〔63〕 日本1938年《商法》引入便于募集设立的法律规制,要求采用发起设立的公司必须经由检查人的检查(1938年《商法》第173条第1款),而采用募集设立,只要求公司将实物出资等特别设立事项记载于公司章程时,经由检查人的检查(1938年《商法》第181条)。也就是说,假如募集设立中没有特别设立事项,就无须检查人的检查,这也意味着在募集设立中,通过检查人等外部人员的检查并非必要要件。由于日本企业家反感设立股份公司之际经由"外部人"检查的程序,故产生即使可以采用发起设立,也故意拉入几名认股人采用募集设立方式的不合常理惯例。〔64〕

②股票

1938年日本《商法》借鉴德国法和瑞士法之规定(1897年德国

〔63〕 大隅健一郎＝八木弘＝大森忠夫,大隅健一郎遺『独逸商法〔Ⅲ〕株式法』(有斐閣、復刻版,1966年)68頁参照。日本在19世纪就存在募集设立的案例,江头宪治郎博士就曾指出:"直到1887年,铁路、电力、棉纺织大型资本业兴起,实际上发生过向设立时的发起人之外的公众募集股份而设立公司的案例。"江頭憲治郎『株式会社法』〔第7版〕(有斐閣,2017年)61頁注4。

〔64〕 在日本,大多数的募集设立是因为银行不贷款给企业,发起设立又需要由法院选任的检查员进行调查(《商法》第173条)。为逃避检查员的调查,而采用通过添加若干名的认购人的方式而进行募集设立[本間輝雄＝菅原菊志＝上田宏＝志村治美『会社法』(青林書院新社,1984年)46頁〔志村治美〕]。

《商法典》第222条,第223条第1款、第3款,瑞士《债务法》第637条等),引入记名股票的背书转让制度(1938年《商法》第205条第1款),以及转让记名股票时,股东名册的变更成为对抗公司的要件(1938年《商法》第206条第1款)。[65]

日本1938年《商法》第210条规定,禁止股份公司取得自己的股份,但公司在以下几种例外情形下可以取得自己的股份:第一,注销股份;第二,合并或受让其他公司全部营业的转让;第三,为达成公司行使权利的目的。这是1931年法制审议会制定的《〈商法〉修订要纲》第101条之规定。立法负责人松本烝治博士指出,《〈商法〉修订要纲》第101条不是基于德国法的规定,更多是参考了瑞士《债务法》第628条及《〈商法〉修订要纲》第660条规定而制定的。[66]

在1937年德国《股份法》制定之前,关于股份公司的事项规定在德国《商法典》中,1897年德国《商法典》第226条禁止股份公司取得自己的股份,并未设置例外情形。1930年《德国〈股份法〉第一次草案》设置了同样规定。基于1931年9月19日颁布的紧急命令而修改德国《商法典》第226条,原则上禁止公司取得自己的股份,在取得数量限制在资本金10%以内的前提下,才允许公司例外取得自己的股份,也就是以下3种情形:第一,为避免公司遭受重大损失;第二,

---

〔65〕 松本烝治「商法改正要綱解説」同『私法論文集続編』93頁以下。
〔66〕 松本烝治「商法改正要綱解説」同『私法論文集続編』100頁。

为实施股份回购;第三,注销股份。

由此可以看出,日德两国在公司取得自己的股份方面存在差异,1931 年之后,德国对公司取得自己的股份的数量一直设有限制,而日本只在 1994 ~ 2001 年这 7 年,在取得自己的股票的数量上设有一定限制,之后废除相关规定。〔67〕

此外,日本 1938 年《商法》参照美国立法引入无表决权股票制度(non-voting stock)(1938 年《商法》第 242 条)。〔68〕 本次《商法》的修改体现出日本一方面利用其在经济、法务方面的经验,另一方面借鉴德国以外的国家法律制度,创设出具有本国特色的法律规范。

③股东大会

日本 1938 年《商法》第 245 条第 1 款规定了股东大会的特别决议事项,即全部营业的租赁、营业的委托,以及与他人签订营业损益共担的合同(损益共同体合同)等行为是股东大会特别决议的事项(1938 年《商法》第 245 条第 1 款第 2 项)。该规定参考 1930 年《德国〈股份法〉第一次草案》第 195 条而制定。〔69〕 尤其是“与他人签订营业损益共担的合同”规定,类似 1930 年德国《股份法》第一次草案第

〔67〕 但是,1994 年允许公司可以取得自己的股份,但是取得数量限制在发行股份总数的 3% 以内,与德国法上限制在资本金额的 10% 以内有所不同。高橋英治『ドイツと日本における株式会社法の改革——コーポレート・ガバナンスと企業結合法制』(商事法務,2007 年)291 頁以下参照。

〔68〕 Matsuda, Das neue japanische Aktienrecht, RabelsZ 24 (1959), 116.

〔69〕 松本烝治「商法改正要綱解説」同『私法論文集続編』114 頁。

195 条第 1 款的“损益共同体合同”(Interessengemeinschaftsvertrag)之规定,是企业集团的基础合同。[70] 1938 年《商法》第 245 条第 1 款第 2 项大体上维持原本规定,2005 年《公司法》第 467 条第 4 款、第 309 条第 11 项继承了 1938 年《商法》第 245 条第 1 款第 2 项的规定内容。

1965 年德国《股份法》以享受租税优惠为目的而签订的机关合同为基础,通过支配合同、利益供给合同等康采恩合同规制得以发展,[71] 而日本法则以经营委托、损益共同体合同作为契机,没有引进系统的康采恩合同。在这一点上,1938 年《商法》修改之际,日本与德国在根据合同规制企业集团上大体上水平相同(参见 1937 年德国《股份法》第 256 条),但是 1965 年德国《股份法》制定以后,两国的企业集团规制大相径庭。

日本 1938 年《商法》对特别利害关系人行使表决权的决议效力进行较大修改。1899 年《商法》第 162 条第 4 款要求与股东大会决议具有特殊利害关系的人不能行使其表决权,是效仿 1897 年德国《商法典》第 252 条第 3 款第 1 项的规定,1938 年《商法》第 239 条第 4 款同样对特别利害关系人的表决权行使作出限制。1938 年《商法》

---

〔70〕 在 1965 年《股份法》中,企业结合(verbundene Unternehmen)规定在第 292 条第 1 款第 1 句中,利益共同体(Gewinngemeinschaft)是其他企业合同的(andere Unternehmensverträge)代表例。

〔71〕 高橋英治『企業結合法制の将来像』(中央経済社,2008 年)10 頁以下参照。

第253条第2款规定，当特别利害关系人明显违反第239条第4款的禁止规定，作出极为不公正的决议时，未能阻止该决议的股东可以请求撤销或变更该决议。

基于股东表决权属于财产权这一观点，限制特别利害关系人行使表决权的规定本身意味着限制财产权，而1938年《商法》第253条第2款预防多数决的滥用，成为保护少数股东的有效规定。该条款是以1931年《〈商法〉修订要纲》第123条为基础而制定的，松本烝治博士并没有特别提及该条文是借鉴外国法而规定。但是，英美法基于表决权属于财产权这一立场，并未设置预防特别利害关系人滥用决议的制度，即特别利害关系人也可参与决议，当决议结果不公正时，出于对行使表决的相关人员进行救济之考虑，[72]1938年《商法》第253条第2款在参考德国法和英美法规定基础上，以独特方式进行了抽象化规定。

④董事和监事

松本烝治博士曾经在1911年《商法》订立时，极力反对将董事、监事的选任资格限定为股东，1938年《商法》限制选任资格的目的在于让公司事业与个人利益相结合，促进经营层积极经营公司。但实际上这样规定不利于广泛招聘董事和监事等人才。法国《商法典》第

〔72〕 大森忠夫「株主総会における特別利害関係者の議決権排除——比較法的考察」民商法雑誌35巻6号(1957年)18頁以下参照。

22条、第26条等立法只是以股东资格为条件，1938年《商法》的立法负责人再次提议删除限制董事和监事的选任资格规定，[73]该提案在1938年《商法》第254条、第280条规定中得以实现。

1938年《商法》根据英国法律“禁反言”(estoppel)规定，设置公司对表见代理董事的行为承担责任的规定(1938年《商法》第262条)，2005年《公司法》第354条继受了该条的规定内容。

⑤公司债券

1899年3月18日法律第52号《附担保公司债的信托法》，以附担保公司债为对象，日本首次引入了公司债权人集会制度(1899年《附担保公司债的信托法》第6章第48条至第67条)。

1938年《商法》对无担保的普通债券设立了“公司债权人集会”制度(1938年《商法》第319条至第341条)。1938年《商法》第319条规定，公司债权人集会除商法规定的事项外，还可以就“公司债权人的重大利益事项”进行表决。[74] 故违反1938年《商法》第334条规定，只对要求谈判利息的债权人支付利息的股份公司，可以依据公司债权人集会决议，使公司债券总额丧失期限利益。[75] 为维护公司债权人集会决议的稳定性，债权人集会的决议通常需要法院确认，法

〔73〕 松本烝治「商法改正要綱解説」同『私法論文集続編』116頁以下。

〔74〕 2005年《公司法》规定，公司债权人集会可以对“本法规定的事项以及与公司债权人利益相关的事项”进行表决；不是具有重大利害关系的事项，而是仅仅只有利害关系的事项除外。现行法规定的公司债权人集会的决议事项继受了1938年《商法》规定的内容。

〔75〕 松本烝治『株式会社法改正の要点』(巖松堂，1940年)159頁以下参照。

院的确认是公司债权人集会决议产生效力的必要条件(1938 年《商法》第 327 条)。[76] 在公司债权人集会上,由多数公司债权人决定一些事项产生分歧时,公司债权人集会有权从持有公司债券总额的 0.2% 以上的债权人中选任少数代表人代行表决(1938 年《商法》第 329 条)。

⑥一人股份公司存续的许可

德国在 1930 年《〈股份法〉第一次草案》第 179 条第 2 项中明确肯定"一人公司",规定"即使股份公司的所有股份都掌握在一个人手中,公司也不会解散"。松本烝治博士关注德国立法的动态,指出日本在名义上有数名股东,但实际上只是一个公司或一个人持有全部股份的"一人公司"大量存在,《〈商法〉修订要纲》第 170 条采用了即使股东人数不足 7 人,也不能成为公司解散事由的立法理念。[77] 该立法理念在 1938 年《商法》第 404 条中得以实现,从此,日本法认可一人股份公司的地位。

(3)战中期的公司法

与德国的 1937 年《股份法》不同,日本 1938 年《商法》完全没有

---

〔76〕 2005 年《公司法》将法院的批准作为公司债权人集会决议的效力要件(2005 年《公司法》第 738 条第 1 款)。有学说主张,应该废除法院事前批准的规定。[Kansaku, Anleihenrechtsreform in Japan am globalisierten Kapitalmarkt, Referat, Achtes deutsch-japanisches Rechtssymposium "Wie viel Offenheit-wie viel Ordnung? Staat, Recht und Gesellschaft nach dem Verlust des (neo-) liberalen Marktglaubens" 19./20. September 2017, Universität Tokyo, S. 17.]

〔77〕 松本烝治「商法改正要綱解説」同『私法論文集続編』163 頁以下。

受到当时盛行的整体主义政治意识形态的影响。

第二次世界大战期间,以 1938 年《商法》为参考对象,还存在诸多其他法规,在学说上将此类法规称为“战时公司法”。[78] 比如,基于 1938 年 4 月 1 日法律第 55 号《国家总动员法》第 11 条[79]制定的 1940 年 10 月 19 日敕令 680 号《公司经理统制令》。[80] 正如“公司为实现国家目的,以分担国民经济的责任作为经营应有之义”(《公司经理统制令》第 2 条)所揭示的那样,加强对包含分红、董事薪酬、应酬费用、资产折旧等在内的整个企业财务统一管理,且使之趋于合理化。[81] 超过一定规模的公司将利润分配控制在一定比例内,超过比例的分红则需要主管大臣的批准(《公司经理统制令》第 3 条第 1 款),主管大臣认为在必要时刻,可以命令所有的公司存储除法定准备金外的特别公积金(《公司经理统制令》第 6 条第 1 款)。1938 年《商法》第 288 条规定,在达到资本金的 1/4 以上,每个结算期的利润

---

〔78〕 藤原俊雄「戦時会社法」倉沢康一郎 = 奥島孝康編『(岩崎稜先生追悼論文集)昭和商法学史』(日本評論社,1996 年)243 頁参照。

〔79〕 “第二次世界大战时期,政府可以根据在国家总动员时所制定的敕令,限制或者禁止增资、合并、目的变更,募集公司债券,二次性股金支付,以及公司利益的处分、折旧等与经营相关的命令,或者对银行、信托公司、保险公司以及通过敕令指定的人员进行资金运转、债务承担或者债务担保等必要命令”(《国家总动员法》第 11 条)。关于《国家总动员法》第 11 条,現代法制資編纂会議編『戦時・軍事法令集』(図書刊行会,1984 年)196 頁参照。

〔80〕 条文内容,山一証券株式会社調査課編『会社経理統制令の解説』(山一証券,1940 年)17 頁以下参照。

〔81〕 藤原俊雄「戦時会社法」倉沢康一郎 = 奥島孝康編『(岩崎稜先生追悼論文集)昭和商法学史』(日本評論社,1996 年)246 頁以下。

超出5%等情形下,要存储法定准备金。《商法》第290条第1款规定,公司在弥补损失,提取《公司经理统制令》第6条第1款规定的法定准备金后,才能将剩余金额进行利润分配。1938年《商法》将《公司经理统制令》第6条第1款规定的特别公积金制度作为特例予以规定。因此,《公司经理统制令》通过强制保留盈余方式防止股东攫取公司利益,同时国家在审计上强化了对公司的控制。另外,《公司经理统制令》将支付给管理层和员工的金钱以及其他利益等职务代价称为“工资”(《公司经理统制令》第10条),导入限制金额的规定(《公司经理统制令》第12条)。但《公司经理统制令》对管理层薪酬的决定程序进行限制(1938年《商法》第269条),对金额本身不进行限制,这意味着国家对体现公司与董事的准委任关系的管理层薪酬进行了强化规制。

《公司经理统制令》第3条第1款、第6条第1款(基于敕令)限制公司随意分红。德国于1941年7月12日以紧急命令这一法律形式发出了《红利支出命令》,[82]来应对限制分红规制。[83]

战争时期还专门为协助战争的“特殊公司”制定特别法规,代表性法规有1943年10月10日敕令784号《统制公司令》[84]和1943年

〔82〕 DividendenabgabeVO vom 12. 8. 1941, RGB 1 Ⅰ323.

〔83〕 Habersack, in: Einleitung Rdnr. 22, Goette/Habersack (Hrsg.), Münchener Kommentar zum Aktiengesetz, 4. Aufl., München 2016; Assmann, in: Hopt/Wiedemann, Aktiengesetz: Großkommentar, 4. Aufl., Berlin 1992, Einleitung Rdnr. 172.

〔84〕 条文内容,『軍需会社法並統制会社令解説』(兵庫県商工経済会,1944年)参照。

10 月 30 日法律 108 号《军需公司法》。[85]

《统制公司令》的内容如下：①“统制公司”，是指“基于《国家总动员法》第 18 条规定，为管理业务制定以经营为目的的公司设立的命令，或者是依据该命令设立公司”(《统制公司令》第 1 条)；②为有效发挥国民经济效率对生产(包括加工、配件生产及维修)、供应、出口、进口以及保管和货物运输等业务进行管制，设立以经营为目的的股份公司(《统制公司令》第 2 条)。根据行政机关的命令设立统制公司(《统制公司令》第 3 条、第 32 条第 1 款)，其董事长由行政机关或者统制会长任命(《统制公司令》第 2 条)。对于除特别决议事项(1938 年《商法》第 34 条)外的事项，即使大会决议作出反对意见，只要有行政机关的许可董事长就可以执行业务(《统制公司令》第 24 条)。

《军需公司法》的内容如下：军需公司的运营必须与强化战斗力的国家要求相适应(《军需公司法》第 2 条)。根据该法律，“军需公司”可以是股份会社、有限公司、合名公司、合资公司、股份两合公司(《军需公司法》第 3 条、第 4 条)，依据 1938 年《商法》设立的公司，根据《军需公司法》的规定均有可能被指定为“军需公司”。“军需公司”除要设置《商法》上规定的管理层外，还需设置“生产负责人”(《军需公司法》第 4 条第 1 款)。生产责任人享有公司代表权和业

---

〔85〕《军需公司法》条文内容，平井豊一述『軍需会社法解説』(東京都商工経済会，1944 年)27 頁以下参照。《军需公司法》施行令条文内容，平井述・同書 27 頁以下参照。

务经理的权限(《军需公司法》第4条第2款),军需公司机关直接向政府承担履行国家责任的职责(《军需公司法》第4条第3款)。与一般股份公司的董事不同,生产负责人没有任期限制,[86]但没有主管大臣的许可不得辞职,享有对负责现场生产的所有人员的选任权、解聘权和指挥权(《军需公司法》第5条),公司职工有义务服从生产负责人和现场生产负责人双方的命令(《军需公司法》第7条)。

"军需公司"生产负责人在认为对发展军需事业有必要的情形下,即使招致股东大会的反对,仍然可以执行业务(《军需公司法》第20条)。召开"军需公司"股东大会之前,无须向股东发出会议召集通知(《军需公司法》第22条),《商法》要求特别决议通过的章程变更或合并等事项,"军需公司"中只要股东大会普通决议通过即可(《军需公司法》第19条第1款)。

《统制公司令》和《军需公司法》都是1938年《商法》对股东大会的机关权限分配设置例外规定的特别法规。

3. 战后期(1945~1990年)

(1)日本1948年《商法》的修订

1948年《商法》修订是战后日本股份公司法修改的原点。本次修法的先行研究,[87]给战前、战中的财阀家族的统治形态带来重大

---

〔86〕 平井豊一述『軍需会社法解説』(東京都商工経済会,1994年)11頁。

〔87〕 池野千白「戦後会社法への第一歩——昭和二十三年の改正」浜田道代編『(北澤正啓先生古稀祝賀記念)日本会社立法の歴史的展開』206頁以下。

变化,即驻日盟军总部(General Headquarters,GHQ)认为,在出资分期缴纳制度下,财阀家族及其控股公司只缴纳少量出资,却享有完整的表决权,并由此扩大资本,〔88〕如此一来,日本型康采恩实现以较少投资来控制大多数公司之目的。〔89〕 在 GHQ 的要求下,〔90〕1948 年《商法》废除分期缴纳制度(1948 年《商法》第 177 条第 1 款),此后,为避免小额投资者的投资出现困境,将股票的最低面额从 50 日元下调至 20 日元(1948 年《商法》第 202 条第 2 款)。1948 年《商法》的修改是因为 GHQ 意识到股份公司的分期缴纳制度被财阀及其控股公司不当利用,在通过解体财阀"排除经济过度集中"的构想下,废除分期缴纳制度。

(2)日本 1950 年《商法》的修订

①修改背景

1950 年《商法》的修订引入大量美国法制度,例如,董事会制度、股东代表诉讼、授权资本制、无面额股票、股票回购请求权等内容。

---

〔88〕 Hadley, Antitrust in Japan, Princeton 1970, S. 25. 本书的日文译著,エレノア・M・ハードレー,小原敬士＝有賀美智子監訳『日本財閥の解体と再編成』(東洋経済新報社,1973 年)29 頁参照。

〔89〕 Hadley, Antitrust in Japan, Princeton 1970, S. 25. 本书的日文译著,エレノア・M・ハードレー,小原敬士＝有賀美智子監訳『日本財閥の解体と再編成』(東洋経済新報社,1973 年)29 頁参照。关于这一点,池野千白「戦後会社法への第一歩——1948 年の改正」浜田道代編『(北澤正啓先生古稀祝賀記念)日本会社立法の歴史的展開』207 頁参照。

〔90〕 鈴木竹雄＝竹内昭夫『商法とともに歩む』(商事法務研究会,1977 年)136 頁;池野千白「戦後会社法への第一歩——1948 年の改正」浜田道代編『(北澤正啓先生古稀祝賀記念)日本会社立法の歴史的展開』207 頁参照。

战后,日本处在美国的占领之下,其为实现将来由自己掌握主权的想法而实施商法修改。学界对本次修法持有不同看法。[91] 1948 年 8 月 30 日在法务省内设置了《商法》修订准备委员会,着手修改《商法》。首先,对授权资本制进行修改。授权资本制的修改背景与废除分期缴纳制度有关,公司为扩大业务规模发行新股无须经由股东大会的特别决议通过,简化了新股发行程序。[92] 其次,对无面额股票进行修改。如果只发行面额股,当股票价格低于面额时,将难以发行新股,为便于股份公司融资而发行无面额股票。[93]

铃木竹雄博士是本次《商法》修改的主要负责人,当时的社会风潮是全盘引入美国法制度。他预测 GHQ 迟早要求日本《商法》采用美国法制度,日本方面应当事先构建符合日本国情的美国法制度,而不是在 GHQ 的强制下慌忙应对。[94] 因此,如果说 1948 年对《商法》的修改是响应 GHQ 的单方面要求而进行的,那么 1950 年的修改则

---

〔91〕 小岛康裕博士认为,"1950 年《商法》是日本处于美国占领之下,放弃经济民主化的产物"[小島康裕『戦後商法学における株主民主化の問題性——1950 年「商法」の歴史的性格をめぐって』小室直人 = 本間輝雄編『(西原寛一先生追悼論文集)企業と法上』(有斐閣,1977 年)103 頁]。

〔92〕 鈴木竹雄 = 竹内昭夫『商法とともに歩む』(商事法務研究会,1977 年)143 頁参照。

〔93〕 中東正文編著『商法改正〔昭和 25 年 · 26 年〕GHQ/SCAP 文書』(信山社,2003 年)解 9 参照。

〔94〕 鈴木竹雄 = 竹内昭夫『商法とともに歩む』(商事法務研究,1977 年)149 頁以下、143 頁以下参照。

是由日方主动采取措施。但是,正如先行研究[95]所指示的那样,1949年1月强化了股东权,尤其是股份的转让、表决权、新股认购权、查阅权、累计投票权、董事责任、外国公司等事项日本正是基于GHQ的要求而实施的修改,[96]被称为"修改六要点"。1950年修法实际上也无法摆脱GHQ的干涉,[97]因为是由法务省与GHQ协商制定的基本方针,[98]但是日方基于《股份公司法》无法避免被美国法同化的认识,经过与GHQ方面反复协商后进行的改革。

②为何日本在被占领期,公司法规定需要借鉴美国法

1937年德国《股份法》明显存在受到纳粹思想影响的条款(如

〔95〕 关于GHQ英文原文的研究成果,中東正文「昭和二十五年商法改正——GHQ文書から見た成立経緯の考察(1)～(4)・完」中京法学30巻3号(1995年)1頁以下、中京法学31巻1号(1996年)126頁以下、中京法学31巻2号(1996年)21頁以下、中京法学31巻3号(1997年)107頁以下参照。

〔96〕 岡咲恕一『新会社法と施行法』(学陽書房,1951年)4頁参照。

〔97〕 中東正文「GHQ相手の健闘の成果——1950年、1951年の改正」浜田道代編『(北澤正啓先生古稀祝賀記念)日本会社立法の歴史的展開』(商事法務研究会,1999年)221頁以下;中東正文編著『商法改正〔1950年、1951年〕GHQ/SCAP文書』(信山社,2003年)解10以下;高倉史人『昭和25年(1950)商法改正の意義と位置づけに関する一考察——株主の権利・地位の強化を中心に』国際公共政策研究(大阪大学)6巻1号(2001年)87頁。

〔98〕 司法部和GHQ商议后制定的1950年的修改方针经过多次讨论后内容发生了变化。昭和24年(1949年)8月13日「商法の一部を改正する法律案要綱」,中東正文編著『商法改正〔1950年、1951年〕GHQ/SCAP文書』解84以下;1949年10月29日法制審議会商法部会承認「商法改正案の概要(Outline of the Proposed Amendments to the Commercial Code)」,中東正文編著『商法改正〔1950年、1951年〕GHQ/SCAP文書』(信山社,2003年)解92以下;1949年12月23日法制審議会回答「商法の一部を改正す解法律案要綱(1949年8月13日法務府作成)の修正案」,参见中東正文編著『商法改正〔1950年、1951年〕GHQ/SCAP文書』(信山社,2003年)解117以下参照。

1937 年的德国《股份法》第 70 条第 1 款和第 101 条第 3 款)。然而,第二次世界大战后,德国仍然维持 1937 年《股份法》的规定,并未效仿英美法进行公司法修改。因为德国无条件投降后,将其主权让给由英国、美国、法国和苏联 4 个战胜国组成的盟国管制理事会,中央政府随即灭亡(无政府状态持续到 1949 年德意志联邦共和国正式成立)。[99] 与处于美国占领下的日本相比,德国处于美国、法国、英国、苏联的统治之下,无中央政府的状态是德国无法实施《股份法》修改的背景之一。

慕尼黑大学的马蒂亚斯・哈伯萨克(Mathias Habersack)教授认为,战后没有对 1937 年《股份法》进行修改的理由在于,纳粹思想对该法的影响只是体现在部分条文上,实质内容并未受到纳粹思想的影响。[100] 然而,学界自 1948 年以来就有对 1937 年《股份法》的部分内容进行修改的主张。[101]

洪堡大学经济法史家扬・蒂森(Jan Thiessen)教授引用德国联

---

〔99〕 野田昌吾「ドイツ」網谷龍介 = 伊藤武 = 成廣孝編『ヨーロッパのデモクラシー』〔改訂第 2 版〕(ナカニシヤ出版,2014 年)63 頁参照。

〔100〕 慕尼黑大学马蒂亚斯・哈伯萨克(Mathias Habersack)教授于 2017 年 10 月 3 日通过电子邮件的回答。

〔101〕 Kropff, Reformstrebungen im Nachkriegsdeutschland und die Aktienrechtsreform von 1965, in: Bayer/Habersack, Aktienrecht im Wandel, Band 1, Entwicklung des Aktienrechts, Tübingen 2007, S. 688; Barenfuss, Die Entstehung des Aktiengesetzes von 1965 unter besonderer Berücksichtigung der Bestimmungen über Kapitalgrundlagen und Unternehmensverfassung, Berlin 2001, S. 146 ff.

邦司法部赛贝特(Seibert)的建议[102]提出,1937 年的德国《股份法》不是纳粹法,而是魏玛共和国时代法律研究的结果,这也是 1937 年德国《股份法》维持到 1965 年的主要原因。[103] 扬·蒂森(Jan Thiessen)认为,在德意志民主共和国(东德),1937 年德国《股份法》直到 1990 年才进行修改的理由在于,大量股份公司从事涉外业务,1937 年《股份法》即使在条文用语上受到纳粹影响,但实质内容并未受其影响。他认为,1965 年德国《股份法》的制定主体不是盟军,而是新成立的德意志联邦共和国(西德)政府,盟军之所以没有着手修法,可能是基于股份法是企业组织法(Rechtfürdievon Unternehmen),而不是经济组织法(RechtfürdieOrganization der Wirtschaft)的认识。[104]

洪堡大学汉斯–彼得·施温托夫斯基(Hans-Peter Schwintowski)教授对战后德国经济立法的特点作出如下论述:[105] 战后德国的基本立法任务在康采恩和卡特尔方面。1957 年《反竞争限制法》(GesetzgegenWettbewerbsbeschränkungen, GWB)对卡特尔进行规

[102] Seibert, 50 Jahre Aktiengesetz 1965, AG 2015, 593.

[103] 洪堡大学扬·蒂森(Jan Thiessen)教授于 2017 年 10 月 12 日通过电子邮件的回答。

[104] 洪堡大学扬·蒂森(Jan Thiessen)教授于 2017 年 10 月 26 日通过电子邮件的回答。

[105] Schwintowski, Aktienrecht, 11.10.2017, Typoskript.

制,1965年《股份法》对康采恩进行规制。[106] 在1965年《股份法》成立之前,1949年8月21日制定的德国《马克资产负债表法》基于赋予拥有少量财产的人购买股票的考虑,将股份公司股票的最低面额从100,000马克变更为100马克(1949年德国《马克资产负债表法》第60条)。1951年4月10日制定了《煤炭钢铁共同决定法》,在监事会中导入劳资共同决策制度。1952年5月21日制定了德国《事业所组织法》,要求股份公司的职工监事应当占监事会成员的1/3。1951年,召开了以"从经济秩序和社会秩序视角看企业形态的形成"为主题的德国法学家会议,在德国法律家会议第二研究部会议继续进行"修改股份法可能性"的研讨会。[107] 汉斯-彼得·施温托夫斯基(Hans-Peter Schwintowski)认为,1965年《股份法》出台之前的一系列立法以及德国法律家会议第二研究部会议反映了盟军的意图。

汉斯-彼得·施温托夫斯基(Hans-Peter Schwintowski)认为,日本1950年股份公司法效仿美国法的背景在于:一是战争末期美军在日本广岛和长崎投下原子弹,对战后日本进行强有力的统治。二是与处于美国单独统治下的日本相比,德国处于多国统治之下,1949年德意志联邦共和国成立后,1950年冷战爆发。1952年德国《事业

---

[106] 有关1965年《股份法》中康采恩的成立过程,参见 Dettling, Die Entstehungsgeschichte des Konzernrechts im Aktiengesetz von 1965, Tübingen 1997, S. 83 ff。

[107] 关于1965年《股份法》出台之前的状况,参见 Assmann, in: Hopt/Wiedemann (Hrsg.), Großkommentar: AktG, 4. Aufl., Berlin 1992, Einleitung Rdnr. 174 ff。

所组织法》制定后,1952 年德意志联邦共和国内出现了亲美、反苏的国民情绪。没有立即修改股份法来制定康采恩法。三是对占领军积极主张自己意见的德国人的批判精神与顺从占领军的日本人形成鲜明的对比。[108]

铃木竹雄和石井照久在《改正株式会社法解说》一书中针对 1950 年《商法》修改作出如下解释:第一,日本处于联盟国的管理之下,而美国掌握联盟国的主导权,欲将日本股份公司法予以美国法化;第二,为振兴经济引入美国资本,股份公司法制必须效仿美国法;第三,采取取长补短的态度,结合日本法律体系和经济的实际情况引入美国法的优势之处。[109]

关于上述第三部分,大隅健一郎和大森忠夫在其撰写的《逐条改正会社法解说》中补充道:美国法上的股份公司金融高度发达,在第一次世界大战后,就将无表决权股份、转换股份、转换公司债券等制度普及德国和日本等大陆法系国家。并且,美国法采用董事会中心主义,于第一次世界大战后,引起德国学者的兴趣,对德国股份法修改给予重大启示。日本在 1950 年的《商法》修改被认为同样具有上述发展趋势。[110]

---

[108] 汉堡大学汉斯 – 彼得 · 施温托夫斯基(Hans-Peter Schwintowski)教授于 2017 年 10 月 12 日通过邮件的回答。

[109] 鈴木竹雄 = 石井照久『改正株式会社法解説』(日本評論社,1950 年)6 頁参照。

[110] 大隅健一郎 = 大森忠夫『逐條改正会社法解説』5 頁(有斐閣,1951 年)。

在诸多关于1950年《商法》修改的研究著作中,[111]本书以立法负责人的解说(铃木竹雄和石井照久《公司法修改解说》)为基础,对1950年修改要点进行论述。本次修改有三个方面的内容:融资的便利性;公司运作方式的合理性;股东地位的强化。下文按照顺序逐一展开论述。

③股份公司融资的便利性

日本1950年《商法》为便于融资引入了授权资本制(1950年《商法》第166条第1款第3项)和无面额股票制度(1950年《商法》第199条)。

在引入授权资本制时,对股份公司设立时股东缴纳全部资本,即"全额缴纳主义"夯实公司资本作出高度评价。必须思考如何运用"全额缴纳主义"的立法宗旨,引入英美法上的授权资本制(authorized capital)。虽然授权资本制允许通过董事会决议发行新股从而提高融资的便利性,但在制度设计上是一大问题。为发挥日本法上"全额缴纳主义"夯实公司资本和英美法上"授权资本"制度便于融资的这两个优点,1950年《商法》允许股份公司在章程中记载"公司发行的股份总数",(1950年《商法》第166条第1款第3项),即"授权资本"的同时,记载"公司设立时发行的股份总数"(1950年

〔111〕 中東正文編著『商法改正〔1950年、1951年〕GHQ/SCAP文書』(信山社,2003年)解4以下注3参照。

《商法》第166条第1款第6项)。在公司设立时,后者的股份总数(设立时发行的股份总数)不得低于前者(公司发行的股份总数)的1/4(1950年《商法》第347条),在授权资本制度下维持资本确定原则。2005年《公司法》基本上维持着上述规定(2005年《公司法》第27条第4项,第32条第1款,第37条第1款、第3款)。但立法负责人指出,由于章程规定的授权数额不是以资本金额为依据,而是根据股份数量来确定,因此"授权资本"这一称呼并不恰当。[112] 为此,现行法上的"授权股份"成为有力说。[113]

《Roesler草案》制定以来(《Roesler草案》第208条),日本传统商法只发行面额股票,无面额股票(non par stock)制度,是指不在股票上标明金额,只标明占公司总资产的比例。无面额股票制度打破了股份公司发行的股票总面额与该股份公司的资本总额保持一致的原则,从这个意义上来说,股票已经不再是资本的构成要素。1938年《商法》删除了"必须以股票区分股份公司资本"这一规定。[114]

德国法在1998年引进无面额股票(Stückaktien)后,[115] 维持着"股份公司以股票来表示资本金"的规定(《股份法》第1条第2款)。

---

〔112〕 鈴木竹雄＝石井照久『改正株式会社法解説』(日本評論社,1950年)9頁参照。

〔113〕 神田秀樹『会社法』〔第20版〕(弘文堂,2018年)72頁;田中亘『会社法』(東京大学出版会,2016年)464頁。

〔114〕 1899年《商法》第143条也设置了同样规定。

〔115〕 1998年3月25日,在《关于允许发行无面额股票的法律》(StückAG)中许可在股份公司中引入无面额股票。

通说认为,引入无面额股票后,资本金被分为股票,是指无面额股票对资本金持有参与比例。面额股票依据其面额而定,无面额股票依据其数量,决定对资本金的参与比例。[116] 如果日本法也采用德国《股份法》第1条第2款解释,那么1938年《商法》第199条就没必要删除"必须以股票区分股份公司资本"这一规定。

但在1950年,资本和股票的关联性的教条主义逐步得到解放,这对日本法来说是一件幸事。[117] 确实,在近代股份公司法发展史中,资本金额和股票总额(面额股票是股票面额乘以已发行的股份总数)的关联性在区分资金和贷款上发挥了重要作用。[118] 但从现行日

---

〔116〕 Hüffer/Kock, Aktiengesetz, 12. Aufl., München 2016, § 1 Rdnr. 13; Fock, in: Spindler/Stilz (Hrsg.), Kommentar zum Aktiengesetz, 3. Aufl., München 2015, § 1 Rdnr. 99; Heider, in: Goette/Habersack (Hrsg.), Münchener Kommentar zum Aktiengesetz, 4. Aufl., München 2016, § 1 Rdnr. 99 f. 在德国法中,正如《股份法》第122条第1款所认可的"所持股份达到资本金的1/20以上"的少数股东享有召集股东大会的请求权那样,由于股份就是"占据资本金的比例"的要素,是少数股东行使权利的要件。因此,资本金被分成股份,在股份法中陷入不能放弃的状况。但是,一般认为资本金被分成股份这样的条文并不具有很大的意义[Bachmann, in: Hirte/Mülbert/Markus Roth (Hrsg.), AktG: Großkommentar, 5. Aufl., Berlin 2017, § 1 Rdnr. 118]。另外,卢特尔认为,发行无面额股票时,发行价的总额应当与资本金一致,因而资本金被分成股票的意思被认为必须发行两股以上的股票[Lutter, in: Karsten Schmidt/Marcus Lutter (Hrsg.), Aktiengesetz Kommentar, 3. Aufl., Köln 2015, § 1 Rdnr. 30 f.]。

〔117〕 2001年6月修改前,股份公司只发行面额股份,股票面额乘以已发行股票总数的金额不得超过资本金额(2001年6月修改前《商法》第213条第3款、第218条第2款)。关于这点,本間輝雄 = 菅原菊志 = 上田宏 = 志村治美『会社法』(青林書院新社,1984年)〔本間輝雄〕67頁;青竹正一「株式の大きさ」法学教室264号(2002年)17頁;神田秀樹『会社法』〔第20版〕(弘文堂,2018年)67頁注2参照。

〔118〕 即使根据现行法律,也需要用另一种方式寻求资本与股票之间的关系(《公司法》第445条),股份公司的出资与贷款是被严格区分的。

本法来看,维持资本金额与股票总额关联性的实际意义不大。如果立法者极力保留资本金额与股票总额的关联性,可能反而会使日本法在股份分割制度上丧失灵活性,这种弊端在日本法的发展过程中已然呈现。[119] 与德国法相比,废除面额股票,完全不要求资本金额和股票总额关联性的日本现行立法规定(《公司法》第445条),作为现代金融法制更具优势。

④股份公司业务运营方式的合理性

1950年《商法》对股东大会、董事及监事的运作模式作出重大变更。

1950年《商法》之前的股份公司法采用股东会中心主义,股东大会是公司最高权力机关,决定法律上任何事项。但是,根据铃木竹雄和石井照久两位博士的观点,在1938年《商法》中,实际上多数股东并没有亲自行使表决权,法律上的民主体制逐渐沦为单一形式。[120] 因此,1950年《商法》将股东大会的权限限定为决议商法或者章程规定的事项(1950年《商法》第230条之2),将其他权限转移给董事会,包括曾专属于股东大会的新股发行和募集公司债券的权限(1950年《商法》第280条之2、第296条)。除违法行为外,未经大会特别决议,不得任意解雇董事(1950年《商法》第257条)。铃木竹雄、石井

[119] 1981年开始,日本法中资本金和股票的关系在于股票的发行价额原则上由资本金构成这一点上(1981年《商法》第284条之2第1款、《公司法》第445条)。

[120] 鈴木竹雄＝石井照久『改正株式会社法解説』12頁。

照久两位博士认为,随着股份公司的规模不断扩大,所有与经营进一步相分离,公司业务亦愈趋复杂,这就要求董事必须迅速作出经营决策。1950 年《商法》扩大董事的权限的相关修改具有合理性。[121]

1950 年《商法》规定董事会(board of directors)为公司的业务执行的决定机关(1950 年《商法》第 259 条以下),代表董事(representative director)为公司业务执行机关(1950 年《商法》第 261 条)。铃木竹雄和石井照久两位博士认为,董事会和代表董事是公司业务经营的合理机构。[122] 在旧制度中,虽然董事在法律上享有业务执行权和代表权,但实际上还有很多非全职董事,在公司章程中要求设置董事会,“董事会”和“董事长”只是将实际制度上升到法律规定而已。

1950 年《商法》规定,监事仅享有会计监督权(1950 年《商法》第 275 条)。松田二郎博士在德国法律杂志(RabelsZ)中论述道,德国型监事会(Aufsichtsrat)制度参照英国法的“auditor”制度。[123] 铃木竹雄和石井照久两位博士补充说明道,在旧法上,监事享有对董事的业务监督权,但实际上监事几乎没有发挥其实际的监督作用。新法的修改宗旨在于缩小其监督权限的范围,以便其能够忠实地履行其

---

〔121〕 鈴木竹雄 = 石井照久『改正株式会社法解説』12 頁参照。

〔122〕 鈴木竹雄 = 石井照久『改正株式会社法解説』13 頁参照。

〔123〕 Matsuda, Das neue japanische Aktienrecht, RabelsZ 24 (1959), 124.

监督职责。[124] 此外,新法上设置了董事会制度、股东代表诉讼制度以及股东对董事的违法行为停止请求权等,期待这些制度能够发挥监事监督董事执行业务的功能。[125]

日本股份公司法中的监事制度,以1974年《商法》赋予监事业务执行监督权为开端,[126] 此后一直强化其监督权限,[127] 但1950年《商法》尚未达到立法负责人实际期待的结果。

⑤股东地位的强化

在GHQ的要求下,1950年《商法》借鉴美国法制度强化了股东地位。[128] 修订的基本思路是"将股份公司作为契约看待的理论"。[129] 该修改给予各个股东享有对董事的违法行为行使请求停止权的权利(stoppage of director's act)(1950年《商法》第272条),在公司怠于追究董事责任时,赋予股东对董事提起代表诉讼(derivativesuit)的权利(1950年《商法》第267条第3款)。这些制度

---

〔124〕 鈴木竹雄＝石井照久『改正株式会社法解説』13頁参照。

〔125〕 鈴木竹雄＝石井照久『改正株式会社法解説』13頁;作为同样的主旨说明,大隅健一郎＝大森忠夫『逐條改正会社法解説』19頁。

〔126〕 大和正史「1974年商法改正」倉沢康一郎＝奥島孝康『(岩崎稜先生追悼論文集)昭和商法学史』47頁参照。

〔127〕 家近正直「コーポレート・ガバナンスと社外役員」田邊光政ほか編『最新会社法をめぐる理論と実務』(新日本法規,2003年)190頁以下参照。

〔128〕 中東正文編著『商法改正〔1950年、1951年〕GHQ/SCAP文書』(信山社,2003年)解20参照。

〔129〕 鈴木竹雄＝石井照久『改正株式会社法解説』(日本評論社,1950年)14頁参照。

以董事和股东具有直接法律关系为基础(股份公司只是契约),这是日本传统所认为的董事和股东只是通过股份公司这一法人具有间接关系所无法想象的制度。

1950 年《商法》规定,在合并或营业转让时,持有异议的股东可以行使股份回购请求权(appraisal right)(参见 1950 年《商法》第 245 条之 2、第 408 条之 3),是为保护少数股东权利设置的制度。关于董事的选任,本次修改创设了累计投票(cumurative voting)制度(1950 年《商法》第 256 条之 3),提高少数股东选出自身代表者当选董事的可能性。

赋予持有公司已发行股票 10% 以上的少数股东查阅账簿的权利(inspection right)(1950 年《商法》第 293 条之 6、第 293 条之 7)。GHQ 考虑监事不享有业务执行权,希望股东通过行使查阅权发挥代替监事的监督功能,要求放宽查阅权的行使要件。日本方面则担心该制度被滥用,与 GHQ 进行多次协调,形成了 1950 年《商法》之规定(1950 年《商法》第 293 条之 6、第 293 条之 7)。[130] 日美就股东账簿查阅权的制度设计形成对立,这种局面一直延续到 1993 年《商法》修订为止。[131]

---

〔130〕 鈴木竹雄 = 竹内昭夫『商法とともに歩む』(商事法務研究会,1977 年)147 頁以下;中東正文編著『商法改正〔1950 年、1951 年〕GHQ/SCAP 文書』(信山社,2003 年)解 38 以下。

〔131〕 上柳克郎 = 鴻常夫 = 竹内昭夫編代『新版注釈会社法第 2 補巻平成五年改正』(有斐閣,1996 年)28 頁以下〔北沢正啓〕参照。

(3)1955 年《商法》的修订

1955 年的修改主要针对 1950 年《商法》中关于新股认购的不明确规定。

1897 年德国《商法典》规定,股份公司增资时,现有股东原则上享有新股认购权(1897 年德国《商法典》第 282 条),而日本在 1938 年《商法》中并未设置保障股东新股认购权的规定。因此,1950 年《商法》第 347 条第 2 款〔132〕规定,在公司增加"发行股份总数"的情形下,"是通过章程规定赋予股东新股认购权还是限制或排除,或是对特定第三人发行,应当予以明确",即 1950 年《商法》第 347 条第 2 款没有对增资情形下股东的新股认购权进行保护,而是在公司章程中规定是否赋予股东新股认购权。

对此,松本烝治博士提出强烈批判,〔133〕他认为,1950 年《商法》第 347 条的规定"措辞拙劣,缺乏逻辑性,根本无法理解"。

1950 年《商法》第 347 条第 2 款(为实现公司灵活筹集资金,通过章程决定是否对现有股东进行保护,而不是通过董事会决议决定)是一项不利于公司利益的规定。另外,该条款未明确在公司对第三人发行新股的情况下,如何保护现有股东利益,同样不利于股东利益

〔132〕 关于 1950 年《商法》第 347 条第 2 款的内容,淺木愼一編『会社法旧法令集』(信山社,2006 年)250 頁参照。

〔133〕 松本烝治「新株引受権について」大隅健一郎代編『(竹田先生古稀記念)商法の諸問題』(有斐閣,1952 年)155 頁参照。

保护。重视实务中融资的便利性,却不明确现有股东是否享有新股认购权,而是通过章程设置“对本公司股东,通过董事会决议赋予其新股认购权”等模糊内容的规定予以确定。1951 年 7 月 5 日民事局长通知[134]明确表示关于新股认购的章程规定有效。而学界以该规定粗糙为由极力反对民事局长的通知。[135] 但是,日本公司法实务遵从民事局长的通知。在 1953 年的 212 家股份公司中,可以依据章程规定通过董事会决议排除一部分或全部的新股认购权的占 141 家。另外,依据章程规定,在未明确认购数量的情况下,通过董事会决议向特定第三人赋予新股认购权的股份公司 168 家中占 156 家。[136]

1955 年《商法》删除了新股认购权作为公司章程绝对记载事项的规定,除商法或公司章程对“股东的新股认购权,以及认购的股份是否为面额股,其种类、发行数以及发行价格”等事项予以明确规定外,原则上由董事会决定(1955 年《商法》第 280 条之 2 第 1 款第 5 项)。同时规定对股东外第三人的新股认购权必须经由股东大会的特别决议通过(1955 年《商法》第 280 条之 2 第 2 款)。

滨田道代博士认为,1955 年《商法》修改成果显著,立法理念符

---

〔134〕 关于 1951 年 7 月 5 日民事局长通知的新股认购权的相关内容,津田利治「新株引受権の正体」私法 5 号(1951 年)7 頁注 12 参照。

〔135〕 据说在 1951 年秋季私法学会商法部会议上,本通知招致全体一致否决。浜田道代「新株引受権騒動への緊急対策」浜田道代編『(北澤正啓先生古稀祝賀記念)日本会社立法の歴史的展開』295 頁参照。

〔136〕 大阪市立大学商法研究室「改正株式会社法施行の実態調査(2)——株式に関する問題」ジュリスト76 号(1955 年)20 頁参照。

合现实要求,但是新股发行规制由于1966年的修改产生小瑕疵,他对此深感遗憾。[137]

(4)1962年《商法》的修订

1962年《商法》将规定在财产法上的股份公司的会计规则转移至损益法。理由如下:①依据损益计算法[138]设立的企业会计规则[139]已在实务上得以确立;②财产法在保护股东和公司债权人的利益上,尚不清楚是否具有优势。

1962年《商法》修改事项如下:①资产评估采用原价主义;②扩大递延资产范围,将开业费用(1962年《商法》第286条之2)、实验研究费用及研发费用(第286条之3)等纳入递延资产的范畴;③在资产负债表中记载准备金(1962年《商法》第287条之2)。

1962年导入原价主义,股份公司无法积累秘密准备金,而德国在1965年《股份法》制定后禁止累计秘密准备金。在这一方面,日本

〔137〕 浜田道代「新株引受権騒動への緊急対策」浜田道代編『(北澤正啓先生古稀祝賀記念)日本会社立法の歴史的展開』299頁参照。

〔138〕 所谓损益计算法,原则上是指将规定的期间内实现的总收益与所产生的总费用相对应来计算期间损益的计算方法,也被称为诱导法。与此相对,所谓财产法,原则上是指以期初余额和期末纯财产的差额来计算期间损益的计算方法。关于这一点,柴田和史『会社法詳説〔第2版〕』(商事法務,2015年)312頁参照。

〔139〕 关于战后日本企业会计原则的发展史,弥永真生『会計基準と法』(中央経済社,2013年)43頁以下参照。

商法先于德国实施。[140] 另外,自 1899 年《商法》修改以来,日本《会计法》一直效仿 1884 年德国《商法典》规定,重视决算期间确定公司的资产额和负债额。与此相对,1962 年《商法》将会计法的相关规则从“财产法”转移至“损益法”,通过计算一定期间内总收益与支出费用来得出损益。[141] 从这个意义上来说,1962 年《商法》改变了日本会计法深受传统德国法影响的局面。

1962 年《商法》对公司会计规则进行修改,将会计规定从财产法转移到损益法,这成为以往日本公司法学中薄弱的计算研究取得进展的契机。[142]

(5)1966 年《商法》的修订

1966 年《商法》修改的主要事项:①设置股份自由转让的例外规定,认可通过章程限制股份转让(1966 年《商法》第 204 条);②记名股票的转让,凭股票交付即可完成(1966 年《商法》第 205 条);③承认根据股东的要求,面额股票与无面额股票之间相互转换(1966 年《商法》第 213 条);④一名股东具有多项表决权的情形,允许其不统一行使这些表决权(1966 年《商法》第 239 条之 2);⑤对第三人发行

---

〔140〕 1937 年《股份法》仅注重对公司债权人的保护,允许在资产负债表上通过低估公司财产来积累秘密准备金,但 1965 年《股份法》基于对股东利益的考虑,禁止任意积累秘密准备金。

〔141〕 柴田和史『公司法详说』〔第 2 版〕312 頁。

〔142〕 森光雄「高度経済成長と計算規定の近代化——1962 年の改正、1963 年計算書類規則制定」浜田道代編『(北澤正啓先生古稀祝賀記念)日本会社立法の歴史的展開』327 頁参照。

新股,尤其是有利发行(以有利价格发行)的情形,须经由股东大会的特别决议通过(1966年《商法》第280条之2第2款第1句)。

1966年《商法》主要是为应对经济界的要求而实施。[143] 日本于1964年加入经济合作与发展组织(OECD),象征其在国际社会中占据重要地位,欧美随之要求日本实施资本自由化。1955年《商法》要求对股东外的第三人发行新股须经由股东大会的特别决议通过(1955年《商法》第280条第2款),1966年《商法》只要求以有利价格向第三人发行新股(有利发行)时,经由股东大会的特别决议通过(1966年《商法》第280条之2第2款第1句),并且可以由董事会的决议决定向第三人发行新股,然而这项新规定在法律与经济上产生了问题。

首先,列举以下几点法律问题:在1955年《商法》的规定下,无论新股发行的价格如何,新股发行均须经由股东大会的特别决议通过,因此不会产生新股发行的价格是否公正这一问题。但在新规定之下,未经股东大会特别决议通过,以低价向第三人发行新股,构成新股发行存在瑕疵的事由,股东有权以该新股发行违反法律法规为由请求停止新股的发行(1966年《商法》第280条之10)。因此,如何确定股票公正价格的评估机制成为法律上的一大难题。与德国法不

[143] 戸川成弘「高度経済成長と開放経済体制への移行——1966年の改正」浜田道代編『(北澤正啓先生古稀祝賀記念)日本会社立法の歴史的展開』336頁。

同,发行新股的股份公司为上市公司时,原则上以市场价格作为“公正价格”,[144]但假如发行新股的股份公司非上市公司,对于其股票的估值方法则会产生新问题。[145] 1966 年《商法》第 280 条之 10 规定:“当以显著不公正方法向第三人发行新股时,股东可以请求停止发行新股。”但是,“以显著不公正的方法”向第三人发行新股是为防御敌意收购,其是否同样可以成为被股东请求停止的对象?这是法律解释上的重要争议。[146] 众所周知,1966 年《商法》修改后,在司法实践中发展出“主要目的论”的判断标准。[147]

其次,关于经济方面的问题。1966 年《商法》关于向第三人发行新股的规定,有利于上市公司维持股东的稳定性,通过企业之间的相互持股,构建防御敌意收购制度,为上市公司带来经济效益。[148] 换言之,公司大股东是大型银行或关联公司的交易对象的情形下,大规模上市公司不会受到外资敌意收购的威胁,会集中精力为公司员工

---

〔144〕 味村治『改正株式会社法』(商事法務研究会,1967 年)175 頁参照。

〔145〕 関俊彦『株式評価論』(商事法務研究会,1983 年),是首次研究这个主题的学术书。近年的实务书,河本一郎 = 濵岡峰也『非上場株式の評価鑑定集』(成文堂,2014 年)。

〔146〕 Baum, Marktzugang und Unternehmenserwerb in Japan, Heidelberg 1995, S. 146 ff.

〔147〕 日本法院采用的主要目的规则的发展分析,松中学「主要目的ルールの検討(1)(2・完):主要目的ルールとは何か、そしてなぜ裁判所はそれを採用したのか」,阪大法学 57 巻 6 号(2008 年)1011 頁以下、58 巻 1 号(2008 年)87 頁以下参照。

〔148〕 Eiji Takahashi, Die „doppelte Mauer“ Japans gegen feindliche Übernahmen aus dem Ausland: Eine ökonomische Analyse der Hindernisse für einen freien Kapitalverkehr mit Japan, DJJV-Mitteilung, September 1991, S. 32 ff.

谋求福利。[149] 尤其是大型上市公司可以不进行分红,留存内部盈余金,进行大型设备的投资,从而实现经济增长,[150] 个人股东也能因股价上涨获得利益。[151] 如此,大规模上市公司可以通过向第三人发行新股来构建日本型相互持股关系,在为员工追求利益的同时,促进经济发展。但是,上市公司相互持股的关系网限制了日本与外国之间国际资本流动的自由,并已成为日本资本市场封闭的象征。1991年,日本股份公司"持有70%的自己股票"(Japan Inc. owns 70 persent of itself)现象饱受诟病。[152]

(6)1974年《商法》的修订

1974年《商法》修改以1964～1965年发生的山阳特殊钢等上市大企业的破产、财务造假事件为契机。[153] 山阳特殊钢是该行业最大的特殊钢制造商,但从1958年起,其接连通过构建虚假资产和减少负债等方式财务造假,导致负债总额达到460亿日元,累计赤字达到

---

〔149〕 Eiji Takahashi, DJJV-Mitteilung, September 1991, S. 26 ff.「日本における敵対的企業買収と法の発展——資本市場、企業組織、法意識」法学雑誌55巻3=4号(2009年)1024頁以下。

〔150〕 日本経済新聞社編『昭和の歩み3 日本の会社』(日本経済新聞社,1988年)125頁。

〔151〕 Eiji Takahashi, Changes in the Japanese Enterprise Groups?, in: Baum (Edit.), Japan: Economic Success and Legal System, Berlin 1997, S. 235.

〔152〕 Zielinski/Holloway, Unequal Equities, Power in Japan's Stockmarket, Tokyo 1991, S. 24.

〔153〕 上田純子「日本的機関構成への決断——1974年の改正、商法特例法の制定」浜田道代編『(北澤正啓先生古稀祝賀記念)日本会社立法の歴史的展開』369頁以下;高橋英治『会社法概説』〔第3版〕(中央経済社,2016年)174頁。

72亿6100万日元,并于1965年3月6日宣布破产。[154] 负责审计该公司的注册会计师虽然在事件曝光的7年前就已知晓财务造假事实,但受当时董事长的委托,并未指出这一事实。[155]

监事制度是1974年《商法》修改的主要内容。包括:第一,监事的监督范围,在会计监督外,新增了业务监查(1974年《商法》第274条第1款),明确监事履行业务监督的权限。[156] 第二,为维持监事的独立性,扩大禁止监事兼职的范围,母公司的监事不能兼任子公司的董事或其他使用人(1974年《商法》第276条)。第三,为促进监事更好地履行审计职责,将其任期延长为2年(1974年《商法》第273条第1款)。[157] 第四,建立按照企业规模区分的方式,资本金超过5亿日元的股份公司(大公司)财务报表除须接受监事的监督外,还必须接受会计监查人的监督[158][1974年《股份公司监事等商法特例的法

---

〔154〕 日本経済新聞社編『昭和の歩み3　日本の会社』(日本経済新聞社,1988年)129頁参照。

〔155〕 三枝一雄「1974年商法改正と法制審議会商法部会——監査制度改正の基本方向の決定まで」法律論叢82巻1号(2009年)138頁参照。

〔156〕 比如,出席董事会、意见陈述权(1974年《商法》第260条之3),对董事违法行为停止请求权(1974年《商法》第275条之2),董事与公司之间诉讼的代表权(1974年《商法》第275条之4)等。

〔157〕 1974年《商法》之前,监事任期为1年以内(1950年《商法》第273条)。关于监事的资格、任期、人数等历史变迁,上田純子「日本的機関構成への決断——1974年の改正、商法特例法の制定」浜田道代編『(北澤正啓先生古稀祝賀記念)日本会社立法の歴史的展開』401頁参照。

〔158〕 该规定的背景,弥永真生『会計監査人論』(同文館,2015年)26頁以下参照。

律》(以下简称1974年《特例法》)第2条]。[159] 而且,监事必须是注册会计师或监查法人(1974年《特例法》第4条)。第五,资本金在1亿日元以下的股份公司(小公司),监事只进行会计监督,并且没有特别规定审计报告书的记载事项(1974年《特例法》第25条)。[160]

另外,1974年《商法》为了实现股份公司经营管理层的稳定性,规定不可通过章程规定实行累计投票制选举董事(1974年《商法》第256条之3)。[161] 所谓"经营管理层的稳定性"实质上是为便于外国资本进入日本的一种说辞[162],排除基于章程规定利用累积投票制选举董事,实际上是为了排除持有日本股份公司25%以上的外资股东通过投票使自己当选董事参与公司经营。[163] 从该立法规定可以看出股份公司立法宗旨是遵从日本经济界的意见,赋予股份公司设置

---

[159] 1974年《特例法》条文,淺木愼一編『会社法旧法令集』(信山社,2006年)421頁以下参照。

[160] 参见三枝・前注(155)法律論叢82卷1号(2009年)136頁以下;大和正史「1974年商法改正」倉沢康一郎＝奥島孝康編『(岩崎稜先生追悼論文集)昭和商法学史』46頁。

[161] 三枝,前注(155)法律论丛82卷1号137页。对于累计投票制度,实务界批判该制度的引入导致董事会的意见分歧,对经营效率造成重大影响。关于这一点,大和正史「1974年〈商法〉改正」倉沢康一郎＝奥島孝康編『(岩崎稜先生追悼論文集)昭和商法学史』53頁参照。

[162] 上柳克郎＝鴻常夫＝竹内昭夫(編集代表)『新版注釈会社法(6)』(有斐閣,1987年)45頁以下;上田純子「日本的機関構成への決断——1974年の改正、商法特例法の制定」浜田道代編『(北澤正啓先生古稀祝賀記念)日本会社立法の歴史的展開』406頁参照。

[163] 1950年《商法》第256条之3规定,在章程规定不施行累计投票权的情形下,持有已发行股份总数的1/4以上的少数股东享有累计投票请求权。但1974年《商法》第256条之3废除了少数派股东的累计投票请求权。

限制日本和外国进行资本交易的渠道的权利。[164]

(7)1981 年《商法》的修订

①修订过程

1973 年 7 月 3 日召开的众议院法务会议附带决议有以下两项内容:第一,对公司的社会责任、大小公司的区分、股东大会的形式、董事会的构成以及股票面额等必要事项进行修改;第二,为确保会计监查人的独立性,就其选任方式采用适当方法。鉴于上述情况,日本法制审议会商法部会议从 1974 年 7 月开始审议公司法的修改内容。法制审议会商法部会议列举出以下 7 项内容:企业的社会责任;股东大会制度的完善方针;董事及董事会制度的完善方针;股份制度的完善方针;股份公司的会计公示;企业集团、合并、分立等事项;最低资本金制度及大小规模公司的区分方法。

在上述审议事项中,对企业社会责任的效果提出强烈质疑。促进公司尽到社会责任,与其对社会责任进行抽象规定,不如强化董事的责任、公司的业务以及财务等内容。出于上述考虑,未把上述事项作为独立的审议事项。大小规模公司的划分在立法技术层面不是问题,但因有团体强烈反对将现行股份公司进行大小区分,需要先进行这方面的调整,亦将其排除在审议对象外。关于企业集团的问题,有必要确立其基本理念。进行实际情况的调查和外国法的研究是必要

---

〔164〕 居林次雄『改正商法詳解』(税務研究会,1974 年)30 頁以下参照。

前提,因此也就很难将它纳入讨论对象加以讨论。

经历上述审议过程,1981 年 3 月 20 日召开的内阁会议通过了《〈商法〉等部分法律修改草案》,后该法案于 3 月 24 日提交到国会,同年 6 月 3 日在参议院的正式会议上通过并颁布。《〈商法〉等部分法律修改草案》作为 1981 年第 74 号法律、《关于〈商法〉等部分法律修改草案施行的相关法律的整理》作为第 75 号法律相继被公布。[165]

②修订内容

1981 年《商法》修改的内容如下:关于公司在设立之初所发行的股票的发行额度,规定无论是面额股还是无面额股,一股的金额要在 5 万日元以上(1981 年《商法》第 166 条第 2 款、第 168 条之 3、第 202 条)。随着股票单位的提高,未满一股的端股问题不容忽视。因此,1981 年《商法》规定,以 1/100 股作为一个端股,股东因公司分立分配到端股时,以每一端股为单位记载在端股的股东名册中,端股股东想要转让端股时,可以请求公司发行端股股票(1981 年《商法》第 230 条之 2 至第 230 条之 9)。

1981 年《商法》导入了单元股制度,持有一定数量股票的股东可以行使所有权利。持有未满足单位数量股份的股东被称为“单元未满股东”,虽然享有如利润请求权等自益权,但为了减少股东大会召

---

〔165〕 关于上述修改经过,元木伸『改正商法逐条解説』〔改正增補版〕(商事法務研究会,1983 年)4 頁以下参照。

集通知等管理成本,不能行使表决权之类的共益权(1981 年《商法》附则第 18 条)。采用单元股制度的股份公司中的股东,在法律规定的期限内,将 1 单位股票合并为 1 个股票被认为是享有表决权的(1981 年《商法》附则第 15 条)。虽然单元股制度是现行单元股制度(《公司法》第 188 条)的前身,[166]但以“合并 1 单位股票”为前提,还是不同于现行单元股制度。

1981 年《商法》新设立了董事等在股东大会上的说明义务(1981 年《商法》第 237 条之 3)以及股东提案权等关于股东大会的规定(1981 年《商法》第 232 条之 3),强化了股东权利。删除特别利害关系人表决权的禁止规定(删除 1938 年《商法》第 239 条第 5 款),规定对决议有特别利害关系的人也享有表决权,如果因行使表决权产生不正当决议,可以撤销(1981 年《商法》第 247 条第 1 款第 3 项)。2005 年《公司法》第 831 条第 1 款第 3 项继受了 1981 年《商法》第 247 条第 1 款第 3 项之规定。

但 1899 年《商法》第 162 条第 4 款依据 1897 年德国《商法典》第 252 条第 3 款第 1 句的立法宗旨,规定了通过决议被免除责任或被免除义务的股东不能行使表决权。对于股东大会的决议,具有特别利害关系的人不能行使表决权。该规定被 1938 年《商法》和 1950 年

---

〔166〕 神田秀樹『会社法』〔第 20 版〕(弘文堂,2018 年)131 頁以下;高橋英治『会社法概説』〔第 3 版〕(中央經濟社,2015 年)100 頁。

《商法》第 239 条第 5 款所继受。但是,如果对 1938 年《商法》第 239 条第 5 款进行文义解释,例如,持有已发行总股份数 90% 以上的股东是公司董事,股东大会的决议事项是罢免该股东,在该股东大会决议中,会产生持有剩余 10% 股份的股东才享有表决权的不正当结果。〔167〕因此,判例〔168〕主张在这种情形下该股东不属于具有特别利害关系的股东。〔169〕虽然该解释并无不妥,〔170〕但对照 1938 年《商法》第 239 条第 5 款之规定,还是存有问题。〔171〕

1981 年《商法》修改了特别利害关系人不享有股东大会表决权的限制规定,不仅承认特别利害关系人享有在股东大会上的表决权,而且还规定了因特别利害关系人行使表决权产生明显不正当的决议时,可以请求撤销该决议(参见 1981 年《商法》第 247 条第 1 款第 3 项)。德国《股份法》没有进行禁止特别利害关系人行使表决权的抽象规定,而是具体列举出不能行使表决权的股东类型,规定受到责任免除或义务免除的股东,不得行使相关表决权(德国《股份法》第 136

---

〔167〕 这是典型的"少数派中多数派"(Majority of Minority,MOM),即根据"MOM"的批准问题。本书将由少数股构成的股东大会中依据多数决通过的决议称为"MOM 批准"。关于美国的"少数派中多数派"问题,伊藤吉洋「手続的側面を重視した少数派締め出し規整(3・完)」法学 77 巻 2 号(2013 年)153 頁以下参照。

〔168〕 最判 1967 年 3 月 14 日民集 21 巻 2 号 379 頁。

〔169〕 最高裁 1967 年 3 月 14 日民集 21 巻 2 号 379 頁。

〔170〕 矢沢惇『取締役の解任決議と特別利害関係人』;我妻榮編集代表『ジュリスト増刊　昭和 41・42 年度重要判例解説』(有斐閣,1973 年)190 頁。

〔171〕 元木伸『改正商法逐条解説』〔改正増補版〕(商事法務研究会,1983 年)103 頁以下参照。

条)。在这一点上,日本1981年《商法》的修改,摆脱了禁止特别利害关系人行使表决权的限制规定,而是站在英美法从决议权属于财产权的立场出发,不设立以预防决议权滥用为目的的特别利害关系人制度,是允许特别利害关系人参与表决,当决议结果显著不公正时,可以对参与决议的其他人员进行救济。〔172〕日本1981年《商法》在决议中对限制具有特殊利害关系人行使表决权上,引入了英美法规定。〔173〕

1981年《商法》设置了禁止子公司取得母公司股份的规定(1981年《商法》第211条之2),以及相互持股时表决权的行使受限的规定(1981年《商法》第241条第3款),强化了董事责任。首先,关于董事的竞业交易,应当经过董事会的批准(1981年《商法》第264条)。其次,明文规定董事实施与公司"间接性"利益冲突行为时,应当得到董事会批准(1981年《商法》第265条)。由此,日本法完成了关于董事利益冲突的规制,2005年《公司法》第356条、第365条继受了该

〔172〕大森忠夫「株主総会における特別利害関係者の議決権排除——比較法的考察」民商法雑誌35巻6号(1957年)18頁以下参照。

〔173〕与德国法规制方式(《股份法》第136条)相较,日本《公司法》第831条第1款第3项的规制方式,承认与决议有利害关系的股东享有表决权,更注重股东权利。另外,日本《公司法》第831条第1款第3项明确,特别利害关系人是大股东的情形,避免了少数派中多数派决定决议成败的问题,也是一个很好的规定。但在使用"特别利害关系人"或"显著不正当决议"等不确定的法律概念方面,赋予法院自由裁量,对法律稳定性造成影响。关于美国法中"少数派中的多数派(MOM)"问题,伊藤吉洋「手続的側面を重視した少数派締め出し規整(3・完)」法学77巻2号(2013年)153頁以下参照。

规定。

日本法上关于董事竞业禁止的规定借鉴于德国法。[174] 日本1890 年《商法》中没有关于董事竞业禁止义务的规定,1899 年《商法》第 175 条第 1 款规定,董事未经股东大会的批准,不能为自己或第三人的利益与公司进行交易,也不能成为经营同类业务公司的社员(股东)。第 175 条第 2 款设置了介入权规制,这是参考 1884 年德国《商法典》第 232 条,[175] 现行德国法规定董事的竞业禁止(《证券法》第 88 条)及公司与董事的(《股份法》第 89 条)利益冲突交易须经由监事会批准后方能实施。[176] 另外,现行德国《股份法》包括利益冲突交易在内的行为,只有经由监事会批准后方可实施或由监事会来决定(德国《股份法》第 111 条第 4 项第 1 句)。美国法对利益冲突交易以及竞业交易更加重视程序规制。[177] 关于股份公司中董事的利益冲突交易的规定,日本采用不同于德国和美国模式的方式,经历1981 年《商法》后,在 2005 年《公司法》第 356 条和第 365 条中得以实现。

1981 年《商法》为杜绝"总会屋"(股东大会骚扰者)现象,引入

---

〔174〕 北村雅史『取締役の競業避止義務』(有斐閣,2000 年)108 頁注 1 参照。

〔175〕 大隅健一郎「取締役の競業禁止」法学論叢 60 巻 1 =2 号(1954 年)143 頁参照。

〔176〕 高橋英治『ドイツ会社法概説』(有斐閣,2012 年)165 頁参照。

〔177〕 Allen/Kraakman/Subramanian, Commentaries and Cases on the Law of Business Organization, Second Edition, Austin 2007, S. 300 ff; Merkt/Göthel, US-amerikanisches Gesellschaftsrecht, 2. Aufl., Frankfurt a. M. 2006, S. 440 ff.

禁止提供利益的规定(1981 年《商法》第294 条之2)。德国法上不存在禁止利益提供的规定,但存在对公司提出撤销股东大会决议之诉后,与公司进行和解,以榨取公司金钱为目的的“掠夺性股东”(räuberischer Aktionär),[178]同样成为德国的社会问题。禁止提供利益之规定首次在 1981 年《商法》中引入,对“总会屋”现象的锐减发挥了重要作用(《公司法》第 120 条、第 970 条第 3 款),这种规定对德国法上的“掠夺性股东”也是一种有效对策。[179]

1974 年《特例法》于 1981 年进行了部分修改,1974 年《特例法》第 3 条第 1 款规定,会计监查人由董事会决议选任,修改后的特例法规定,会计监查人在获得过半数监事同意的基础上,经由股东大会选举产生(1981 年《特例法》第 3 条)。依据立法负责人的解释,原本会计监查人是受公司业务执行机关的委托,审计公司财务。通过本次修改,现在作为股东大会的代理人,受股东大会的委托审计公司财务,立场发生了根本改变。[180]

---

〔178〕 关于“掠夺性股东”,高橋英治『ドイツと日本における株式会社法の改革——コーポレート・ガバナンスと企業結合法制』237 頁,高橋英治『ドイツ会社法概説』253 頁参照。

〔179〕 关于德国法上的“掠夺性股东”及股份法改革,正井章筰『ドイツの株主総会制度の改革と“略奪的株主”に対する規制』早稲田法学 85 巻 3 号(2010 年)1099 頁以下参照。关于德日“掠夺性股东”比较研究,参见 Eiji Takahashi/Joachim Rudo, Mißbrauch von Aktionärsrechten in Japan und Deutschland, Recht in Japan, Heft 12, Baden-Baden 2000, S. 71 ff。

〔180〕 元木伸『改正商法逐条解説』〔改正増補版〕(商事法務研究会,1983 年)18 頁以下参照。

德国自 1931 年 9 月 19 日修改商法以来,决算监查人由股东大会选任决定(1931 年 9 月 19 日德国《商法典》第 262 条 b 项)。[181] 该规定被认为是德国魏玛时期受到英国法[182]的影响而制定的,以此来保障决算监查人的独立性和客观性。另外,在股份公司中,决算监查人通过股东大会选任的规定,被现行德国《商法典》第 318 条所继受。[183] 日本 1981 年《商法》中关于会计监查人的选任规定与英国法和德国法的传统保持一致,同样是遵循了包括美国法在内的国际立法潮流的产物。[184]

4. 对发展期股份公司立法的总结

战前时期,日本股份公司的最大特征是卡特尔和康采恩等企业集团得以正式发展,日本企业通过相互持股等方式与其他企业相联结。20 世纪,《股份公司法》开始对企业集团进行规制。

1938 年《商法》第 245 条第 1 款规定了股东大会的特别决议事项。全部营业的租赁、经营的委托,以及与他人签订营业上的损益共

---

〔181〕 Schuber/Hommelhoff (Hrsg.), Die Aktienrechtsreform am Ende der Weimarer Republik, Berlin 1987, S. 482.

〔182〕 1900 年《公司法》(Companies Act,63 and 64 Vict.,C. 48)第 21 条第 1 款规定:"公司必须在年度股东大会上选拔会计监查人(Auditor)或持有多个会计师事务所的多名会计监查人。"

〔183〕 关于"年度会计报告书的会计监查人从正式社员(股东)中选出"(德国《商法典》第 318 条第 1 款第 1 句)的日文翻译,法務省大臣官房司法法制部編『ドイツ商法典(第 1 編~第 4 編)』(法曹会,2016 年)142 頁〔久保大作〕参照。

〔184〕 在当前美国法律中,只有监查委员会享有选任独立会计监查人的权利,选定后再经由股东大会的批准,此种方法被认为是最佳的选任方法。

同体合同等事项须经股东大会的特别决议通过(1938 年《商法》第245 条第 1 款第 2 项)。德国 1965 年《股份法》将此类合同归为“其他类企业合同”,作为企业集团的基础性合同(《股份法》第 292 条第1 款)。但日本法并没有以 1938 年《商法》中确立的全部营业租赁、经营委托以及损益共同体合同作为契机,引入德国 1965 年《股份法》中的系统化合同康采恩规制(《股份法》第 291 条以下)。

1981 年《商法》针对相互持股的规制,引入禁止通过子公司持有母公司股票(1981 年《商法》第 211 条之 2)以及互相持有股票时限制行使表决权的规定(1981 年《商法》第 241 条第 3 款)。但是,禁止子公司取得股份(1981 年《商法》第 211 条之 2 第 1 款),限制相互持股行使表决权的公司,是指持有已发行股份总数 1/4 的股份公司和有限公司(1981 年《商法》第 241 条第 3 款),这些规制并不是从在相互持股中处于弱势地位的股份公司和有限公司立场考虑的立法。

20 世纪日本股份公司法完全没有对在经济上处于弱势地位的子公司的少数股东和债权人的保护作出规定,其目的始终是保护在经济上处于优势者的利益。在企业集团中,不像德国那样系统性地制定保护从属公司的少数股权和债权人利益的规定。为了给日本企业提供防御海外企业敌意收购的手段,制定了关于新股发行灵活性规定。在泡沫经济破灭之前,相互持股现象遍布日本的资本市场,尤其是上市公司的相互持股,实质上限制了日本与外国之间资本的自由流动,成为日本资本市场封闭性的象征。1991 年,“日本股份公司持有的自己股份达到70%”,由此遭受强烈批判。[185]

19世纪,日本公司法的立法负责人被赫尔曼·罗斯勒(Hermann Roesler)的学识震撼,直到1893年赫尔曼·罗斯勒(Hermann Roesler)回国后,立法者才开始主动思考公司立法的相关问题。日本法先于德国法,在1911年《商法》第44条之3第1款中明文确立了不同类型公司之间的合并。

与德国不同,日本1938年股份公司法的修改完全没有受到全体主义的意识形态的影响,但通过1938年修改日趋接近德国法。在法律形式上具有正式的修改理由书,与德国1937年《股份法》的修改理由书相类似。

当然,战后最重要的当属1950年的修改,这次修改虽然是日本方面积极主动实施的,但在一定程度上却是在美国的压力下进行的,移植了股东代表诉讼、董事会等起源于美国的制度。此后,随着经济的兴衰起落,从改善公司治理的角度出发,强化了监事制度。

总体而言,日本股份公司法通过对美国法的“移植”,并结合日本国情形成了本国独特的制度,实现了经济高速增长,可以说,股份公司法的修改对战后日本经济的发展作出了巨大贡献。

20世纪日本股份公司法的立法由公司法学家掌握主导权,实现

---

〔185〕 Zielinski/Holloway, Unequal Equities, Power in Japan's Stockmarket, Tokyo 1991, S. 24.

了经济复兴的同时,加强了对少数股东和公司债权人的保护。战前期,1911 年的修改以冈野敬次郎博士为主导,1938 年的修改以松本烝治博士为主导。战后期,铃木竹雄博士领导修改,竭力追求股份公司法应有的理想态势,即"学术性"与"实务性"相协调,以期符合公司的需求。

但在股份公司法的"现代化"时期,日本泡沫经济破灭后经济长期处于低迷状态,为振兴经济,遵循经济界意向进行了股份公司法的修改。例如,在 2014 年修改中正式引入了企业集团规制,但与德国 1965 年《股份法》的规定不同,从属公司少数股东的利益保护等"公司中弱者的利益"并不是本次修改的主要目标。在研究日本股份公司法时,有必要从批判性角度阐述现行制度(股份公司法的修改程序等),以及日本到底基于什么理由以大企业利益为目标进行股份公司法的修改。

(二)股份公司法学

本书遵循德国和日本股份公司法的发展,以代表战前期、战中期、战后期的日本股份公司法的体系书为素材,在与德国公司法学进行比较的基础上,明确日本股份公司法学的特征。

1. 战前期(1899～1938年)——股份公司法学的形成

(1)冈野敬次郎的学说

冈野敬次郎博士是日本股份公司法学的创始人,冈野敬次郎、梅谦治郎及田部芳3位博士还是1899年《商法》草案的起草委员。1890年《商法》受起草者赫尔曼·罗斯勒(Hermann Roesler)之影响,日本股份公司法学迎来"学习"外国法的时期,进入20世纪,日本人才开始自主进行股份公司法的修改,开启"开拓"时期。

冈野敬次郎博士生前出版的《会社法讲义案》[186]及其遗稿汇总而成的《公司法》专著是股份公司法学的体系书籍。[187] 前者以学生为阅读对象,简要概括了整个公司法体系。后者参照外国文献,以剖析日本股份公司法的特征为主,具有浓厚的学术色彩。本书以后者作为参考对象,以期阐明冈野博士所介绍的股份公司法学之特征。

冈野敬次郎博士定义的股份公司,是指由股东出资构成的资本金切割成等额股份,股东承担有限责任的公司。[188] 据冈野敬次郎介绍,股份公司具有以下几个特征:①存在由股东出资构成的资本金;②资本金被分割为一定数量的股份;③股东承担有限责任。[189] 20世纪后半叶,日本股份公司法学的通说阐释的股份公司特征包含股份、

---

[186] 岡野敬次郎『会社法講義案』(有斐閣,1920年)参照。

[187] 岡野敬次郎『会社法』(有斐閣,1929年)参照。

[188] 岡野敬次郎『会社法講義案』(有斐閣,1920年)87頁;岡野敬次郎『会社法』(有斐閣,1929年)202頁参照。

[189] 岡野敬次郎『会社法』(有斐閣,1929年)207頁参照。

股东的有限责任与资本金。[190] 上述要素中,除因战后立法对第二个要素进行变更外,冈野敬次郎提出的股份公司概念中所包含的事项值得予以特别书写。冈野敬次郎以西方股份公司法的条文,尤其是1897年德国《商法典》第178条为参考对象[191]确立了日本法上"股份公司"的概念。

冈野敬次郎指出,资本三原则作为日本股份公司法的资本原则是合理的,即冈野敬次郎参考卡尔·莱曼(Karl Lehmann)学说,[192]提出股份公司的资本三原则:①股份公司的资本金必须在最初确定,即"资本确定原则"(Prinzip des festen Grundkapitals);②要确保与资本金相当的财产作为股份公司的经济基础,即"资本维持原则";③"资本不变的原则"。[193] 20世纪后半叶[194]及21世纪[195]的日本股份公司法的通说认为,正如冈野敬次郎所述,1950年修改之前的《商法》认为资本三原则具有合理性。但1950年《商法》引入授权资本制度后,资本确定原则仅部分合理(1950年《商法》第166条第1款第3

---

〔190〕 鈴木竹雄＝竹内昭夫『会社法』〔第3版〕(有斐閣,1994年)22頁参照。

〔191〕 "股份公司的资本金由全体股东的出资构成,资本金被分割为股份,股东对公司债务不承担无限责任。"(1897年德国《商法典》第178条)。

〔192〕 Karl Lehmann, Das Recht der Aktiengesellschaften, Band 1, Berlin 1898, S. 167 ff.

〔193〕 岡野敬次郎『会社法』(有斐閣,1929年)208頁以下参照。

〔194〕 鈴木竹雄＝竹内昭夫『会社法』〔第3版〕(有斐閣,1994年)26頁以下参照。

〔195〕 大隅健一郎＝今井宏＝小林量『新会社法概説』〔第2版〕(有斐閣,2010年)22頁以下参照。

项、第6项)。1962年《商法》修改后,在新股发行的情形下资本三原则完全丧失合理性(1962年《商法》第280条之9)。但在2005年《公司法》出台以后,有学说认为,资本三原则中除资本确定原则外,仍然具有可行性。[196] 冈野敬次郎对资本三原则的解释为理解当今日本股份公司法学提供了依据。

关于罗马法上的税收租赁公司,冈野敬次郎认为,其是税收承租人的团体,国家对税收及收入实施竞标,与最高金额中标者签订租赁合同,并为承租人支付薪酬。[197] 税收租赁公司以营利目的,有行为准则和机关组织,不要求股东承担无限责任这一点与当今的股份公司相似,但因其没有确立股东的有限责任,被认为不是股份公司的起源。[198] 冈野敬次郎指出,1602年3月20日依据特许设立的荷兰东印度公司是世界首家股份公司,[199] 这借鉴了卡尔·莱曼(Karl Lehmann)学说,[200] 冈野敬次郎的观点与研究日本经济史的大塚久雄博士的观点(当今通说)一致。[201]

冈野敬次郎说,股份公司的设立要从公司章程的制定开始,公司

---

〔196〕 大隅健一郎=今井宏=小林量『新会社法概説』〔第2版〕(有斐閣,2010年)22頁以下;高橋英治『会社法概説』〔第3版〕(中央經濟社,2015年)38頁以下。

〔197〕 岡野敬次郎『会社法』(有斐閣,1929年)228頁以下参照。

〔198〕 岡野敬次郎『会社法』(有斐閣,1929年)229頁参照。

〔199〕 岡野敬次郎『会社法』(有斐閣,1929年)231頁参照。

〔200〕 Karl Lehmann, Das Recht der Aktiengesellschaften, Band 1, Berlin 1898, S. 54.

〔201〕 大塚久雄『大塚久雄著作集第1巻、株式会社発生史論』(岩波書店,1969年)参照。

章程的记载事项被分类为“绝对必要事项”和“相对必要事项”。[202]这些用语与当今股份公司法中所说的“绝对记载事项”和“相对记载事项”一致。另外,冈野敬次郎将公司的设立分类为“发起设立”和“募集设立”。他效仿德国学说,认可“发起人合伙”的概念,[203]同时,肯定“设立中公司”的概念。依据冈野敬次郎的解释,在募集设立中,创立大会的决议要以多数决通过。此时,创立大会既不是公司也不是合伙,而是一种特殊的无法律人格的社团组织。发起人是该无法律人格社团的机关,[204]冈野敬次郎的上述学说也是当今通说。[205]

冈野敬次郎认为股份具有3种意义,即第一表示“资本的构成单位”;第二象征“股东权”;第三以“股票”来表示。在德国,股份和股票都用“Aktien”来表示,他对股票的概述,采用了当时德国代表性股份公司法体系书所阐述的观点。[206] 根据冈野敬次郎的观点,股份是资本的构成单位,是各股东投资公司的计算标准。冈野敬次郎效仿卡尔·莱曼(Karl Lehmann)的观点[207]认为,普通团体只能取得一个

---

[202] 岡野敬次郎『会社法』(有斐閣,1929年)238頁以下参照。

[203] 岡野敬次郎『会社法』(有斐閣,1929年)246頁参照。

[204] 岡野敬次郎『会社法』(有斐閣,1929年)285頁以下参照。

[205] 江頭憲治郎『株式会社法』〔第7版〕(有斐閣,2017年)59頁以下;神田秀樹『会社法』〔第20版〕(弘文堂,2018年)58頁以下;龍田節=前田雅弘『会社法大要』〔第2版〕(有斐閣,2017年)441頁以下。

[206] Renaud, Das Recht der Actiengesellschaften, 2. Aufl., S. 90; Karl Lehmann, Das Recht der Aktiengesellschaften, Band 1, S. 173.

[207] Karl Lehmann, Das Recht der Aktiengesellschaften, Band 2, Berlin 1904, S. 27.

社员资格,而在股份公司中,一个股东却享有几种资格。[208] 他指出,股份代表股东权,是股东基于股东资格所享有权利义务的集合体,社员权是一种固有团体的私权。[209]

德国学者阿喀琉斯·雷纳德(Achilles Renaud)是社员权理论的创始人,其在1863年将股东的权利称为"社员权"(Mitgliedschaftsrecht),提出不可将构成社员权的各个股东的权利进行分割,即社员权不可分割原则。[210] 奥托·吉尔克(Otto Gierke)继承了阿喀琉斯·雷纳德(Achilles Renaud)的社员权理论,于1887年提出承担无限责任公司(人的公司)中的业务执行权、违法行为停止请求权、变更公司性质等权利义务是"所有商法典对各个社员与其权利义务进行对应归属"[211]之理论。冈野博士在留学地柏林听了奥托·吉尔克(Otto Gierke)的课程后,将奥托·吉尔克(Otto Gierke)学说和阿喀琉斯·雷纳德(Achilles Renaud)的股东权论结合起来,提出股份是股东基于资格享有权利和承担义务的集合体,可以将其称为"社员权",是一

[208] 岡野敬次郎『会社法』(有斐閣,1929年)305頁参照。

[209] 岡野敬次郎『会社法』(有斐閣,1929年)311頁以下参照。

[210] Renaud, Das Recht der Actiengesellschaften, 1. Aufl., Leipzig 1863, S. 72 f. 阿喀琉斯·雷纳德(Achilles Renaud)在1975年出版的《株式会社法论》(第2版)中指出,第1版提议明确社员权理论,但存在以下两个问题:①赋予股份权利,却没有对其义务作出要求;②作为社员权的股份权不是物权也不是债权,而是独自的财产权(Renaud, Das Recht der Actiengesellschaften, 2. Aufl., Leipzig 1875, S. 99 f)。

[211] Otto Gierke, Die Genossenschaftstheorie und die Deutsche Rechtsprechung, Berlin 1887, S. 525.

种固有团体的权利。[212]

根据冈野敬次郎的学说,社员权包括:利润分配请求权、剩余财产请求权、参与公司经营等权利。他认为,社员权不是债权,股东之间不可能发生债权债务法律关系,股东权仅由天然权利构成的观点是错误的。他认为,股份就是股票的意思,并对股票的转让和股东名册的意义进行了讨论。

关于股份公司的机关,他认为,“股东大会”是公司的意思决定机关,“董事”是业务执行机关,“监事”是监督机关。[213] 冈野敬次郎参考德国学说,提出股东大会是公司的“最高机关”,其特点是直接明确法人的意思。董事是必要的常设机构,代表公司执行业务。监事是公司的必要机关,主要职责是监督公司业务执行情况。冈野敬次郎认为,从日本民法的观点来看,监事与公司之间是一种特别的合同关系。

冈野敬次郎也对股份公司的会计进行论述。对准备金问题,他仿效德国学说,将根据法律规定积累的“法定准备金”(gesetzillerRefond)和通过章程规定或股东大会决议积累的“任意准备金”(freiwilligerRefond)

---

〔212〕 岡野敬次郎『会社法』(有斐閣,1929 年)311 頁以下参照。冈野敬次郎博士在《会社法讲义案》一书中参考松本烝治博士的学说,提出“近年,股东权作为股东享有的权利和义务的集合体,被称为社员权,理论上被认为是一种固有的团体私权”。岡野敬次郎『会社法講義案』(有斐閣,1920 年)129 頁以下参照。

〔213〕 冈野敬次郎博士对股份公司机关的解说,岡野敬次郎『会社法』(有斐閣,1929 年)361 頁以下参照。

进行学说上的分类,[214]这种分类在20世纪后半叶成为日本股份公司法学的通说。[215]

在章程变更的解释中,对增资和减资作出说明。关于“公司债”,冈野敬次郎参照了德国法的规定,最后对公司解散和清算进行论述。冈野敬次郎对日本股份公司法的解说简单明了,以简单原理来对复杂的股份公司法进行说明,促使现代日本公司法学界对“复杂内容复杂说明”的现象进行反思。

(2)松本烝治的学说

于1929年出版的《日本会社法论》是松本烝治博士撰写的公司法体系书,他列举出日本股份公司的必要条件为:①资本的存在;②资本被分割为股份;③股东的有限责任;④必须是“公司”。[216]松本烝治认为卡尔·莱曼(Karl Lehmann)列举的股份公司的必要条件适用于各个国家,如社团、资本、股份和有限责任,[217]他提出的股份公司概念基本上与卡尔·莱曼(Karl Lehmann)的学说相同,依据1938年修改前《商法》的规定,“公司”就是营利的社团法人[218](1938年修订前《商法》第42条、第44条第1款)。把章程的记载事项分为

---

[214] 岡野敬次郎『会社法』(有斐閣,1929年)464頁以下参照。

[215] 鈴木竹雄＝竹内昭夫『会社法』〔第3版〕(有斐閣,1994年)366頁;大隅健一郎＝今井宏『会社法論中巻』〔第3版〕(有斐閣,1992年)446頁。

[216] 松本烝治『日本会社法論』(巖松堂書店,1929年)95頁参照。

[217] Karl Lehmann, Das Recht der Aktiengesellschaften, Band 1, Berlin 1898, S. 132 ff.

[218] 松本烝治『日本会社法論』(巖松堂書店,1929年)17頁参照。

“绝对必要事项”(absolutwesente Inhalt)、“相对必要事项”(relativ wesenteInhalt)和“任意记载事项”(fakultativeInhalt),这与现代股份公司法对章程记载事项的分类一致。[219]

松本烝治对德国法上有学者将通过发起人的特别利益、实物出资、发起人薪酬、受让财产等方式的设立称为特殊设立(qualifizierteGrundndung)进行说明,并向日本学界介绍如何使用该用语。[220]

松本烝治认为股份有3种术语:[221]①股份的金额,也就是资本被分割后的一部分;②社员权;③股票。提出社员权包含表决权等为达成法人自身的目的赋予社员权利的共益权(gemeinnützige Rechte)和利润分配请求权等为达成社员自身的目的赋予的“自益权”(selbstnützige Rechte),[222]这两种权利是从单一社员权(Mitgliedschaftsrecht)中派生出来的功能。[223]

1893年,雷格斯贝格尔(Regelsberger)提出,在“依据团体权利是各个成员参与团体的意愿,还是赋予团体私人利益加以区分,将前者称为共益权(gemeinnützige Rechte),将后者称作自益权(selbstnützige

〔219〕 江頭憲治郎『株式会社法』〔第7版〕(有斐閣,2017年)68頁以下;神田秀樹『会社法』〔第20版〕(弘文堂,2018年)46頁以下;龍田節=前田雅弘『会社法大要』〔第2版〕(有斐閣,2017页)460頁以下;田中亘『会社法』(東京大学出版会,2016年)551頁以下。

〔220〕 松本烝治『日本会社法論』(巖松堂書店,1929年)121頁注9参照。

〔221〕 松本烝治『日本会社法論』(巖松堂書店,1929年)178頁参照。

〔222〕 松本烝治『日本会社法論』(巖松堂書店,1929年)57頁参照。

〔223〕 松本烝治『日本会社法論』(巖松堂書店,1929年)58頁参照。

Rechte)”。[224] 共益权有出席股东大会权、表决权、选任公司机关权利等内容,自益权是为了满足成员个人利益的权利。[225]

1904年,卡尔·莱曼(Karl Lehmann)在雷格斯贝格尔(Regelsberger)学说的基础上进一步提出股东的权利根据其目的,划分为有利于股东个人利益的自益权,以及既有利于股东利益,亦有利于公司全体利益的共益权。自益权与财产权利相关,而共益权是指参与公司管理的权利[226],可以说股东行使共益权,实际上就是作为公司机关在行使权利。[227]

松本烝治受上述德国学说之影响,[228] 于1916年主张社员基于社员资格中对公司享有的权利中,有如表决权那样为实现法人自身目的而享有权利的共益权,以及为实现股东自身利益,如分红请求权、剩余财产分配请求权的自益权。[229] 同样,也可以根据其目的将股东权利分为自益权和共益权。[230] 当时,松本烝治没有对社员权理

---

[224] Regelsberger, Pandekten, Erster Band, Leipzig 1893, S. 331.

[225] Regelsberger, Pandekten, Erster Band, S. 332.

[226] Karl Lehmann, Das Recht der Aktiengesellschaft, Band 2, Berlin 1904, S. 398. 当今日本的判例及通说与卡尔·莱曼(Karl Lehmann)的共益权理论相近(后述)。

[227] Karl Lehmann, Das Recht der Aktiengesellschaft, Band 2, S. 399.

[228] 松田二郎『株式会社法の理論』(岩波書店,1962年)19頁;泉田栄一「自益権と共益権」法律時報83巻12号(2011年)91頁;新津和典「19世紀ドイツにおける社員権論の生成と展開——社員権論の歴史性と現代的意義」法と政治59巻1号(2008年)202頁。

[229] 松本烝治『会社法講義』(巖松堂書店,1916年)53頁以下参照。

[230] 松本烝治『会社法講義』(巖松堂書店,1916年)286頁参照。

论展开论述。

松本烝治在其1929年出版的《日本会社法论》中再次肯定股东权是一个单一的社员权,社员权根据其目的分为自益权和共益权。[231] 现在日本的判例·通说以自益权和共益权为区分标准,确立了股份即社员权之理论。

共益权是社员作为法人机关享有的权限,不是权利。对于田中耕太郎博士提出的社员权仅是自益权的观点,松本烝治反驳道,社员基于社员资格享有组织法人机关并参与公司经营的权利,相当于公法上的参政权。如果不这样解释,公益法人的社员只享有共益权,而该公益法人的社员权利则完全得不到认可。[232]

松本烝治博士在其教科书中指出,与德国《民法典》第35条的规定不同,日本法上没有关于固有权(Sonderrechte)的明文规定,并建议将股东权分为"可以剥夺的权利"(entziehbare rechte)和"不可剥夺的权利"(nichentziehbare rechte)。[233] 1935年,松本烝治博士提出在构成股东权的内容中,可以通过章程规定区分可剥夺的权利和不可剥夺的权利,违反了公司本质或者违反其他强制法规的规定则可以

---

〔231〕 松本烝治『日本会社法論』(巖松堂書店,1929年)189頁参照。
〔232〕 松本烝治『日本会社法論』(巖松堂書店,1929年)57頁参照。
〔233〕 松本烝治『日本会社法論』(巖松堂書店,1929年)198頁参照。

剥夺,不承认固有权这一概念。[234]

关于 1938 年《商法》规定的股份公司的机关,松本烝治博士视“股东大会”为公司立法机关,“董事会”是公司的行政机关,“监事”是监督机关[235],将“股东大会”定位为直接发表股东全体意见,决定公司意向的机关。[236]

松本烝治博士批判日本股份公司机关规制虽然是根据大陆法制定,但与德国法大相径庭,监事处于从属地位,要看董事的脸色行事。他进一步指出,日本也有许多公司将重大事项交由董事会决定,一些大型公司在董事会中设置“会长”一席,让“董事长”或“副董事长”负责业务执行等做法是借鉴了美国公司实务。1938 年《商法》之前的股份公司治理结构,在法律上属于德国法等大陆法,而实务中却引进美国法制度,产生“法律与实务”背离现象,有必要在立法上作出应对。[237] 松本烝治博士在自己亲自主导的 1938 年《商法》修改中,制定了供公司任意选择的“代表董事”制度(1938 年《商法》第 261 条第 2 款),规定无代表权董事以“社长”或“副社长”名义代表公司进行交易产生损害时,公司对善意第三人承担责任(1938 年《商法》第 262

---

〔234〕 松本烝治「株式会社に於ける定款自治の原則とその例外」同『商法解釈の諸問題』(有斐閣,1955 年)223 頁[初出、中央大学 50 周年記念論文集(1935 年)]。该书将这个学说称为“固有权否定论”。

〔235〕 松本烝治『日本会社法論』(巖松堂書店,1929 年)244 頁以下参照。

〔236〕 松本烝治『日本会社法論』(巖松堂書店,1929 年)248 頁参照。

〔237〕 松本烝治『日本会社法論』(巖松堂書店,1929 年)247 頁参照。

条)。众所周知,1950年《商法》引入董事会制度(1950年《商法》第259条以下),但在1938年之前,日本股份公司就已引入英美型董事会制度,战前日本大公司的“社长”制度正是基于美国制度而设立的。

关于股份公司的会计,松本烝治博士将财产目录、营业报告书、损益报表、准备金、利润分配及利息分配等相关议案,称为“会计资料”,提出董事制作会计资料后,将其提交给监事(1950年修订前《商法》第190条),并提交给股东大会审批(1950年修订前《商法》第192条第1款),获得批准后,应当公开资产负债表之观点[1950年(昭和二十五年)修订前《商法》第192条第2款]。[238] 松本烝治博士认为,实际上应当将“会计资料”复印后邮寄给股东。[239] 1974年《商法》修改中,要求向股东邮寄定时股东大会的召集通知中附加会计资料及监事报告书副本[240](1974年《商法》第238条第2款,1974年《特例法》第17条、第25条)。

松本烝治博士同样对增资及减资的章程变更程序作出解说。另外,在“公司解散”一节中,对股份公司的合并进行概述。[241] 其在《日本会社法论》教科书中指出,日本公司立法具有以下特点:①在各章节的开头,列举了与本章节相关的德语、法语、英语、日语的参考文

---

〔238〕 松本烝治『日本会社法論』(巖松堂書店,1929年)317頁以下参照。

〔239〕 松本烝治『日本会社法論』(巖松堂書店,1929年)321頁参照。

〔240〕 岸田雅雄「企業会計法」倉沢康一郎＝奥島孝康編『(岩崎稜先生追悼論文集)昭和商法学史』(日本評論社,1996年)444頁。

〔241〕 松本烝治『日本会社法論』(巖松堂書店,1929年)413頁以下参照。

献;②指出大审院判例[242]的错误之处;[243]③不仅有股份公司法的相关解释学,还指出了立法问题。[244] 可以说,该著作称得上当时日本公司法学顶峰之作。

2. 战中期(1938～1945年)——1938年修改法的通说(田中耕太郎)

由田中耕太郎博士撰写的《改正会社法概论》于1939年出版,是关于1938年《商法》中公司法内容的体系书,而他撰写的关于1950年《商法》中公司法内容的体系书[245]为最后版本。本书为了阐述战后日本股份公司法的通说解释,以1939年出版的《改正会社法概论》为参考对象。

《改正会社法概论》在讨论股份公司法历史沿革的章节中,依据卡尔·莱曼(Karl Lehmann)的学说,将1602年的荷兰东印度公司作为股份公司的起源,阐述当时英国、法国、德国股份公司法的修改状况。[246] 田中耕太郎博士指出,1939年的德国《股份法》强调指导者原理和"公共利益优先于私人利益"等纳粹原则,推动股份公司向无限公司(人的公司)的组织变更和提高最低资本金等规制中可以看

---

[242] 松本烝治『日本会社法論』(巖松堂書店,1929年)298頁、299頁注1参照。

[243] 松本烝治『日本会社法論』(巖松堂書店,1929年)295頁以下注5参照。

[244] 松本烝治『日本会社法論』(巖松堂書店,1929年)312頁注4参照。

[245] 田中耕太郎『改訂会社法概論上巻』(岩波書店,1955年);田中耕太郎『改訂会社法概論下巻』(岩波書店,1955年)。

[246] 田中耕太郎『改正会社法概論』(岩波書店,1939年)308頁以下参照。

出,1939年德国《股份法》在迫不得已情形下,将股份公司的利用限定于为大型企业的经营而服务。

他认为,德国1937年的《股份法》不仅强化了董事地位,还强调了董事的社会义务、股东的忠实义务,1937年《股份法》中的诸多规定是股份公司法发展的必然结果。〔247〕田中耕太郎博士早在1932~1933年就著有《世界法理论》,〔248〕在1939年出版的《改正会社法概论》中,对股份公司法的未来作出展望,认为股份公司的民族色彩稀薄,是人类征服利己主义,实现股份公司健康发展的合理技术。股份公司法的基本原则大致相同,德国法在1937年《股份法》中采用授权资本、无表决权股份、转换公司债等英美法制度,日本法也在1938年《商法》中引入无表决权股份和转换公司债等英美制度,鉴于上述现象,可以期待实现股份公司法的统一。〔249〕

田中耕太郎博士效仿冈野敬次郎、松本烝治两位博士提出了股份公司的定义,其认为股份公司具有以下几个特征:第一,将全体社员出资构成的资本分割成等额的股份;第二,公司以其全部财产对债权人承担责任;第三,作为社员的股东以其出资额为限对公司承担责任。〔250〕

---

〔247〕 田中耕太郎『改正会社法概論』(岩波書店,1939年)307頁以下参照。

〔248〕 田中耕太郎『世界法の理論第1巻~第3巻』(岩波書店,1932~1933年)。

〔249〕 田中耕太郎『改正会社法概論』(岩波書店,1939年)323頁以下参照。

〔250〕 田中耕太郎『改正会社法概論』(岩波書店,1939年)337頁以下参照。

田中耕太郎博士说,股份公司不同于无限公司(人的公司),是纯粹的社团,股东相互之间不存在任何法律关系,是最为牢固的法人组织。[251] 他在1939年出版的《改正会社法概论》序言中提出,卡特尔和康采恩是"活着的股份公司法"。1939年出版的《改正会社法概论》指出,股份公司法徘徊在从考虑将股份公司视为营利手段的角度保护"少数股东利益"与维持股东利益和"企业自身"(Unternehmen an sich)利益一致之间的平衡。[252]

田中耕太郎博士以1938年《商法》为基础,认为资本是股份公司的物的要素,应当贯彻资本确定原则和资本充实原则。[253] 他指出,股份公司发起人在管理大量资金的同时,在设立之时也存在实施违法行为等损害公众利益的机会,股份公司有一大部分违法行为是在设立之时产生的。因此,日本公司法应当采用设立准则主义,完善发起人责任和惩罚制度。[254]

田中耕太郎博士学说最大的特征就是对"设立中公司"进行解说,他效仿德国法学家奥托·吉尔克(Otto Gierke)、卡尔·莱曼(Karl Lehmann)等的学说,是将"设立中公司"这一概念引入日本法的先驱者。其认为,股份公司与无限公司、两合公司不同,除制定章程外,还需

[251] 田中耕太郎『改正会社法概論』(岩波書店,1939年)338頁参照。
[252] 田中耕太郎『改正会社法概論』(岩波書店,1939年)340頁参照。
[253] 田中耕太郎『改正会社法概論』(岩波書店,1939年)342頁以下参照。
[254] 田中耕太郎『改正会社法概論』(岩波書店,1939年)350頁参照。

要充实资本及其他程序。股份公司直到法律赋予其完整法律人格为止具有“前世”(Vorleben)时代,也就是“设立中公司”(diewerdendeod. entstehendeGesellschual)[255]时期。他主张,发起人为设立公司享有的权利或承担的义务,在成立公司之后归属于公司,如果不使用“设立中公司”这一概念就无法进行说明。[256]“设立中公司”的概念有实体法上的依据,1938年《商法》第192条规定了发起人的补充认缴和支付义务,该义务对应的权利主体就是“设立中公司”。[257]他进一步指出,“设立中公司”的法律性质是“无权利能力的社团”,[258]确立了说明股份公司的设立过程不可或缺的概念即“设立中公司”学说。由田中耕太郎博士在日本首次提出的“设立中公司”概念,被当今下级法院判例[259]所接受,也被现代股份公司法所继受。[260]

田中耕太郎博士认为,发起人通常以设立公司为目的订立合伙合同,该合伙合同称为“发起人合伙”(Gründergesellschaft)。“发起人合伙”(Gründergesellschaft)是以设立公司为目的的合同关系,它

---

〔255〕 田中耕太郎『改正会社法概論』(岩波書店,1939年)353頁参照。

〔256〕 田中耕太郎『改正会社法概論』(岩波書店,1939年)354頁参照。

〔257〕 田中耕太郎『改正会社法概論』(岩波書店,1939年)356頁参照。

〔258〕 田中耕太郎『改正会社法概論』(岩波書店,1939年)357頁参照。

〔259〕 東京高判1976年7月28日判例時報831号94頁;東京高判1989年5月23日金融商事法務1251号24頁;東京地判1999年5月28日判例時報1727号108頁(有限会社の事例)等。

〔260〕 江頭憲治郎『株式会社法』〔第7版〕(有斐閣,2017年)107頁注2;神田秀樹『会社法』〔第20版〕(弘文堂,2018年)58頁以下;龍田節=前田雅弘『会社法大要』〔第2版〕(有斐閣,2017年)443頁;田中亘『会社法』(東京大学出版会,2016年)574頁。

与“设立中公司”完全不同。“发起人合伙”(Gründergesellschaft)的法律性质是民法意义上的合伙。大审院判例也认同田中耕太郎博士的主张。[261]“设立中公司”和“发起人合伙”并存的观点被现代股份公司法继受。[262]

在对股份的论述中,田中耕太郎博士基于冈野敬次郎和松本烝治两位博士的见解,提出股份具有以下3点意义:①构成资本的单位;②股东权(社员权);③象征股东权(社员权)的股票。他反对公司取得本公司股份,这是因为公司取得自己股份相当于将财产返回到公司,引发损害债权人利益的风险。此外,公司取得某个股东的股份也会引发区别对待股东的弊端。[263]田中耕太郎博士反对松本烝治博士肯定社员权具有自益权和共益权这两个功能的学说。他批评共益权不过是社员基于公司机关资格享有的“权限”,而社员权论将基于企业所有、依据社员资格的权利与基于企业经营、机关资格的权限这二者性质完全不同的内容统一包括在私权中。[264]他不认可包括共益权和自益权两种不同性质的社员权这一概念,将自己的理论

〔261〕“为设立股份公司,将发起人团体视为民法上的合伙”(大判1918年7月10日大審院民事判決録24輯1483頁)。

〔262〕江頭憲治郎『株式会社法』〔第7版〕(有斐閣,2017年)66頁;神田秀樹『会社法』〔第20版〕(弘文堂,2018年)59頁注1;龍田節=前田雅弘『会社法大要』〔第2版〕(有斐閣,2017年)443頁;田中亘『会社法』(東京大学出版会,2016年)547頁。

〔263〕田中耕太郎『改正会社法概論』(岩波書店,1939年)438頁参照。

〔264〕田中耕太郎『改正会社法概論』(岩波書店,1939年)112頁以下参照。

称为社员权否定论。[265]

田中耕太郎博士是日本固有权理论的开拓者。在日本商法学中,以1910年竹田省博士的"不讨论股东固有权"为开端,[266]他不是简单地分析、介绍德国的固有权理论,而是在日本股份公司法解释中,对固有权理论具有的意义,针对各论点详细地展开论述。[267] 1928年,田中耕太郎博士在标题为《固有权理论》的论文中,将卡尔·莱曼(Karl Lehmann)的"个别权"(Einzelrecht)[268]和"法律上的既得权利"(juraquaesita),[269]德国《民法典》第35条的"固有权"(Sonderrechte)以及保罗·拉班德(Paul Laband)的"各个人的权利"(iura singulorum)[270]统一翻译成"固有权"[271],并从其主张的社员权否定论观点出发,分析、讨论了德国法上关于"固有权"的学说。此后,作为1938年《商法》的解释论,田中耕太郎博士提出了表决权是

〔265〕 田中耕太郎「我が国における社員権理論——社員権否認論1」同『商法学 特殊問題上』(春秋社,1955年)81頁以下〔初出、法学協会雑誌45巻1号(1927年)〕。高橋英治『会社法概説』〔第3版〕(中央經濟社,2015年)67頁;新津・前揭注(228)法と政治59巻1号203頁以下参照。

〔266〕 竹田省「株主の固有権を論ず」同『商法の理論と解釈』(有斐閣,1959年)48頁以下〔初出、京都法学会雑誌5巻7号(1910年)〕。

〔267〕 竹田省「株主の固有権を論ず」同『商法の理論と解釈』59頁以下。

〔268〕 Karl Lehmann, Einzelrecht und Mehrheitswille in der Aktiengesellschaft, ArchBürgerR 9 (1894), 297 ff.

〔269〕 Karl Lehmann, Das Recht der Aktiengesellschaft, Bd. 2, Berlin 1904, S. 202.

〔270〕 Paul Laband, Der Begriff der Sonderrechte nach deutschem Reichsrecht, Annalen des Deutschen Reichs 1874, Sp. 1487 ff.

〔271〕 田中耕太郎「固有権の理論に就て——社員権否認論3」同『商法学 特殊問題上』(春秋社,1955年)186頁〔初出、法学協会雑誌46巻3号(1928年)〕。

不可以多数决予以剥夺的权利,并且对于一定期间内的利润分配请求权不允许通过章程的规定予以剥夺。[272]

日本《商法》没有关于股东平等原则的明文规定,田中耕太郎博士借鉴德国法理念,主张应当在股份公司中设立股东平等原则。他认为,该原则是股份公司民主化产生的基础,是基于法律衡平(Billigkeit)理念与股东对公司享有财产权这一事实。[273] 股东平等原则并不是要求各股东接受绝对相同待遇,而是股东权利之间依据其持股数量产生差异。[274] 他认可股东平等原则是不成文的强行法规,其基础是寻求公平,这种观点是受到德国学者保罗·拉班德(Paul Laband)[275]和冯·比洛(von Bülow)[276]学说的影响。战后,铃木竹雄博士继受该学说,占据通说地位。[277]

判例也同样受到田中耕太郎博士学说影响,从战前开始,将股东平等原则视为股份公司法上的基本原理。大审院1929年12月23

[272] 田中耕太郎『改正会社法概論』(岩波書店,1939年)458頁参照。

[273] 田中耕太郎『改正会社法概論』(岩波書店,1939年)444頁参照。

[274] 田中耕太郎『改正会社法概論』(岩波書店,1939年)444頁以下参照。

[275] Paul Laband, Annalen des deutschen Reichs 1874, S. 1503 f.

[276] 冯·比洛(Von Bülow)以民法中的社团概念为前提,认为虽然德国《民法典》中并没有要求平等地对待权利,但是依据衡平原则(Grundsatz der Billigkeit)对该权利是不可予以剥夺的(von Bülow, Das Vereinsrecht des Bürgerlichen Gesetzbuches, Berlin 1902, S. 59)。

[277] 鈴木竹雄「株主平等の原則」同『商法研究Ⅱ会社法(1)』(有斐閣,1971年)245頁〔初出、法学協会雑誌48巻3号(1930年)〕。

日的判决[278]是关于减资而强制合并股份的案例，判决提出“股东平等原则是股份公司贯彻商法各项规定的原理，不得违背”。[279] 另外，大审院1931年7月2日的判决[280]提出除商法对某些特定股东给予特别优待或者设置特殊限制的情形外，“股东基于其资格所享有的权利义务应当受到平等对待”，[281]股东大会违反平等原则对消灭股份方法进行表决的决议无效。[282]

在以往日本的股份公司法学中，没有正式提出股东平等原则是股份公司法中不成文的强制法规，田中耕太郎博士是该学说的确立者。他认为，股份公司的“机关论”是“公司的动态研究”。[283] 对于公司机关的分化，他认为在合名公司和合资公司中，将机关资格和社员资格合二为一，但在股份公司中，要明确区分予以规定。在此基础上其进一步论述，大企业中的公司机关对公司的经营管理不受股东限制，其具有维护“企业自身”利益的一面，也有可能出现机关成员为追求个人利益而损害全体股东利益的弊端。平衡各方利益是股份公司法学为之努力的目标。[284]

田中耕太郎博士指出，现代法律中规定股东大会是股份公司的

---

[278] 大判1929年12月23日民集8卷974頁。

[279] 大判1929年12月23日民集8卷980頁以下。

[280] 大判1931年7月2日民集10卷543頁；同旨，大判1931年9月12日法律新聞3313号10頁。

[281] 大判1931年7月2日民集10卷548頁。

[282] 高橋英治『会社法の継受と収斂』(有斐閣，2016年)80頁以下参照。

[283] 田中耕太郎『改正会社法概論』(岩波書店，1939年)511頁参照。

[284] 田中耕太郎『改正会社法概論』(岩波書店，1939年)511頁以下参照。

最高机关是历史的必然产物。他说 1602 年荷兰东印度公司中没有设立股东大会,大股东左右公司的经营。在 18 世纪,政治上的民主主义对股份公司造成影响,股东大会逐渐趋于民主化。当今股份公司中大股东和董事势力发展壮大,法律应当努力使股份公司再度成为具有民主主义色彩的产物。然而,该措施却因"总会屋"的横行跋扈产生了负面效果,他认为在股东大会上,法律世界的外观与现实已经逐渐扩大。[285]

田中耕太郎博士说,虽然在法律上董事地位处于股东大会之下,但事实上股东大会不过是一种形式。在日本,监事要听从董事命令,可以说公司的盛衰与董事息息相关,而在德国,是依据 1937 年《股份法》来强化董事作为领导者的地位。[286]

田中耕太郎博士参考德国股份公司法学的思想,将董事这个机关和构成这个机关的个人"董事"(Vorstandsmitglieder)加以区分,并以此为前提,提出董事会和公司的关系属于合同关系(委任及准委任)。他说董事的选任行为是一个单独行为,以往认为对该单独行为无须被选人承诺的解说是"错误"的。他将董事与公司的关系问题,如董事的薪酬、董事的义务(对公司的责任、对第三人的责任等)等视为个人法上的问题;将董事的职务权限等与公司的关系定位为社会

〔285〕 田中耕太郎『改正会社法概論』(岩波書店,1939 年)513 頁以下参照。

〔286〕 田中耕太郎『改正会社法概論』(岩波書店,1939 年)559 頁以下参照。

法上的问题,对两者严加区分。[287]

田中耕太郎博士将监事定义为以监督公司业务执行为主要职责的常设且必要机关,日本监事的权利有限,基本上看董事脸色行事而无实际监督之实。[288] 他参照德国学说,认为在公司内部监事的主要职责是履行监督。监事享有合法性(Gesetzlichkeit)监督权限外,还享有目的性(Zweckmäßigkeit)监督权限及恰当性监督权限。这一见解不同于现代通说[289]立场,田中耕太郎博士鉴于监事制度源于德国法之事实,加上日本监事权利有限,为强化对董事业务执行的监督,增加了恰当性监督职责。这种解释与2005年《公司法》的情况大相径庭,在1938年《商法》未详细规定监事的监督权限的情况下,该学说是强化监事职务权限的有效解释论。

关于股份公司会计方面的问题,田中耕太郎博士认为,股份公司是资合团体,其财产是公司债权人的唯一担保,为保护公司债权人利益,有必要构建合理的财务制度。股东希望多进行利润分配,经营层希望尽可能地多发奖金,但这些行为均会损害债权人利益。在公司

---

〔287〕 田中耕太郎『改正会社法概論』(岩波書店,1939年)560頁以下参照。

〔288〕 田中耕太郎『改正会社法概論』(岩波書店,1939年)588頁以下参照。

〔289〕 当今通说主张,监事的权限应当限制在违法性监督。江頭憲次郎『株式会社法』〔第7版〕(有斐閣,2017年)532頁;神田秀樹『会社法』〔第20版〕(弘文堂,2018年)243頁;龍田節=前田雅弘『会社法大要』〔第2版〕(有斐閣,2017年)154頁。但是,田中亘教授主张"监事的权限限制于违法性监督"这样的命题仅说明了现行公司法的构造而已[田中亘『会社法』(東京大学出版会,2016年)288頁]。田中耕太郎博士认为,监事享有业务执行恰当性的监督权限,但1938年《商法》没有明确赋予监事享有恰当性监督的具体权限。

内部,经营层因维护公司自身利益,希望限制利润分配,而股东则希望尽可能多地进行分红,这就形成对立关系。他指出,股份公司的大部分问题都是由会计问题引起的。[290]

关于准备金,田中耕太郎博士对法定准备金、任意准备金及“秘密准备金”进行了论述。1938年《商法》继受了1911年《商法》第26条第2款之规定,财产评估要低于时价(1938年《商法》第34条第1款)。为此,田中耕太郎博士提出,“秘密准备金”违反资产负债表的真实性原则(Grundsatz der Bilanz-wahrheit),与违法分配的效果等同。基于“秘密准备金”制度对公司资产进行评估,则意味着给予企业必要的持久力。从而对其自身在1911年《商法》中提出“秘密准备金＝违法”[291]的学说作出更改。[292] 田中耕太郎博士清晰地认识到,随着战争的长期化,急需提高日本企业的持久力,从而提高日本经济的持久力,有必要展开适应当时经济形势的解释理论。看似与国家经济体制无关的资产负债表的规定,却与国家经济政策,尤其是提高股份公司的持久力密切相关。田中耕太郎博士以往重视资产负债表的真实性原则,后来却许可储存秘密准备金,从中

〔290〕 田中耕太郎『改正会社法概論』(岩波書店,1939年)599頁以下参照。
〔291〕 田中耕太郎『改版会社法概論』(岩波書店,1929年)549頁参照。
〔292〕 田中耕太郎『改正会社法概論』(岩波書店,1939年)625頁以下参照。

可窥见其在当时的良苦用心。[293]

田中耕太郎博士认为,公司发行债券不同于增资,不是增加自己资本(Eigenkapital),而是增加他人资本(Frylase),在德国法框架下两者有明显区别。[294] 但在社会经济上,股份与公司债券相近,就正如1938年《商法》第364条至第396条,以及1937年德国《股份法》第174条认可的可转换公司债券(convertible bonds,公司债权人享有要求公司将债券转换为股份的权利)这种介于债券和股份之间的中间形态。[295] 关于发行公司债券的法律性质,他认为其是类似消费贷款的一种承诺合同(履约合同),应当依据发行债券的方式来看债券的买卖。[296] 田中耕太郎博士基于"商业性色彩论"[297]观点,提出股份公司发行债券的

---

〔293〕 田中耕太郎『貸借対照表の論理』(有斐閣,1944年)。该书是田中博士在第二次世界大战时期撰写的代表作。他在该著作中提出,不可在理论上放弃资产负债表原则的真实性(同書93頁以下)。

〔294〕 田中耕太郎『改正会社法概論』(岩波書店,1939年)644頁参照。

〔295〕 田中耕太郎『改正会社法概論』(岩波書店,1939年)646頁以下参照。

〔296〕 田中耕太郎『改正会社法概論』(岩波書店,1939年)645頁参照。

〔297〕 田中耕太郎博士主张,商法具有一般私法之法律事实的色彩(Tönung),商法规定私人间法律关系的商的色彩,在这点上与民法不同[田中耕太郎『改正商法総則概論』(有斐閣,1943年)7頁以下]。所谓"商的色彩",是指商法中通用于法律事实的"技术性特征",具体是指"在营利活动的投机买卖中所体现"的集团性(Massenhaftigkeit)和个性丧失(Individualitätlosogkeit)之特征[同書注7頁以下;田中耕太郎「方法としての商的色彩」同『商法学 一般理論』(春秋社,1954年)73頁〔初出,『(竹田先生古稀記念論文集)商法の諸問題』(1931年)〕]。以上内容,高橋英治「日本における商法=企業法論の課題」法学雑誌57巻1号(2010年)55頁参照;Eiji Takahashi, Rezeption und Fortbildung der Lehre "Handelsrecht als Unternehmensrecht" in Japan-Zur Modernisierung des japanischen Handelsgesetzes, in: Peter Jung, Philipp Lamprecht, Katrin Blasek und Martin Schmidt-Kessel (Hrsg.), Einheit und Vielheit im Unternehmensrecht, Festschrift für Uwe Blaurock zum 70. Geburtstag, Tübingen 2013, S. 451。

特殊现象。他认为,债券带有一般私法上的消费借贷所具有的技术性、团体性、大量性的性质,即具有商业色彩。在对公司债券研究中,假设忽视债券特色,被一般私法概念所迷惑,则会妨碍发现新的法理,提出债券不具有个性,债券合同内容已程序化,公司债权人与股东一样享有平等原则。[298]

关于因增资而进行章程变更内容,他指出,由于资本金是章程的必要(绝对)记载事项(1938 年《商法》第 166 条第 3 项),增资须变更章程(1938 年《商法》第 342 条)。英美法的授权资本制度虽然具有无法夯实设立公司基础之缺陷,但具有便于融资优点,而 1937 年德国《股份法》引入类似英美法授权资本制度的资本认可制。股东大会因增资作出变更公司章程决议时,可以赋予股东外的第三人享有新股认购权(1938 年《商法》第 342 条、第 343 条)。[299] 但是,在战中期,上市公司没有采用通过对第三人发行新股维持股东的稳定性,其理由在于:①战中期没有推进股票市场的国际化进程,海外企业不会对日本上市公司进行敌意收购;②由最顶层的控股公司持有财阀子公司的大部分股份,没有受到敌意收购的威胁;③向第三人发行新股时,必须通过变更章程的决议(1938 年《商法》第 342 条、第 343 条),战前,日本股份公司向股东外的第三人发行新股,需要花费大量财力

[298] 田中耕太郎『改正会社法概論』(岩波書店,1939 年)648 頁参照。

[299] 田中耕太郎『改正会社法概論』(岩波書店,1939 年)710 頁。

及物力。

最后,田中耕太郎博士在《改正会社法概论》著作中,对股份公司的解散、合并、清算进行论述。

田中耕太郎博士学说的特征是,在复杂的股份公司法原理中发现了一般原理(设立中公司、股东平等原则、固有权论、公司债权人平等等内容),并简明扼要地对其作出解说。他善于在复杂现象中发现利益的对立及原理,以此为出发点,对复杂性内容进行详细解释。他发现了贯穿于复杂现象中的简单原理,并从宏观角度明确利益对立的基础(例如,少数股东的保护与企业自身利益维持的对立、公司债权人利益与股东利益的对立等)这一特点,为 2005 年《公司法》以及以法务省令等为研究对象的现代日本股份公司法学指明了将来努力之方向。[300]

第二次世界大战期间,在纳粹法学思想影响下,批判股东大会中心主义,出现认可"社长中心主义"的"统裁主义"[301]和"独裁主义"[302]之学说。[303] 代表性学者高田源清博士认为,应当抑制倡导股东大会中心主义的公司法发展,对以赋予公司代表人或经营层更多

---

〔300〕 高橋英治『会社法の継受と収斂』(有斐閣,2016 年)5 頁;Eiji Takahashi, Rezeption und Konvergenz des deutschen Handels-und Gesellschaftsrecht in Japan:Gesammelte Schriften, Baden-Baden 2017, S. 15。

〔301〕 高田源清『企業の国家性』(東洋書房,1943 年)25 頁参照。

〔302〕 高田源清『独裁主義株式会社法論』(同文館,1938 年)77 頁参照。

〔303〕 正井章筰「ナチス商法学の日本への影響」倉沢康一郎＝奥島孝康編『(岩崎稜先生追悼)昭和商法学史』(日本評論社,1996 年)170 頁以下参照。

的自由裁量权作为日本的立法方针或现行法的解释论予以肯定,在1937 年德国《股份法》中,也有以“领袖主义”名义保障董事的独裁地位的做法。[304] 但遗憾的是,高田源清博士提倡的立法论及解释论并没有成为股份公司法学的主流观点。正如战争中期的铃木竹雄博士[305]和大隅健一郎博士[306]对股份公司法解释中提到的那样,战争中期的通说理论已认识到德国政治理念的变更对《股份公司法》的修改产生重大影响。日本在倡议变更股份公司理念的同时,却未对1938 年《股份公司法》受纳粹股份公司法学影响的整体主义的解释论及立法论展开探讨。

3. 战后期(1945 ~1990 年)——日本股份公司法学发展的黄金时期

(1)铃木竹雄的学说

铃木竹雄博士对股份公司立法论的解说,在战后股份公司的立法中占据主导地位,可以说是日本战后期的典范。[307] 本书对铃木竹雄博士提出的股份公司法的基础理论进行解说。

铃木竹雄博士的股份公司法论的第一个典范就是“社团论”。他提出,股份公司就是“公司”,而公司即社团法人。关于社团和合伙等团体性质的区别,他认为基于团体形式来区分,构成成员基于合同关

---

[304] 高田源清『独裁主義株式会社法論』(同文館,1938 年)77 頁以下参照。

[305] 鈴木竹雄『会社法講義案』(1941 年)92 頁。

[306] 大隅健一郎『会社法論』〔第 9 版〕(巖松堂書店,1942 年)144 頁参照。

[307] 关于科学史的范例,Thomas S. Kuhn, *The Structure of Scientific Revolutions*, Second Edition, Enlarged, Chicago 1970, S. 43 ff。

系直接结合的团体称为“合伙”，而团体和构成成员通过社员关系间接结合的团体称为“社团”。[308] 依据铃木竹雄博士的观点，在合伙中，构成成员基于合同关系相互联结，各个构成成员对团体财产中的出资额享有直接物权。相对于此，在社团中，各个构成成员基于股东资格（Mitgliedschaft）对社团享有权利，承担义务，团体的财产属于团体本身，成员对此仅享有观念上的权益。

铃木竹雄博士的社团论是以松本烝治博士的观点为出发点首次以会社的社团法人性[309]为题予以发表，该论文收录在松本烝治博士的古稀论文集中。换言之，铃木竹雄博士认为，公司股东基于股东资格，仅对公司法人享有权利、承担义务。[310] 其社团论基于松本烝治博士观点从独特视角重新构建并发展而来。铃木竹雄博士的观点与田中耕太郎博士的观点[311]截然不同，田中耕太郎博士通过社员之间的关系发现合名公司的本质。

现代公司法部分学说[312]继受了铃木竹雄博士的社团理论。本来，1890 年《商法》就是基于《Roesler 草案》而制定，该草案就是基于商事公司是享有“权利能力的合伙”之立场而起草。但与德国法不同

〔308〕 鈴木竹雄『商法　会社法Ⅰ』（弘文堂，1952 年）7 頁参照。

〔309〕 鈴木竹雄「会社の社団法人性」同『商法研究Ⅱ会社法（1）』（有斐閣，1971 年）3 頁以下〔初出，『（松本烝治先生古稀記念）会社法の諸問題』（1951 年）〕。

〔310〕 松本烝治『日本会社法論』（嚴松堂書店，1929 年）55 頁参照。

〔311〕 田中耕太郎『改正会社法概論』（岩波書店，1934 年）165 頁以下参照。

〔312〕 神田秀樹『会社法』〔第 20 版〕（弘文堂，2018 年）6 頁以下；柴田和文『会社法詳解』〔第 2 版〕19 頁。

的是,1899年《商法》修改后认同公司即法人,日本股份公司法学有必要脱离"公司即合伙"观点。铃木竹雄博士的社团论脱离了受赫尔曼·罗斯勒(Hermann Roesler)影响的公司本质论,形成了新时代的公司理论。

服部荣三博士提议,构建股东的"诚实义务"规则来抑制大股东权利滥用,〔313〕对此,铃木竹雄博士的社团论提出质疑,〔314〕他认为股东行使表决权等共益权时,不应仅考虑个人利益而随意侵害其他股东利益,应当顾及其他股东利益。近年来,德国学说提出,应当在一定范围内肯定股东的诚实义务,〔315〕铃木竹雄博士同意在大股东行使表决权时顾虑其他股东利益范围内肯定股东诚实义务。〔316〕如上所述,铃木竹雄博士的解释具有灵活性,其学说在战后占据通说地位,对现今日本公司法学者产生重大影响。

铃木竹雄博士的第二个理论典范是股份公司的概念。他认为,股份公司应采取按一定比例分割股份的方式来表示股东地位。股东

〔313〕 别府三郎『大株主権力の抑制措置の研究』(嵯峨野書院,1992年)。

〔314〕 服部榮三「『大株主権力の抑制措置の研究』の刊行に寄せて」别府三郎『大株主権力の抑制措置の研究』ii頁。

〔315〕 鈴木竹雄「会社の社团法人性」同『商法研究Ⅱ会社法(1)』21頁。

〔316〕 该提案在1981年《商法》得以确立。1981年《商法》第247条第1款第3项规定,因特别利害关系人行使表决权导致明显不公平决议时,这将成为撤销股东大会决议的事由。2005年《公司法》第831条第3项继受了该规定。铃木博士在共益权之外的事实影响力行使的状况中,不认可控股股东违反诚实义务,这一点作为保护公司少数股东的解释论有所欠缺[高橋英治『会社法の継受と収斂』(有斐閣,2016年)204頁以下参照]。

按照出资比例对公司承担出资义务，对公司债权人不承担任何责任。[317] 他主张股份和股东有限责任是股份公司的两大基本特征。在立法技术上，股东的有限责任最终要落实在资本金上。

卡尔·莱曼（Karl Lehmann）在1898年出版的著作《股份公司法论》（第1卷）以1807年法国《商法典》为借鉴对象，提出股份公司应当具有以下四要素：[318] 第一，由多名股东基于一定目的形成的团体（股东的存在）；第二，为实现该目的，要有一定区别于股东个人财产的资本（资本金的存在）；第三，资本金以股份的形式来表示（股份的存在）；第四，股东在出资范围内承担责任（股东的有限责任）。卡尔·莱曼（Karl Lehmann）认为，在上述4个要件中，股东的有限责任最重要。[319] 铃木竹雄博士认为，股东有限责任最能体现股份公司的本质，主张股份公司应当具有两个特质：第一，资本金是股东有限责任的最终体现；第二，股份是股份公司的另一特质。铃木竹雄博士在卡尔·莱曼（Karl Lehmann）提出的股份公司概念上，向前迈进一大步。

铃木竹雄博士认为，股份公司的股东承担的是“间接”有限责任，但合资公司中有限责任的股东承担的有限责任则不是“间接”有限责

---

[317] 鈴木竹雄『商法　会社法Ⅰ』（弘文堂，1952年）19頁。

[318] Karl Lehmann, Das Recht der Aktiengesellschaften, Band 1, Berlin 1898, S. 132.

[319] Karl Lehmann, Das Recht der Aktiengesellschaften, Band 1, S. 2.

任。[320] 这是因为:第一,与股份公司不同,合资公司不存在直接限制有限责任股东的特别法律规定;第二,当合资公司有限责任的股东未履行出资时,要对债权人承担责任。[321] 据推测,这是铃木竹雄博士基于冈野敬次郎曾提出的理论得出的结论[322],然而,冈野敬次郎博士极有可能是基于德国法上合资公司并非法人组织而提出的理论。也就是说,德国法上的合资公司不具有法人资格,有限责任股东对公司债权人承担直接责任(德国《商法典》第 161 条第 1 款、第 171 条第 1 款)。但在日本法上,合资公司与股份公司一样具有法人资格(《公司法》第 3 条),与债权人直接签订合同的是公司法人。因此,可以认为日本法上的合资公司和合同公司的有限责任股东承担"间接"的有限责任。

2005 年《公司法》明确规定,有限责任股东未履行出资时,对公司承担损害赔偿责任(《公司法》第 581 条)。而德国法上却作出不同规定:"有限责任股东以出资额为限对债权人承担责任,但在履行出资的情形下,则该责任得以免除。"[323] 那么,可以认为在 2005 年《公司法》规定下,合资公司中有限责任股东对公司承担的责任仅限于"间接"责任。

---

〔320〕 鈴木竹雄『商法　会社法Ⅰ』(弘文堂,1952 年)15 頁参照。

〔321〕 岡野敬次郎『会社法講義案』(有斐閣,1920 年)84 頁参照。

〔322〕 岡野敬次郎『会社法講義案』(有斐閣,1920 年)83 頁以下参照。

〔323〕 日文翻译文献,法務省大臣官房司法法制部編『ドイツ商法典(第 1 編～第 4 編)』(法曹会,2016 年)64 頁〔松井秀征〕参见。

铃木竹雄博士公司法论的第三个典范是“共益权论”。他认为，自益权是股东为自身利益而行使的权利，共益权是股东为参与公司事务而行使的权利。[324] 他进一步指出，个人企业的所有人单独经营企业，独自享有企业产生的利益。而股份公司股东对公司享有各种权利，[325] 共益权也有股东为自身利益行使的权利，与自益权无异，不能视其为“权限”；[326] 同时，铃木竹雄博士肯定共益权的转让性。

铃木竹雄博士的共益权论与田中耕太郎博士和松田二郎博士主张的学说相对立。换言之，田中耕太郎博士学说的出发点是在合名公司中如何定位股东业务执行权。在他之前的学说认为，合名公司中股东的业务执行权是股东的权利。对此，田中耕太郎博士主张，合名公司中股东自身就是公司机关（自身机关制），股东的业务执行权不是股东的权利，而是通过公司机关的构成享有的权限。[327] 田中耕太郎博士的学说受到奥托·吉尔克（Otto Gierke）观点[328]之影响，即构成成员（Glieder）与机关（Organ）是共存关系。[329] 受约瑟夫·科勒

〔324〕　鈴木竹雄『商法　会社法Ⅰ』（弘文堂，1952年）72頁参照。

〔325〕　鈴木竹雄「改正法における株主の共益権」同『商法研究Ⅲ会社法（2）』（有斐閣，1971年）41頁以下〔初出，法学協会雑誌68巻6号（1950年）〕。

〔326〕　鈴木竹雄『商法　会社法Ⅰ』（弘文堂，1952年）73頁参照。

〔327〕　田中耕太郎「機関ノ観念」同『商法学　特殊問題上』（春秋社，1955年）231頁〔初出，『（富井先生還暦祝賀論文集）商法研究第2巻』（1919年）〕。

〔328〕　Otto Gierke, Die Genossenschaftstheorie und die Deutsche Rechtsprechung, Berlin 1887, S. 182.

〔329〕　田中耕太郎「我が国における社員権理論——社員権否認論2」同『商法学　特殊問題上』（春秋社，1955年）172頁〔初出，法学協会雑誌45巻4号（1927年）〕。

(Josef Kohler)学说[330]的启示,他将法人中构成成员的权利分为“机关权”(Organschaftsrecht)和“价值权”(Wertrecht),[331]田中耕太郎博士认为,在股份公司中,股东的表决权等共益权只是股东作为股东大会构成成员享有的权利。所以,上述权利不是股东作为公司股东(基于股东资格)享有的权利,也就不能作为股东权的内容。表决权是股东在公司这个法律共同体中的权利,必须为公司利益而行使。[332]

松田二郎博士在前人观点上再进一步分析,他说在股东享有的权利中共益权是“权限”,不是股东权的内容,从而主张股份等同“债权说”的理论。这个理论是基于田中耕太郎博士提出的“共益权的本质是机关地位”之学说,并结合了维特(Witte)将公司看作债务人的请求权这一股份法律性质的学说[333]发展而来。

松田二郎博士主张,股份是股东对公司享有的利润分配请求权,[334]传统上认为构成股东权的共益权是股东参与公司经营,有利于公司的维持、存续及发展的权利,与公民的参政权是同质内容,是不能转让、继承的人身专属权,并不是财产权。[335]

---

〔330〕 Josef Kohler, Lehrbuch des Bürgerlichen Rechts Band 1: Allgemeiner Teil, Berlin 1906, S. 360.

〔331〕 田中耕太郎「我が国における社員権理論——社員権否認論2」同『商法学　特殊問題上』182頁以下。

〔332〕 田中耕太郎『改訂会社法概論下巻』(岩波書店,1955年)306頁以下参照。

〔333〕 Witte, Erörterungen zum Recht der Aktienverein, ZHR 8 (1865) 20.

〔334〕 松田二郎『会社法概論』(岩波書店,1968年)75頁参照。

〔335〕 松田二郎『会社法概論』(岩波書店,1968年)36頁以下。

铃木竹雄、松田二郎两位博士的争论因最高法院的判决得以解决。“最大判1970年7月15日民集27卷4号804页”案例的事实概要如下：某有限责任公司出租给个人企业的工厂及机器在火灾中大部分被烧毁，故有限责任公司的股东之间产生意见冲突，某股东(X2)遂提起解散公司及撤销股东会决议、确认无效之诉。在一审过程中，X2死亡，第一审及第二审均以X2的死亡为由终止诉讼。于是，X2的继承人X提出上诉。最高法院大法庭作出如下判决：

有限责任公司股东的出资额与股份公司中的股份一样，是股东对公司享有的法律地位(所谓股东权)。股东基于股东地位，享有要求公司进行利润分配请求权(《有限公司法》第44条)、剩余财产分配请求权(《有限公司法》第73条)等自益权，以及享有类似本案中的公司解散请求权(《有限公司法》第71条之2)、股东会决议撤销请求权(《有限公司法》第41条、《商法》第237条)、股东会无效确认请求权(《有限公司法》第41条、《商法》第252条)等共益权。鉴于公司为营利法人之性质，无论是自益权还是共益权，都是股东为自身经济利益直接或间接地行使的权利。

这意味着自益权是股东为从公司直接获得财产利益行使的权利，与股东参与公司经营，防止不正当经营或是因不正当经营请求救济的共益权并无区别，共益权归根结底也是为保障实现自益权的价值的产物。

由于该权利的行使结果对公司及股东的利益产生直接影响,不得不对股东的权利行使作出一定限制,但不能否认这本来就是赋予股东实现自身利益的权利。共益权包含在象征股东法律地位的出资额这一自益权中,既然认可出资的转让(《有限公司法》第 19 条),也应当认可共益权的转让,共益权作为股东的人身专属权,不能否认其可以作为转让或继承的对象。

如上所述,正如本案中的公司解散请求权、股东会决议撤销请求权、股东会无效确认请求权等权利可以基于出资的转让或继承转移到受让人或继承人名下。正如本案所示,股东基于股东资格提起解散公司之诉、股东会决议撤销之诉、股东会无效确认之诉后,即使进行出资转让或继承后也同样享有上述权利……在本案中,因原告 X2 死亡,继承人 X 取得 X2 对被上诉公司的全部股份,X 当然同样享有原告地位,不能因 X2 死亡而终止诉讼。[336]

铃木竹雄博士股份公司法论的第四个典范是应对公司实务之要求,实现对股东及债权人保护的灵活性法律解释。铃木竹雄博士解

[336] 最大判 1970 年 7 月 15 日民集 27 卷 4 号 807 頁以下。

释论的灵活性体现在以下几个方面：首先，是“政治捐赠活动与其他捐献一样，只要金额在适当范围之内，董事无须承担责任”〔337〕这一观点，这是最早批判东京地方法院1963年八幡制铁政治献金事件判决〔338〕的观点，该观点被最高法院判决所采纳，〔339〕对现今下级法院的判例〔340〕仍然具有重大影响力。〔341〕 其次，是对股份公司的新股发行事项，也就是以“显著不公正方法”发行新股可以成为请求终止新股发行的事由这一解释。铃木竹雄博士指出：“当两派股东产生争议，对与董事一伙的股东多发行股份就是典型例子。但出现确实存在融资的现实必要，以及对与董事对立的股东发行新股时，即使该新股实现了董事的目的也不能称为‘不公正发行’。”〔342〕 该解释已成为当今学界通说。〔343〕

铃木竹雄博士的解释论不是针对实务问题展开讨论，而是站在学术立场以协调股东与债权人之间的利益为目的。铃木竹雄和竹内

〔337〕 鈴木竹雄「政治献金判决について」同『商法研究Ⅲ会社法(2)』(有斐閣,1971年)299頁〔初出,商事法務研究278号(1963年)〕。

〔338〕 東京地判1963年4月5日下民集14巻4号657頁。

〔339〕 最判1970年6月24日民集24巻6号625頁。

〔340〕 東京高判2016年7月19日判例タイムズ1434号138頁など。

〔341〕 高橋英治「政治資金パーティー券購入と取締役の善管注意義務」私法判例リマークス56号、2018[上]2017年度判例評論(2018年)103頁以下。

〔342〕 鈴木竹雄「新株発行の差止と無効」同『商法研究Ⅲ会社法(2)』(有斐閣,1971年)224頁以下〔初出,『(菊井先生献呈論集)裁判と法〔下〕』(1967年)〕;鈴木竹雄=竹内昭夫『会社法』〔第3版〕(有斐閣,1994年)422頁。

〔343〕 神田秀樹『会社法』〔第20版〕(弘文堂,2018年)160頁参照。

昭夫两位博士认为当合并比率极其不公正时,应当认定该合并无效。[344] 他们认为,必须评估企业价值判断合并比率是否公正。否则,主张合并无效的股东与主张合并有效的公司相比,显然势单力薄。判例[345]认为即使合并比率不公正,对合并合同的决议提出异议的股东,也可以行使股份回购请求权。合并比率不公正不能成为合并无效的事由。故该案中原告股东主张的合并比率"显著不公正",不予采纳。因此,判例中对"合并比率显著不公正"能否成为合并无效的事由,至今仍未有定论。[346] 铃木竹雄和竹内昭夫两位博士提出"合并比率显著不公正"是合并无效的解释论,对当今裁判实务仍然具有影响力。[347]

(2)大隅健一郎的学说

大隅健一郎博士对股份公司法的解释论是受到德国解释方法的影响。其初期研究成果就是对德国1937年《股份法》的注释。[348] 据

---

〔344〕 鈴木竹雄＝竹内昭夫『会社法』〔第3版〕(有斐閣,1994年)510頁注6参照。

〔345〕 東京高判1990年1月31日資料版商事法務77号193頁、東京地判1989年8月24日判例時報1331号136頁、最判1993年10月5日資料版商事法務116号196頁。

〔346〕 村田敏一教授提出:"依据判例,显著不公正合并比例并非不能成为否定合并无效事由。"村田敏一「株式会社の合併比率の著しい不公正について」立命館法学321＝322号(2008年)529頁参照。

〔347〕 2014年《公司法》引入请求停止吸收合并的制度。也就是当合并比率极为不公正的情形下,股东可以向公司请求停止该吸收合并(《公司法》第784条之2第2项、第749条第1款第2项)。如果行使请求停止吸收合并的要件和认定吸收合并无效要件一样的话,当出现合并比率极为不公正的情形,也应当赋予股东提起合并无效之诉。

〔348〕 大隅健一郎＝八木弘＝大森忠夫『独逸商法〔Ⅲ〕株式法』(有斐閣,1938年)参照。

推测,大隅健一郎博士在担任助教时期,在竹田省教授的指导下阅读了大量德国私法文献[349],并通过1937年《股份法》的注释工作,积累了德国式股份法的解释技巧。

德国《股份法》称董事这一机关为“Vorstand”,称担任董事职务的自然人为“Vorstandsmitglieder”,在条文上对两者作出区分(德国《股份法》第77条第1款)。大隅健一郎博士在其1956年出版的《修订会社法概说》中指出,需要在观念上区分董事会成员的地位与处于该地位的董事个人。[350] 他认为,公司与董事的关系属于委任关系,董事负有善良管理人义务。[351]

大隅健一郎博士和今井宏博士在《会社法论中卷》(第3版)中详细阐述了董事个人与社团法律关系的区别。根据他们的解释,股东大会对董事的选任不过是通过决议将被选任人(董事)认定为公司机关成员的公司内部决定而已。被选任者就任董事必须与公司签订“聘用合同”。关于董事的选任,有肯定被选任人为公司机关成员的社团法一面,也有承认被选任人作为董事为公司提供劳务的个人法律一面。大隅健一郎和今井宏两位博士认为,董事的选任行为是将被选任人的同意作为法定要件的单独

[349] 大隅健一郎『商事法60年』(商事法務,1988年)36頁参照。
[350] 大隅健一郎『改訂会社法概説』(有斐閣,1956年)131頁参照。
[351] 大隅健一郎『改訂会社法概説』(有斐閣,1956年)131頁以下参照。

行为,通过股东大会的选任决议及被选任人的同意即产生效力,[352]即对董事选任的单独行为说提出批判,因为该学说无法说明"聘用"这一法律性质。[353]

大隅健一郎和今井宏两位博士的学说受德国法对董事的选任(Bestellung)和聘用(Anstellung)之"分离说"(Trennungstheorie)影响(《股份法》第 84 条第 1 款第 5 项)。德国法的"选任",是指当选人基于同意就任董事机关的行为,是公司法上的行为。而"聘用"则是董事通过与公司签订合同,与公司形成债权债务关系的行为。换言之,德国法上董事通过"选任"就任股份公司的机关,通过"聘用"为公司提供服务并取得相应报酬。当董事因重要事由被解聘时,其作为公司机关的法律地位终结,但"聘用合同"继续存在。若要结束董事的"聘用"关系,则必须解除"聘用合同"(以下简称解雇)。[354] 依据德国《民法典》第 626 条的规定,解雇没有设置期限的"聘用"要以"重要事由"为前提。基于对合同当事人双方利益的充分考虑,对该解雇设定了较高标准。譬如,轻微过失虽然是解聘事由,但不能成为解雇的理由。[355] 当监事会基于《股份法》第 84 条第 3 款的规定在董事任期内以存在"重要事由"解聘董事时,却并不一定存在民法上解

---

〔352〕 鈴木竹雄 = 竹内昭夫『会社法』〔第 3 版〕(有斐閣,1994 年)270 頁注 9 参照。

〔353〕 大隅健一郎 = 今井宏『会社法論中巻』〔第 3 版〕(有斐閣,1992 年)149 頁以下参照。

〔354〕 BGHZ 79, 41.

〔355〕 BGHZ 15, 75.

雇的重要事由(德国《民法典》第626条)。为此,可能出现存在《股份法》第84条第3款规定中的“重要事由”,却不存在德国《民法典》第626条规定中的“重要事由”。在这种情形下,董事作为公司机关的地位结束,但是“聘用合同”存续,公司必须对被解聘的董事支付聘用合同上约定的薪酬。

相对于此,日本《公司法》规定公司经由股东大会决议随时可以解聘董事(《公司法》第339条第1款)。[356] 与德国的“分离说”不同,依据该规定,董事一旦被解聘,其与公司的聘用合同即自动失效。此时,董事享有对“应得薪酬”的损害赔偿请求权,但基于正当事由的解聘除外(《公司法》第339条第2款)。[357] 也就是说,日本法在解聘董事之时,保障董事享有对“应得薪酬”丧失的损害赔偿请求权。但日本法规定被解聘董事对“应得薪酬”负有举证责任。与德国法的“分离说”相比,日本法对董事的保护较薄弱。如果被解聘董事享有股票期权(《公司法》第361条第1款第1项、第2项)或业绩连动型

---

〔356〕 高橋美加ほか『会社法』〔第2版〕(弘文堂,2018年)164頁〔高橋美加〕;伊藤靖史ほか『会社法』〔第4版〕(有斐閣,2018年)171頁〔大杉謙一〕;黒沼悦郎『会社法』(商事法務,2017年)100頁。

〔357〕 《公司法》第339条第2款确保股东享有解聘自由的同时,保护董事的任期期限,以调节两者之间的利益为目的,规定其是一种法定责任(大阪高判1981年1月30日下民集32卷1~4号17頁)。因此,应当以假如董事没有被解聘,在其任期期限届满时所应得的利益作为赔偿金额[江頭憲治郎『株式会社法』〔第7版〕(有斐閣,2017年)400頁注7]。

薪酬等不确定薪酬,[358]董事要举证自己遭受的损害(应得薪酬)具有难度。如果要彻底贯彻大隅健一郎和今井宏两位博士对德国“分离说”的观点,则要修改《公司法》第339条第2款,规定即使董事被解聘,其聘用合同不会自动解除,董事仍然享有薪酬请求权。[359]

大隅健一郎博士对股份公司解释的第二特征体现在其担任最高法院法官时对公司法法理作出的解说。其在担任最高法院法官期间,对法人格否认法理[360]和共益权的继承性[361]等作出判决。大隅健一郎博士于1950年主张,应当参考美国案例引入法人格否认制度。[362]之后,日本最高法院依据大隅健一郎博士的观点,采用了法人格否认的判例法理,这是其个人作为最高法院法官直接参与的肯定法人格否认法理的判决。

大隅健一郎和今井宏两位博士于1991年依据最高法院对法人格否认制度肯定的判决,提出法律之所以赋予特定团体法人资格,是因为它具有社会价值,有利于公共利益。法人在特定法律关系中滥用法人格时,应当予以否认。法人格形骸化和法人格滥用是否认法

---

〔358〕 酒巻俊雄＝龍田節編集代表『逐条解説会社法第4巻機関、1』(中央経済社,2008年)468頁以下〔高橋英治〕参照。

〔359〕 高橋英治『会社法の継受と収斂』(有斐閣,2016年)291頁参照。

〔360〕 最判1969年2月27日民集23巻2号511頁。

〔361〕 最判1970年7月15日民集24巻7号804頁。

〔362〕 大隅健一郎「法人格否認の法理」同『会社法の諸問題』〔新版〕(有信堂,1983年)3頁以下〔初出,法曹時報2巻8号(1950年)〕。

人格的两种情形。[363] 大隅健一郎和今井宏两位博士遵循江头宪治郎博士[364]和森本滋教授[365]的观点，认为法人格否认法理具有一般性条款性质，应慎重适用。如果问题通过实体法解释可以解决，应当更加谨慎适用。[366] 但在日本许多小规模企业中，法人格否认法理的适用可以解决事实认定及法解释上的困难。下级法院判例中经常适用该法理，[367]揭示出法人格否认法理为解决小规模封闭公司的纠纷提供了切实有效的方法。

大隅健一郎和今井宏两位博士对共益权作出如下解说，即他们认为股东对公司事务享有的所有权使其在公司的社员关系发生改变。社员权是所有权的变形产物，自益权是所有权收益机能的变形产物，共益权是所有权支配机能的变形产物。股东为了自身利益可以行使上述任何权利。对社员权否定论提出批判。[368] 同时，他们主张共益权是实现自益权价值的保障，最大判 1970 年 7 月 15 日民集第 27 卷第 4 号第 804 页也认可自益权的转让性和继承性，他们也对

---

〔363〕 大隅健一郎 = 今井宏『会社法論上巻』〔第 3 版〕(有斐閣,1991 年)52 頁以下参照。

〔364〕 江頭憲治郎『会社法人格否認の法理』(東京大学出版会,1980 年)参照。

〔365〕 森本滋「いわゆる法人格否認の法理の再検討(1)~(4)——会社法人格についての若干の検討」法学論叢 89 巻 3 号(1971 年)1 頁以下、89 巻 4 号(1971 年)28 頁以下、89 巻 5 号(1971 年)1 頁以下、89 巻 6 号(1971 年)82 頁以下。

〔366〕 大隅健一郎 = 今井宏『会社法論上巻』〔第 3 版〕(有斐閣,1991 年)54 頁参照。

〔367〕 大隅健一郎 = 今井宏『会社法論上巻』〔第 3 版〕(有斐閣,1991 年)57 頁注 8 参照。

〔368〕 大隅健一郎 = 今井宏『会社法論上巻』(有斐閣,1991 年)〔第 3 版〕43 頁参照。

此提出了见解。[369]

大隅健一郎博士对股份公司解释的第三个特征体现在《企业合同法的研究》[370]及其《新版股份公司法变迁论》[371]公司法体系书中。在这两本书中揭示了世界和日本股份公司法发展史的总体概况。大隅健一郎和今井宏两位博士在叙述股份公司发展史中，提出在全球范围内展开的股份公司法修改的共通基础，必须具备以下几个特点：第一，伴随超出立法者预测的股份公司的大规模发展，如何保护一般股东（投机股东）不受大股东侵害的公司法重要课题；第二，正如“企业自身”思想中提到，不能仅仅基于股东立场，应当基于股份公司所具有的经济效应出发点来从事公司经营；第三，现代社会中，孤立的股份有限公司权属例外，应当通过各种关系与其他公司联合，提出以往股份公司法中未曾预想到的问题；第四，股份公司中因获得多数决而产生的权利斗争；第五，源自美国的公司金融技术在全球范围内普及。[372] 大隅健一郎博士重视股份公司法学“实学”性质的同时，始终追求其“学术性”。

〔369〕 大隅健一郎＝今井宏『会社法論上巻』〔第3版〕（有斐閣，1991年）344頁注1参照。

〔370〕 大隅健一郎『企業合同法の研究』〔復刻版〕（有斐閣，1989年）参照。

〔371〕 大隅健一郎『新版株式会社法変遷論』（有斐閣，1987年）参照。

〔372〕 大隅健一郎＝今井宏『会社法論上巻』〔第3版〕（有斐閣，1991年）160頁以下参照。

4. 对发展期股份公司法学的总结

19 世纪,德国法学家阿喀琉斯·雷纳德(Achilles Renaud)、卡尔·莱曼(Karl Lehmann)就已撰写了关于股份公司法学的体系书。日本晚于德国,在 20 世纪的战前时期才形成系统的股份公司法学。冈野敬次郎博士曾到德国柏林留学,受到了奥托·吉尔克(Otto Gierke)等学者的学术熏陶。但遗憾的是,其撰写的关于日本股份公司法学的体系书作为遗稿被保存下来,未曾出版。深受德国法影响的松本烝治博士基于实务观点,田中耕太郎博士以树立学术性股份公司法学为目标,各自撰写了股份公司法学的正式体系书。

德国股份公司法学为日本股份公司法学提供了基础性解释方法,对日本学术确立发挥了重要作用。美国法虽然对战后的日本股份公司立法产生重大影响,但于 20 世纪 50 年代开始盛行的“法与经济学”研究方法对日本 1980 年之前的股份公司法学并未产生影响力。[373]

战后,大隅健一郎博士在美国法的影响下,主张引入法人格否认法理,日本最高法院同样认可该判例法理。在德国该理论以“透视理论”(Durchgriffslehre)的形式得以发展。但是,德国法在适用该理论

---

〔373〕 日本法最早引入“法与经济学”理念的是,小林秀之 = 神田秀樹『「法と経済学」入門』(弘文堂,1986 年);而正式将其引入公司法的是,三輪芳朗 = 神田秀樹 = 柳川範之編『会社法の経済学』(東京大学出版会,1998 年)。

时,仅停留在可以适用“透视理论”的典型例子中。[374] 同样,日本最高法院仅将该判例法理适用于“形骸化”和“滥用”这两种情形,这仅是“类型”,不是“事实要件”。移植自美国法的法人格否认法理,在日本股份公司法上无法明确其“事实要件”和“效果”,从法律稳定性的观点来看,不得不说是一大问题。[375]

日本股份公司法学与德国一样,在第二次世界大战之后迎来黄金时期。日本在战后出版了大量关于股份公司法的研究论文、注释书、教科书、体系书及实务专著。战后,学界通说致力促进经济发展,对股份公司发展的解释论和立法论展开讨论。本书重点采纳战后股份公司法学的代表性学者铃木竹雄博士和大隅健一郎博士的观点。两位博士在方法论上受到德国法解释论的影响,美国的“现实主义法学”和“法与经济学”对他们的研究没有产生影响力。两位博士撰写的股份公司法体系书确立了通说,为稳定战后时期日本股份公司法的法解释,指导股份公司的实务发挥了重要作用,为日本经济发展提

---

[374] Windbichler, Gesells chaftsrecht, 24. Aufl., München 2017, S. 270 ff.; Kübler/Assmann, Gesellschaftsrecht, 6. Aufl., Heidelberg 2006, S. 369 ff.

[375] 法人格否认法理是在具体个案中,视该公司不具有法律人格。明确适用的“事实要件”和“法律效果”,不符合该法理性质。法人格否认法理对补充法律制度的欠缺发挥了重要作用,如果将其适用要件固定化,则会丧失该法理的补充功能。换言之,如果固化该法理的“事实要件”和“法律效果”,则会丧失其在具体个案中提供恰当解决方法的“灵活性”,以及应对新问题的“生命力”。那么,就会限制该法理为应对日本社会变化而发展的可能性。并且,中国 2018 年《公司法》将该法理明文化规定,即第 20 条第 3 款(现第 23 条第 1 款)中规定:“公司股东滥用公司法人独立地位和股东有限责任,逃避债务,严重损害公司债权人利益的,应当对公司债务承担连带责任。”

供了法律基础。

日本股份公司法学的确立晚于德国，两国的共同点是在战后迎来了股份公司法学的研究时期，以及两国的通说观点均未受整体主义意识形态的影响。然而，德国股份公司法学划清立法与公司实务的界限，集中构建学术型的股份公司法学。铃木竹雄博士的股份公司法学体系书占据日本通说地位，将立法和公司实务紧密结合。大隅健一郎博士在担任最高法院法官时主张的学说对日本判例形成产生巨大影响力。

但是，这并不意味着日本股份公司法学不对实务界提出批判。松本烝治博士就从个人的学术立场，对大审院和最高法院的判决和决定作出评价，在其著作中积极阐述个人的见解。他在学术权威的“通说”中极力纠正裁判实务的错误，并将其视为自己的使命。

相对于此，德国股份公司法解释学中，不使用日本法学意义中“通说”这样的用语。联邦最高法院的观点被称为“支配说”(herrschende Meinung)，故与“支配说”不同的观点不能成为“支配说”。产生这种现象是因为德国现代法解释的方法论将判例法视为法律渊源，并与之紧密结合。[376] 在德国，除维尔纳·弗卢梅(Werner

〔376〕 Karl Engisch, Einführung in das juristische Denken, 11. Aufl., Stuttgart 2010, S. 311 ff.

Flume)[377]等著作的具有个性的股份公司法学体系书外,反对最高法院,尤其是联邦最高法院案例的观点极少。德国股份公司法学的体系书大多将联邦最高法院的判例作为“给予的法律”,展开不同于联邦最高法院观点的论述,当个人观点被联邦最高法院采纳时,在教科书中将其作为“给予的法律”加以论述。[378] 而日本的通说基于保护股东和债权人的视角,对大审院和最高法院的判决展开批判,从学术视角指导实务的意识较强烈。20世纪日本的通说具有的批判性特征在战后也表现得尤为明显,尤其是竹内昭夫博士在其著作[379]中对最高法院判例中关于设立费用的归属[380]和事业转让等三要素的论述[381]提出猛烈批判。

处于20世纪的日本,通说比判例更具有说服力。首先,通说具

---

〔377〕 Flume, Allgemeiner Teil des Bürgerlichen Rechts, Erster Band, Zweiter Teil: Die juristische Person, Berlin 1983.

〔378〕 近年来,对于有限责任公司处于支配地位的股东攫取公司财产的情形,首次提出通过透视理论予以解决的观点出自曼海姆大学比特(Bitter)教授。联邦最高(普通)法院支持比特(Bitter)的观点,但联邦最高(普通)法院在最新案例中放弃通过透视理论予以解决。而是通过德国《民法典》第826条规定的侵权责任予以解决。他在其所著的教科书中对联邦最高(普通)法院的最新解决方案提出批判,认为“几乎不具有说服力”(wenig überzeugend)(Bitter, Gesellschaftsrecht, 2. Aufl., München 2013, S. 139)。近年来,支持比特(Bitter)观点的见解有,Lieder, Die Existenzvernichtungshaftung als verbandsübergreifende Durchgriffshaftung, FS Pannen, München 2017, S. 439 ff。关于该观点的解说,高橋英治『企業結合法制の将来像』234頁以下参照。

〔379〕 竹内昭夫著、弥永真生補訂『株式会社法講義』(有斐閣,2001年)131頁以下、447頁以下。

〔380〕 大判1927年7月4日民集6巻428頁。

〔381〕 最判1965年9月22日民集19巻6号1600頁。

有基于比较研究通晓国际状况，以及防止因精通公司实务而进行“破坏公司”行为的优势。其次，通说充分考虑股东和债权人外的利害关系人利益的保护，在实务必要性和公司利害关系人的利益保护上取得平衡。

三、现代期(从1990年泡沫经济破裂至今)

日本泡沫经济破裂始于1990年,日本政府为促进经济发展,对股份公司法进行一系列改革。2005年《公司法》的制定可以说是股份公司法大幅修改的产物,不仅将条文从文言文改为现代语,而且对公司法律制度本身进行了根本性改革。本书关于1990年泡沫经济破裂时开始进行的对股份公司法的现代化改革,以2005年《公司法》的制定及2014年《公司法》修改的时间为分界点,下文介绍日本公司法各个阶段修改的内容,并明确修改的特点及问题。

江头宪治郎先生撰写的《股份公司法》专著享誉日本法学界,是21世纪日本最权威的股份公司法代表作。本书以江头宪治郎先生的《股份公司法》(第7版)专著为参照对象,阐述21世纪日本股份公司法学的特点及问题。

（一）股份公司法

1. 股份公司法的现代时期(从1990年泡沫经济破裂至2005年《公司法》制定)

1990年《股份公司法》修改的主要内容为：①公司设立程序的合理化；②股份制度的完善；③新股预约权规制的合理性。[1]

在1990年《股份公司法》中，确立股份公司最低资本金为1000万日元(1990年《商法》第168条之4)。日本基于以下考虑，强化了股份公司法的规制：1990年《商法》修改之前，日本没有对股份公司的最低资本金作出要求，小规模的个人企业也可以股份有限公司形态设立，这种现象被称为“个人企业的法人化”。因此，在司法实践中，小规模的家族企业之间的纠纷也是通过适用股份公司法的规定来处理。[2] 事实上，针对大规模上市公司与小规模闭锁公司的不同特征作出判决更合理。为了区分股份公司与其他类型公司的不同规

〔1〕 关于1990年修改法的注释有，上柳克郎＝鴻常夫＝竹内昭夫編集代表『新版注釈会社法補巻1990年改正』(有斐閣，1992年)がある。立法负责人对1990年修改法的解说有，大谷禎男『改正会社法』(商事法務研究会，1991年)。

〔2〕 矢沢惇、鸿常夫两位博士认为：“大部分公司法案例都是关于中小企业的纠纷。”矢沢惇＝鴻常夫「会社法判例研究の意義」同編『会社判例百選』〔第3版〕(有斐閣，1979年)7頁。

制,本次修改规定了最低资本金制度。然而,由于当时日本多数中小企业仍然希望以股份有限公司形态存续,立法在引入最低资本金制度时,尽量降低最低资本金的金额,结果无论是存续的股份公司还是新设的股份公司,一律规定最低资本金的金额为1000万日元。[3]

1965年德国《股份法》规定,股份公司的最低资本金为10万马克(1965年德国《股份法》第7条),1991年修改为839万日元。[4]因同一货币政策的实行,1998年规定股份有限公司的最低资本金为5万欧元(依据2017年的汇率,相当于666万日元)。德国于1994年8月4日制定《关于缓和小规模股份公司和股份法规制缓和的法律》,[5]鼓励中小企业采用股份公司形态。[6] 此后,股份公司和股份两合公司的数量急剧增长,1983年股份公司、股份两合公司及欧洲股份公司(SE)的数量仅有2141家,2004年则达到16,000家。[7]

---

〔3〕 大谷禎男『改正会社法』(商事法務研究会,1991年)41頁参照。

〔4〕 大谷禎男『改正会社法』(商事法務研究会,1991年)42頁参照。

〔5〕 Gesetz für kleine Aktiengesellschaften und zur Deregulierung des Aktienrechts vom 2.8.1994, BGBl. I S.1961.

〔6〕 关于这项法律的细节,早川勝「ドイツにおける『小株式会社の規制と株式法の規制緩和のための法律』について」同志社法学47卷2号(1995年)1頁以下;丸山秀平「小規模株式会社法制とドイツ株式法改正」田中誠二先生追悼論文集刊行会編『(田中誠二先生追悼)企業の社会的役割と商事法』(経済法令研究会,1995年)71頁以下。

〔7〕 Deutsches Aktieninstitut e.V., DAI-Factbook, Stand: 05.04.2013.

日本1990年《商法》对股份公司和有限公司的最低资本金作出不同规定，在2015年《公司法》中废除有限公司制度与最低资本金制度，而德国法上仍旧保留此类规定（德国《股份法》第7条，德国《有限公司法》第5条第1款）。1990年《商法》允许设立一人公司（1990年《商法》第165条），将向股东无偿增发股份的规定统合到股份分割规制中，废除股份分配制度，制定限制股份转让给公司中股东对新股预约权的规定（1990年《商法》第280条之5、之2第1款）。

1993年《商法》的主要内容有以下3点：[8]强化股东对公司业务执行的监督权，强化监事制度、融资制度的合理性规范。[9] 其中，最引人注目的当属股东代表诉讼制度，将股东代表诉讼纳入非财产案件范畴（1993年《商法》第267条第4款），一律规定诉讼标的额为95万日元，诉讼受理费为8200日元，[10]本次修改被认为是股东代表诉

〔8〕 关于1993年《商法》的注释，上柳克郎＝鴻常夫＝竹内昭夫編集代表『新版注釈会社法　第2補巻　1993年改正』（有斐閣，1996年）参照。立法负责人对1993年《商法》的解说有，吉戒修一『1993年、1994年改正商法』（商事法務，1996年）。

〔9〕 吉戒修一「1993年商法の解説〔1〕」商事法務1324号（1993年）10頁。

〔10〕 基于股东代表诉讼的诉讼结果不是直接归于股东，对诉讼目的价额的计算作出修改，将其视为非财产案件（会社法847条の4第2項）。一律规定向法院缴纳的诉讼费用金额为13，000日元（民事訴訟費用等に関する法律4条2項、別表第1，现已修改为“8200日元”）。

讼案件数量迅猛增长的原因之一。[11] 相对于此,德国法上将股东代表诉讼认定为财产案件,依据诉讼标的额缴纳案件受理费,高额的案件受理费让股东望而却步,也是德国股东代表诉讼制度无法发挥作用的原因之一。对此,慕尼黑大学马蒂亚斯·哈伯萨克(Mathias Habersack)教授在2012年第六十九届德国法学家会议中建议,股东代表诉讼的诉讼金额应当适用《股份法》第247条关于取消股东大会决议的诉讼金额的规定,[12] 但判例上尚未采用该解释。

马蒂亚斯·哈伯萨克(Mathias Habersack)教授主张借鉴日本1993年《商法》第267条第4款规定,促进股东代表的运用。[13] 美因兹(Mainz)大学教授德克·费尔泽(Dirk A. Verse)同样认为德国股东代表诉讼几乎是一个"死亡的制度"(totes Recht),相关原因剖

---

〔11〕 Nakahigashi/Puchaniak, Land of the rising derivative action: revising irrationality to understand Japan's unreluctant shareholder litigant, in: Puchaniak/Baum/Ewing-Chow (Edit.), The Derivative Action in Asia: A Comparative and Functional Approach, Cambridge 2012, S.140; Eiji Takahashi, Corporate Governance in Japan: Vorgriff auf kuenftige Reformen in Deutschland?, in: Leipoldt (Hrsg.), Verbände und Organisation im japanischen und deutschen Recht, Köln 2006, S.89; 高橋英治『日本におけるコーポレート、ガバナンス——ドイツにおける将来の改革の先取りか?』松本博之=西谷敏=守矢健一編『団体・組織と法』(信山社,2006年)94頁。

〔12〕 Habersack, Staatliche und halbstaatliche Eingriffe in die Unternehmensführung, Gutachten E zum 69. Deutschen Juristentag, München 2012, E. 95 f.

〔13〕 慕尼黑大学马蒂亚斯·哈伯萨克(Mathias Habersack)教授于2017年12月18日通过电子邮件对笔者的回复。

析〔14〕关注近年德国的研究现状。〔15〕德国股东代表诉讼制度处于“既未被利用,亦未被滥用”〔16〕状况。〔17〕日本股东代表诉讼的制度经验对德国将来的制度构建具有一定启示作用。此外,由于日本接受美国提出的日美结构协议,〔18〕本次修改对股东查阅会计账簿的持股要件,由原来的10%下调到3%(1993年《商法》第293条之6第1款)。1994年《商法》扩大了公司持有自己股份的范围,〔19〕规定公司以转让给使用人为目的而取得的股份,不得超出发行总数的3%,公司取得自己股份的总额限定在可以进行利润分配的金额内(1994年《商法》第210条之2第1款、第3款)。从立法审议过程,以及缩短公司取得自己股份后转让股份的期限规定(1994年《商法》第210条之2第4款、第211条),可以看出第210条之2第1款是以公司员工的持股制度为前提,而不是规制员工新股预约权的内容,〔20〕即为推

〔14〕 Andreas Gaschler, Das Klagezulassungsverfahren gem. § 148 AktG.: Geltendes Recht. Kritik. Reform, Berlin 2017.

〔15〕 美因兹大学法学部德克·费尔泽(Dirk A. Verse)教授于2017年12月19日通过电子邮件对笔者的回复。

〔16〕 上柳克郎＝鴻常夫＝竹内昭夫編集代表『新版注釈会社法　第2補巻　1993年「商法」』(有斐閣,1996年)33頁〔竹内昭夫〕参照。

〔17〕 上柳克郎＝鴻常夫＝竹内昭夫編集代表『新版注釈会社法第6巻』(有斐閣,1987年)357頁〔北澤正啓〕参照。

〔18〕 吉戒修一『1993年、1994年改正商法』(商事法務,1996年)178頁以下参照。

〔19〕 关于1994年《商法》的注释有,上柳克郎＝鴻常夫編集代表『新版注釈会社法　第3補巻　1994年改正』(有斐閣,1997年)。立法负责人对1994年《商法》的解说有,吉戒修一『1993年、1994年改正商法』(商事法務,1996年)。

〔20〕 上柳克郎＝鴻常夫編集代表『新版注釈会社法　第3補巻　1994年改正』(有斐閣,1997年)65頁〔江頭憲治郎〕参照。

进员工持股制度,[21]允许公司取得自己股份;在数量限制与财政规制下,允许公司例外取得自己股份。这是因为 1994 年德国在财政规制下,《股份法》第 71 条第 1 款第 2 项、第 2 款规定公司在可分配利润范围内,以对职工分配股份为目的而取得本公司股份的数量控制在 10% 以内。日本商法正是借鉴了德国法的规定而制定上述内容。

为促进经济发展,1997 年《商法》着眼股份公司的新股预约权。1997 年 4 月 27 日通过内阁决议制定的《关于审议会合理性的基本计划》,并针对特定咨询事项设置法制审议会公司法部会。[22] 日本股份公司法的修法目的在于复苏经济,每一次修法均会重新选任公司法审议委员会的委员。

日本于 1999 年创设股份交换和股份转移制度(1999 年《商法》第 252 条以下),2000 年创设公司分立制度(2000 年《商法》第 252 条以下),而德国并未设置类似股份交换和股份转移的制度,[23]股份交换和股份转移的制度是借鉴美国法规定而引入的,[24]日本公司分立

---

〔21〕 关于日德职工持股制度的比较研究,道野真弘「従業員持株制度の研究(1)(2)(3・完)——ドイツとの比較による制度目的の再検討を中心として」立命館法学 240 号(1995 年)210 頁以下、立命館法学 241 号(1995 年)198 頁以下、立命館法学 242 号(1995 年)64 頁以下参照。

〔22〕 中東正文=松井秀征編著『会社法の選択——新しい社会の会社法を求めて』(商事法務,2010 年)158 頁〔山田泰弘〕参照。

〔23〕 Eisele, Holdinggesellschaften in Japan, Tübingen 2004, S. 252 ff.

〔24〕 对股份交换和股份转移制度的引入产生重大影响的研究,中東正文「アメリカ法上の三角合併と株式交換」中京法学 28 巻 2 号(1994 年)1 頁以下参照。

制度与德国法的规定大相径庭,[25]现行企业重组制度不受德国法之影响。

2001～2002年,基于5部法律(包含两部议员立法),对《股份公司法》实施大规模修改,修改内容如下:①废除公司取得及持有自己股份的目的、数量及持有期限的规定(2001年《商法》第210条);②允许发行类别股(2002年《商法》第222条以下);③引进"提名委员会等设置公司"的公司形态(2002年《商法》第21条之5以下);④基于议员立法废除单位股制度及创设单元股制度(2001年《商法》第221条)。[26] 德国法上尚未规定①和③的内容。

2002年10月4日召开的公司法高端学术组织会议第二报告书

---

〔25〕 高橋英治『ドイツ会社法概説』(有斐閣,2012年)472頁以下。关于德国企业重组制度研究,牧真理子「ドイツ法における"詐害"の意義——組織再編法制の検討」大分大学経済論集68巻1=2号(2016年)25頁以下参照。日德企业重组法律制度的比较研究有,受川環大『組織再編の法理と立法』(中央経済社,2007年)7頁以下。

〔26〕 关于2001年和2002年《公司法》修改,当时大多数法律杂志刊登了特辑号[「特集　商法等の改正——2001年臨時国会」ジュリスト1220号(2002年)、「特集 商法大改正の課題と展望」ジュリスト1206号(2001年)、「特集1 2002年商法改正」ジュリスト1229年(2002年)、落合誠一ほか「会社法改正の全体像Ⅰ——2001年商法改正」法学教室264号(2002年)、落合誠一ほか「会社法改正の全体像Ⅱ——2002年商法改正」法学教室265号(2002年)、野田博ほか「特集　商法改正——その将来への視座」法律時報74巻10号(2002年)、野村修也ほか「特集1　ここが知りたい! 商法大改正のインパクト」法学セミナー575号(2002年)等]。近藤光男=志谷匡史『改正株式会社法Ⅰ』(弘文堂,2002年),是专门供实务专家阅读的体系化图书。

中公司法学者关于欧洲公司法现代化立法构造的报告书〔27〕提出以下几点建议:①废除公司持有自己股份数量限定在10%之内;②提议股份公司可以任意选择设置一元型或二元型的公司治理结构模式。〔28〕相对于欧洲公司法的未来蓝图,日本公司法先行一步,2001~2002年《公司法》中废除公司持有自己股份的数量规定,并赋予公司自由选择治理结构模式。〔29〕然而,上述改革是为了应对经济界的呼吁,其中也包含对股东财产权保护的制度。例如,关于单元股份制度,德国著名公司法学者马库斯·卢特尔(Marcus Lutter)认为,假如德国引进类似日本单元股份制度,极有可能引发以该制度侵害股东财产权(《基本法》第14条)为由提起违宪诉讼的热潮。〔30〕

2. 2005年《公司法》的制定

2005年制定《公司法》的目的在于实现公司法的“现代化”。

---

〔27〕 Report of High Level Group of Company Law Experts on Modern Regulatory Framework for Company Law in Europe (Nov. 4, 2002) available at http://www.ecgi.org/publications/documents/report_en.pdf (last visited Feb. 20, 2017). 关于该报告书的解说,ハラルド・バウム,早川勝=久保寛展訳「ヨーロッパ買収法および会社法の改正に関する〈会社法専門家ハイレベル、グループ〉の提案」ワールド、ワイド、ビジネス、レビュー(同志社大学)5巻1号(2003年)111頁以下;ハンノ、メルクト,小柿徳武=守矢健一訳「ドイツにおける株式法の改正:基本方針および基本傾向」松本博之=西谷敏=守矢健一編『団体、組織と法』(信山社,2006年)107頁。

〔28〕 Report of High Level Group of Company Law Experts on Modern Regulatory Framework for Company Law in Europe (Nov. 4, 2002), S. 34 ff.

〔29〕 德国在2016年《股份法》中正式对股份公司的财务制度放松了管制。

〔30〕 波恩大学马库斯·卢特尔(Marcus Lutter)教授于2003年10月28日对笔者的回答。高橋英治「ドイツと日本における株式会社法の改革——コーポレート・ガバナンスと企業結合法制」(商事法務,2007年)30頁参照。

2005年2月9日法制审议会总会通过的《关于公司法制现代化的要纲》[31]提出"公司法现代化"的基本方针如下：首先，将关于公司规定的《商法》第二编、《有限责任公司法》及《商法特别法规定》3个部分内容整合为《公司法》。将现有的片假名条文改为平假名，也就是公司法制的现代语化。其次，为应对近年经济形势的变化，修改公司法中各项具体制度。

2005年《公司法》修改的内容如下：第一，将股份公司和有限责任公司这两种公司形态整合到一种公司形态（股份公司）中；第二，修改股份制度（新设全部取得股份条款，废除端股制度，引入证券不发行原则）；第三，在一定范围内放宽股份公司的内部机关设置；第四，创设会计参与制度；第五，修改董事责任规定；第六，允许在企业重组中，以现金或其他财产进行支付（支付对价的灵活化）；第七，规制企业重组中的简易企业重组和略式企业重组（新设）。

2005年《公司法》修改废除《有限责任公司法》，[32]将有限责任公司纳入股份公司的规制中。担任法制审议会公司法部会长的江头宪治郎教授汇总《关于公司法制现代化的要纲》时指出，公司法以

---

〔31〕「会社法制の現代化に関する要綱」刊登于ジュリスト1295号（2005年）192頁以下。

〔32〕波恩大学马库斯·卢特尔（Marcus Lutter）教授对日本没有明确为何必须废除有限责任公司制度的理由提出疑问。①在2005年《公司法》制定之前，有限责任公司的数量多于股份公司；②在欧洲，由于中小企业的社员（出资人）可以享受有限责任制度，得到极大普及。以上内容是波恩大学马库斯·卢特尔（Marcus Lutter）教授于2010年8月9日对笔者的回答。

“限制全部股份转让公司”的规制作为基本规定的理由在于该类型公司数量庞大。这是采用了英国公司法修改中提出的“决定一个国家经济实力的是中小企业,应当秉持‘Think small first’理念”。[33] 不可否认2005年《公司法》将股份公司和有限公司这两种公司形态整合到股份公司的立法理念,正是受到英国公司法修改之影响。[34] 然而,现行《公司法》不是单纯继受外国法制度,而是日本公司法学者、实务界专家、法务官员及经济界人士在借鉴外国制度基础上,集结了横跨日本100年历史的股份公司法知识与经验而制定的新法典。可以说,1990年泡沫经济破裂后,“规制缓和”成为日本股份公司立法的一大特征,2005年《公司法》是基于长年积累的实务经验而制定的。

3. 2014年《公司法》的修订

(1)公司治理结构

2014年《公司法》修改的目的在于完善公司治理结构及引进企业集团法律制度。

设置独立董事制度是2014年公司治理结构的改革目标。本次修改要求设置监事的公开公司必须设置一人以上的独立董事。假如

---

〔33〕 江頭憲治郎「新会社法の意義と特徴」ジュリスト1300号(2005年)9頁。高橋英治『会社法の継受と収斂』(有斐閣,2016年)266頁。

〔34〕 关于近年日本对英国《公司法》的共同研究成果有,イギリス会社法制研究会『イギリス会社法——解説と条文』(成文堂,2017年)参照。

在事业年度的最终日没有设置独立董事，则董事要在该事业年度的定期股东大会中说明理由（2014 年《公司法》第 327 条之 2）。该规制借鉴英国公司治理结构的模式，采用“遵守或解释”（comply or explain）的软法方式。[35]

根据 2012 年的数据统计，日本上市公司中独立董事的设置比例仅为 54.2%，事实上，从减轻上市公司负担的角度考虑，与其强制要求各上市公司设立独立董事，不如通过如不设置则说明理由的鼓励方式。[36] 于是，2014 年《公司法》第 327 条之 2 发挥实际作用，日本上市公司中独立董事的设立数量显著增长，2017 年，上市公司中独立董事的设立比例达到 99.6%。[37]

日本公司经营者批判“提名委员会等设置公司”中必须设置 3 个委员会，在实践中采用这种模式的公司为极少数，尤其是强制要求设立提名委员会，由提名委员会选任董事，导致社长的人事权被剥夺，导致各个公司抵触引进“提名委员会等设置公司”，尤其是社长的反

---

〔35〕 当时，英国公司治理结构的标准是上市公司董事会成员的半数以上应当是非业务执行的独立董事（Davies/Worthington, Principles of Modern Company Law, Ninth Edition, London 2012, S. 426 ff）。对此，美国基于《企业改革法》（Sarbanes-Oxley Act）之纽约交易所上市规则的规定，强制要求董事会成员过半数必须是独立董事。

〔36〕 高橋英治「日本におけるコーポレート、ガバナンス改革の歴史と課題——現在行われている会社法改正を中心として」商事法務 1997 号（2013 年）7 頁，高橋英治『会社法概説』〔第 3 版〕（中央経済社，2015 年）154 頁以下。

〔37〕 日本取締役協会『上場企業のコーポレート、ガバナンス調査』7 頁（2017 年 8 月 1 日）。

对意见较强烈。[38] 故引入“监查等委员会设置公司”这种一元型公司治理模式,通过强化监查委员会的职权,期待其发挥类似“提名委员会”和“薪酬委员会”的职能。

在“监查等委员会制度”中,必须由董事来担任“监查等委员会”成员,且过半数必须是独立董事(2014年《公司法》第331条第6款)。与一般董事不同之处在于,担任“监查等委员”的董事通过股东大会的普通决议选任(2014年《公司法》第329条第2款)。“监查等委员会”享有选任监查委员的议案权和提案权(2014年《公司法》第344条之2第2款)。

“监查等委员会”享有与监事一样的监督权,对董事业务执行进行监督及制作监查报告(2014年《公司法》第399条之2第3款第1项)。“监查等委员会”享有在股东大会上,对“监查等委员”外的董事的选任、解聘及薪酬事项的决定权(2014年《公司法》第399条之2第3款第3项)。如上所述,可以期待“监查等委员会”发挥类似“提名委员会”和“薪酬委员会”的功能。

除公司经营的基本方针外,“监查等委员会设置公司”中的董事会可以将业务执行的决定权限授权给董事(2014年《公司法》第399条之13第4款)。在独立董事数量超过半数的情况下,董事会也可

---

〔38〕 坂本三郎編著『一問一答、2014年改正会社法』(商事法務,2014年)18頁,村田敏一「監査等委員会設置会社の創設とその課題——不思議なコーポレートガバナンス」立命館法学359号(2015年)266頁参照。

以通过决议将公司重要业务的决定权授权给董事(2014 年《公司法》第 399 条之 13 第 5 款)。但是“监查等委员会设置公司”必须在工商登记中体现公司形态(2014 年《公司法》第 911 条第 3 款第 22 项)。

可以说,“监查等委员会设置公司”是介于“提名委员会等设置公司”和“监事设置公司”之间的第三种制度。由于“监查等委员会”中不可设立提名委员会和薪酬委员会,能否改变“监事设置公司”中董事长独揽人事权的弊端,须在今后的实务中予以关注。“监查等委员会”对选任董事及薪酬决定权是针对董事长负有遵从“监查等委员会”意见的义务而进行的规定,倘若没有规定董事长对“监查等委员会”提出的其他反对意见同样必须遵从的措施,还是无法改变董事长独揽人事权的弊端。[39] 截至 2017 年,日本上市公司中“设置监查等委员会”的公司有 442 家,接近于全体上市公司(总共 2020 家)的 1/4。[40]

(2)企业结合规制及其引入背景

企业集团规制的引入和公司治理结构的完善可以说是 2014 年《公司法》中最重要的内容。其中,多重代表诉讼制度(2014 年《公司

〔39〕 关于监查等委员会对人事、薪酬的参与状况调查,井須英次 = 武井一浩 = 永田雅仁「役員指名、報酬への監查等委員会の関与と実務対応」商事法務2161 号(2018 年)47 頁以下参照。

〔40〕 日本取締役協会『上場企業のコーポレート、ガバナンス調查』6 頁(2017 年 8 月 1 日)。

法》第847条之3第7款)及特别控股股东的股份转让请求权〔41〕(2014年《公司法》第179条第1款)等事项,是出于保护母公司及母公司股东利益而设置的规定。事实上,德国是世界上最早为保护母公司及子公司少数股东或债权人利益而制定企业集团法的国家。〔42〕然而,本次修改中并未设置保护子公司少数股东及债权人利益的规定。

为提高"公司法的竞争力",〔43〕出于保护母公司、母公司股东及提高母公司便利性而设立企业集团的相关制度。日本认可国际公司法上"关于子公司权益的保护问题适用子公司的属人法,关于公司债

〔41〕 这个制度也称"Squeeze Out",德国股份公司法中也设有相同的制度(《股份法》第327a条至第327f条)。对该制度进行分析的日文论文有,福島洋尚「株式会社法における少数派株主の締め出し制度——ドイツ株式法を中心として」柴田和史＝野田博編著『会社法の現代的課題』(法政大学出版局,2004年)200頁以下;齊藤真紀「ドイツにおける少数株主締め出し規整(1)(2、完)」法学論叢155巻5号(2004年)1頁以下、6号(2004年)38頁以下;加藤貴仁「ドイツの企業結合形成過程に関する規制」商事法務1832号(2008年)21頁以下;伊藤靖史「少数株主の締出しに関する規制のあり方について——ドイツにおける少数株主締出制度を参考に」同志社法学56巻4号(2004年)74頁以下。

〔42〕 1965年《股份法》第4编企业集团(同法第291条以下)。关于1965年《股份法》的日文翻译,早川勝「1965年ドイツ株式法の改正と展開」同志社法学63巻6号(2012年)201頁以下参照。1960年股份法政府草案理由書・第3編企业集团序言(Begründung zum Regierungsentwurf eines Aktiengesetzes 1965, Vorbemerkung, bei: Kropff, Aktiengesetz, Textausgabe, Düsseldorf 1965, S. 373 f.)的翻译,慶應義塾大学商法研究会訳『西独株式法』(慶應義塾大学法学研究会,1969年)442頁;慶應義塾大学商法研究会訳『西独株式法草案および理由書(1960年)』(慶應義塾大学法学研究会,1961年)362頁参照。

〔43〕 关于公司的竞争,ダニエル・チマー,高橋英治訳「ヨーロッパにおける会社法の競争」同志社法学59巻4号(2007年)215頁以下参照。

权人及职工的保护问题适用母公司的属人法”一般原则。[44] 对于法人的设立采用设立地准用法主义，[45] 如果在日本设立母公司同样适用上述一般原则，那么关于母公司或母公司股东权益保护的相关规定则适用日本公司法。在多重代表诉讼制度中，关于子公司代表诉讼的原告适格问题，既可以适用母公司所在地的公司法，也可以适用子公司所在地的公司法。[46] 关于母公司转让子公司股份须经母公司股东大会决议通过及特别控股股东的股份转让请求权等规制问题，母公司是法律关系的当事人，前者是为保护母公司股东的权益，后者是为了提高母公司的便利性，国际私法上同样要考虑此类特殊规制。从上述观点来看，这些规制问题应当在适用子公司属人法的同时，同样适用母公司属人法。[47]

跨国企业若要适用2014年《公司法》引入的保护母公司股东的相关规定，必须在日本设立母公司。这是当时日本为实现金融立国

〔44〕 落合誠一＝神田秀樹＝近藤光男『商法Ⅱ——会社』〔第8版〕（有斐閣，2010年）336頁以下〔落合誠一〕参照。

〔45〕 溜池良夫『国際私法講義』〔第3版〕（有斐閣，2005年）295頁以下；山田鐐一『国際私法』〔第3版〕（有斐閣，2004年）229頁。

〔46〕 櫻田嘉章＝道垣内正人編『注釈国際私法第1巻』（有斐閣，2011年）168頁〔西谷祐子〕；藤田友敬「国際的な結合企業関係」商事法務1706号（2004年）36頁。

〔47〕 子公司转让股份须经由母公司股东大会决议通过，以及特别控股股东的转让请求权等规制均会对子公司产生影响。如果依据落合诚一教授“注重最为受影响公司的利益，应当选择与之具有紧密关系的法律秩序”之观点，上述制度均应当依据子公司的属人法予以讨论。落合誠一＝神田秀樹＝近藤光男『商法Ⅱ——会社』〔第8版〕（有斐閣，2010年）337頁〔落合誠一〕。

的经济政策,不让持有海外子公司的控股公司的收益脱离日本立法而采取的措施。[48] 为提高日本作为跨国企业控股公司设立地之优势,2014年的《公司法》设置了诸多保护母公司、母公司股东权益以及提高母公司便利性的规则。然而,在立法过程中构建多重代表诉讼制度的提案遭到经济界的强烈反对。这是因为在实践中,派全资母公司的部长或科长级人员前往全资子公司担任董事(公司管理层)的现象普遍,母公司管理层对于多重代表诉讼的设置持有抵触情绪。但对于在日本设立纯粹控股公司的海外机关投资者来说,多重代表诉讼制度的构建促进投资,从母公司的长远利益来看,利大于弊。

2014年《公司法》中未设立保护子公司少数股东及债权人规制的理由如下:第一,关于子公司少数股东及债权人的保护规制内容在立法技术层面上存在意见分歧。[49] 第二,对子公司少数股东及债权人的保护意味着会增加母公司成本。如果母公司的责任规制在于保

---

〔48〕 为充分发挥日本《公司法》作用,企业应当选择最终母公司的设立准则法。随着日本企业事业活动的地理范围不断扩大,多国籍企业的推进,对于为何最终母公司必须是日本股份公司这样的疑问将进一步加剧。企业在日本成立,日本股份公司就处于最顶端这样的历史背景,则让多国籍企业留在日本会变得越来越难。可以说,公司法制等国家层面的政策必须改善。スクランブル「日本の株式会社であることの意味は何か」商事法務2020号(2013年)94頁。

〔49〕 Eiji Takahashi/Kazunori Shintsu, Einführung eines Konzernrechts in Japan: Der Zwischenentwurf und die ergänzenden Erläuterungen, Zeitschrift für Japanisches Recht/Journal of Japanese Law, Nr./No. 33 (2012), 15 f.

护子公司的少数股东及债权人,则要依据子公司的属地法,〔50〕母公司为控制成本,显然不会将日本作为子公司的设立地,这会进一步导致日本的产业空洞化。第三,经济界的代表者作为公司法法制审议部会委员参与公司法的立法,议案经该部会全体委员的一致同意才能通过。〔51〕故原则上经济界享有对所有议案的否定权。〔52〕第四,经济学思考方式(补偿原理)作为正义的标准具有影响力。〔53〕换言之,通过修改公司法,整顿提供便于母子公司经营的环境,提高母子公司整体的生产效率。即便对子公司少数股东的利益产生轻微损害,但母子公司整体却获得利益,从补偿原理标准来看,〔54〕这样的法律修

〔50〕 櫻田嘉章 = 道垣内正人編『注釈国際私法第 1 巻』(有斐閣,2010 年)168 頁〔西谷祐子〕;藤田・前掲注(46)商事法務 34 頁 1706 号。

〔51〕 阿多博文「会社法改正の意義と経緯(第 2 部、第 3 部)および多重代表訴訟の幾つかの論点」北村雅史 = 高橋英治編『(藤田勝利先生古稀記念論文集)グローバル化の中の会社法改正』(法律文化社,2014 年)21 頁参照。

〔52〕 高橋英治「会社法における企業結合規制の現状と課題〔上〕——2014 年改正を踏まえて」商事法務 2036 号(2014 年)22 頁参照。

〔53〕 高橋英治「ドイツ法における影響力利用者の責任規制と日本の会社法改正の課題」北村雅史 = 高橋英治編『(藤田勝利先生古稀記念論文集)グローバル化の中の会社法改正』(法律文化社,2014 年)326 頁。

〔54〕 如果依据补偿原理,即使某项政策侵害其他利益,如果可以从该政策获得利益向受害者提供一部分补偿,也应当实施这项政策。Kaldor, Welfare Propositions of Economics and Interpersonal Comparison of Utility, The Economics Journal, Sept. 1939, 549 ff.; Hicks, The Foundation of Welfare Economics, The Economics Journal, Dec. 1939, 696 ff. 关于补偿原理理论,林敏彦『ミクロ経済学』(東洋経済新報社,1984 年)129 頁参照。这个原理也被称为“潜在性帕累托原理”。田中亘「商法学における法解釈の方法」民商法雑誌 154 巻 1 号(2018 年)43 頁以下参照。

改无疑是正确的。[55]

(3)司法实践亟待解决的问题——以企业集团法为中心

①问题的缘起

2004年《公司法》中没有引入母公司的责任规制,而是通过法解释的一般条款肯定母公司对子公司的损害赔偿责任。[56] 下文主要探讨两个问题:第一,2014年《公司法》下,对母公司的责任赋予理论依据的可能性;第二,在高度统合的康采恩企业中,当通过规制母公司的责任无法充分保护子公司少数股东利益时,能否在一定条件下以宪法对财产权保护为由,赋予子公司少数股东退出公司的权利。

②母公司的责任与公司法解释上的一般条款

当母公司侵害子公司利益时,在公司法解释上,一般通过事实董事的法理和股东忠实义务的法理,赋予子公司对母公司的损害赔偿请求权。然而,这两种法理在法律技术上都存在一定弊端。

首先,关于在母子公司关系中适用事实董事的法理,由于现行股

---

〔55〕 在法律上,如果某项政策未能使利益受害的第三方获得实际的补偿,那么从法学观点来看,就不能说该政策是合理的。如果严格适用帕累托原理,实际实施补偿才能得以维持。关于这一点,高橋英治『ドイツと日本における株式会社法の改革——コーポレート、ガバナンスと企業結合法制』54頁参照;Eiji Takahashi, *Market-Organization-Corporate Group: An Economic Analysis of Law of Corporate Groups*, The Journal of Interdisciplinary Economics, Volume 22 No 1 &2 (2010), S. 50。

〔56〕 高橋英治「会社法における企業結合規制の現状と課題〔下〕——2014年改正を踏まえて」商事法務2037号(2014年)36頁以下,相应论述是基于这篇论文的观点。近年来,从立法论上讨论母公司责任规制的优秀文献有,洪済植「親会社等の経営責任」島大法学61巻3=4号(2018年)79頁以下。

份公司中没有认可法人董事(《公司法》第331条第1款第4项),将母公司视为董事显得有点牵强。[57] 其次,在未赋予母公司对子公司业务监督权的情形下,要求母公司作为子公司的董事承担责任,欠缺合理性。[58] 最后,要求母公司以董事身份承担责任,却未赋予其规避责任的方法,不免令人产生疑问。故只能通过两种方法解决上述问题:第一,通过缔结“集团合同”,赋予母公司对子公司的指挥权限;第二,认可保护子公司少数股东及债权人义务的“集团合同”,[59] 在缔结“集团合同”情形下,母公司才享有指挥子公司的权利。但是,日本传统税法上并不承认“集团合同”,通过立法引入存在难度。要求母子公司遵从“没有合同就没有支配”这一原则就足以让其丧失活力,不具有合理性。[60]

股东对其他股东负有诚实义务的观点有悖股东的有限责任。[61] 此外,肯定母公司对子公司的责任,与股东之间不存在任何法律关系

---

〔57〕 高橋英治『ドイツと日本における株式会社法の改革——コーポレート、ガバナンスと企業結合法制』203頁注71文献参照。

〔58〕 高橋英治「企業集団における内部統制」ジュリスト1452号(2013年)26頁以下参照。

〔59〕 高橋英治「親会社の責任規制の在り方について」MARR5月号(2011年)32頁参照。

〔60〕 在德国,1958年《股份法》的参事官草案基于“没有合同就没有康采恩”的观点,试图抑制对没有缔结合同的康采恩支配进行制裁,但最终还是失败了。高橋英治『企業結合法制の将来像』(中央経済社,2008年)31頁以下。

〔61〕 服部榮三「『大株主権力抑制措置の研究』の刊行に寄せて」別府三郎『大株主権力抑制措置の研究』(嵯峨野書院,1992年)序2頁。

这样自古以来的社团概念产生矛盾。[62] 2014年《公司法》对特别控股股东的股份转让请求权作出规定(《公司法》第179条第1款),肯定了股东之间存在法律关系,从而消除上述矛盾。然而,在康采恩这样多重支配构造中,处于顶端的母公司侵害孙公司利益时,在形式上认为两个公司之间不存在法律关系,以股东负有诚实义务,要求母公司对孙公司承担损害赔偿责任,在法律技术上具有难度。[63] 能够在司法实践中运用的是事实董事的法理。[64] 这是因为在日本下级法院判例中,已有运用事实董事的法理,将母公司董事长认定为子公司事实董事长的案例。[65] 当子公司的业务受母公司董事长指使,导致子公司利益遭受损害时,如果可以将母公司的董事长视为子公司的"事实董事长",追究其对子公司的职务懈怠责任(《公司法》第423条第1款),那么也可以要求侵害该子公司利益的董事长本人所属的

---

〔62〕 服部榮三「『大株主権力抑制措置の研究』の刊行に寄せて」別府三郎『大株主権力抑制措置の研究』序3頁参照。

〔63〕 在德国法上,将股东的诚实义务作为应对股东权利滥用的一般法理。通说、判例及本文所列举的问题并未将其视为问题。高橋英治「持分会社と企業結合法制〔下〕」商事法務1969号(2012年)5頁参照;Eiji Takahashi, *Membership Company and Corporate Affiliation Law System-On Protection of Members and Creditor of a Subsidiary*, Interdisciplinary Journal of Economics and Business Law, Vol. 2 Issue 4 (2013), S. 50。

〔64〕 坂本達也『影の取締役の基礎的考察』(多賀出版,2009年)333頁以下;高橋英治「少数派株主保護の一般条項と特別規制——両者のあるべき関係」商事法務2005号(2013年)25頁。

〔65〕 在京都地判1992年2月5日判例时报1436号115頁中,肯定母公司的董事长作为子公司的事实董事长对第三人承担责任,该案中是对公司债权人的责任(2005年修改前《商法》第266条之3第1款),学说对其作出批判。江頭憲治郎『企業結合の立法と解釈』(有斐閣,1995年)205頁,吉本健一「本件判批」判例タイムズ975号(1998年)20頁。

母公司承担对子公司的损害赔偿责任。[66]

③少数股东的退出机制与宪法上的财产权保护

虽然可以将事实董事的一般条款作为母公司对子公司的损害赔偿责任的依据,但在企业集团中也存在损害赔偿责任无法发挥作用的情形。在高度统合的康采恩集团中,当子公司的少数股东利益被侵害,现有的损害赔偿责任无法恰当地保护子公司少数股东利益时,则有必要赋予少数股东退出公司的权利。保护该少数股东退出公司的权利缘于日本宪法对财产权保护的规定(日本《宪法》第29条第1款)。

德国联邦宪法法院认为,在高度统合的企业集团中,通过个别补偿无法实现保护少数股东利益的情形下,宪法应当赋予少数股东退出公司的权利。以下是2011年9月7日联邦宪法法院的决定:[67] A公司处于康采恩集团的最顶端,在A公司章程所定的营业目的中包括从事建筑业的子公司(S公司)。其后,该康采恩集团进行企业重组,A公司决定将建筑业(S公司)的业务集中到其另外一家子公司(E公司),S公司的高层建筑业务和建筑设计业务也转让给E公司。该案的争议焦点是该事业转让是否侵害了S公司少数股东宪法上的

---

〔66〕 即使不将其视为事实董事长,母公司董事长违反法律侵害子公司利益,也可以通过适用《公司法》第350条的规定(因代表机关的侵权行为产生了侵权责任),推导出母公司对子公司承担责任的结论。

〔67〕 BVerfG AG 2011, 873.

财产权。

联邦宪法法院认为,该决定并未违反宪法规定,理由在于:“因控股企业的影响力,当现金补偿功能无法发挥作用时,[68]德国《股份法》第311条、第317条规定的补偿制度满足不了宪法之要求。”慕尼黑大学法学院马蒂亚斯·哈伯萨克(Mathias Habersack)教授认为,该判决的宗旨在于,个别补偿方法无法立即弥补子公司遭受损害的情形下,宪法应当保障子公司少数股东退出公司的权利。[69]

由日本宪法上的财产权保障(日本《宪法》第29条第1款)派生出的股份回购请求权作为保护少数股东利益的手段,现行法允许在穷尽其他救济手段后利用该制度。理由如下:第一,国会享有制定法律的专属权(日本《宪法》第41条),当穷尽法律及法解释上的救济手段后,应当例外认可基本权利适用于私人之间;第二,行使股份回购请求权就是具有回收公司财产的功能,违反资本充实原则,危害公司债权人利益;第三,行使股份回购请求权,意味着公司必须支付股东现金,影响到子公司中未行使股份回购请求权的股东利益。

在现行公司法上,即便是极少发生资本充实问题的合名公司,也会考虑投资者的退出对公司债权人及其他投资者造成的不利影响,故只有在不得已的情况下才肯定股东的股份回购请求权(《公司法》

---

〔68〕 BVerfG AG 2011, 874.

〔69〕 マティアス、ハバーザック、正井章作訳「ドイツの企業法に関する連邦憲法裁判所の判決」商事法務2019号(2013年)43頁参照。

第606条第3款)。只有在认定母公司的责任规制或者企业集团内部控制制度[70]等所有保护子公司少数股东的法律法规或是判例规范均无法发挥作用的情况下,才赋予子公司少数股东的股份回购请求权。

由于公司重组对股东利益造成影响,股份回购请求权是现行法赋予异议股东的特别权利(《公司法》第785条、第797条、第806条)。从保护少数股东利益的角度来看,股份回购并非完美无缺。立法者无法针对所有可以行使股份回购请求权的情形设置个别条款,但随着公司法立法论及解释论的深化必然会产生保障股东自由退出公司的需求。因此,有必要从立法上赋予子公司少数股东的股份回购请求权,确保他们的利益。在未设置一般条款的现状下,如果要对子公司少数股东的权益进行保护,可以将宪法上关于财产权保障的规定(日本《宪法》第29条第1款)适用于私人关系,基于保护财产权的观点,认可子公司少数股东的股份回购请求权。

在宪法的基本人权层面上认可私人间效力与传统宪法学解释相

〔70〕 关于企业集团的内部控制制度,弥永真生编著『企業集団における内部統制』(同分館,2016年)2頁以下;高橋均『グループ会社リスク管理の法務』(中央経済社,2014年)25頁以下;齊藤真紀「企業集団内部統制」神田秀樹編『論点詳解2014年改正会社法』(商事法務,2015年)119頁以下;高橋英治「企業集団における内部統制」ジュリスト1452号(2013年)26頁以下参照。关于内部控制的概念,伊勢田道仁『内部統制と会社役員の法的責任』(中央経済社,2018年)1頁以下参照。

悖。[71] 在“三菱树脂案”中,最高法院没有将宪法规范直接适用于私人关系,而是间接适用《民法典》第1条、第90条规定。[72] 在宪法财产权保障(日本《宪法》第29条第1款)规定中肯定私人间效力,则产生个人对个人的请求权,侵害了专属于国会的法律制定权(日本《宪法》第41条),赋予法院变更专属于国会立法政策的危险性。为肯定子公司少数股东的股份回购请求权,需要克服宪法理论障碍。[73] 学说上基于国家对基本权利的保护义务理论,赋予宪法作为对股份回购请求权保护的基础。[74] 佐藤幸治博士就国家负有保护基本权利的义务论主张,在不突破宪法以国家为调整对象这一前提下,允许个人在法庭上将宪法基本人权适用于私人关系的做法,这在内容上虽然算是精细,却过于注重解释技巧。将广泛的国家保护义务置于宪法理解的根源,与以个人自由为核心的人格自主权理论不符。[75] 毋庸置疑,基本权规定基于为私人提供直接请求权的观点,与日本以往的宪法理论不同。基本权保护义务理论倡导者之一的三

〔71〕 宫沢俊義教授不认可将宪法上的人权保障直接适用于私人之间的法律关系。宮沢俊義『憲法Ⅱ』〔新版〕(有斐閣,1974年)248頁以下参照。

〔72〕 最判1973年12月12日民集27巻11号1536頁。

〔73〕 中村睦夫教授认为:“不享有人权主体的国家与国民的关系不同,在享有人权主体的私人间,为了保障一方当事人的人权适用宪法规定是不可能的。”[野中俊彦=中村睦夫=高橋和之=高見勝利『憲法Ⅰ』〔第5版〕(有斐閣,2012年)252頁〔中村睦夫〕]。

〔74〕 小山剛「基本権の私人間効力・再論」法学研究(慶応義塾大学)78巻5号(2005年)40頁以下;山本敬三「現代社会におけるリベラリズムと私的自治——私法関係における憲法原理の衝突(2)完」法学論叢133巻5号(1993年)26頁。

〔75〕 佐藤幸治「日本国憲法論」(成文堂,2011年)168頁参照。

本敬三教授也认可基本权保护义务适用于私人关系之间。[76] 但并未明确阐述损害赔偿请求权、停止侵害请求权等权利来自基本权保护义务理论。现在通说对人权的规定直接适用持否定态度,[77] 故从宪法对财产权保护规定中直接引导出少数股东股份回购请求权的观点有可能会招致通说的批判。这是因为宪法规定的是国家权力,从宪法上引导出的防御权及请求权的行使对象也应当针对国家。

然而,日本《宪法》第 28 条规定的劳动基本权认可私人间的适用。当受《宪法》第 28 条保护的团结权被侵害时,以侵害团体权为由请求实施妨碍排除。[78] 本书的基本观点是,宪法财产权保护直接适用于享有变更子公司章程等能力的母公司和处于被控制地位的子公司少数股东之间的经济权利不对等的关系上。这种关系与在劳动关系等经济性权利关系中,处于强势地位的雇佣方保护处于弱势地位劳动者的劳动基本权相类似。日本《宪法》第 29 条第 1 款同样认为,当法律不能发挥保护少数股东的作用时,在某些特定范围内,通过认

---

〔76〕 山本敬三「基本権の保護と公序良俗」京都大学法学部創立百周年記念論文集刊行委員会編『京都大学法学部創立百周年記念論文集第 3 巻』(1999 年)174 頁以下。

〔77〕 芦部信喜著、高橋和之補訂『憲法』〔第 6 版〕(岩波書店,2016 年)115 頁以下参照。

〔78〕 芦部信喜著、高橋和之補訂『憲法』〔第 6 版〕(岩波書店,2016 年)277 頁以下参照。

可适用于私人关系的股份回购请求权来保护少数股东利益也无可厚非。[79]

笔者认为,因立法缺失导致股东利益无法得到充分保护时,可以依据日本《宪法》第 29 条第 1 款之规定,将国家负有保护股东财产权义务作为最后的救济手段。期待该“国家的基本权保护义务论”[80]维持宪法调整对象是国家这一前提的同时,发挥法律上欠缺对少数股东保护的补充功能。[81] 从扩大股东财产权的保护范围来看,日本法应当肯定国家负有保护宪法财产权之义务,当少数股东的财产权被侵害时,出资人可以向法院请求保护宪法上的财产权利而作为最后救济手段。[82] 私人自治原则不容忽视,对于被视为公权力的权利主体对私人基本人权的侵害行为,国家期待法院发挥保护被侵害人的作用。公司与少数股东的关系正如具有设置规范能力的权利者与无法影响公司意思决定的弱小者之间的关系。当前者侵害后者的财

〔79〕 从解释论来看,子公司少数股东应当享有对母公司的股份回购请求权。但是,与德国法不同的是,子公司少数股东不享有对母公司的代偿请求权(《股份法》第 305 条),公司法上还未存在要求母公司负有回购子公司少数股东股份的义务。为此,从保护母公司股东以及与现行法相协调的观点来看则会产生问题。

〔80〕 小山・前揭注(74)法学研究(慶応義塾大学)78 巻 5 号 40 頁以下;山本・前揭注(74)法学論叢 133 巻 5 号 26 頁参照。

〔81〕 佐藤幸治『日本国憲法論』(成文堂,2011 年)168 頁参照。

〔82〕 关于私人间的人权保护的判例及学说的现状,野中俊彦 = 中村睦男 = 高橋和之 = 高見勝利『憲法 I』〔第 5 版〕(有斐閣,2012 年)248 頁以下〔中村睦夫〕;松原光宏「私人間における権利の保障」小山剛 = 駒村圭吾『論点探求　憲法』〔第 2 版〕(弘文堂,2012 年)89 頁以下参照。

产权,事实上不可能适用民法上的公序良俗规定(《民法典》第 90 条),法院应当通过直接适用日本《宪法》第 29 条第 1 款规定,来保护少数股东的利益。

在 2005 年《公司法》制定及 2014 年《公司法》修改中,增加了股东行使股份回购请求权的情形。股份回购请求权在保护少数股东利益方面发挥了重要作用(《公司法》第 785 条第 2 款第 1 项、《公司法》第 182 条之 4)。然而,公司法立法者无法全部以条文形式规定通过股份回购请求权请求返还出资来保护中小股东的所有情形。以宪法对股东财产权的保护为由(日本《宪法》第 29 条第 1 款),认定公司有义务以"公正价格"回购少数股东的股份,以宪法上位法之规范弥补公司法上关于保护少数股东利益的不足规定。通过裁判规范的力量使国家法得以健康持续的发展。

(4)2014 年修法后的企业集团立法问题

①新设母公司等损害赔偿责任的规定

2014 年《公司法》修改尚未引入母公司责任规定〔83〕的理由在于,难以构建责任规定的事实要件。2014 年《公司法》修改过程中,A 法案提出仅对母子公司之间的交易设置责任规定,也就是将母公司命令子公司从事母子公司之间交易外的行为〔84〕导致子公司遭受损

〔83〕 以下的论述以高橋・前揭注(56)商事法務 2037 号 39 頁以下论文为基础。

〔84〕 这些行为被称为"措施"(Maßnahme),其中包括撤退某项事业,或是着手准备新事业。

害的情形排除在外。[85] 假如要将子公司实施的其他行为纳入母公司责任规制的范围,则有必要明文规定母公司是以何种形式发出命令指示。

本书建议,在公司法上设置母公司通过“自身影响力”指使子公司实施某种行为的责任规定,[86]这是借鉴德国《股份法》第 117 条[87]的规定,这种规定与东亚各国的法律规制亦具有融合性。[88]

日本母子公司的运营形态具有多样性,这种立法理念源于在经济高度成长期间,日本制造业出现分权型母子公司形态。当时,日本传统制造业运用“现场知识”[89](on the spot knowledge)形成企业组

〔85〕 Eiji Takahashi/Kazunori Shintsu, Zeitschrift für Japanisches Recht/Journal of Japanese Law, Nr./No. 33 (2012), 18.

〔86〕 中东正文教授建议,母公司的责任规制适用子公司遭受的损害(但其不使用母公司的“影响力行使”“支配性影响力的行使”等用语)。中東正文「企業結合」商事法務 1940 号(2011 年)35 頁参照。持赞成意见的有,高橋英治「ドイツ法における影響力利用者の責任規制と日本の会社法改正の課題」北村雅史 = 高橋英治編『(藤田勝利先生古稀記念論文集)グローバル化の中の会社法改正』(法律文化社,2014 年)332 頁。

〔87〕 1965 年《股份法》第 117 条第 1 款规定:“故意利用个人影响力,让董事、监事会成员、支配人或代理人实施损害公司或股东利益行为的人员,对公司承担损害赔偿义务。对股东造成损害的,对股东直接承担损害赔偿责任。但因公司遭受的损害导致股东间接损害的除外,也就是仅限于股东受到损害的范围。”该条的但书规定将股东遭受的间接损害排除在对股东承担的责任之外。认定股东的直接损害是因股价下跌导致股东不得不抛售股票而造成的损失。高橋英治 = 洪済植「韓国法上の業務執行指図人の責任」法学雑誌 58 巻 2 号(2011 年)237 頁参照。

〔88〕 高橋英治「ドイツ法における影響力利用者の責任規制と日本の会社法改正の課題」北村雅史 = 高橋英治編『(藤田勝利先生古稀記念論文集)グローバル化の中の会社法改正』(法律文化社,2014 年)333 頁参照。

〔89〕 Masahiko Aoki, *Horizontal vs. Vertical Information Structure of the Firm*, The American Economic Review, Vol. 76 No. 5, December 1986, 973.

织。经济稳定发展时期,身为日本制造业命脉的汽车企业集团需要根据消费者的嗜好变化及时调整企业环境。因此,母公司处于企业集团的顶端统领企业的中央集权型企业形态并不受欢迎。于是,子公司职员基于收集的信息,采用尊重子公司独立性的分权型企业形态(被称为“bottom up”)。然而,母公司仍然享有任免子公司经营层的决定权。[90] 这种充分尊重子公司独立自主性的母子公司关系,与德国康采恩通过母公司全面命令子公司业务执行的形态相去甚远。[91]

中央集权型的康采恩形态与分权型母子公司形态,哪一种更具优势不可一概而论,只能根据所处环境予以判断。当环境发生巨大变化,面临存续危机,必须进行根本性改革时,中央集权型的康采恩形态可以迅速作出决定,显然比分权型母子公司形态更具优势。[92] 日本在泡沫经济破裂时期进行企业组织改革(scrap and build),由处

---

〔90〕 Masahiko Aoki, *Information*, *Incentives*, *and Bargaining in the Japanese Economy*, Cambridge 1988, S. 51; Eiji Takahashi, *Japanese Corporate Groups*, *Yesterday and Tomorrow*, The Journal of Interdisciplinary Economics, Vol. 9, No. 1 (1998) 7; Eiji Takahashi, *Change in the Japanese Enterprise Groups*?, in: Baum (Edit.), Japan: Economic Success and Legal System, Berlin 1997, S. 229.

〔91〕 Eiji Takahashi, Konzern und Unternehmensgruppe in Japan-Regelung nach dem deutschen Modell?, Tübingen 1995, S. 5 ff.

〔92〕 钱德勒(Chandler)将经营组织上的优势称为“economic of speed”[Chandler, Administrative Coordination, Allocation and Monitoring: Concepts and Comparisons, in: McGraw (Edit.), The Essential Alfred Chandler, Boston 1988, S. 402]。

于企业顶层的控股公司决定公司事项。[93] 但是,当环境持续不断地发生变化,利用分权型母子公司形态则更适合。可以说,日本的母子公司关系既不是分权型,也不是中央集权型。

在日本分权型母子公司中,子公司的决策并不是由母公司或子公司的其中一方来作出,通常是母子公司沟通后决定。[94] 今井贤一将企业集团中各部门之间沟通交流的情形称为“通过相互作用进行调整”。[95] 但在日本母子公司形态中,子公司的董事长为迎合母公司的意向,也有可能为了母公司利益而实施损害子公司利益的行为。由于举证母公司对子公司行使影响力存在难度,应当规定当子公司的行为给母公司带来利益时,就可推定该行为受母公司指使而为。[96]

②在企业集团法中规定经营判断原则与损害补偿的可能性

当我们探讨母公司责任的立法规定时,有必要将如何制定适用

---

〔93〕 二味厳「欧米に学ぶ日本の持株会社化」ダイヤモンド・ハーバード・ビジネス編集部『持株会社の原理と経営戦略 –“自律”と“分権”を促す組織デザイン』(ダイヤモンド社,1996年)108頁参照。

〔94〕 河合隼雄博士将日本式意思决定的特征称为“空心结构”,也就是在作出决定时缺乏强烈的自我中心,这种特征也反映在组织决定中。河合隼雄『中空構造日本の深層』(中央公論社,1982年)41頁以下。

〔95〕 今井賢一「企業グループ」今井賢一=小宫隆太郎編『日本の企業』(東京大学出版会,1989年)138頁参照。

〔96〕 Eiji Takahashi, Konzern und Unternehmensgruppe in Japan-Regelung nach dem deutschen Modell?, S. 101 f; 高橋英治『企業結合法制の将来像』(中央經濟社,2008年)178頁。

于母公司经营判断原则的内容纳入将来的立法视野。

欧盟委员会于2014年依据2012年12月12日出台的欧盟委员会行动计划书中提出的“集团利益”采取措施。[97] 关于控股公司对子公司的损害赔偿责任，德国提出，在康采恩中通过适用经营判断原则予以解决的法案。[98]

适用于母公司经营判断原则的有两种类型：第一，母公司通过实际影响力命令子公司实施某种行为时，可以适用经营判断原则认定母公司是否需要承担损害赔偿责任。[99] 但当母公司为了子公司利益，在基于充分收集的信息指使子公司实施某种行为，并且该行为并未违反母子公司的利益，则子公司实施的行为即便对子公司造成损害，母公司也无须承担损害赔偿责任。[100]

第二，母子公司在实施交易过程中，母子公司之间往往存在利益冲

---

〔97〕 European Commission, Action Plan: European company law and corporate governance-a modern legal framework for more engaged shareholders and sustainable companies, COM (2012)740/2, 15.

〔98〕 德国近年的学说认为，欧洲法律上要求的“团体利益”，应当通过将康采恩关系考虑在内的经营判断原则的明文化来实现。公司业务执行者应当考虑康采恩利益，以及为了其他康采恩公司的利益，在充分收集资料，并在详细记录实施措施的基础上作出决定。该决定是该业务执行者的裁量，其对决定结果不承担责任（Teichmann, Europäisches Konzernrecht: Vom Schutzrecht zum Enabling Law, AG 2013, 196）。

〔99〕 高橋英治「利益相反と企業結合法」法律時報80巻11号(2008年)47頁参照。

〔100〕 高橋英治「企業結合法制の歴史と課題」沖縄法制研究14号(2012年)78頁；高橋英治「親子会社法制の展開に向けて」永井和之＝中島弘雅＝南保勝美編『会社法学の省察』(中央経済社,2012年)466頁。

突的情形,故母子公司之间的交易原则上不可适用经营判断原则,[101]但不能要求母公司承担无过失责任。比如,当母公司认为某一项交易是公平交易(如股票交易),但在过后表明因母公司的评价方式出现失误,致使子公司遭受损害,不能要求母公司对子公司承担无过失责任。[102] 此时,适用于母公司的免责标准是“经营判断原则”,还是“无过失抗辩”,如何在损害赔偿责任法的事实要件中界定企业集团法上的经营判断原则是个难题。[103] 从确保母子公司经营的灵活性角度来看,母公司有时不得不命令子公司实施损害子公司利益的行为,那么母公司在指示命令前,应当事先补偿子公司将来有可能遭受的损失。由此,母公司给子公司造成的损害可以得到及时补偿。德国法上,明文规定赋予请求权来补偿子公司遭受的损害(德国《股份法》第 317 条第 1 款),日本法可以参考德国立法,规定当母公司指使子公司行使损害子公司利益的行为时,可以事先计算将来可能产生的损害金额,并以合同

〔101〕 赞成经营判断原则不适用于利益冲突的观点有,Fleischer, in: Spindler/Stilz (Hrsg.), Kommentar zum Aktiengesetz, 3. Aufl., München 2015, §98 Rdnr. 72; The American Law Institute, Principles of Corporate Governance, Volume 1, St. Paul 1994, S. 25 ff., §1.23(a)(3)。

〔102〕 高橋・前揭注(100)沖縄法制研究 14 号 78 頁;高橋英治「親子会社法制の展開に向けて」永井和之 = 中島弘雅 = 南保勝美編『会社法学の省察』(中央経済社,2012 年)465 頁。

〔103〕 日本最高法院以是否违反善管义务来判断董事的职务懈怠责任(《公司法》第 423 条第 1 款)能否适用经营判断原则(最判 2010 年 7 月 15 日判例時報 2091 号 90 頁〔アパマンショップHD 事件〕)。此外,还有是否存在“过失”为要件的见解[高橋英治「取締役の任務懈怠責任」法学教室 362 号(2010 年)30 頁]。

形式约定母公司的赔偿义务来确保子公司的利益。

但日本不宜采用德国法上对损害补偿的实施设置宽限期的规定(如德国《股份法》第311条第2款第1项规定)。倘若设置宽限期,一旦子公司听从母公司的指示实施损害子公司利益的行为之后,难以请求损害补偿。[104] 1992年,在汉诺威举办的德国法学家会议提出应当将损害补偿认定为及时补偿,经济法部会通过决议删除《股份公司法》第311条第2款第1项中的宽限期补偿规定。[105]

③独立当事人之间的交易标准

2014年《公司法》对母公司责任的判断标准作出了规定,即"当子公司在与母公司的交易中遭受损害时,应当依据该交易外的其他要件综合判断是否产生损害及损害程度"。也就是以"独立当事人之间的交易标准"作为判断母公司责任的标准。[106] 当事人交易标准起源于美国,其是判断董事与公司之间实施的交易是否公正的标准。[107] 日

---

〔104〕 Eiji Takahashi, Konzern und Unternehmensgruppe in Japan-Regelung nach dem deutschen Modell?, S. 100 f;高橋英治『企業結合法制の将来像』(中央經濟社,2008年)180頁。

〔105〕 Der Ständige Deputation des Deutschen Juristentages (Hrsg.), Verhandlungen des 59. Deutschen Juristentages München 1992, Band Ⅱ(Sitzungsberichte), München 1992, R 192.

〔106〕 Eiji Takahashi/Kazunori Shintsu, Zeitschrift für Japanisches Recht/Journal of Japanese Law, Nr./No. 33 (2012), 16;村中徹「子会社株主の保護」北村雅史=高橋英治編『(藤田勝利先生古稀記念論文集)グローバル化の中の会社法改正』(法律文化社,2014年)136頁。

〔107〕 Eiji Takahashi/Kazunori Shintsu, Zeitschrift für Japanisches Recht/Journal of Japanese Law, Nr./No. 33 (2012), 16;村中徹「子会社株主の保護」北村雅史=高橋英治編『(藤田勝利先生古稀記念論文集)グローバル化の中の会社法改正』(法律文化社,2014年)136頁。

本法引入该标准时,是以因果关系论中与损害范围“适当性”有关的事实要件为依据?是以与交易是否具有违法性为依据?是以母公司免责标准为依据?还是以子公司因与母公司交易而遭受的损害金额的计算标准为依据?适用哪一种交易标准要基于日本侵权责任法的传统事实要件理论予以决定。

④ 股东代表诉讼制度与检查人制度

德国《股份法》第317条第3款明确规定,子公司少数股东追究母公司对子公司损害赔偿责任的代表诉讼制度。为有效发挥母公司对子公司的损害赔偿责任规制,可参考德国立法规定,赋予子公司少数股东代表子公司追究母公司责任的权利。

当母公司侵害子公司利益,导致子公司的股价下跌,迫使子公司股东不得不以低价抛售股票时,母公司对该子公司股东是否负有损害赔偿责任,我们必须予以深入讨论。德国《股份法》第317条第1款第2项规定,母公司对此类股东的损失承担直接责任。[108] 为使母公司的损害赔偿责任规制发挥作用,子公司有必要向公司股东提供是否遭受母公司侵害的相关信息。但是,将母子公司之间的交易及平常的交流记载于文件,提供给子公司少数股东的做法显然不可能,因为在上述文件中存在诸如进货价格等不便向股东提供的商业秘密。因此,当子公司有充分理由怀疑母公司侵害子公司利益时,建议

---

〔108〕 高橋＝洪・前揭注(87)法学雑誌58卷2号237頁参照。

构建由法院选任检查人的制度予以应对(《公司法》第358条)。然而,请求法院选任检查人需以子公司少数股东对母子公司交易持有疑问为前提,公司如何向少数股东提供必要的信息极为重要。〔109〕

⑤设置子公司少数股东对母公司的股份回购请求权

当子公司利益被母公司所操纵而遭受侵害,损害赔偿功能又无法发挥作用时,应当赋予子公司少数股东退出公司的权利,这原本应当在法律中予以规定。〔110〕

对此,可以借鉴德国法上的"特殊性损害补偿"(qualifizierte Nachteilszufügung),〔111〕在公司法上明确规定,当子公司利益被侵害,母公司承担回购子公司少数股东股份的义务。子公司少数股东既可以要求子公司,也可以要求母公司回购其持有的股份,因为子公司利

〔109〕 清水円香「グループ利益の追求と取締役の義務・責任」法政研究78巻1号(2011年)109頁参照。

〔110〕 建议引入子公司少数股东对母公司的股份回购请求权的意见有,江頭憲治郎『企業結合の立法と解釈』318頁以下;高橋均『グループ会社リスク管理の法理』(中央経済社,2014年)141頁以下。

〔111〕 德国法上存在这样的学说,即支配企业在大范围内指使从属企业,或是母公司的侵害行为导致《股份法》第311条规定的损害补偿或是损害赔偿责任无法发挥作用的情形下,即使没有缔结支配合同或利益提供合同,也必须赋予从属公司的少数股东要求支配企业支付对价并让其退出从属公司的权利(《股份法》第305条的类推适用)(Emmerich/Habersack, Konzernrecht, 10. Aufl., München 2013, S. 519 ff)。笔者认为,只要满足概括性指挥和继续性侵害行为等两个要件,就可以认可子公司少数股东对母公司行使股份回购请求权。这只是从立法论上提高实现可能性的建议。如果将损害赔偿制度无法发挥作用作为行使股份回购请求权的要件,那么无论是概括性指挥,还是继续性侵害行为,只要存在其中一种情形就会导致损害赔偿责任制度无法发挥作用。因此,在立法论上,应当认为满足概括性指挥或继续性侵害行为的其中一个事实要件,就可以认可子公司少数股东的股份回购请求权。高橋英治『企業結合法制の将来像』(中央經濟社,2008年)185頁。

益持续被侵害但无法通过损害赔偿救济的责任在于母公司,并且从企业集团关系中获取利益的通常也是母公司。[112]

(二)股份公司法学

江头宪治郎教授所著《股份公司法》是日本股份公司法的代表作,也是日本最早为实务专家撰写的关于股份公司法的著作。可以说,该著作已超越德国公司法学的水准,对 21 世纪日本的股份公司法作出详细分析。江头宪治郎博士在制定“以公司法现代化为目标的 2005 年《公司法》”中发挥重要作用。该著作对 2005 年《公司法》提出的“先考虑细节”(Think small first)的思考作出回应,重点解说了关于闭锁公司的问题。[113] 从这个意义上讲,该著作是象征日本股份公司法学迈入“现代化”的体系书。

在此,以近期印刷的第 7 版为素材,揭示 21 世纪日本股份公司法的通说特征。

江头宪治郎博士基于多年的公司法研究,并不盲目随从“多数说”或通说,而是通过自身解释论展开论述。首先,该著作重视对少

---

〔112〕 Eiji Takahashi, *Japanese Corporate Groups under the New Legislation*, European Company and Financial Law Review (ECFR) Vol. 3 No. 3 (2006), 309.

〔113〕 江頭憲次郎『株式会社法』〔第 7 版〕(有斐閣,2017 年)1 頁以下参照。

数股东利益的解释。关于《公司法》第429条规定的董事对第三人责任制度是否包含股东间接损害的观点，铃木竹雄博士、[114]大隅健一郎及今井宏（旧通说）[115]主张："股东基于公司遭受的损害从而间接受到损害的情形，可以通过代表诉讼救济公司损害，不属于《公司法》第429条第1款规定的'第三人'范畴。"对此，江头宪治郎博士作出如下论述："股东遭受间接损害可以通过代表诉讼方式救济，多数观点认为不可认定股东作为第三人行使损害赔偿请求权（《公司法》第429条）。假如该观点适用于上市公司，那么在控股股东兼任董事的闭锁公司，少数股东损害的救济方式仅限于代表诉讼，必然出现许多损害无法得到有效救济。股东遭受的间接损害应当纳入《公司法》第429条规定的损害赔偿请求的范围。"[116]

上述内容是江头宪治郎博士针对股份公司中小规模闭锁型公司占绝大多数比例，当出现闭锁型公司中大股东兼任董事的情形时，如何实现对少数股东的有效保护作出的解释。

其次，重视对公司债权人的保护。关于将无债务履行能力作为公司分立无效的事由，江头宪治郎博士作出如下阐述："相对而言，公司分立比公司合并对债权人产生更大影响……《公司法》制定之前，要求公司公开'公司具有履行债务的可能性及其理由的书面文

---

〔114〕 鈴木竹雄『会社法』〔全訂第5版〕（弘文堂，1994年）205頁注1参照。

〔115〕 隅健一郎＝今井宏『会社法論中巻』〔第3版〕（有斐閣，1992年）270頁参照。

〔116〕 江頭憲次郎『株式会社法』〔第7版〕（有斐閣，2017年）513頁注3。

件'……并且,'具有履行债务的可能性'是公司分立的实际要件(公司'无法履行债务的可能性'则成为公司分立的无效事由)……相对于《公司法》第183条第6款仅要求公示'计划履行',《公司法》却将'具有履行债务的可能性'作为公司分立的实体要件。该规定的表述发生变化理由在于,《公司法》制定之前,无论是继承公司,还是新设公司,当登记机关发现公司账簿出现负债时,均不受理分立登记。公司法认为有必要对上述情形予以修正。但即便如此,在现行公司法规定下,无论哪个公司出现'无法履行债务的可能性'都会成为公司分立的无效事由。"〔117〕

关于2005年《公司法》将"具有履行债务的可能性"作为公司分立的实体要件,江头宪治郎博士对将"无履行债务的可能性"作为分立公司、继承公司、新设公司等公司分立的无效事由展开论述。其个人观点不同于2005年《公司法》的立法负责人〔118〕的通说观点,〔119〕亦不同于《〈公司法〉实施规则》第183条第6项的解释。江头宪治郎博士认为,当股份公司出现负债,选择切除负债的部门,留存盈利部门的政策,还是选择将盈利部门分割出来,通过公司分立设立新设公司或继承公司的政策,这是一个两难抉择。即便如此,江头宪治郎博

〔117〕 江頭憲次郎『株式会社法』〔第7版〕(有斐閣,2017年)914頁注3。

〔118〕 相澤哲=葉玉匡美=郡谷大輔編著『論点解説 新·会社法』(商事法務,2006年)674頁参照。

〔119〕 神田秀樹『会社法』〔第20版〕(弘文堂,2018年)386頁注4;森本滋編『会社法コンメンタール第17巻』(商事法務,2010年)271頁〔神作裕之〕。

士还是认同“公司‘无法履行债务的可能性’是公司分立的无效事由”这一解释,这是因为在实践中股份公司切除负债部门而留存盈利部门,或是将盈利的部门分割出来,设立新设公司或继承公司的情形非常普遍。可以看出,江头宪治郎博士的目的在于通过公司法解释来预防侵害债权人利益的“欺诈性公司分立”情形。[120]

江头宪治郎博士继受了松本烝治博士的传统观点,该著作以从事公司实务的专家为阅读对象,也是希望通过其学术观点来指导股份公司实务。

(三)对股份公司法现代期的总结与展望

2005年《公司法》的制定被称为日本股份公司法新的转折点。立法者为避免产生解释争议,尽量对公司原理进行详细规定,日本未来公司立法也必然朝这个方向发展,公司法的相关规定日趋复杂化。2005年《公司法》规定复杂,因条文用语难以理解而饱受诟病。[121]

---

〔120〕 与江头宪治郎博士持同样观点的有,南保勝美「会社分割制度の解釈上の問題点について」法律論叢79巻4=5号(2007年)339頁,吉田正之「会社法における会社分割」布井千博=野田博=酒井太郎=川口幸美編『(川村正幸先生退職記念論文集)会社法・金融法の新展開』(中央経済社,2009年)572頁,高橋英治『会社法概説〔第3版〕』255頁。

〔121〕 稲葉威雄「現代化立法としての会社法の位置づけ」稲葉威雄=尾崎安央『改正史から読み解く会社法の論点』(中央経済社,2008年)22頁参照。

对于日益复杂的《公司法》,日本股份公司法学者的使命是对其法律背后的原理加以详细解释,寻求以简单原理来解释复杂问题的研究方法。[122]

---

〔122〕 高橋英治『会社法の継受と収斂』(有斐閣,2016年)5頁;Eiji Takahashi, Die Rezeption und Konvergenz des deutschen Handels-und Gesellschaftsrechts in Japan: Gesammelte Schriften, Baden-Baden 2017, S. 15。

第三编　日德股份公司法及股份公司法学的发展史比较

本书以每100年为单位，对日德股份公司法从19世纪至21世纪的发展历程进行了比较分析。本书第三编总结两国发展历程，希望通过上述的比较研究，揭示两国股份公司法存在的问题。

一、成立期的比较

总结欧洲股份公司的形成过程以及19世纪德国《股份公司法》和股份公司法学的内容。

1602年成立的荷兰东印度公司是世界上最早的股份公司,此后德国开始设立股份公司,也就是1651年经特许状批准成立的勃兰登堡(Brandenburg)东印度公司。[1]

在德国一部分联邦州实施的1807年法国《商法典》中关于股份

〔1〕 Karl Lehmann, Das Recht der Aktiengesellschaften, Band 1, S. 75; Bosselmann, Die Entwicklung des deutschen Aktienwesens im 19. Jahrhundert, Berlin 1939, S. 51; KieBling, Eisenbahnbau und Industrialisierung als Katalysator der Entwicklung des Aktienrechts, in: Bayer/Habersack(Hrsg.), Aktienrecht im Wandel, Band 1, Entwicklung des Aktienrechts, Tubingen 2007, S. 133;神作裕之「ドイツにおける会社法と資本市場法の交錯」商事法務1865号(2009年)12頁;高橋英治『ドイツ会社概説』(有斐閣,2012年)79頁。

公司的规定是德国最早的股份法,仅由 12 个条文构成。1807 年法国《商法典》把股份公司称为“无名公司”(société anonyme),〔2〕其理由是商号要用营业对象来命名(1807 年法国《商法典》第 30 条),不能有员工的姓名(1807 年法国《商法典》第 29 条)。在无名公司中确立了股东有限责任原则(1807 年法国《商法典》第 33 条),并将资本分割成等额股份(1807 年法国《商法典》第 34 条)。《商法典》没有明确在无名公司中股东享有有限责任的前提条件是出资并维持资本充实,导致这类立法只能等待在后续缴纳出资及分红等相关规定中予以补充。

此后,普鲁士于 1838 年 11 月 3 日制定了《铁路业务法》,〔3〕规定经营铁路业务的公司形态必须为股份公司,并明确规定公司资本(Aktien = Kapel)(《铁路业务法》第 1 条)。

1843 年普鲁士《股份法》是德国第一部专门以一般股份公司为对象制定的股份法,也是第一部具有体系性的股份公司法典。这部法典由“一般原则”“股份公司与股东的关系”“公司董事的权利义务”“公司的解散”等内容组成。1807 年法国《商法典》关于股份公司

---

〔2〕 石川真衣「フランスにおける株式会社法の成立と発展」早稲田大学大学院法研論集 151 号(2014 年)33 頁参照。

〔3〕 Gesetz uber Eisenbahn = Unternehmungen, Gesetz No. 947 Vom 3. November 1838, Gesetz = Sammlung Fur die Koniglichen PreuBischen Saaten, No. 35, S. 505 ff. 该规定也被 Das Konigreich PreuBische Eisenbahngesetz vom 2. November 1838, Elberfeld 1838, S. 3 ff收录。

的规定中并未形成这样的体系，现行法上的总则、股票、机关、解散等内容是近代公司法的出发点。

1843年普鲁士《股份法》确立了股东有限责任原则(1843年普鲁士《股份法》第15条)。此外，该法规定债权人与公司具有法律关系，股东与公司债权人不具有法律关系(1843年普鲁士《股份法》第16条)。1843年普鲁士《股份法》与1807年法国《商法典》相比，存在明显差异，虽然有诸多待完善之处，但明确资本充实及维持原则等相关规定(1843年普鲁士《股份法》第17条)，在制度上已具备赋予股东有限责任的近代股份公司法的条件。该法认可批准设立的股份公司不是法人组织，而是“被修改的合伙”(modifizierte Sozietät)。〔4〕1861年德国《商法典》规定了股东不承担公司章程规定的出资外的责任，即股东有限责任的原则(1861年德国《商法典》第219条)。该商法典〔5〕规定，设立股份公司采用许可主义(1861年德国《商法典》第208条第1项)。〔6〕但是，1861年德国《商法典》规定由邦法律决定股份公司的设立是否需要邦的许可(1861年德国《商法典》第249

〔4〕 Baums, Einführung, in: Baums (Hrsg.), Gesetz über die Aktiengesellschaften für die Königreich Preussische Staaten vom 9. November 1943: Text und Materialien, Darmstadt 1981, S.41.

〔5〕 关于1861年德国《商法典》中股份有限公司的日文文献，江村義行「普通ドイツ商法典(ADHGB)の株式会社規定の翻訳——1861年法及び1870年改正を中心に」慶應義塾大学大学院法学研究科論文集44号(2003年)43頁以下参照。

〔6〕 “可以通过各邦的许可设立股份有限公司”(1861年德国《商法典》第208条第1款)。

条第1项),这一规定被称为"救世主条款"(salvatorischer Klausel)。

以统一德国私法为目标的1861年德国《商法典》,囿于救世主条款的存在,各邦股份法无法实现关于股份公司设立主义的统一。因此,1870年进行了德国《商法典》的修改,[7]首次股份法的修改废除了公司设立的许可主义,改为采用准则主义。

由于1873年维也纳股票暴跌引发全球性经济危机,[8]德国深刻体会到了第一次股份法修改无法在欺诈和滥用情形下实现对一般股东和债权人的保护。[9] 在此背景下,德国《商法典》于1884年7月18日再次进行修改,[10]强化对股份公司设立的监督是本次修改的主要内容,规定了在实物出资的情况下,发起人必须出具实物出资对象的书面评估证明等(1884年修改德国《商法典》第209g条第1句)。

19世纪是德国股份公司法学开拓和确立的时期,阿喀琉斯·雷纳德(Achilles Renaud)教授发挥"开拓者"作用,其于1863年写作的

---

〔7〕 1870年德国《商法典》中关于股份公司规定的译文,江村·前揭注(5),慶応義塾大学大学院法学研究科論文集44号53頁以下参照。

〔8〕 Assmann, in:Hopt/Wiedemann(Hrsg.), AktG, GroBkommentar. 4. Aufl., Berlin 1992,Einl Rdnr. 90.

〔9〕 菅原菊志『取締役、監査役論(商法研究Ⅰ)』(信山社,1992年)194頁;山村忠平『監査役制度の生成と発展』(国際書院,1997年)28頁。

〔10〕 1884年德国《商法典》中关于股份法的规定原文,Schubert/Schmiedel/Krampe (Hrsg.),Quellen zum Handelsgesetzbuch von 1897,Band 1 Gesetz und Entwurfe, Frankfurt a. M. 1986,S. 154 ff。关于1884年德国《商法典》中《股份法》规定的译文,江村義行「普通ドイツ商法典1884年改正における株式会社規定の翻訳」慶応義塾大学大学院法学研究科論文集45号(2004年)86頁以下参照。

《股份公司法论》(第1版)影响深远。[11] 建立德国股份公司法学知识体系的是卡尔·莱曼(Karl Lehmann)教授撰写的《股份公司法论》(第1卷)[12],以及《股份公司法论》(第2卷)[13]。莱温·戈尔德施密特(Levin Goldschmidt)教授直接参与股份公司法的修改,深化关于商法本质的讨论,而奥托·吉尔克(Otto Gierke)教授将股份公司的组织视为"合作社"[Genossenschaft(Körperschaft)],其阐明了其中原理。[14]

下文总结19世纪日本的股份公司法和股份公司法学的成立过程。

1872年11月15日由太政官公布的第349号《国立银行条例》是日本最早的股份公司法[15],根据该条例设立的第一国立银行是日本最初的股份公司,参考借鉴了美国的"国家银行"(National Bank)。[16]

受福泽谕吉的《西洋事情》[17]、福地源一郎编辑的《会社辨》[18]、

---

〔11〕 Renaud, Das Recht der Actiengesellschaften, 1. Aufl., Leipzig 1863.

〔12〕 Karl Lehmann, Das Recht der Aktiengesellschaften, Band 1, Berlin 1898.

〔13〕 Karl Lehmann, Das Recht der Aktiengesellschaften, Band 2, Berlin 1904.

〔14〕 高橋英治「レヴィン、ゴルトシュミットとオットー、フォン、ギールケが株式会社法に与えた影響について」上村達男先生古稀記念集、商事法務2019年刊行予定。

〔15〕《国立银行条例》全部条文收录在,明治財政史編纂会『明治財政史第13巻』(丸善株式会社,1905年)31頁以下。

〔16〕「第一銀行五十年小史」(1926年)2頁;玉置紀夫『日本金融史』(有斐閣,1994年)24頁。

〔17〕 福沢諭吉「西洋事情」慶応義塾『福沢諭吉全集第1巻』(岩波書店,1958年)296頁以下参照。

〔18〕 福地源一郎訳『官版会社弁』(大蔵省、出版年不明)。

涩泽荣一编辑的《立会略则》[19]等有关股份公司启蒙书籍的影响,日本在实施公司法前就曾掀起设立私人公司的热潮。然而,大审院在1893年7月1日的《公司法》实施以前,一般认为,私人公司股东的有限责任只有根据“公告”或“协议”向对方明示的情况下才被认可。当时虽然这种理论在不断扩大,但在具体案例中,不承认私人公司股东的有限责任。[20] 一般而言,大审院在股东持有表明其承担有限责任主旨的“公告”时才肯定私人公司的股东承担有限责任,但并未明确“公告”的具体方法。[21] 因此产生制定股份公司法,通过法律明确规定股东有限责任的必要性。

日本《股份公司法》是基于赫尔曼·罗斯勒(Hermann Roesler)起草的商法草案而制定的。赫尔曼·罗斯勒(Hermann Roesler)根据罗马法的原理来界定商业公司的地位,并将包含股份公司在内的商事公司作为“有权利能力的合伙”(societas)进行构建。赫尔曼·罗斯勒(Hermann Roesler)以欧美为中心,怀着依据世界最新原理制定日本股份公司法的雄心壮志,比较讨论各国股份公司法。由于日本深信德国法的精密性和完整度达到世界领先水平,1870年德国《商法典》对日本股份公司法影响深远。关于股份公司的设立,赫尔曼·罗斯勒(Hermann Roesler)在制定《商法》草案阶段采用准则主义,但

---

〔19〕『官版立会略則』(大蔵省,1871年)。

〔20〕大判1887年4月14日言渡1887年大審院民事商事判決録·商事1頁。

〔21〕大判1891年11月24日言渡裁判粋誌民事集第6巻392頁。

后来支持采用核准主义。[22] 据推测,赫尔曼·罗斯勒(Hermann Roesler)对股份公司设立主义想法的转变,折射出德国1870年以后泡沫经济的弊害及德国法律思想的变化。

1890年《商法》(旧商法)被称为《Roesler草案》,[23]有关股份公司的规制,基本上是根据《Roesler草案》进行立法规定,[24]其编撰体例是法国法系,但内容却是德国法系。[25]

遵从1890年《商法》应当与旧民法同时实施的意见,首次会议决定将实施的时间推迟至旧民法预计实施的1893年1月1日。后来产生法典争论,[26]被批判该商法和旧民法一样,过于模仿外国法,没有充分考虑日本商业习惯,[27]第三届会议决定再次延期至1896年

---

〔22〕 高橋英治「ロエスレル氏商法草案意見書について」関西法律特許事務所編『(関西法律特許事務所開設35周年記念論文集)民事特別法の諸問題 第4巻』(第一法規,2002年)230頁以下参照。

〔23〕 高田晴仁「旧商法典——その意義と研究に関する覚書」奥島孝康先生還暦記念論文集編集委員会編『(奥島孝康教授還暦記念第2巻)近代企業法の形成と展開』(成文堂,1999年)24頁参照。

〔24〕 Eiji Takahashi, Rezeption und Konvergenz des deutschen Handels-und Gesellschaftsrechts in Japan: Gesammelte Schriften, Baden-Baden 2017, S. 45.

〔25〕 西原寛一『近代的商法の成立と発展』(日本評論新社,1963年)63頁;山本桂一『商法のはなし』(有信堂,1970年)19頁;Harald Baum/Eiji Takahashi, Commercial and Corporate Law in Japan, Legal and Economic Developments after 1868, in: Wilhelm Röhl (Edit.), History of Law in Japan since 1868, Leiden 2005, S. 356。

〔26〕 关于商法典的争论,三枝一雄『明治商法の成立と変遷』(三省堂,1992年)83頁以下;大和正史「商法典論争に関する一考察——大阪商工会議所の商法断行決議をめぐって」関西大学法学論集36巻2号(1986年)18頁以下;淺木愼一『日本会社法成立史』(信山社,2003年)11頁以下参照。

〔27〕 Eiji Takahashi, Rezeption des Aktienrechts in Japan, FS Schott, Bern 2001, S. 323.

12月30日。1890年经济危机引发经济界恐慌，要求实施法典的呼声高涨，政府向第四届会议提交了《商法》法案。由此，《公司法》作为1890年《商法》的一部分，经过若干修改后与《票据法》《破产法》同时开始实施。〔28〕其他剩余部分在1893年7月1日至1899年《商法》施行之日前实施完毕。〔29〕

1899年《商法》将公司作为法人组织（1899年《商法》第44条第1项）进行规定，故股份公司具有法人属性，规定股份公司设立方式采用准则主义，废除许可主义。德国在19世纪就已经确立了股份公司法学，而19世纪的日本尚未形成真正意义上的公司法学。无论是德国还是日本，股份公司制度和股份公司法都是“法律舶来品”（legal transplants）。但是，德国在移植股份公司制度上没有引发混乱。这是因为，当时的欧洲已经形成了统一的国际市场，基于1807年法国《商法典》规定的《股份法》，同样适用于德国的一部分联邦州，并未产生较大障碍。

相对于此，日本在继受股份公司制度的最初时期，正处于明治维新的混乱时期。日本根据《国立银行条例》设立的股份公司肯定股东的有限责任，但是大审院并不承认一般私人公司的股东享有有限责任。由于诸多关于私人公司的股东是否享有有限责任的诉讼出现，

---

〔28〕 1893年实施的商法条文收录在《1893年3月6日公布改正大日本商法》中。1890年《商法》和1893年《商法》对照表，淺木愼一『日本会社法成立史』（信山社，2003年）74頁以下参照。

〔29〕 菅原菊志『企業法発展論〔商法研究Ⅱ〕』（信山社，1993年）13頁参照。

日本人制定出多部公司法草案予以应对,但无论哪一部都存有较大缺陷,最终,在完全继受《Roesler 草案》的基础上制定了 1890 年的《股份公司法》。19 世纪,德国由阿喀琉斯·雷纳德(Achilles Renaud)、卡尔·莱曼(Karl Lehmann)、莱温·戈尔德施密特(Levin Goldschmidt)、奥托·吉尔克(Otto Gierke)等几位大学者确立了股份公司法学,而日本在这个时期,股份公司法学尚未形成。

但是,1899 年《商法》将股份公司在内的所有公司定义为"法人",[30] 显然比德国《股份法》更先进,正是基于这一点,2005 年《公司法》中规定合同公司必须缴纳"法人税"。虽然在税法上无法适用穿越征税(Pass-through taxation),但在理论上却是正确的规制方法。近年,德国判例和立法逐步将传统的"合手制"(Gesamthand)与合名公司视为享有权利能力的"法人"。[31]

---

〔30〕 1899 年《商法》没有对股份有限公司的定义作出规定,仅在总则中规定公司为法人(1899 年《商法》第 44 条第 1 款)。

〔31〕 Vgl. Thomas Raiser, Allgemeine Vorschriften über juristische Personen in einem künftigen Bürgerlichen Gesetzbuch, ZGR 2016, 786.

二、发展期的比较

20世纪的德国《股份法》和股份法学发展的内容总结如下：

20世纪初，德国拉开了依据《商法典》规制《股份法》的时代帷幕。第一次世界大战中败北的德国在陷入经济危机状况下基于紧急命令进行了股份法的修改。例如，在1931年9月19日的紧急命令中，[1]导入由检查人负责审计各业务年度的会计报告义务的规

[1] Verordnung des Reichspräsidenten über Aktienrecht, Bankenaufsicht und über eine Steueramnestie vom 19. September 1931, RGBl. I S. 493, Erster Teil. 1931年9月19日的紧急指令收录在，Julius Lehmann/Hirsch, Verordnung über Aktienrecht vom 19. September 1931, Mannheim 1931, S. 1 ff; Schlegelberger/Quassowski/Schmölder, Verordnung über Aktienrecht vom 19. September 1931 nebst Durchführungsbestimmungen, Berlin 1932, S. 1 – 16。1931年9月19日的紧急命令的日文译文，司法省調査課訳編『1930年独逸国株式会社法及株式合資会社法草案並説明書、1931年9月独逸国株式会社法改正に関する緊急律令』司法資料222号(司法省調査課，1936年)231頁以下参照。

定。[2] 战前时期，穆勒 – 埃尔茨巴赫（Müller-Erzbach）[3]和卡尔·维兰德（Kahl Wieland）[4]各撰写了一系列具有特色的著作。

1933 年希特勒掌权，以纳粹思想为基础修改《股份法》引发争议。当初的纳粹，批判股份公司通过匿名多数决支配公司是完全违背“有责经营”的国家社会主义经济的既定原则，[5]要求已经改制为公司制的企业必须进行国营化经营[6]（《二十五点纲领》第 13 条）。此后，纳粹有关股份公司制度改革的讨论，虽然肯定股份公司制度，但提出必须排除匿名性弊端的改革方针，从而制定了 1937 年《股份法》。1937 年《股份法》是一部不带有纳粹色彩，基于 1933 年之前就开始的股份法修改的理论基础而制定。[7] 然而，某些条款仍然受到纳粹思想的影响。例如，1937 年《股份法》第 70 条导入了领导者原理（Fahrerpinzip），规定“董事负有按照业务、其从业人员的福利以及国民和帝国的共同利益的要求领导公司的义务”。根据 1937 年《股份法》的立法负责人的说明，该条的宗旨源自“公共利益优先于个人

---

〔2〕 Habersack in: Goette/Habersack (Hrsg.), Münchener Kommentar zum Aktiengesetz, 4. Aufl., München 2016, Einl. Rdnr. 20.

〔3〕 Müller-Erzbach, Deutsches Handelsrecht, 2./3. Aufl., Tübingen 1928.

〔4〕 Wieland, Handelsrecht, Zweiter Band: Die Kapitalgesellschaften, München 1931.

〔5〕 Kisskalt, Reform des Aktienrechts, Bericht des Ausschusses für Aktienrecht der Akademie für Deutsches Recht, Zeitschrift für Deutsches Recht 1934, Heft 1, S. 26.

〔6〕 “要求已经改制为公司的企业应当进行国营制”（《二十五点纲领》第 13 条）。杉村章三郎 = 後藤清 = 木村龜二 = 我妻榮『ナチスの法律』（日本評論社，1934 年）94 頁参照。

〔7〕 Baumbach/Hueck, Aktiengesetz, 9. Aufl., München 1956, S. 3.

利益”这一国家社会主义的基本原理。[8] 战争中期,虽然法条注释理论[9]代替了纳粹的意识形态,但尚未出现真正注释《股份法》的著作。

1937 年修改《股份法》的理由在于,股份法必须与经济组织的要求保持一致,尤其意识到必须对康采恩加以法律规制。[10] 1965 年《股份法》在世界上首次从保护子公司的少数派股东和债权人的角度考虑,创设了与企业集团有关的体系化规定(《股份法》第 291 条以下)。[11]

1965 年以后,德国进行了诸多股份公司的法律修改以及新法的制定。于 1976 年制定的关于股份公司监事会共同决定制度的《共同决定法》[12]就是其中之一。《共同决定法》规定,拥有 20,000 人以上的大规模股份公司的监事会成员中股东代表和劳动者代表的人数必须相同(《共同决定法》第 7 条第 1 项)。[13] 除《共同决定法》外,20

〔8〕 W. Schmidt, in: Gadow/Heinichen/E. Schmidt/W. Schmidt, Großkommentar AktG, 1. Aufl., Berlin 1939, § 70 Anm. 11.

〔9〕 Schlegelberger/Quassowski/Herbig/Geßler/Hefermehl (Hrsg.), Aktiengesetz vom 30. Januar 1937, Kommentar, 2. Aufl., Berlin 1937.

〔10〕 Begründung zum Regierungsentwurf eines Aktiengesetzes 1965, Allgemeines Ⅳ, bei: Kropff, Aktiengesetz, Textausgabe, Düsseldorf 1965, S. 16.

〔11〕 Habersack in: Goette/Habersack (Hrsg.), Münchener Kommentar zum Aktiengesetz, 4. Aufl., München 2016, Einl. Rdnr. 31 f.

〔12〕 Gesetz über die Mitbestimmung der Arbeitnehmer (Mitbestimmungsgesetz-MitbestG) vom 4.5.1976, BGBl. Ⅰ S.1153.

〔13〕 正井章筰『共同决定法と会社法の交錯』(成文堂,1990 年)8 頁以下参照。

世纪股份法的修改或是新法的制定是基于与欧洲法统一之要求。譬如,根据1985年12月19日《资产负债表指令法》[14](BiRiLiG)有关股份公司的会计规定,除适用于股份公司的会计等特别规定外(《股份法》第150条至第176条),在德国《商法典》第3编"商业账簿"[15]中(德国《商法典》第238条至第342条)加以规制。

---

〔14〕 Gesetz zur Durchführung der Vierten, Siebten und Achten Richtlinie des Rates der Eüropäischen Gemeinschaften zur Koordinierung des Gesellschaftsrechts (Bilanzrichtlinien-Gesetz-BiRiLiG) vom 19. 12. 1985, BGBl. Ⅰ S. 2355. 该法律是为了将《第四指令》[Vierte Richtlinie 78/660/EWG vom 25. Juli 1978 (Jahresabschlußrichtlinie/Bilanzrichtlinie)]、《第七指令》[Siebente Richtlinie 83/349/EWG vom 13. Juni 1983 (Richtlinie über den konsolidierten Abschluß)]以及《第八指令》[Achte Richtlinie 84/253/EWG vom 10. April 1984 (Prüferbefähigungsrichtlinie)]国内法化而制定的法律。《第四指令》、《第七指令》及《第八指令》的条文收录在 Lutter/Bayer/Jessica Schmidt, Europäisches Unternehmens-Kapitalmarktrecht: Grundlagen, Stand und Entwicklung nebst Texten und Materialien, 5. Aufl., ZGR-Sonderheft 1, Berlin 2012, S. 761 ff.; Grundmann/Riesenhuber (Hrsg.), Textsammlung Europäisches Privatrecht, Vertrags-und Schuldrecht, Arbeitsrecht, Gesellschaftsrecht, Berlin 2009, S. 595 ff。关于《资产负债表指令法》的概要,山下友信訳「ドイツ連邦共和国における商法、会社法の発展(1985—1987年)——会計指令法」日独法学12号53頁以下(1988年)。此外,《第四指令》和《第七指令》统合到2013年7月26日に「EU资产负债表指令(EU-Bilanz-Rl)」中,并进行相应的修改,Richtlinie 2013/34/EU des Europäischen Parlaments und des Rates vom 26. Juni 2013 über den Jahresabschluss, den konsolidierten Abschluss und damit verbundene Berichte von Unternehmen bestimmter Rechtsformen und zur Änderung der Richtlinie 2006/43/EG des Europäischen Parlaments und des Rates und zur Aufhebung der Richtlinien 78/660/EWG und 83/349/EWG des Rates。2013年《EU资产负债表指令》收录在 Lutter/Bayer/Jessica Schmidt, Europäisches Unternehmens-Kapitalmarktrecht: Grundlagen, Stand und Entwicklung nebst Texten und Materialien, 6. Aufl., ZGR-Sonderheft 1, Berlin 2018, S. 831ff。

〔15〕 关于德国《商法典》第三编"商业账簿"的日译文献,法務省大臣官房司法法制部編『ドイツ商法典(第1編~第4編)』法務資料465号(法務省大臣官房司法法制部司法法制課,2016年)〔久保大作〕69頁以下,宮上一男=W・フレーリックス監修『現代ドイツ商法典』〔第2版〕(森山書店,1993年)3頁以下参照。

战后期,德国股份公司法学迎来了黄金时期,在此期间大量著作出版,比如,确立战后通说地位的沃丁格(Würdinger)的体系书,[16]维尔纳·弗卢梅(Werner Flume)基于民法视角撰写的体系书,[17]维德曼(Wiedemann)尝试解释公司法原理的体系书,[18]还有创造新企业法概念的赖泽尔(Raiser)撰写的体系书。[19]

赫尔曼·罗斯勒(Hermann Roesler)于1893年回到欧洲后,[20]日本《商法》逐步脱离他的影响。1899年制定的《商法》第44条赋予包括合名公司、合资公司等所有商业公司的法人资格就是其中一个代表性例子。1911年《商法》的修改目的在于,制定一部适合日本实务的股份公司法,大量参考借鉴德国法规定,但是立法者并不盲目随从德国法的规定。例如,1911年《商法》第177条第1项规定,"当董事懈怠职务,对公司承担连带赔偿责任",明确了董事懈怠职务的责任。《商法》修改之前,董事对公司的责任(职务懈怠责任)由民法加以规定,由于民法无法对责任的连带性赋予理由,新设了商法规定。在1911年《商法》中明确了董事对公司的责任(职务懈怠),但董事

〔16〕 Würdinger, Aktienrecht und das Recht der verbundenen Unternehmen, 4. Aufl., Heidelberg 1981.

〔17〕 Flume, Allgemeiner Teil des Bürgerlichen Rechts, Erster Band, Zweiter Teil: Die juristische Person, Berlin 1983.

〔18〕 Wiedemann, Gesellschaftsrecht Band 1. Grundlagen, München 1980.

〔19〕 Raiser/Veil, Das Recht der Kapitalgesellschaften, 6. Aufl., München 2015.

〔20〕 Bartels-Ishikawa, Hermann Roesler: Dokumente zu seinem Leben und Werk, Berlin 2007, S. 85.

对第三人责任问题尚未解决。关于董事责任，日本在后来的股份公司法中设置了董事对公司责任（职务懈怠）和对第三人责任的两种规定，不同于德国法上的规定。可以说，战前的日本股份公司法由冈野敬次郎博士开拓，并由松本烝治博士加以确立。

日本在1938年再次对《股份公司法》进行修改。本次修改与1937年德国《股份法》的不同点在于，完全没有受到集体主义思想的影响。在战争中期，虽然部分学说受到了法西斯主义的影响，但是以田中耕太郎博士为代表的通说坚持中立的法律解释，并未受政治思想的影响。

战后，日本参考美国立法制度（引入授权资本制度、股东代表诉讼制度、董事会制度、无面额股制度、股份取得请求权等制度）。1950年修改《商法》的目标在于强化监事制度。此外，为了"维持股东的稳定性"，方便股东相互持股，也修改了新股发行制度。可以看出，战后，对第三人发行新股，是为了便于相互持股的上市公司防御外资企业的敌意收购。〔21〕

战后的《商法》修改几乎不受德国法之影响，但是铃木竹雄博士和大隅健一郎博士在法解释上（通说）受到了德国法解释的影响。而美国自20世纪50年代开始盛行的"法与经济学"之探讨，几乎没有

〔21〕 Eiji Takahashi, Die „doppelte Mauer“ Japans gegen feindliche Ubernahmen aus dem Ausland-Eine okonomische Analyse der Hindernisse fur einen freien kapitalverkehr mit Japan, Mitteilung der Deutsch-Japanischen Juristenvereinigung(DJJV), Nr. 6(1991). 25 ff.

对20世纪80年代之前的日本股份公司法的解释论产生影响力。铃木竹雄和大隅健一郎两位博士重视公司实务,在权衡股东和债权人的利益后,通过结合理论与实践的股份公司法解释论引领日本经济复兴与发展。

从上述比较研究中可以看出,日德两国股份公司法的发展既有共同点,亦有不同点。以第二次世界大战为界,日德两国的股份公司法发展可以分为战前期、战中期和战后期3个部分。

首先,两国的股份公司法立法上在战前没有较大变化。在第一次世界大战中败北的德国为应对经济混乱,在希特勒的紧急命令之下进行相关修改,而当时日本《商法》的修改目标则是使股份公司法更符合本国国情。在战前期,德国股份公司法学中,除穆勒－埃尔茨巴赫(Müller-Erzbach)和卡尔·维兰德(Kahl Wieland)外,其他学者几乎没有产生影响力。而此时的日本学者冈野敬次郎博士和松本烝治博士却相继活跃在股份公司的立法和学术领域,对日本股份公司法学的确立产生巨大影响。

其次,战中期,德国1937年《股份法》仅在引入"领导者原理"等细节之处受纳粹思想影响,而日本在1938年修改的《商法》中完全没有受到集体主义思想的影响。可以说,此时无论是德国还是日本的法解释均未受到集体主义思想的影响。

由于日本战后处于美军的占领之下,1950年修改的《商法》积极引入了美国股份公司法律制度。而德国1937年《股份法》借鉴英国法,引入授权资本制度,并于 1965 年制定了新的《股份法》。因企业造假事件频发,日本《股份公司法》的修改为强化监事制度和防御外资企业的敌意收购而设置规制。相对于此,战后德国《股份法》的修改则集中于制定全球首部企业集团法律规范和《共同决定法》,使其领先于其他国家的法律规定。可以说日德在战后迎来了股份公司法学的鼎盛时期,德国《股份法》极力追求公司法学的多样性,日本为了实现经济复兴,结合公司实务问题,构建了股份公司法解释论。

三、现代期的比较

以下是21世纪德国《股份法》及公司法学的现代化时期的发展过程。

这个阶段,德国《股份法》的“现代化”特征表现为向欧洲趋同。2002年10月4日公布的公司法专家小组第二报告书[1]以“公司法的现代化”一词指明21世纪欧洲公司法的未来方向,报告书提出:①废除公司取得自我股份限制于10%的规定;②认可通过互联网向

---

〔1〕 Report of High Level Group of Company Law Experts on Modern Regulatory Framework for Company Law in Europe (Nov. 4, 2002) available at http://www.ecgi.org/publications/documents/report_en.pdf (last visited Feb. 20, 2017).关于该报告的内容,ハラルド・バウム、早川勝=久保寛展訳「ヨーロッパ買収法および会社法の改正に関する『会社法専門家ハイレベル・グループ』の提案」ワールド、ワイド、ビジネス、レビュー(同志社大学)5巻1号(2003年)111頁以下;ハンノ、メルクト、小柿徳武=守矢健一訳「ドイツにおける株式法の改正:基本方針および基本傾向」松本博之=西谷敏=守矢健一編『団体・組織と法』(信山社,2006年)107頁参照。

股东提供信息以及股东行使表决权的可能性；③欧洲股份公司中设有一元公司治理结构和二元公司治理结构两种模式，应当赋予股份公司任意选择治理模式的权利；④容易产生利益冲突的薪酬、管理机关成员的提案、会计报告的审计等事项，不能委托给业务执行机关，要由数名具有独立性的成员进行监督，假如公司无法达到上述要求，则要说明理由（comply or explain，遵守或说明理由）。[2] 上述内容就是德国21世纪公司立法目标。

依据21世纪欧盟指令实施的股份公司立法包括：第一，2001年12月20日《关于规制有价证券之取得以及以企业收购为目的要约收购的法律》；[3] 第二，2005年8月3日《董事薪酬披露法》

---

〔2〕 Report of High Level Group of Company Law Experts on Modern Regulatory Framework for Company Law in Europe (Nov. 4, 2002) S. 34 ff.

〔3〕 Gesetz zur Regelung von öffentlichen Angeboten zum Erwerb von Wertpapieren und von Unternehmensübernahmen vom 20. 12. 2001, BGBl. I S. 3822. 关于该法律的日文翻译，早川勝「ドイツ株式公開買付規制の新展開」同志社法学54巻1号(2002年)355頁以下参照。2007年1月5日实施修改后的该法律日文翻译，早川勝「ドイツ有価証券取得法と公開買付法(試訳)」同志社法学59巻4号(2007年)175頁以下；佐藤文彦「ドイツ改正『有価証券取得及び支配獲得法』(試訳)」獨協ロー・ジャーナル3号(2008年)125頁以下参照。关于该法律的详细内容，池田良一「ドイツ『企業買収法』の導入とEU『企業買収指令』合意に向けての再スタート」国際商事法務30巻9号(2002年)1197頁以下参照。

(VorstOG);[4]第三,2009 年 7 月 30 日《有关实行股东权利指令的法律》(ARUG);[5]第四,2017 年 4 月 11 日《企业社会责任指令国内法化的法律》[6]等内容。

这种“欧洲化”潮流对德国股份法的立法产生积极作用。德国于 2015 年 3 月 27 日公布了《关于男女享有参与管理私人企业和公共企业同等权利的法律》,[7]在立法过程中,德国法学家曾经提出过反对意见,但欧洲委员会于 2012 年 12 月公布《关于完善上市公司的非业务执行董事性别平衡的指令案》,[8]提出截至 2020 年,上市公司非业务执行董事的职位上女性应当占 40%(本指令案第 4 条)。欧洲

---

〔4〕 Gesetz über die Offenlegung der Vorstandsvergütungen (Vorstandsvergütungs-Offenlegungsgesetz-VorstOG) vom 3. 8. 2005, BGBl. Ⅰ S. 2267]. 关于该法律的内容,野田輝久「ドイツにおける取締役報酬の開示規制」尾崎安央 = 川島いづみ編集委員『(石川卓磨先生 = 上村達男先生還暦記念)比較企業法の現在——その理論と課題』(成文堂,2011 年)61 頁以下;高橋英治 = 山口幸代「EUにおける企業法制改革の最新動向——行動計画の実現過程およびドイツの改革状況〔下〕」国際商事法務 34 巻 4 号(2006 年)448 頁以下参照。

〔5〕 Gesetz zur Umsetzung der Aktionärsrechterichtlinie vom 30. 7. 2009, BGBl. Ⅰ S. 2479.

〔6〕 Das CSR-Richtlinie-Umsetzungsgesetz vom 11. 4. 2017, BGBl. Ⅰ 2017, 802. 关于该法律,Hennrichs, CSR-Umsetzung-Neue Pflichten für Aufsichtsräte, NZG 2017, 841 ff。

〔7〕 Gesetz für die gleichberechtigte Teilhabe von Frauen und Männern an Führungspositionen in der Privatwirtschaft und im öffentlichen Dienst vom 24. 4. 2015, BGBl. Ⅰ S. 642.

〔8〕 Vorschlag für eine Richtlinie des Europäischen Parlament und des Rates zur Gewährleistung einer ausgewogeneren Vertretung von Frauen und Männern unterden nicht geschäftsführenden Direktoren/Aufsichtsratsmitgliedern börsennotierterGesellschaften und über damit zusammenhängende Maßnahmen, COM (2012) 614 final.

议会于2013年11月20日表决通过了该指令,并提出制定《关于男女享有参与管理私人企业和公共企业同等权利的法律》。

21世纪,德国公司法学持续发展,阿斯曼(Assmann)教授在其教科书[9]中大胆预测了德国公司法未来的发展方向。从20世纪后半期开始,赴美留学成为德国公司法学者职业提升的重要方式,在美国取得法学硕士学位的年轻学者借鉴美国法的发展从事股份公司法的相关研究。

克劳斯·霍普特(Klaus J. Hopt)指出,未来德国股份公司法学的目标应当将基于内部人视角探求法律内容的德国式法学方法(法教义学),与基于外部人视角明确法律的经济性和社会性(经济学方法)相结合,运用美国"法与经济学"的方法进行思考。[10]

以下总结21世纪日本股份公司法和公司法学"现代化"的过程。

自1990年经济泡沫破裂以来,为复兴经济实施《商法》修订,逐渐放宽规制。1997年,通过议员立法实现了在股份公司实施股票期权。依据1999年4月27日内阁会议"有关审议会等合理化整理的基本计划"的决定,不在法制审议会中设置常设的公司法部会,而是采用依据特定的咨询事项设置法制审议会公司法部会的方法,[11]通

〔9〕 Kübler/Assmann, Gesellschaftsrecht, 6. Aufl., Heidelberg 2006.

〔10〕 Hopt, Professor Takahashi, Aufsatz über „Die Deutsche Rechtswissenschaft im 21. Jahrhundert“, Hamburg 12.4.2017, Typoskript, S.1 f.

〔11〕 中東正文＝松井秀征『会社法の選択——新しい社会の会社法を求めて』(商事法務,2010年)158頁〔山田泰弘〕。

过选任审议委员，进行相关立法工作。2005 年《公司法》的制定是 21 世纪日本公司法最重要的内容，实现了公司法用语和内容的双重改革，废除有限责任公司和股份公司的最低资本金制度，实现了中小企业以股份公司形态设立这一目标。2014 年《公司法》修改完善了公司治理结构和企业集团法律规制，为保护母公司股东利益，引入多重代表诉讼（2014 年《公司法》第 847 条之 3 第 7 项）和特别支配股东的股份转让请求权（2014 年《公司法》第 179 条第 1 项）等制度。

21 世纪，在学术界享有盛誉的江头宪治郎博士所著的《股份公司法》〔12〕一书反复再版。日本 2005 年《公司法》借鉴德国法规定，实现了公司机关设计的灵活性和资金募集的多样化等，而日本的企业集团法规定与德国法内容却形成鲜明对比。换言之，德国 1965 年《股份法》关于企业集团的规制是以保护子公司少数股东和债权人为目的，而 2014 年日本引入的企业集团规制则是为了保护母公司利益，这是因为在德国，经济界无法左右企业集团法律规制，而日本经济界直接参与企业集团法的制定，日本学界应当秉持批判性思维从事股份公司法的相关研究。

〔12〕 江頭憲次郎『株式会社法』〔第 7 版〕（有斐閣，2017 年）参照。

四、从比较研究视角看日德股份公司法及股份公司法学的课题

无论是立法还是知识体系,19 世纪的德国股份法比日本更胜一筹。日本在修订《商法》过程中制定了股份公司法,由于赫尔曼・罗斯勒(Hermann Roesler)天资聪慧,日本人认可他的学术权威。1890 年《商法》只采用赫尔曼・罗斯勒(Hermann Roesler)的个人意见,未采纳反对赫尔曼・罗斯勒(Hermann Roesler)意见的日本学者制定的草案。在比较法领域,赫尔曼・罗斯勒(Hermann Roesler)确实优秀,他在比较多国商法和公司法后,将最新理念引入日本《股份公司法》中,对日本来说确实是件幸事。战前,日本处于经济发展时期,赫尔曼・罗斯勒(Hermann Roesler)为企业法秩序奠定了重要基础。

1893 年因赫尔曼・罗斯勒(Hermann Roesler)归国,日本股份公

司法逐渐脱离其个人影响,开始自由发展。在股份公司立法方面,具有留德背景的冈野敬次郎博士等一部分学者功不可没,德国法是战前日本股份公司立法最好的借鉴对象。步入20世纪后,日本立法者只将德国法作为解决公司实务问题的参考对象,战前和战争时期的股份公司立法,与其说是受外部影响所制定,不如说更多是“自发性”的产物。

1950年《商法》积极引入授权资本制和股东代表诉讼等英美法制度。德国于1937年启动《股份法》修改,在1965年的《股份法》中引入世界首部企业集团法,并在1976年制定《共同决定法》,不断创设出具有独创性色彩的法律。

战后,日本公司法学者多数远离德国法,致力英美股份公司法的研究。21世纪的日本,在法律和知识体系两方面深受英美法的影响。20世纪后期及21世纪,在股份公司法领域,日德两国的立法出现了向美国法趋同的迹象。这是因为日本学者及公司法立法负责人失去了对德国股份法及股份公司法学的研究兴趣,产生这一迹象实为一件憾事。德国法以“机关设置的灵活性”特点著称,然而,早于德国成立的日本公司法[1]有可与德国比肩的法学研究水平。另外,德

---

〔1〕 关注实现日本公司法中机关设置的灵活性文献有,Bayer, Empfehlen sich besondere Regelungen für börsennotierte und für geschlossene Gesellschaften?, in: Ständigen Deputation des Deutschen Juristentages (Hrsg.), Verhandlungen des 67. Deutschen Juristentages, Erfurt 2008, Band Ⅰ Gutachten E, München 2008, E. 75 ff。

国学者立足于本国的立法和学说,〔2〕为保护子公司少数股东和债权人利益制定了《企业集团法》,以劳动者和资本家共存为目标的《共同决定法》及“经营判断原则的明文化规定”等经验为今后日本法的制定提供了借鉴意义。〔3〕 当下的现实状况是日德双方对彼此股份公司法及股份公司法学漠不关心,两国公司法学者不能仅关注英美股份公司法的发展,今后还需不断进行学术交流,深化两国对股份公司法的比较研究。

---

〔2〕 德国学者关于新时代日本股份公司法研究的文献有,Baum, Marktzugang und Unternehmenserwerb in Japan: Recht und Realität am Beispiel des Erwerbs von Publikumsgesellschaften, Heidelberg 1995。在其之后的代表有,Röhl (Edit.), History of Law in Japan since 1868, Leiden 2005; Moritz Bälz, Die Spaltung im japanischen Gesellschaftsrecht, Tübingen 2005; Spiegel, Independent Directors in Japan: Die japanische Corporate Governance und effektives Monitoring aus rechtsvergleichender Sicht, Tübingen 2017; Kirchwehm, Reformen der Corporate Governance in Japan und Deutschland: Eine gesellschaftsrechtliche Betrachtung, Frankfurt a. M 2010; Eisele, Holdinggesellschaften in Japan, Tübingen 2004; Förster, Die Dimension des Unternehmens: Ein Kapitel der deutschen und japanischen Rechtsgeschichte, Tübingen 2003; Meckel, Die Corporate Governance im neuen japanischen Gesellschaftsrecht: Unter besonderer Berücksichtigung der Aufgaben von Verwaltungs-und Prüferrat, Tübingen 2010; Kliesow, Aktionärsrechte und Aktionärsklage in Japan: Gesetzliche Regelungen und soziale Wirklichkeit, Tübingen 2001。还有日德法律家协会(DJJV)和外国私法国际私法研究所出版的《日本法学杂志》(Zeitschrift für Japanisches Recht/Journal of Japanese Law),成为欧美唯一的日本杂志,刊登大量关于股份公司法研究的论文。

〔3〕 近年,提倡在日本法上明文规定经营判断原则的文章有,森田章「コーポレート、ガバナンスの進展と経営判断原則」商事法務2159号(2018年)20頁。

后　记

笔者从 1990 年开始接受德国学术交流会(DAAD)的奖学金资助,在德国哥廷根大学留学 3 年,从 2000 年开始受亚历山大 · 冯 · 洪堡(Alexander von Humboldt)财团研究基金的资助在德国弗莱堡大学留学 2 年。正是在这 5 年构筑了本书的基本架构,在此衷心感谢笔者的指导教授哥廷根大学的乌尔里希 · 伊蒙伽(Ulrich Immenga)教授和弗莱堡大学的乌韦 · 布劳洛克(Uwe Blaurock)教授。

津田祐介氏(大阪大学院法学研究科博士在读)、仲卓磨氏(京都大学大学院法学研究科助教)、津弥鹿雅博氏(大坂市立大学大学院法学研究科)对本书进行了大量的校对工作,并提出了个人意见。在此对他们表示由衷感谢。

感谢大阪市立大学大学院法学研究科的诸位老师为笔者提供了自由的学术环境。此外，在京都大学商法研究会、关西商事法研究会、关西企业法研究会、早稻田商法研究会、比较企业法研究会上，多年来各位教授给我的研究提供了宝贵意见。在本书出版之际，向诸位教授表示诚挚谢意。

负责本书出版的中央经济出版社的露本敦氏与笔者有 15 年以上深厚的交情，当我对露本敦氏说明本书的构思后，他欣然应允出版事宜。还记得他说过，“老师，这么重要的著作，写 500 页以上也没有问题”。学者总是在编辑的鼓励下得以成长与进步，在这 15 年中，他总是鼓励着笔者，在此向他表示衷心感谢。

本书是 2018 年日本学术振兴会科学研究费基盘研究（C）“关于日本、德国、欧盟的公司法之继受和收敛的研究”（课题号：26380125）研究成果的一部分。本书受到濑川学术基金（大阪市立大学证券研究中心）资助而出版。

高桥英治

译者后记

目前,我国学界已出版多部关于日本公司法的译著。本书的不同之处在于作者以 100 年为单位,围绕股份公司的法律规制和学说两条主线,对 19 世纪至 21 世纪的日德股份公司法的历史变迁及各阶段的学说进行了详尽阐释。本书作者高桥英治教授是享誉日本的公司法学者,《日德股份公司发展史》是他多年从事日德公司法比较研究的集大成之作。在德国法和日本法都向美国法趋同的现状下,本书通过考察日德两国股份公司法的历史发展沿革,剖析了两国公司法制演变的背景、原因及具体内容,揭示出德国股份公司制度和传统理论的价值。

本书由三大部分构成。

第一编详细阐述了德国股份公司法的成立及演变的过程。分为德国法的“成立期”“发展期”“现代期”三个部分。在“成立期”部分详细讨论了德国股份公司的立法渊源和具体法律制度，以及股份公司法学的确立过程。在经济自由化时期，德国商法典应对时代需求进行修改，确立了监事会制度，强化对股东权利的保护。从此，德国股份公司法逐渐脱离母法之法国法形成独立体系。在“发展期”部分，高桥英治教授着重探讨了1937年股份公司法的内容，强调纳粹思想对德国公司法制和判例的深远影响，股份公司法的规制重视对劳动者等利益相关者的保护、大股东的诚实义务、康采恩利益的优先对待等方面。之后，为实现德国内部的经济要求和与欧洲法调和之目标，1965年股份公司法在世界上首次确立了企业集团法制和共同决定法。高桥英治教授认为，在第二次世界大战后，德国股份公司法学的理论发展迎来了黄金时期，其以新自由主义为出发点，形成新的德国公司法学传统，法解释学得以发展成熟。在“现代期”部分，本书详细探讨了德国1994年之后实施规制缓和以及2000年之后的欧洲化浪潮，并对近期欧盟的立法动向进行阐述，揭示21世纪德国股份公司法正在经历以欧盟指令为基础的欧洲化过程。在学术研究方面，德国更加重视与美国的比较研究，实证研究亦越来越盛行。

本书第二编基于比较研究，同样将日本法分为“成立期”“发展期”“现代期”三个部分，探讨了日本股份公司法学的研究如何继受德国法，之后又是如何基于日本国情进行发展变化的，并详细剖析了各阶段的学说。日本的股份公司法学无论是立法还是学说发展，都比德国晚了许多。本书提及日本在江户时期就已经出现类似股份公司的商业组织,并查考当时判例,指出当时公司法欠缺之弊端,这些因素都促使了日本股份公司法的诞生。高桥英治教授在第二编第一章着重探讨了赫尔曼·罗斯勒(Hermann Roesler)制定的草案内容及其对日后引发的学术争论造成的影响,并高度评价了赫尔曼·罗斯勒在日本法律继受中发挥的作用。但此时,日本股份公司法学的研究还未被正式确立。“发展期”的日本不再盲目效仿德国,而是切合日本公司实务对股份公司法进行修改,探索适合于日本本国土壤的公司法制。日本公司法在第二次世界大战后发生重大转折,倾向效仿美国,引入了各种公司法制。此时,日本公司法学发展也迎来了黄金时期,股份公司法学就此确立,并且构筑了促进日本经济增长并适应公司实务操作的解释论体系。在日本法的“现代期”部分,为应对实施规制缓和的时代需求,日本 2005 年公司法对股份公司的相关内容实施了根本性改革,在组织机构设计和融资等规制方面都比德国更先进。在近年的公司法修改中,高桥英治教授批判公司法修改忽视子公司少数股东的利益,极力呼吁日本公司立法应当重视对母子公司中少数股东和债权人利益的保护。

本书第三编对两国股份公司的立法和法学发展史进行总结和对比分析,对日德两国公司法制未来的发展趋势作出展望。当今,日德两国的公司立法和学术研究都向美国法趋同,高桥英治教授积极肯定了德国立法及学说对日本公司法发展作出的重要贡献,批判德国和日本学者一味关注英美法发展而对本国自身立法和理论漠不关心的态度。

本书清晰且全面地勾勒出日德两国股份公司制度和理论的发展脉络,从中我们可以看到,日德两国股份公司法在同一时期内呈现不同的发展轨迹。德国在借鉴英美法的同时,依然维持独特的法律体系。日本商法最初以德国法为蓝本,但也并不盲从,而是通过结合当时的经济需求和公司实务状况不断进行立法创新,使日本成为法律继受成功的典范而受到世界各国的关注。

在经济全球化背景下,趋同或者路径依赖已然是各国公司法不得不面临的问题。本书对日德法律制度和学说的比较研究为公司法理论研究提供了丰富的基础资料。

在本书出版之际,由衷感谢赵万一老师对本书出版的支持,并在百忙之中为本书作序,感谢法律出版社陈妮编辑和毛镜澄编辑在本书出版过程中所付出的努力。毋庸讳言,本书翻译尚存诸多不足之处,恳请各位读者批评指正。

李秀文　陈宇　卢晓斐

图书在版编目(CIP)数据

日德股份公司发展史 / (日) 高桥英治著 ; 李秀文, 陈宇, 卢晓斐译. -- 北京 : 法律出版社, 2024
(民商法经典文库 / 赵万一总主编)
ISBN 978-7-5197-7953-5

Ⅰ. ①日… Ⅱ. ①高… ②李… ③陈… ④卢… Ⅲ. ①股份公司-公司法-法制史-研究-日本②股份公司-公司法-法制史-研究-德国 Ⅳ. ①D931.322.9 ②D951.622.9

中国国家版本馆 CIP 数据核字(2023)第 091907 号

日德股份公司发展史
RI-DE GUFEN GONGSI FAZHANSHI

[日]高桥英治 著
李秀文 陈 宇 卢晓斐 译

策划编辑 沈小英
责任编辑 陈 妮
毛镜澄
装帧设计 李 瞻

出版发行 法律出版社
编辑统筹 法治与经济出版分社
责任校对 王晓萍 王语童
责任印制 吕亚莉
经　　销 新华书店

开本 A5
印张 18.125 **字数** 379 千
版本 2024 年 3 月第 1 版
印次 2024 年 3 月第 1 次印刷
印刷 北京中科印刷有限公司

地址:北京市丰台区莲花池西里 7 号(100073)
网址:www.lawpress.com.cn
投稿邮箱:info@lawpress.com.cn
举报盗版邮箱:jbwq@lawpress.com.cn

销售电话:010-83938349
客服电话:010-83938350
咨询电话:010-63939796

书号:ISBN 978-7-5197-7953-5
定价:146.00 元

凡购买本社图书,如有印装错误,我社负责退换。电话:010-83938349